*»Wer die Vergangenheit nicht kennt,
wird die Zukunft nicht in den Griff bekommen.«*

Golo Mann

Dieter Leopold

Von den Frankenaposteln zum Sozialgesetzbuch

Sozialversicherung in Würzburg

Würzburg 2003

Bibliografische Information der Deutschen Bibliothek.
Die Deutsche Bibliothek verzeichnet diese Publikation in der
Deutschen Nationalbibliografie. Detaillierte bibliografische Daten sind
im Internet unter
www.dnb.ddb.de abrufbar.

Impressum:
Alle Rechte vorbehalten.
© 2003 by Dr. Dieter Leopold, Scheffelstraße 17, 97072 Würzburg
Telefon: (0931) 77 8 35

Layout und Satz: Barbara Leopold, Würzburg
Umschlaggestaltung: Barbara Leopold, Würzburg
Druck: Digital Print Group, Erlangen
1. Auflage 2003
ISBN: 3-00-01 01 78-0

Inhalt des Buches

Vorwort 7

**Erstes Kapitel:
Von den Anfängen sozialer Sicherung zur
Kaiserlichen Botschaft**

I.   Unterstützung bei Krankheit und im Alter 9
   1. Öffentliche Armenpflege und Krankenfürsorge 10
   2. Zwei bis heute sozial ausgeprägte Spitäler 16
   3. Hilfe und Schutz für Gesellen und Dienstboten 21
   4. Fürsorge für bedürftige erkrankte Studierende 31

II. Betriebliche und private Hilfestellung 35
   1. Fabrikkrankenkassen einsichtsvoller Unternehmer 36
   2. Zusatzkassen/Unterstützungsvereine als Ergänzung 42
   3. Sicherung von Invaliden, Witwen und Waisen 47

III. Kaiserliche Botschaft vom 17. November 1881 51
   1. Industrialisierung und technischer Fortschritt 51
   2. Konturen der sozialpolitischen Gesetzgebung 52
   3. Gegen Not und Armut auch in Würzburg 53

**Zweites Kapitel:
Von der Erstlingsgesetzgebung zur
Reichsversicherungsordnung**

I.   Krankenversicherung der Arbeiter 55
   1. Gemeinde-Krankenversicherung als »Schachzug« 56
   2. Das Städtische Kranken-Institut im Abwärtstrend 66
   3. Vier unterschiedlich große Betriebskrankenkassen 68
   4. Von den Hilfskassen zu den Ersatzkassen 73
   5. Privatversicherungsunternehmen als Zuschusskassen ... 77

II.		Gesetzliche Unfallversicherung	78
	1.	Zentrale gewerbliche Berufsgenossenschaften	78
	2.	Eine Berufsgenossenschaft für Landwirte	79
III.		Invaliditäts-, Alters- und Angestelltenversicherung	86
	1.	Versicherungsanstalt »im Namen seiner Majestät«	86
	2.	Eigene Versicherungsanstalt für Angestellte	102
	3.	Invalidenkasse auf freiwilliger Basis	104

**Drittes Kapitel:
Vom Beginn des Ersten bis zum Ende des
Zweiten Weltkrieges**

I.		Krankenversicherung	107
	1.	AOK Würzburg-Stadt größer als erwartet	109
	2.	Allgemeine Ortskrankenkasse Würzburg-Land	157
	3.	Innungskrankenkassen im Bereich des Handwerks	159
	4.	Betriebskrankenkassen mit langer Tradition	163
	5.	Freiheiten und Privilegien für die Ersatzkassen	168
II.		Unfallversicherung	174
	1.	Landwirte-Berufsgenossenschaft im Strudel der Entwicklung	175
	2.	Gewerbliche Berufsgenossenschaften noch nicht präsent	180
III.		Invaliden- und Angestelltenversicherung	181
	1.	Landesversicherungsanstalt mit ständig neuen Aufgaben	181
	2.	Berlin-geprägte Reichsversicherungsanstalt für Angestellte	191

Erstes Kapitel

Von den Anfängen sozialer Sicherung zur Kaiserlichen Botschaft

Vor allem weniger bemittelte Einwohner Würzburgs wie Arbeiter, Gesellen, Lehrlinge, Ladendiener, Dienstmägde, Knechte, Hausgehilfinnen, Hauspersonal, Tagelöhner, Fischer, aber auch Commis, Boten oder Stellungslose, waren in früheren Jahrhunderten auf solidarische Hilfe angewiesen. Menschen also, die nicht so sehr »auf der Sonnenseite des Lebens« standen wie etwa vermögende Kaufleute, Gutsbesitzer, Professoren, Fabrikanten oder Räte. Diese wohlhabenden Bürger konnten sich nämlich dank ihrer finanziellen Mittel »im Falle eines Falles« helfen bzw. unterstützen lassen.

Nicht schlagartig mit dem Übergang vom agrarwirtschaftlich geprägten Leben zu industriellen Produktionsformen hat sich unsere Sozialversicherung als wichtiges Sicherungsprinzip durchgesetzt. Sie entstand, beginnend mit der Kaiserlichen Botschaft, in vielen Schritten nach und nach. Rückschläge blieben dabei nicht aus. In Würzburg gab es gleichwohl bereits in früher Zeit soziale Sicherung und auch bemerkenswerte Vorläufer der Sozialversicherung. Die Hilfe beruhte dabei auf karitativen, religiösen, genossenschaftlichen oder betrieblichen Motiven.

I. Unterstützung bei Krankheit und im Alter

Lassen wir zunächst den Blick zurück in die Zeit der Frankenapostel schweifen: Etwa um 686/687 war der hl. Kilian mit seinen Gefährten Kolonat und Totnan nach Würzburg gekommen, um der heidnischen Bevölkerung den christlichen Glauben zu verkünden. Zu dieser Zeit war im mainfränkischen Raum die »soziale Frage« noch kein Thema. Um Not und Elend zu beheben, bestand für öffentliche Einrichtungen kein Bedürfnis; weitgehend blutmäßig verbundene Sippen, die in Krieg und Frieden Beistandsgemeinschaften darstellten, aber auch Adelsfamilien und andere Zusammenschlüsse betreuten und pflegten ihre Angehörigen in einem festgefügten Verbund bei Krankheit und im Alter. Sie leisteten den Hinterbliebenen ebenso im Todesfall Beistand.

1. Öffentliche Armenpflege und Krankenfürsorge

Mit der Ausbreitung des Christentums im 8. und 9. Jahrhundert – Bonifatius hatte 742 das Bistum Würzburg gegründet – nahm eine Teilung der Bevölkerung in Ober-, Mittel- und Unterschichten ihren Anfang. Erstmals stellte sich damit die Notwendigkeit öffentlicher Armenpflege und Krankenfürsorge. Die Anfänge des Armenwesens in der Stadt gehen in diese Zeit zurück. Der erste Aufenthaltsraum, nicht nur für kranke, sondern auch für bedürftige, gebrechliche und altersschwache Personen, soll sich neben dem Salvatordom, im Jahre 752 von Bischof Burkard geweiht, befunden haben.
In Würzburg zeigte sich, nachdem die Stadt durch ihre günstige Lage zunehmend größer wurde, bald die Kluft zwischen Arm und Reich. Dabei lebte der Tagelöhner als »Proletarier des Mittelalters« ausschließlich von seinem Tagelohn. Er stand mit seiner Familie auf der untersten Stufe der Bevölkerung und suchte sich ein bescheidenes Auskommen in erster Linie als Gelegenheitsarbeiter.
Dem Wirken der aufstrebenden Klöster und Mönchsorden waren in der Folgezeit Krankenpflege und Fürsorge für die arme und bedürftige Bevölkerung zu verdanken. Kurz nach der Jahrtausendwende – Würzburg zählte knapp 3 000 Einwohner – stiftete Bischof Heinrich I. aus den Mitteln seines ansehnlichen Vermögens das Kanonikerstift St. Stephan, außerhalb der Stadt gegen Süden zu gelegen. Bei dem 1057 von Bischof Adalbero in eine Benediktiner-Abtei umgewandelten Kloster St. Stephan bestand nach 1089 eine Herberge. Bischof Eginhard Graf von Rotenburg hatte sie errichten, mit den notwendigen finanziellen Mitteln ausstatten lassen und verfügt, dass arme, kranke, aussätzige und bresthafte Menschen aufgenommen und behandelt werden sollten. Allerdings erfüllten die Vorsteher des Spitals den Willen des Stifters

nicht. Vielmehr wurden die Armen und Kranken abgewiesen und ihnen auch Schläge verabreicht. Nach einer neuerlichen Stiftung des Bischofs übernahm das Kloster St. Stephan die Pflege. Dessen Mönche sollten, so Lorenz Fries in seiner Würzburger Chronik, morgens, mittags und abends auf den Straßen arme, kranke, aussätzige und bresthafte Menschen aufsuchen und ins Spital tragen lassen, um sie dort mit Speise zu erquicken und mit Arzneien zu laben. Die Ritterorden, die während der Zeit der Kreuzzüge (1096-1270) entstanden waren, die Spitalorden und die Bruderschaften widmeten sich vornehmlich aus religiösen Gründen der Krankenpflege sowie der Gründung und dem Betrieb von Spitälern. Damit schufen sie eine neue Form der Fürsorge. Nach dem Vorbild eines im Jahr 1048 in Jerusalem für Pilger und Kranke errichteten Hospizes wurde um das Jahr 1125 das St. Oswald-Hospital vor dem Sander Tor zur Pflege von Kranken gegründet. 1195 übernahm es nachweisbar der Johanniterorden, und der Name änderte sich in St. Johannesspital.
Dompropst Otto (1113-1144) stiftete um 1140 am Kürschnerhof aus eigenen Mitteln das Spital St. Dietrich, bestimmt zur Pflege und Unterstützung von Armen und Pilgern. In den Statuten bestimmte er Geistliche, die die Kranken pflegen, arme fremde Pilger bewirten und das Almosen unter ihnen aufzuteilen hatten. Wer verheiratet war oder Güter besaß, fand keine Aufnahme in das Spital.
Die letzte aus der mittelalterlichen Gedankenwelt heraus gegründete Stiftung war das Spital zu den Vierzehn Nothelfern am Fuße des Frauenbergs unterhalb der Festung. Durch letztwillige Verfügung legte Abt Johannes von Allendorf am 30. März 1494 fest, für zwölf fromme und bekannte Arme ein Spital mit Unterkunft und Verpflegung zu errichten. Nach dem Tod des Stifters zwei Jahre später wurden die Testamentsvollstrecker dem Willen des Verstorbenen gerecht. Am Dreikönigstag des Jahres 1498 begann der eigentliche Spitalbetrieb.

Pest und Seuchen mehr und mehr auf dem Vormarsch

Vor allem der Lepra- und Seuchenbekämpfung galt, nachdem Hungersnot und Teuerung zuvor immer wieder zahlreiche Bürger hinweggerafft hatten, ab dem 11. Jahrhundert die Fürsorge der Obrigkeit. Wüteten doch in steter Regelmäßigkeit Epidemien in Würzburg und forderten viele Menschenleben, so 1062, 1165, 1275 und 1312. Als segensreiche Einrichtungen, fernab von menschlichen Wohnungen gebaut, um die Ansteckungs- und Ausbreitungsgefahr zu unterbinden, sind uns überliefert:

Das Leprosenhaus auf dem Wöllrieder Hof als ältestes Siechenhaus, dessen Geschichte sich bis in das Jahr 1245 zurückverfolgen lässt, das Sondersiechenhaus am Sand vor dem Sander Tor, gegründet um 1320 in der Nähe des heutigen Ehehaltenhauses, das Siechenhaus vor dem Zeller Tor aus der Zeit um 1349 und das Sondersiechenhaus in der Veitshöchheimer Straße, um das Jahr 1664 entstanden.

Eine Leprosenordnung aus dem Jahre 1396

Die wohl älteste Leprosenordnung für die beiden Siechenhäuser am Schotten- und Sanderanger erließ 1396, zusammen mit dem Rat der Stadt, Bischof Gerhard von Schwarzburg (1373-1400). In der Organisation waren bereits genossenschaftliche Züge erkennbar. So wurden bei Vermögensangelegenheiten, die das Siechenhaus betrafen, die Insassen eingeschaltet.

Um die Mitte des 14. Jahrhunderts hatte auch die Pest in Würzburg »viele Einwohner jeden Alters und Geschlechts« hinweggerafft. Es fehlte ein Mittel gegen die schreckliche Seuche, der im Laufe der Zeit, insbesondere 1363, 1507 und 1519, viele Menschen in der Stadt zum Opfer fielen. In der Regel mussten die Erkrankten in ihrer Unterkunft bzw. bei ihren Familien bleiben. Isolierstationen oder ähnliche Einrichtungen bestanden nicht.

Zu Beginn des 15. Jahrhunderts gab es in Würzburg nur noch wenige Kranke mit Aussatz, bedingt durch die Besserung der Lebensverhältnisse. Deshalb wurden in die Siechenhäuser auch solche Bürger aufgenommen, die mit einer anderen unheilbaren oder ansteckenden Krankheit behaftet waren. Man pflegte sie wie Aussätzige. Erstmals 1496 ist in Würzburg das Auftreten von Syphilis nachgewiesen, und zwar bei zugereisten Franzosen. Derart erkrankte Fremde wurden,

wenn sie reisefähig waren, schnell in ihre Heimat abgeschoben. Einen Zuzug Syphilis-Kranker versuchte der Rat der Stadt nach Möglichkeit zu unterbinden.
Einige Zeit später ist ein deutlicher Niedergang der kirchlichen Caritas-Arbeit festzustellen. Er hängt vor allem mit wirtschaftlichen und politischen Schwierigkeiten, aber auch mit den durch die aufkommende Reformation einsetzenden innerkirchlichen Streitigkeiten zusammen.

Die Anfänge des Medizinalwesens in der Stadt am Main

Früheste Nachrichten über die Tätigkeit von Ärzten in Würzburg reichen bis in das 13. und 14. Jahrhundert zurück. Gleichwohl waren für die meisten Einwohner damals Ärzte kaum von Bedeutung. Die hygienische und auch medizinische Versorgung großer Teile der Bevölkerung lag in den Händen der Bader und Barbiere, zumal ihre Honorare um einiges niedriger als die der Ärzte waren. Durchschnittlich acht bis zehn Badestuben boten ihre vielfältigen Dienste an. Zum Ende des 15. Jahrhunderts nahm die Beliebtheit dieser Einrichtungen allerdings ab, weil sich Besucher dort mit Geschlechtskrankheiten infizieren konnten.
Im Jahre 1502 erließ Bischof Lorenz von Bibra (1495-1519) eine 13 Punkte umfassende Verordnung zum Medizinalwesen in Würzburg. Der Arzt, den man äußerlich an seiner Kleidung erkannte und der eine bestimmte Ausbildung absolviert hatte, musste in Würzburg wohnen. Ärztliche Hilfe durfte einem Kranken nicht versagt werden. Auch waren die Ärzte verpflichtet, sich auf Wunsch des Kranken in angemessener Weise zu beraten. Zur Praxis nicht zugelassen wurden jüdische Ärzte. Beim täglichen Besuch der Kranken war es dem Mediziner nicht erlaubt, mehr als zwei Gulden Honorar in der Woche zu fordern. Arme Bürger brauchten nichts zu bezahlen. Bei Lebensgefahr des Patienten musste der Arzt einen Priester rufen lassen.

Ein Apotheker als »Gewürzkramer«

Den Apotheken widmete die Obrigkeit damals besondere Aufmerksamkeit. Zum ersten Mal lässt sich ein Apotheker als »Gewürzkramer« 1254 in Würzburg nachweisen, ein Apotheker im heutigen Sinn zu Beginn des 15. Jahrhunderts, als sich die Stadtbevölkerung mit knapp 7000 Einwohnern aus Adel und Geistlichkeit, Bürgerschaft, Beisassen, Handwerksgesellen, Tagelöhnern, Knechten und Mägden, Soldaten und Bettlern zusammensetzte. Ohne Apotheke konnte ein Arzt nicht praktizieren und keine Arzneimittel verschreiben. Ihm war es auch nicht erlaubt, einen bestimmten Apotheker zu empfehlen. Die Auswahl blieb vielmehr allein dem Patienten überlassen. Ob in der Arztlade, einer Sackgasse von der Plattnerstraße weg, früher die erste Würzburger Apotheke stand, die einem Arzt gehörte, ist nicht nachgewiesen. Im Jahre 1480 erließ Bischof Rudolf von Scherenberg eine erste Instruktion über die Stadthebammen. Sie waren verpflichtet, zu jeder Tages- und Nachtzeit zu einer schwangeren Frau zu gehen, die sie rufen ließ. Für ihren Dienst erhielten sie vier Schillinge. Von Armen hatten sie weniger zu nehmen. Aus dem Jahre 1555 sind die Namen von fünf Stadthebammen überliefert.

Umfassende Solidarität bei Innungen und Zünften

Bis zum Ende des Hochstifts Würzburg zu Beginn des 19. Jahrhunderts war der Leibarzt des Bischofs in der Regel der erste Medizinalbeamte. Er führte die Oberaufsicht über die Apotheken, überwachte ihre Taxordnung, stand an der Spitze des Krankenwesens sowie der Pflege kranker Armer und hatte die oberste Leitung der Medizinalpolizei inne.
Zu einem wirtschaftlichen, sozialen und politischen Machtfaktor entwickelten sich im Laufe der Zeit Gilden, Zünfte und Innungen. Neben der Sicherung des Lebensunterhalts errichteten sie auf genossenschaftlicher Basis soziale Einrichtungen wie Kranken- und Sterbekassen. Ob Krankheit, Unfall, Alter oder Tod eines Mitglieds die Leistungspflicht auslösten, war ohne Belang. In keinem Fall durfte die erforderliche Hilfe versagt werden. Vielfach wohnten die Gesellen und Lehrlinge im Hause des Meisters und wurden dort mitversorgt. Wenn die Kraft des einzelnen Meisters zur Unterstützung und Hilfe für die ihm anvertrauten Gesellen und Lehrlinge nicht mehr ausreichte, sprang die Gemeinschaft ein.

Bis ins 12. Jahrhundert zurück lassen sich Handwerker-Selbsthilfeeinrichtungen in Würzburg verfolgen, so etwa auch die Schuhmacher-Innung. Dies belegt eine Zunfturkunde aus dem Jahre 1128. Eine weitere Urkunde von 1169 regelt bereits die Beerdigung von Zunftgenossen beim Neumünster-Stift und die freie Verköstigung der hinterbliebenen Ehefrau bei den Leichenfeierlichkeiten. Nachweislich 1732 bestand bei den Schuhmacher-Gesellen der Stadt eine »Krankenkasse« mit Beitrittszwang. Der Oberrat der Innung hatte dazu bestimmt, dass die Hälfte der anfallenden Gelder in die dazu schon von alters her vorhandene Krankenbüchse gelegt werde und lediglich zur Bezahlung der Krankenkosten verwendet werden solle.
Auch in anderen Zünften und Innungen gab es Bestimmungen darüber, welche Leistungen der Meister im Krankheitsfall seinen Gesellen und Lehrlingen zu erbringen hatte. Bei Invalidität und im Alter erhielten die Meister von der Zunft Verpflegung und Wohnung bis zu ihrem Tod.
In der Würzburger Almosen-Verordnung aus dem Jahre 1533, die Bischof Konrad von Thüngen erließ, heißt es, dass kranken Dienstboten, die damals knapp ein Zehntel der Stadtbevölkerung ausmachten, zum »Behufe« ihrer Kur in den Pflegehäusern eine Unterkunft gestattet und deren Verpflegungskosten durch eine angemessene Beisteuer der Dienstherren gedeckt werden sollen.

Hilfe vor und nach dem 30-jährigen Krieg

Die vielen Fürsorgemaßnahmen der Kirchen, Klöster und der Stadt machte der 30-jährige Krieg (1618-1648) weitgehend zunichte. Würzburg war durch die militärischen Auseinandersetzungen besonders stark in Mitleidenschaft gezogen. Die schwedischen Soldaten verschonten die Einrichtungen in der Stadt nicht. Die Nachwirkungen des Krieges führten zu einer großen Verarmung der Bevölkerung, die weitgehend auf Selbsthilfe angewiesen war. Das Sozialwesen geriet in einen desolaten Zustand. Es dauerte geraume Zeit, die Folgen dieses langen und schrecklichen Krieges zu überwinden.
Im 18. Jahrhundert kam ein langsamer Verfall der Zünfte und damit auch der genossenschaftlichen Fürsorge hinzu. Mehr und mehr waren

die Gesellen im Krankheitsfall auf die Armenfürsorge angewiesen. Deren Mittel reichten aber bei weitem nicht aus, um die Not deutlich zu lindern.

2. Zwei bis heute sozial ausgeprägte Spitäler

Über viele Jahrhunderte hinweg haben in Würzburg zwei Spitäler entscheidend zur Behebung sozialer Not beigetragen und Schutz auf vielfache Art und Weise gewährleistet. In die heutige Zeit übertragen, haben sie den ihnen anvertrauten Menschen gleichzeitig Leistungen der gesetzlichen Kranken-, Renten- und Pflegeversicherung zuteil werden lassen. Ihr Bekanntheitsgrad geht, nicht zuletzt aus kulinarischen Gründen, weit über Bayern hinaus, mit anderen Worten, Genuss und guter Zweck liegen hier eng beieinander. Weil es über beide Spitäler bereits eine umfangreiche Literatur gibt, im folgenden ein kurzer Abriss über Entstehung, Entwicklung und Wirken der beiden Einrichtungen. Sie sind auch heute noch lebendige Zeichen wohltätigen Bürgersinns und in der Einwohnerschaft tief verwurzelt.

Den Kranken und Schwachen »zur Lab' und Stärkung«

Ein frühes Zeugnis sozialer Hilfe stellt das Bürgerspital zum Heiligen Geist dar. Durch Fürstbischof Gottfried von Hohenlohe hatte sich am 23. Juni 1319 der Würzburger Patrizier Johann von Steren ein Haus vor dem Hauger Tor zur Pflege kranker und siecher Würzburger Bürger bestätigen lassen, um »Himmlisches durch Irdisches und Ewiges durch Vergängliches« zu erwerben. Als Gründungsjahr am bis heute traditionellen Standort gilt 1316. Damit trat erstmals das Bürgertum in Konkurrenz zur bisher nur kirchlichen Sozialfürsorge. Schon 1321 stattete der Stifter das Spital mit 13 Morgen Weinbergen aus – den Kranken und Schwachen »zur Lab' und Stärkung«.
Für die ersten Jahre nach Gründung des Spitals sind zwölf Pflegebedürftige als Insassen oder als Hausarme, die vom Spital versorgt wurden, vermerkt. Großherzige Zustifter sicherten in der Folgezeit den

Betrieb des Spitals und die Versorgung der Insassen. Eine Bruderschaft kümmerte sich um Arme und Kranke. Nach dem ältesten überlieferten Vermögensverzeichnis von 1583 verfügte das Bürgerspital damals bereits über beträchtlichen Grundbesitz, nämlich 58 Hektar Ackerland und zehn Hektar Weinberge, was entscheidend zur Versorgung der Pfründner beitrug. Im 19. Jahrhundert wurden sowohl das Weingut ausgebaut als auch der Liegenschaftsbesitz vergrößert.

Kleinere Stiftungen als Wohltat für Hilfsbedürftige

Mit der Bürgerspital-Stiftung verbunden waren später die Vereinigten Pflegen, nämlich kleinere Stiftungen, deren Renten, d.h. Einnahmen, ebenfalls zur Versorgung älterer Menschen verwendet wurden. Im einzelnen waren dies 1869 Elisabethenpflege, Gabrielspflege, Hohenzinnenpflege, Küttenbaumpflege und Seelenhauspflege mit einem »Capital« von insgesamt 125 013 Gulden 26 Kreuzern für 25 Stellen weiblicher Pfründner. Die Unterstützten gehörten in der Regel nicht zu den konskribierten Armen. Diese Stiftungen bildeten deshalb
eine Wohltat für jene Classe von Hilfsbedürftigen, welche, ohne bereits gesetzlichen Anspruch auf Armenunterstützung zu haben oder erheben zu wollen, doch einer Unterstützung bedürftig sind.
Die Zahl der Pfründnerinnen und Pfründner des Bürgerspitals selbst belief sich zum Jahresende 1869 auf 38 männliche und 62 weibliche Bewohner. Außer den inneren Pfründnern kamen die Wohltaten seit 1867 auch 18 Kostgängern und zehn armen »äußeren« Pfründnern, nämlich solchen Menschen, die außerhalb des Spitals wohnten, zugute. Eine Krankenabteilung bestand nur für »eingepfründete« Personen. Der jüngste Pfründner wies 1869 ein Lebensalter von 44 Jahren auf, der älteste war 92 Jahre alt. Das Durchschnittsalter lag bei 70,5 Jahren. 1891 befanden sich im Hauptbau 33 und im Hofbau 27 Zimmer für Pfründner, Personal und Pflege. Insgesamt waren 224 Betten vorhanden. 1933 wurden 60 arme Pfründner, 13 Pensionäre und 43 äußere Pfründner versorgt. Die Kriegseinwirkungen, besonders der 16. März 1945, verschonten auch das Bürgerspital nicht und fügten vor allem seinen Gebäuden erheblichen Schaden zu.

Geriatrische Rehabilitation für viele Patienten

Im barocken Flügelbau des Bürgerspitals wurde im April 1994 die erste geriatrische Rehabilitations-Einrichtung in Unterfranken eröffnet. Sie betreut jährlich rund 500 Patienten nach Schlaganfall, Fraktur, Amputation oder Gelenkersatz-Operation, um ihnen wieder zu größtmöglicher Selbstständigkeit zu verhelfen.
Der Erfüllung des Stiftungszwecks, nämlich der Betreuung älterer Würzburger Bürger, kommt das Bürgerspital, eine der ältesten Stiftungen in Deutschland, unter städtischer Aufsicht heute in seinen Einrichtungen in den Seniorenheimen Bürgerspital-Mitte, Huebers-Pflege, Ehehaltenhaus und St. Nikolaus, Zehnthof und St. Maria, Senioren-Wohnstift Frauenland, Senioren-Wohnstift Sanderau und Robert-Krick-Wohnstift nach. Insgesamt werden in 660 Appartements, Einzel- und Doppelzimmern rund 870 Personen versorgt – eine »Großtat bürgerlichen Gemeinschaftssinns«, wie es der Historiker und Altmeister der fränkischen Geschichtsschreibung, Prof. Dr. Otto Meyer, treffend ausgedrückt hat. Über 650 Mitarbeiter tragen zur Erfüllung des sozialen Anliegens bei. 140 Hektar Weinbergsbesitz und umfangreiche Erbbaurechte sowie über 200 Wohnungs- und gewerbliche Vermietungen bilden eine gute wirtschaftliche Grundlage für das bürgerspitälische Wohlergehen. Darum kümmert sich insbesondere der Stiftungsvorstand, bestehend aus Oberbürgermeisterin Pia Beckmann, der städtischen Stiftungsreferentin Dr. Claudia Strobel und dem geschäftsführenden Vorstandsmitglied Rüdiger Braun.

Dem Stifter auch heute noch verpflichtet

Fürstbischof Julius Echter von Mespelbrunn (1573-1617) erkannte schon zu Beginn seiner Regentschaft die Vielzahl sozialer Probleme und menschlicher Schicksalsschläge, denen insbesondere das »gemeine Volk« ausgesetzt war. Es erfuhr entweder gar keine oder in mangelhaft ausgestatteten Anstalten nur ungenügend Hilfe. Durch zahlreiche Maßnahmen versuchte der Fürstbischof den Härten des Lebens abzuhelfen bzw. sie zu mildern. Eines seiner bedeutendsten Werke war die Stiftung des Juliusspitals. Es sollte bis heute für alte Menschen eine sichere Zufluchtsstätte, für kranke Patienten ein Hort der Genesung und für die Wissenschaft eine bedeutende Lehranstalt sein. Die Grundsteinlegung durch Julius Echter selbst erfolgte am 12. März 1576, nachdem schon im Herbst 1575 mit den Bauarbeiten begonnen worden war. Die feierliche Segnung des vierflügeligen Baus fand vier Jahre später, am 10. Juli 1580, statt. Noch im gleichen Jahr wurde die erste Pfründnerin aufgenommen. Das in der Stiftungsurkunde »Julierspital« genannte Asyl sollte

allerhand Sortten Arme, Krancke, unvermugliche, auch schadtschaffte Leuth, die wundt und anderer Artzney nottürfftig sein, dessgleichen verlassene Waysen und dann füruberziehende Pilgram, und dörfftige Personen

aufnehmen und ihnen Unterhalt und Handreichung gewähren. Von einer wirklichkeitsnahen Einstellung des Stifters zeugt die Auflage, nur so viele Bedürftige aufzunehmen, als durch die Einnahmen aus den verschiedenen Wirtschaftsteilen – Weinberge sowie land- und forstwirtschaftlicher Besitz – versorgt werden konnten.

Für Kranke aus allen Religionen, Ländern und Ständen

Im Taschenbuch »Würzburg und seine Umgebungen« heißt es 1844:
Das Haus enthält 34 grössere Krankensäle, 12 andere Säle, 100 Zimmer und eine große Menge Kammern, eine eigene Apotheke, eigenes Schlachthaus und Mühle. Nur in der Pfründneranstalt werden täglich 78 weibliche und 109 männliche Individuen gepflegt. Die Frequenz der Anstalt kann man durchweg auf 300 Kranke aus allen Religionen, Ländern und Ständen rechnen, und aus mehr als 100 Personen besteht das höhere und niedere Personale.
Bei den Luftangriffen am 19. Februar bzw. 16. März 1945 wurden annähernd 90 Prozent der historischen Bausubstanz des Juliusspitals vernichtet. Auch wenn die Lage hoffnungslos schien, der Selbsterhaltungswille der Stiftung war ungebrochen. Sogleich begannen Aufräumungsarbeiten und Wiederaufbau. Das Krankenhaus, bis 1921 in Nebenfunktion auch Klinik der Universität Würzburg und heute

Akademisches Lehrkrankenhaus der Alma Julia, verfügt über 380 Betten in zehn Fachabteilungen. Das Altenheim bietet nach seiner Sanierung 200 alten und alleinstehenden Menschen einen Lebensabend in Geborgenheit, auch wenn heute nicht mehr, im Gegensatz zu einst, eine beachtliche Zahl von Heimplätzen (früher bis zu 150) nach den Grundsätzen einer Anlage zur Stiftungsurkunde für mittellose alte Menschen freigehalten werden kann. Zehn Pfründner, bedürftige Bürger römisch-katholischen Glaubens ohne eigenes Einkommen aus dem ehemaligen Hochstift Würzburg, finden nach wie vor kostenfreie Aufnahme im Pfründnerheim.

Die Apotheke des Juliusspitals versorgt seit über 300 Jahren das Krankenhaus mit Arzneimitteln. Auch eine Reihe anderer Krankenhäuser in Würzburg wird seit 1982 mit Medikamenten von ihr beliefert. Vollständig erhalten geblieben ist in den Apotheken-Räumen eine herrliche und kunsthistorisch interessante Rokoko-Offizin.

Eine eigene Abteilung für Palliativ-Medizin

Im Jahre 2001 gründete die Stiftung Juliusspital eine Abteilung für Palliativ-Medizin, Palliativpflege und Hospizarbeit und errichtete dann gleichzeitig eine entsprechende Akademie. Darum verdient gemacht hat sich der ehemalige Oberpflegamtsdirektor Dr. Georg Schorn. Die Palliativstation des Juliusspitals versorgt unheilbar Kranke, die den Tod vor Augen haben. Dafür stehen den Patienten neun Betten in ebenso vielen Zimmern zur Verfügung.

Das Juliusspital versteht sich als Stiftung des öffentlichen Rechts und setzt für die Stiftungsleistungen Mittel aus der Landwirtschaft (1 026 Hektar), dem 3 400 Hektar umfassenden Waldbesitz und dem Weinbau mit 168 Hektar Gesamtrebfläche ein. In allen Bereichen beschäftigt das Stift rund 1 100 Personen. Das Oberpflegamt als Leitungsgremium besteht aus drei stimmberechtigten Mitgliedern, nämlich dem Oberpflegamtsdirektor, seit 1. Juni 2001 bekleidet dieses Amt Rainer Freiherr von Andrian-Werburg, ferner dem Leitenden Arzt des Krankenhauses, Prof. Dr. Bernd Gay, dem Pfarrer der Pfarrei St. Kilian im Juliusspital, derzeit Bernhard Stühler.

3. Hilfe und Schutz für Gesellen und Dienstboten

Einflussreiche Würzburger Bürger erkannten im ausgehenden 18. Jahrhundert, dass die teilweise noch aus dem Mittelalter stammenden karitativen und sozialen Einrichtungen nicht mehr ausreichten, den größer gewordenen Pauperismus zu lindern. Einen beachtlichen Teil der Bevölkerung bildete damals die »Unterschicht«. Zu ihr gehörten auch Gesellen, Lehrjungen und Dienstboten. Eine Verbesserung der teilweise unzureichenden Verhältnisse erschien mehr als notwendig. Vor allem die Unterbringung in einem Spital erwies sich für diesen Personenkreis bei einem längeren Aufenthalt als problematisch und teuer. Die erste Art der Krankenunterstützung, noch vor der Zahlung von Geldleistungen, bildete deshalb die Hospitalpflege.

Die Anfänge des Bürgerlichen Krankengesellen-Instituts

Bereits ein Gesuch der Schreinerzunft aus dem Jahre 1740 schildert die unbefriedigenden Zustände,
wonach die erkrankten Gesellen in Würzburg auf der Herberg in einem Schildwirtshaus gegen teuere Bezahlung von Verpflegung, Wärterin, Zimmer, Bett, Holz und Licht (letzteres bei gefährlichen Zuständen oft gar nicht geduldet) untergebracht werden, sodaß sie in Schulden geraten. Deshalb suchen die Gesellen ungern Würzburg auf und bringen so dem Handwerk Schaden.
Insgesamt ließ damals die Bequemlichkeit sehr viel zu wünschen übrig. Sanitäre Einrichtungen waren dürftig. Wasser und Brennmaterial mussten mühsam herbeigeschafft werden. Eine Kanalisation war so gut wie unbekannt. 1855 sollte Würzburg in den Genuss einer Gasbeleuchtung und einer Wasserleitung kommen. Und erst am 1. April 1899 nahm das Städtische Elektrizitätswerk seinen Betrieb auf.
Die Geschichte der Krankenkassen darf man füglich mit Würzburg und der Jahreszahl 1786 beginnen lassen,
schreibt Universitätsprofessor und Landgerichtsarzt a.D. Dr. Wilhelm Reubold 1904. Wenn man sich vergegenwärtigt, dass in Bamberg ein Krankengesellen-Institut 1789 errichtet wurde, in Ulm eine Versiche-

rung für kranke Gesellen 1825 zustande kam und die Katharinenhospital-Versicherung in Stuttgart weitere zwei Jahre später ins Leben gerufen wurde, scheint Reubold mit seiner Feststellung, zumindest für den süddeutschen Raum, nicht so unrecht gehabt zu haben. Die Gründung der ersten »Krankenkasse« in Würzburg im Jahre 1786 ist deshalb bemerkenswert, weil das »Institut für erkrankende Gesellen in der Stadt Würzburg«, so der Name der neuen Einrichtung, schon auf ähnlichen Grundsätzen beruhte, wie sie knapp ein Jahrhundert später im Deutschen Reich verbindlich wurden.

Der Gedanke, ein Krankengesellen-Institut zu errichten, war auf eine Eingabe Würzburger Bürger an Fürstbischof Franz Ludwig von Erthal (1777-1795) zurückzuführen. Darin äußerten sie den Wunsch, eine Einrichtung zur besseren Pflege kranker Handwerksgesellen zu schaffen. Der Fürstbischof erkannte nicht nur die Tragweite einer solchen Einrichtung, er förderte sie später auch tatkräftig durch persönliche materielle Unterstützung. In die Bemühungen, einen Ort für die Pflege kranker Handwerksgesellen zu finden, hatten sich auch der Hofhutmachermeister Joseph Heydenreich als Vertreter der Zünfte und Hofschlossermeister Johann Anton Oegg eingeschaltet.

Nachdem sich die Ärzte des Juliusspitals bereit erklärt hatten, die Behandlung der Kranken unentgeltlich zu übernehmen, erfolgte am 30. Januar 1786 die Errichtung und drei Wochen später die Einweihung dieses »mitleidigen Instituts« mit einer Festpredigt, der Fürstbischof und Domkapitel beiwohnten, sowie der Installation im Juliusspital. In den »Gelehrten Anzeigen für Würzburg« des Jahres 1787 heißt es, das Institut, das rund 900 Handwerksgehilfen Schutz und Hilfe zukommen lasse, diene einem wohltätigen Zweck und gereiche der gesamten Bürgerschaft zur Ehre.

In den ersten Statuten ist alles geregelt

Aus den ersten Statuten, »die gedruckt und zu reicher Verwendung gebracht wurden«, geht hervor: Mitglieder des Gesellen-Instituts sind alle Gewerbe- sowie die Handlungs- und Apothekergehilfen. Der Zutritt ist freiwillig. Wer jedoch beigetreten ist, darf nicht mehr austreten.

Wer die Beiträge, 1 Gulden 36 Kreuzer jährlich, schuldig bleibt, erhält keinen »Abschied« bzw.»Kundschaftsbrief«.
Neu zureisende Gesellen sind dem Institut einzuverleiben, ebenso Lehrjungen, auch wenn für sie niemand zahlt. Die »vertagten Kreuzer« sind nach dem Auslernen nachzuzahlen. Kranke Zureisende werden nicht aufgenommen, ebenso wenig diejenigen, die an unheilbaren krebsartigen Geschwüren, Lungen- und Wassersucht, Auszehrungen, veralteten Fußgeschwüren, Gliederkrankheiten, unheilbaren Lähmungen, fallender Sucht, Lustseuche oder Wahnsinn leiden, auch nicht mutwillig in Raufhändeln Verletzte. Alle Versicherten haben bei einer Erkrankung Anspruch auf Kur und Verpflegung im Juliusspital. Der Pflegesatz beträgt 25 Kreuzer pro Kopf auf den Tag, wobei Ein- und Austrittstag als ein Tag gerechnet werden. Drei Zimmer, davon eines für Distinguierte, werden für die Mitglieder des Instituts reserviert.

Auf Anfrage die notwendigen Erläuterungen

Das Krankengesellen-Institut entwickelte sich überraschend gut und erzielte sogar Überschüsse. Dies war allerdings mehr den Geschenken des Fürstbischofs als den eingezahlten Beiträgen zu verdanken. Schon bei der Eröffnung hatte der Fürstbischof »in einem Beutel einen ansehnlichen Betrag« gespendet. Die jährliche Rechnungstellung, der eine gut angelegte Verpflegsliste nach Alter und Stand der Kranken, Name der Krankheit, Ausgang derselben, Zeit des Ein- und Austritts, Verpflegungsdauer und -kosten beigegeben war, wurde in vielen Exemplaren gedruckt, um »der ganzen Welt« über den geführten Haushalt Rechnung abzulegen. Einmal im Monat hielt das Krankengesellen-Institut Versammlungstage ab,
an welchen die erwählten Vorsteher jedesmal am Nachmittag um halb 2 Uhr in der Behausung des Hofglasers Johann Baptist Limb zusammen kommen, um das Nöthige untereinander zu berathen, wobey auch jeder Deputirte bey einer ihm allenfalls vorkommenden Angelegenheit oder Anfrag sich einfinden, und die nöthige Erläuterung erhalten kann.
Von 1786 bis 1801 wurden rund 2 600 Kranke mit einem Kostenaufwand von annähernd 17 000 Gulden verpflegt. 1801 hatte sich ein Aktivver-

mögen von fast 10 000 Gulden angesammelt. Auch wenn sich in den folgenden Kriegszeiten, ausgelöst durch die Französische Revolution, die finanzielle Situation ungünstiger darstellte, »weil nur alte, von Körperstrapazen geschwächte Gesellen« behandelt wurden, bestand das Institut ununterbrochen noch mehr als acht Jahrzehnte fort. König Maximilian Joseph I. bestätigte das Bestehen des Instituts »seinem ganzen Umfange nach unter Bezeugung des allerhöchsten Wohlgefallens« und Unterstützungszusage durch ein Reskript vom 8. Januar 1803.

Abzehrung und Lungensucht als häufigste Todesursachen

Mit welchen Problemen das Institut in seiner Anfangsphase zu kämpfen hatte, machen vor allem die damaligen gesundheitlichen Verhältnisse deutlich. 1808 starben in Würzburg, das rund 19 000 Einwohner zählte und von 1805 bis 1814 zum Großherzogtum Würzburg unter Großherzog Ferdinand von Toskana gehörte, 1754 Kranke an Abzehrung und Lungensucht. Unter heute kaum mehr vorstellbaren Schwierigkeiten versuchte man gegen diese Krankheiten anzugehen. Es fehlte dabei nicht an Hilfsbereitschaft und Fürsorge. Die bedauernswerten Kranken waren allerdings einer Behandlung ausgesetzt, bei der sie nicht gesund werden konnten. Die Therapie bestand überwiegend in Schwitzkuren, Aderlässen, Verabreichung von Dachs-, Hunde- oder Gänsefett.
Dass Würzburg damals seiner Zeit gleichwohl voraus war, macht ein Blick in die »Allgemeine Verordnung, das Armenwesen betreffend« vom 23. November 1816 deutlich. König Max Joseph empfiehlt darin,
daß die Armenpfleger besonders dahin trachten sollten, daß für Handwerksgesellen und Dienstboten ein Versicherungsverband für Fälle der Krankheit mittels kleiner Beiträge von ihrem Lohne unter Mitwirkung der Meister und Dienstherren zustande kommt.
Ab 1840 waren die Beiträge, weil die Verpflegungskosten im Juliusspital auf 30 Kreuzer täglich anstiegen und auch an Krätze Erkrankte verpflegt wurden, auf zwölf Kreuzer monatlich heraufgesetzt worden. Das Juliusspital gewährte nicht nur weiterhin kostenfreie Behandlung durch seine Ärzte und sein Hilfspersonal, sondern auch Arzneimittel, Kost, Getränke, Bekleidung und was sonst erforderlich war. Sogar Krücken,

Stelzfüße oder Bruchbänder stellte es während des Aufenthalts im Spital ohne Entgelt zur Verfügung. Ebenso übernahm es die Beerdigungskosten verstorbener Mitglieder des Gesellen-Instituts. Dafür vergütete dieses dem Spital drei Gulden 30 Kreuzer pro Todesfall.

Nach Kriegserklärung weniger Mitglieder

Nach den Statuten des Gesellen-Instituts vom 10. Dezember 1844 waren von der Aufnahme in das Juliusspital ausgenommen: Epileptiker, Wahnsinnige, mit Lustseuche, mit Krebsschäden sowie mit einer unheilbaren Krankheit behaftete Personen. Sie wurden nur auf eigene Kosten oder in der Allgemeinen Heilanstalt behandelt, sofern eine Aufnahme dort möglich war. Dem Krankengesellen-Institut gehörten 1869 durchschnittlich 2957 Mitglieder an. In das Juliusspital wurden während dieses Jahres 643 Gesellen und 17 Commis aufgenommen. Im Verlauf des Jahres 1870 machte sich eine deutliche Abnahme der Mitglieder bemerkbar: Ein Teil der männlichen Mitglieder war zu den Waffen gerufen worden, nachdem Frankreich am 19. Juli 1870 Deutschland den Krieg erklärt hatte. Die Folge waren einerseits weniger Pflichtbeiträge, andererseits aber auch geringere Ausgaben für die Verpflegung kranker Mitglieder. Das Gesamtvermögen des Instituts belief sich zum Jahresende 1870 gleichwohl auf über 70000 Gulden.

Seit 1872 war die stationäre Krankenhilfe nicht mehr auf das Juliusspital beschränkt. Auch Ehehaltenhaus und Universitäts-Augenklinik nahmen erkrankte Mitglieder des Instituts auf. Ausgaben für ambulante ärztliche Behandlung waren allerdings nicht in den Jahresrechnungen enthalten, weil sie noch keine Leistung des Instituts darstellte.

Medikamenten-Bezug »im Ganzen wohlthätig«

Ab 1. April 1872 wurde den Mitgliedern des Krankengesellen-Instituts versuchsweise von den städtischen Kollegien die unentgeltliche Verabreichung der Medikamente in Krankheitsfällen ohne stationären Aufenthalt für die Dauer eines Vierteljahres unter der Voraussetzung zugestanden, dass sie sich poliklinisch behandeln ließen. Die Medikamente wurden von den Würzburger Apotheken im Turnus geliefert und dabei zehn Prozent Rabatt gewährt. Das Juliusspital hatte eine Medikamenten-Abgabe durch seine Apotheke am 16. Februar 1872 abgelehnt. Trotz mancher Missbräuche im Bezug von Medikamenten erwies sich der eingeschlagene Weg nach Ansicht der Obrigkeit »im Ganzen als wohlthätig«.

Der jährliche Beitrag zum Krankengesellen-Institut betrug 1876, als für das gesamte Reichsgebiet die Umstellung vom Gulden auf die Mark erfolgte, 4,20 Mark jährlich, im Verlauf fast eines Jahrhunderts eine Steigerung des wöchentlichen Beitrags von 5,2 auf 8 Pfennig. Neben den Beiträgen setzten sich die Mittel des Instituts aus Schenkungen oder Erbschaften zusammen. Auch flossen ihm Gelder (»Reichnisse«) des Fürstbischofs, des Königs und der königlichen Staatskasse zu. Nur mit Hilfe derartiger finanzieller Zuwendungen konnte das Institut seine Aufgaben erfüllen.

Auf dem Weg zu einer organisierten Ärzteschaft

Vom Eisenbahn-Knotenpunkt Würzburg führten zwar bald sechs neue Bahnlinien nach Schweinfurt, Fulda, Aschaffenburg, Ansbach, Nürnberg und Heidelberg. Von den finanziell aufwändigen Unternehmungen, die zahlreiche auswärtige Arbeiter nach Würzburg und Umgebung lockten, spürte das Institut praktisch aber nichts. Zu sehr war es in das lokale Geschehen und den handwerklichen Bereich eingebunden. Die Verrichtung von kleineren chirurgischen Arbeiten, Verband anlegen bei Verletzungen, Zahnziehen und dergleichen, an Mitglieder des Krankengesellen-Instituts wie auch des Dienstboten-Instituts, von dem noch die Rede sein wird, übertrug das Krankengesellen-Institut 1879 einem »Stadtchirurgen«. Er erhielt dafür beispielsweise eine vertragsmäßig festgesetzte Vergütung aus der Institutskasse von 57,30 Mark im Jahr 1881.

Weit bis in das 19. Jahrhundert hinein wurden medizinische Dienstleistungen von einer Vielzahl unterschiedlicher Personengruppen angeboten. Neben den handwerklich ausgebildeten Chirurgen, Wundärzten, Badern, Barbieren und den mit Heilkräutern und Volksmitteln vertrau-

ten fahrenden Operateuren, Bruchschneidern, Zahnreissern, Knocheneinrenkern, Kräuterheilern, Urinbeschauern, »weisen Frauen«, heilkundigen Schäfern und Quacksalbern nahmen die akademisch gebildeten »gelehrten Ärzte« eine Minderheiten-Position ein. Eine organisierte Ärzteschaft finden wir erst zum Ende des 19. bzw. zu Beginn des 20. Jahrhunderts, wenngleich es am 17. Dezember 1848 zur Gründung eines Ärztlichen Bezirksvereins Würzburg gekommen war.
1852 waren in Würzburg 37 promovierte Ärzte, zusätzlich 20 Professoren und Privatdozenten, tätig. Auf einen Arzt kamen damals in der Stadt am Main 400 Einwohner. Allerdings war bis 1865 für die Ausübung des ärztlichen Berufs nicht nur eine allgemeine, sondern sogar eine auf den Praxisort beschränkte staatliche Konzession notwendig. Die allgemeine Freigabe der ärztlichen Praxis bildete denn auch, neben der Bildung eines Ärztlichen Unterstützungsvereins, einen der wichtigsten Beratungs- und Diskussionsgegenstände in der Arbeit des Ärztlichen Bezirksvereins. Im Würzburger Adressbuch 1868 ist dem Verein folgender Zweck zugewiesen:
Förderung der Wissenschaft, Hebung der Kollegialität und Feststellung und Vertretung der Rechte des ärztlichen Vereins.
Mit dem 1. Dezember 1884 ging das Krankengesellen-Institut nach fast hundertjährigem Bestehen in der neu gegründeten Gemeinde-Krankenversicherung Würzburg auf. Als Stiftung unter der Führung des Stadtmagistrats bestand es allerdings weiter. Das Vermögen des Instituts wurde der Nachfolge-Organisation als Fundus überwiesen, war gesondert zu behandeln und daraus der Personal- und Regieaufwand sowie Vorschüsse der Gemeinde-Krankenversicherung zu bestreiten. Noch 1913 belief sich das Stiftungsvermögen auf 158 160 Mark.

Das Institut für kranke Dienstleute aus dem Jahre 1801

Schon im März 1786 hatte Fürstbischof Franz Ludwig von Erthal eine dem Bürgerlichen Krankengesellen-Institut ähnliche Einrichtung für Dienstboten jeder Art geplant. Diesem Vorhaben stellten sich vor allem finanzielle Hindernisse in den Weg: Die Beiträge dafür sollte nur die »Dienstherrschaft« zahlen, nicht jedoch der einzelne Dienstbote.

Erschwerend kam hinzu, dass das Dienstboten-Wesen in Würzburg, im Gegensatz zu anderen deutschen Städten, nicht organisiert war. Deshalb nahm der Fürstbischof 1788 von seinem Vorhaben wieder Abstand und wollte zunächst eine Dienstboten-Ordnung geschaffen wissen. Bis zu seinem Tod am 14. Februar 1795 geschah in dieser Angelegenheit nichts mehr. Sein Nachfolger, Fürstbischof Georg Karl von Fechenbach (1795-1802), ging mit Elan ans Werk, so dass in der fürstlichen Residenzstadt am 31. Oktober 1801 das »Institut für kranke Dienstleute« errichtet werden konnte. In der »Verordnung, die Errichtung des Instituts für kranke Dienstleute betreffend« heißt es:

Wir enthalten Uns übrigens, die Hausväter und Hausmütter Unserer fürstlichen Residenzstadt mit mehreren Gründen zum Beytritte aufzufordern. Das Institut empfiehlt sich schon durch seinen innern Werth. Wir gedenken niemand zu zwingen, daß er mild und wohlthätig gegen seine ihm dienenden Nebenmenschen sey. Jeder frage daher sein eigenes Herz, und höre die Stimme seiner Pflichten, die ihm Wohlthätigkeit gegen alle und besonders gegen seine Dienstbothen gebiethen, und fasse dann eine Entschließung.

Ein Bedarf von 30 Krankenbetten im Juliusspital

Zweck des Instituts war es, alle versicherten Dienstleute im Krankheitsfall in das Juliusspital aufzunehmen und dort in für sie allein gewidmeten Sälen und Zimmern zu verpflegen und zu heilen. An Einzelheiten aus der Gründungszeit kann festgehalten werden:
Der Beitritt ist freiwillig, aber auf mindestens drei Jahre verbindlich. Aufgenommen werden können alle Personen, die bei einer in Würzburg wohnenden Herrschaft dienen, also neben den eigentlichen Dienstboten auch Privatsekretäre, Erzieher beiderlei Geschlechts, Kammerdiener und Kammerfrauen, Köche und Haushälterinnen. Die Dienstherrschaft hat die Beiträge zu zahlen. Doch kann diese auch der Dienstbote entrichten, um sich so den Eintritt zu sichern. Die Dienstherrschaft hat für nicht distinguierte Dienstleute zwei Gulden und für distinguierte Dienstleute vier Gulden jährlich zu zahlen. Der Bedarf an Krankenbetten im Juliusspital wird auf 30 festgesetzt. Ein ordnungsgemäßer

Rechnungs-Voranschlag mit Einnahmen und Ausgaben wird aufgestellt. Als Mitgliederzahl werden 2000 Dienstboten zu Grunde gelegt. Die Leistungen des Instituts für kranke Dienstleute entsprachen im wesentlichen denen des Krankengesellen-Instituts. Es entwickelte sich allerdings nicht so günstig wie das Gesellen-Institut. Unter den etwas über 20000 Einwohnern lebten damals 500 Bedienstete und Knechte sowie 2302 Mägde in Würzburg. Das zuständige toskanische Ministerium wurde in der Folge um Genehmigung angegangen, die Dienstboten zur Hälfte des Beitrags heranzuziehen, um die Mitgliederzahl zu erhöhen. Auch wollte man den Aufenthalt im Spital auf eine bestimmte Zeit festgesetzt wissen. Es sollte nicht öfter vorkommen, dass ein Dienstbote 15 Monate dort bleibt.

Unterschiedliche Meinungen zur Vermittlung

Bei der in Betracht kommenden Vermittlung standen sich damals zwei Meinungen gegenüber: Einerseits dachte man nur an Krankenverpflegung und wollte ein »tröstliches Ort« für Kranke haben, indem man ein Zimmer in einem Spital mietete. Andererseits beklagte man vor allem die damals in Würzburg übliche Stellenvermittlung. Die »Kupplerinnen« ließen sich nämlich teuer von den Stellensuchenden zahlen, ermunterten sie des öfteren auch zum Wechsel und wurden gar oft als »Diebeshehlerinnen« angesehen. Sie sollten durch ein »Bureau« überflüssig gemacht werden, das Dienstsuchende den Dienstherrschaften zuwies. Als Vorsorge für Erkrankungen sollte die Dienstherrschaft dabei angeben, ob und wie sie einen erkrankten Dienstboten »auf ihre Kosten« erhalten wolle. Finanzielle Schwierigkeiten veranlassten die »Königliche Polizeydirektion« als Aufsichtsbehörde des Instituts am 7. Oktober 1817 im Königlich Bayerischen Intelligenzblatt von Würzburg zu folgender Bekanntmachung:

Seit einigen Jahren hat das für kranke Dienstleute errichtet gewesene Institut sehr beträchtliche Auslagen gehabt, welche dessen Einnahmen um vieles überschritten haben ... Das Institut für kranke Dienstboten soll fernerhin auf freywilligen Einverständnissen der Dienstherrschaften beruhen, auch sollen die vierteljährlichen Beyträge zu dreyßig Kreuzer, wie sie seither

bezogen worden sind, ohne weitere Erhöhung von den Dienstherrschaften fernerhin erhoben werden; allein jeder Dienstbote ohne Unterschied und Ausnahme soll schuldig seyn, jährlich einen besonderen Beytrag zu 43 Kreuzer zur Sicherheit des Fondes an das Institut abzugeben.
1850 beschloss das Gemeinde-Kollegium, dass Zuträgerinnen, Wäscherinnen, Näherinnen, Strickerinnen, Schnitter und Tagelöhner dem Dienstboten-Institut zugewiesen werden und einen vierteljährlichen Beitrag von 39 Kreuzer zu zahlen haben. Während in der Anfangszeit dem Juliusspital Beerdigungskosten nicht vergütet wurden, zahlte später das Dienstboten-Institut dem Juliusspital für jede Beerdigung fünf Gulden sechs Kreuzer.

Klare Arbeitsteilung zwischen beiden Instituten

Wenn auch Krankengesellen- und Dienstboten-Institut eine gemeinsame Verwaltung mit den beiden Magistrats-Kanzlisten Simon Büschl und Leonhard Carl hatten, so bestand eine klare Arbeitsteilung, nicht zuletzt um Streitigkeiten untereinander zu vermeiden. 1869 waren beim Institut durchschnittlich 3 748 Dienstboten und 1 543 Stadtbeschäftigte eingeschrieben. Hiervon wurden während des Jahres 1 134 Personen in das Spital aufgenommen. Das Gesamtvermögen des Dienstboten-Instituts belief sich zum Jahresende 1869 auf über 67 437 Gulden.
In den Folgejahren war die durchschnittliche Mitgliederzahl verhältnismäßig konstant. Sie betrug 1874 beispielsweise 7 249 Mitglieder. Die durchschnittlichen Aufwendungen für ein Mitglied lagen von 1878 bis 1882 bei einem leicht stagnierenden Mitgliederbestand zwischen 3,66 (1878) und 5,78 Mark (1882). Der »Stadtchirurg« erhielt 1882 aus der Institutskasse 142 Mark .
Bei der Einführung der Gemeinde-Krankenversicherung am 1. Dezember 1884 blieb das Institut für kranke Dienstleute als »Städtisches Krankeninstitut« bestehen. Es sollte erst 30 Jahre später aufgelöst werden, als die Reichsversicherungsordnung das Krankenkassen-Wesen auch in Würzburg neu ordnete und auf andere gesetzliche Grundlagen stellte, die den zwischenzeitlich im Reich und in der Stadt eingetretenen Veränderungen entsprachen.

4. Fürsorge für bedürftige erkrankte Studierende

In einer Universitätsstadt wie Würzburg kommt der Fürsorge für kranke Studenten seit alters besondere Bedeutung zu. Bis in das erste Viertel des 18. Jahrhunderts hinein erhielten bedürftige erkrankte Studierende Unterbringung und Verpflegung im Juliusspital auf dessen Kosten. Dies hatte Fürstbischof Julius Echter am 12. März 1579 in der Stiftungsurkunde so festgelegt. Im März 1789 setzte sich Universitätsprofessor Dr. Johann Sinner dafür ein, für erkrankte Studenten besondere Zimmer im Juliusspital einzurichten, und zwar für jene Studenten, bei denen eine Ansteckung zu befürchten sei. Sie sollten von den übrigen Patienten abgesondert und dem Juliusspital als Entgelt, wie bei kranken Gesellen, täglich 25 Kreuzer durch die Stiftung gezahlt werden.

1817 zählte die Universität Würzburg 478 Studenten, darunter 168 Mediziner und 134 Juristen. Ab 1836 musste jeder Student auf Grund einer zwischen Universität und Oberpflegamt des Juliusspitals geschlossenen Vereinbarung 30 Kreuzer pro Semester bei der Universitätskasse entrichten. Diese Gelder wurden dem Juliusspital zugeführt. Dafür konnte der Student im Krankheitsfall dort Unterkunft und Verpflegung beanspruchen. Eine Abrechnung der Verpflegskosten an die Alma Julia fand nicht statt, da die Summe eine Pauschale darstellte. Im Vertrag mit der Universität hatte sich das Juliusspital vorbehalten, bei einer Körperverletzung durch Mensur vom ermittelten Täter 40 Kreuzer »pro die« zu verlangen. Offenbar kam das Juliusspital bei einem Semesterbeitrag von 30 Kreuzern nicht auf seine Kosten. Deshalb wurden 1842 schon 40 Kreuzer und ab 1848 pro Semester 48 Kreuzer als »Krankenpflegegeld« erhoben und an das Juliusspital abgeführt.

Gleichwohl zog es der Universitäts-Ausschuss im Jahre 1853 vor, nachdem bis 1852 ein Institut für kranke Studenten als Filialanstalt in der Oberen Wallgasse bestanden hatte, eine eigene Universitäts-Krankenkasse für Studierende zu gründen. Als die Verpflegskosten direkt daraus bezahlt wurden, hatte die Krankenkasse bereits im folgenden Jahr ein starkes Defizit. Beweis dafür, dass das Juliusspital zuvor Einbußen erlitten hatte. Die Semesterbeiträge der Verpflegskasse für erkrankte Studierende mussten deshalb bald erhöht werden.

Fragen der Hausordnung und Verköstigung im Vordergrund

Über die Aufnahme und Verpflegung erkrankter Studenten geben die »Acten des Königlichen Oberpflegamtes des Juliusspitals« insbesondere ab den 70-er Jahren des 19. Jahrhunderts detailliert Aufschluss. So belief sich 1873 die Zahl der Verpflegstage von Studenten auf insgesamt 1399, während es ein Jahr später bereits 2026 waren. Mit einem Schreiben vom 10. März 1885 teilte der Akademische Senat der Universität Würzburg dem Oberpflegamt mit,
   künftighin bis zum Verschwinden des in der Jahresrechnung stets wiederkehrenden Passivrestes nur diejenigen Ordinationen auf die studentische Verpflegsgelderkasse zu übernehmen, welche von den juliusspitälischen Herren Oberärzten oder Assistenten stattfanden.
Ab 1. Januar 1907 wurde die Verpflegsgebühr für Studenten im Juliusspital auf 4 Mark pro Tag und Person festgesetzt. In den Vordergrund rückten mehr und mehr Fragen der Hausordnung wie abendlicher Ausgang ohne Erlaubnis bis über Mitternacht hinaus, aber auch Probleme einer angemessenen Verpflegung zu einem tragbaren Preis und die Festsetzung einer Kostordnung für Studenten.
Vom Sommersemester 1918 an erhöhte das Juliusspital die tägliche Studentenverpflegsgebühr auf sechs Mark. Damals waren auf der »Studentenabteilung« drei Zimmer mit sieben Betten vorhanden. Bis Dezember 1920 stieg der Pflegesatz, bedingt durch die allgemeine Teuerung, auf 18 Mark an. 1921 wurden mit dem Ausscheiden der Medizinischen und Chirurgischen Universitätsklinik aus dem Juliusspital erkrankte Universitätsstudenten in das neu errichtete »Luitpoldspital« verlegt. Gleichwohl wurden noch Studenten im Juliusspital stationär behandelt. So fielen von 11. November 1921 bis 31. Januar 1922 noch 40 Verpflegstage an. Bereits auf 60 Mark belief sich am 1. August 1922 der tägliche Verpflegssatz. Er wurde aber durch die Selbstkosten für Verpflegung und ärztliche Versorgung mehr als aufgezehrt. Ins Juliusspital aufgenommen wurden nurmehr haut- und geschlechtskranke Studenten, und dies lediglich bis Herbst 1922, als eine entsprechende Abteilung im Luitpoldspital bezogen werden konnte. Nach der Bildung des Reichsstudentenwerkes wurde die Krankenversicherung der Studierenden

1934 durch Errichtung einer »Studentischen Krankenversicherung« reichseinheitlich zusammengefasst und die Durchführung an der Alma Julia dem Studentenwerk übertragen.

Ein Sprung in die unmittelbare Nachkriegszeit

Am 9. Mai 1946 war zwischen dem Kultusministerium und der Bayerischen Versicherungskammer ein Gruppen-Versicherungsvertrag über die Hochschulunfall- und Krankenversicherung für Studierende der bayerischen Hochschulen geschlossen worden. Der Semesterbeitrag belief sich für die damals 1 279 Studierenden auf 1,50 RM für die Unfall- und auf 6,50 RM für die Krankenversicherung. Für die unmittelbare Nachkriegszeit enthielt die Abmachung günstige Bedingungen. Jedoch wurden diese nur geringfügig an die sich rasch ändernden Verhältnisse angepasst. Im Wintersemester 1950/51 war der Beitrag bereits auf insgesamt 12,50 DM angestiegen.
Am 20. Mai 1966 veranstaltete die Studentenschaft des Freistaates Bayern im Kloster Schäftlarn ein Wochenend-Seminar zum Thema »Einführung einer gesetzlichen Krankenversicherung für Studenten«. Auf der Grundlage des damaligen Rechts erarbeiteten die Teilnehmer praxisbezogene Vorschläge für eine umfassende Sicherung der Studenten. Doch sollte es noch fast ein Jahrzehnt dauern, bis sich die Legislative zu einem entsprechenden Gesetz durchringen konnte.
Im Sommersemester 1967 belief sich der Semesterbeitrag für die inzwischen 7 059 Studentinnen und Studenten auf 21,50 DM. Diese damals für studentische Verhältnisse erkleckliche Summe wollten viele Studenten einfach nicht mehr bezahlen. Und die Universität konterte: »Verweigern Sie die Zahlung dieses Beitrages, werden Sie nicht immatrikuliert«. Letztlich setzte sich der Stärkere durch.

»Skandalöse« Leistungen der Versicherungskammer

Ende der 60-er Jahre bezeichnete der damalige stellvertretende Vorsitzende des Würzburger Allgemeinen Studentenausschusses, Eduard Lintner, später Parlamentarischer Staatssekretär im Bundesinnenministerium, »die von der Bayerischen Versicherungskammer gewährten Leistungen als skandalös«. Nachzulesen im Fränkischen Volksblatt vom 30. Juli 1968. Deshalb drängten die studentischen Vertreter auf eine Kündigung des Vertrages. Sie war jeweils zum 31. Juli eines Jahres möglich, konnte aber nur vom Kultusministerium oder der Versicherungskammer ausgesprochen werden.

Zum Verständnis der damaligen Situation: Die Leistungen der Versicherungskammer waren bei einem Semesterbeitrag von 22 DM ungewöhnlich niedrig. Hinzu kam, dass viele Studenten, rund 60 Prozent, bereits einer Ortskrankenkasse oder auch einer Ersatzkasse angehörten und diese zuerst in Anspruch genommen werden musste, bevor die Hochschul-Krankenversicherung leistete. Für Zahnersatz hatte sie im Semester einen Höchstbetrag von 25 DM festgesetzt. Im gleichen Zeitraum wurden Fahrtkosten zum Arzt oder in ein Krankenhaus nur bis zu einem Betrag von 20 DM übernommen. Arzneimittel durften 100 Mark im Jahr nicht übersteigen. Vorbeugende Maßnahmen wurden überhaupt nicht vergütet.

Endlich eine umfassende gesetzliche Regelung

Im Jahre 1975 war es so weit: Das Gesetz über die Krankenversicherung für Studenten vom 24. Juni 1975 regelte den bisher unzureichenden Versicherungsschutz der angehenden Akademiker. Es führte bundesweit die Krankenversicherungspflicht für eingeschriebene Studenten der staatlichen und staatlich anerkannten Hochschulen ein. Mitarbeiter der in Würzburg ansässigen Krankenkassen, aber auch der privaten Krankenversicherung, gaben sich in der Einführungsphase des Gesetzes in der Universität am Sanderring beinahe »die Türklinke in die Hand« bzw. waren dort über längere Zeit positioniert. Galt es doch möglichst viele Studenten, eine überaus interessante Zielgruppe für jede Krankenkasse, zu gewinnen.

Der Beitrag, den der einzelne Student aufzubringen hatte, belief sich im Wintersemester 1975/76 auf 25 DM monatlich. Und das für einen vollwertigen Versicherungsschutz. Der Bund zahlte, um den Beitrag sozial tragbar zu halten, pro Student 15 DM Zuschuss monatlich.

Für mehr als 15 000 Studenten in Würzburg

In Würzburg waren von dem neuen Gesetz alle Hochschulen betroffen, nämlich Julius-Maximilians-Universität mit 13 204, Fachhochschule Würzburg-Schweinfurt mit 1 585 und Hochschule für Musik mit 270 immatrikulierten Studenten. Verhältnismäßig bald hatte es sich an den Hochschulen in der Stadt eingespielt, dass ohne Krankenkassen-Bescheinigung nichts mehr lief, die Exmatrikulation sonst unausweichlich war.
Zum 1. Januar 1976 waren bei der AOK Würzburg 431 Studenten und Praktikanten pflichtversichert, während sich 1956 Studierende von der Krankenversicherung der Studenten hatten befreien lassen und der privaten Krankenversicherung beitraten. Das Gros der Studierenden war familienversichert oder bei der Krankenkasse am Wohnort der Eltern versichert. Zum 1. Februar 1999 belief sich die Zahl der bei der AOK Bayern-Direktion Würzburg versicherten Studenten auf 1 969.
Im Sommersemester 2002 betrug der monatliche Beitrag für die fast 25 000 Studierenden in Würzburg 52,11 Euro in der gesetzlichen Kranken- und Pflegeversicherung. Zu ihrem monatlichen Beitrag erhalten Studenten mit Anspruch auf BAföG-Leistungen einen unterschiedlich hohen Zuschuss des Staates. Die Krankenversicherung der Studierenden endet regelmäßig mit dem 30. Geburtstag oder nach 14 Semestern.

II. Betriebliche und private Hilfestellung

Die Leistungen, die ein Teil der Würzburger Bürger im 19. Jahrhundert von den beiden gemeindlichen Instituten erhielt, reichten nicht aus, um die vorherrschende Not zu lindern. Dazu bedurfte es vieler betrieblicher und privater Einrichtungen, vor allem für Fabrikarbeiter und andere Berufszweige. Not leidende Menschen erfuhren auch Hilfe durch die zahlreichen Wohltätigkeits- und Unterstützungsvereine. Kaum eine andere Stadt in Deutschland wies eine solche Vielzahl derartiger Einrichtungen auf.

1. Fabrikkrankenkassen einsichtsvoller Unternehmer

Bereits vor Einführung der gesetzlichen Krankenversicherung 1884 gab es in Würzburg und Oberzell zwei Fabrikkrankenkassen, wenngleich sich die industrielle Tätigkeit verhältnismäßig spärlich entwickelte. Nach wie vor reckten sich in der Domstadt mehr Kirchtürme als Fabrikschlote in die Luft. Sozial eingestellte Unternehmer hatten die Krankenkassen auf freiwilliger Basis ohne gesetzliche Verpflichtung errichtet. Nicht zuletzt vor dem Hintergrund, qualifizierte Arbeiter an die Firma zu binden. Die Fabrikkrankenkassen ergänzten sich bei der Gewährung von Leistungen teilweise mit den beiden Würzburger Instituten. Zwangsläufige Folge waren allerdings Doppelversicherungen und doppelte Beitragszahlung. Dies rief bei den niedrigen Löhnen mitunter den Unmut der Betroffenen hervor.

Schnellpressenfabrik Koenig & Bauer

Ein Gesellschaftsvertrag, den Friedrich Koenig (1774-1833) und Andreas Bauer (1783-1860) am 9. August 1817 in London mit ihrer Unterschrift besiegelt hatten, bildete die Geburtsstunde der Schnellpressenfabrik Koenig & Bauer im ehemaligen Prämonstratenser-Kloster Oberzell. Am 1. Januar 1855 rief die Firma eine Fabrikkrankenkasse ins Leben, ermöglicht durch eine betriebliche Zuwendung in Höhe von 10 000 Gulden. Den Anstoß dazu hatte Fanny Koenig (1808-1882), die Witwe von Friedrich Koenig, gegeben. Der innere Drang zur Wohltätigkeit war bei ihr tief ausgeprägt. Ihr Sohn Friedrich von Koenig (1829-1924) ließ sich die zahlreichen Wohltätigkeitseinrichtungen und Stiftungen der Firma ebenfalls angelegen sein. »Pate« für die Errichtung der Kranken- und Vorschuss-Kasse bei Koenig & Bauer stand ein Erlass der königlichen Kreisregierung von Unterfranken vom 19. November 1851:

Da Fabrikkrankenkassen eine bemessene Fürsorge für die Arbeiter in Fabriken im Falle vorübergehender Hilfsbedürftigkeit sind und zugleich auf die Förderung des sittlichen und des häuslichen Sinnes des Arbeiterstandes zu wirken geeignet sind, sieht die Kreisregierung sich veranlasst, zur Einfüh-

rung solcher Einrichtungen die Fabrikinhaber des Kreises und ihre Bediensteten hiermit allgemein aufzumuntern.
1857 beschäftigte das Unternehmen, begünstigt durch die Entwicklung neuer Druckmaschinen, bereits 145 Arbeiter. Elf Jahre später waren es in der Produktion über 250 Arbeiter, die alle Mitglieder der Fabrikkrankenkasse Koenig & Bauer waren. Diese sicherte die Existenz der Mitglieder, wenn und solange sie ihre Pflichten als Arbeiter erfüllten.

Leistungen auch im Falle von »Verwundungen«

Die Krankenkasse wurde nach den Bestimmungen des Fabrikstatuts vom 27. April 1873 durch einen von den Arbeitern in geheimer Abstimmung gewählten Ausschuss verwaltet. Dazu heißt es, ohne dass das Wort »Selbstverwaltung« verwendet wurde, in der Satzung:
Die Arbeiter verwalten, gemäß den Bestimmungen dieses Statuts, ihre eigenen Angelegenheiten, insbesondere die verschiedenen Arbeiterkassen, durch ihre eigenen Arbeiterausschüsse.
Die Statuten der Kranken- und Vorschusskasse vom 1. Juli 1873 – die Firma beschäftigte bereits 445 Arbeiter – vermitteln einen Einblick in die damaligen Aufgaben der Fabrikkrankenkasse. Sie sahen Leistungen nicht nur im Krankheitsfall, sondern auch bei »Verwundungen«, also Arbeitsunfällen im heutigen Sprachgebrauch, vor. Eine Arbeitsordnung enthielt neben Regelungen zur Schadensersatzpflicht der Arbeiter auch erste Unfallverhütungsvorschriften. So heißt es darin:
Die Unfallverhütungsvorschriften sind streng zu befolgen. Auf Feuer und Licht wie auf feuergefährliche Gegenstände muß sorgfältig Acht gegeben werden. Gebrauchte Putzlappen und Putzfäden sind in die hiefür aufgestellten eisernen Kästen zu sammeln und letztere täglich zu entleeren. Die Beleuchtungseinrichtungen sind sorgsam und sparsam zu benutzen und ist jede sich zeichende Schadhaftigkeit derselben sofort zur Anzeige zu bringen. Es ist verboten, beim Verlassen der Fabrik in den Werkstätten oder Gängen Cigarren oder Tabakpfeifen anzubrennen, das Licht an der Arbeitsstelle brennen zu lassen und Lichtputzen auf den Boden zu werfen.
Auf Grund der sinnvollen Verbindung von Fabrikkrankenkasse und Vorschusskasse konnten den Kredit suchenden Arbeitern Darlehen

gewährt und andererseits der Krankenkasse für ihre Gelder Zinsen zugeführt werden. Die Statuten, von der Firmenleitung und dem fünfköpfigen Ausschuss aus dem Kreis der Arbeiter aufgestellt und beschlossen, enthielten folgende Bestimmungen:
Versichert war nur das Fabrikpersonal. Familienangehörige besaßen keinen Versicherungsschutz. Mit der Entlassung oder dem Austritt aus der Firma endete jeglicher Anspruch gegenüber der Krankenkasse. Eine Rückzahlung der eingezahlten Beiträge erfolgte nicht. Die Beiträge der Arbeiter betrugen wöchentlich einen Kreuzer von jedem Gulden des Verdienstes. Eißengießer zahlten 1½ Kreuzer wöchentlich. Über 30 bzw. 40 Jahre alte neue eintretende Arbeiter mussten Zuschläge in Höhe von 25 bzw. 50 Prozent leisten. Sie hatten bei der Gewährung von Leistungen auch eine achtwöchige Wartezeit in Kauf zu nehmen.

Anspruch nur bei »wirklichen« Krankheiten

Als Leistungen wurden freie ärztliche oder chirurgische Behandlung, aber auch Krankenhauspflege im Juliusspital, unentgeltliche Medikamente, außerdem für die Dauer der Arbeitsunfähigkeit eine bare Geldunterstützung sowie bei großer unverschuldeter häuslicher Bedrängnis, auch anderweitige Unterstützung gewährt. Leistungen gab es für längstens sechs Monate. Danach wurde der Versicherte als »temporärer Invalide« der Versorgungskasse zugewiesen.
Die bare Geldunterstützung, heute das Krankengeld, war je nach Tag- oder Akkordlohn zwischen 12 und 60 Kreuzer gestaffelt und wurde für die Dauer der nachgewiesenen Arbeitsunfähigkeit gezahlt. Anspruch auf Geldunterstützung begründeten nur »wirkliche« Krankheiten und Verletzungen, die ärztliche oder chirurgische Behandlung erforderten und die Arbeitsunfähigkeit unterbrachen. Wer sich durch bloßes Vorgeben von Krankheit oder Arbeitsunfähigkeit Leistungen erschlich, verfiel zu Gunsten der Krankenkasse in eine Strafe des doppelten bis zehnfachen Betrages der fraglichen Unterstützung. Ausgeschlossen vom Anspruch waren Krankheiten oder Verwundungen infolge von Völlerei, Rauferei oder anderem grobem Selbstverschulden sowie Krankheiten, die an einem Tag nach einem Sonn- oder Feiertag begannen und zu

deren Behebung kein Arzt nötig war. Im Sterbefall zahlte die Krankenkasse als Betrag zu den Beerdigungskosten einheitlich 60 Kreuzer. Die Firma ließ der Krankenkasse jährlich einen Zuschuss zukommen, der genau dem Betrag der Mitglieder-Beiträge entsprach.

Das berühmte »Rothe Strafbuch« der Firma

Bei den Einnahmen der Fabrikkrankenkasse ist ein Blick in die Arbeitsordnung der Firma Koenig & Bauer aufschlussreich. Darin heißt es nämlich:
Über sämtliche Geldstrafen wird ein Verzeichnis geführt. Die verwirkten Geldstrafen werden bei der nächsten Lohnabrechnung von dem verdienten Lohn des bestraften Arbeiters in Abzug gebracht und fließen der hiesigen Fabrikkrankenkasse zu.
Vor Bestehen der Fabrikkrankenkasse hatte Andreas Bauer die Strafgelder der »Gasterei« zugeführt, wie eine Aktennotiz vom 20. November 1845 erhellt: »200 Gulden zum Verschmausen gegeben«. Das »Rothe Strafbuch« der Schnellpressenfabrik Koenig & Bauer, 1835 von Andreas Bauer aufgelegt und nach seinem Tod 1860 von der Geschäftsleitung fortgeführt, hielt auf wohl einmalige Art und Weise »Straftaten« der Arbeiter und die gegen sie verhängten Strafgelder fest. Die Schwere des seiner Meinung nach begangenen Fehlverhaltens stufte Andreas Bauer nach seinem Urteil ein, um die Betroffenen dann durch unterschiedlich hohe Lohnabzüge zu bestrafen. Zahlreiche Beispiele lassen die Strenge ermessen, mit der er seinen Arbeitern begegnete. Dieser Strafrahmen bewegte sich zwischen 3 und 30 Kreuzern. Neben den üblichen Strafen für Branntwein-Trinken oder Zanken in der Fabrik, Wegbleiben von der Arbeit oder Lügen verhängte Andreas Bauer auch Strafen, die mit fabrikspezifischen Tätigkeiten nichts zu tun hatten, z.B. wegen Ungezogenheit gegen den Pfarrer, Schmuserei oder wegen Sonntagsschlägerei.
Einige Jahre nach dem Börsenzusammenbruch im Jahre 1874 spürte auch Oberzell die Flaute im Handel. Diese Entwicklung zwang die Geschäftsleitung, die Belegschaft zu reduzieren. An der Fabrikkrankenkasse aber hielt das Unternehmen weiterhin uneingeschränkt fest.

Tabakfabrik Joseph Schürer

Im Juni 1811 errichtet, war die Tabakfabrik Joseph Schürer die erste Würzburger Fabrikunternehmung. Sie spezialisierte sich auf die Fertigung von Schnupf- und Rauchtabak sowie Zigarren. Bis 1840 hatte sich die Zahl der Beschäftigten auf etwa 50 erhöht – eine Größenordnung, bei der die soziale Frage mehr und mehr in den Vordergrund rückte. Drei verschiedene Gruppen von Mitarbeitern hatten sich inzwischen in der Firma gegeneinander abgegrenzt: Die Commis (Büroangestellte und Reisende), die Fabrikarbeiter und die Zigarrenmacher mit ihren Zuarbeitern, den Wickelmachern.

Für die Zigarrenmacher und ihre Zuarbeiter wurde bereits 1841, nach Hamburger und Bremer Vorbild, eine eigene Fabrikkrankenkasse gegründet. Zum Eintritt waren alle Zigarrenmacher und Wickelmacher ab 16 Jahren verpflichtet. Die verhältnismäßig hohe Aufnahmegebühr von vier Gulden konnte anfangs in Form einer Selbstbeteiligung gestundet werden. Der wöchentliche Mindestbeitrag wurde für die Zigarrenarbeiter auf sechs und für die Wickelmacher auf drei Kreuzer festgesetzt und konnte freiwillig um jeweils drei Kreuzer erhöht werden, was höhere Leistungen einschloss. Unterstützung im Krankheitsfall gab es nur für volle Wochen. Mit dem Tag, »an dem das Mitglied sein Zimmer verläßt«, wurde sie beendet. Dauerte die Erkrankung länger als vier Wochen, gab es zur Rekonvaleszenz anschließend acht Tage »Ausgang«. Wenn der Genesende durch Alkoholgenuss seinen Zustand verschlechterte, versagte ihm die Fabrikkrankenkasse die weitere Unterstützung. Mitglieder, die vom Vorstand auf ihren unmoralischen Lebenswandel abgemahnt, keine Besserung zeigten, wurden ausgeschlossen.

Verwaltungskosten zu Lasten der Firma

Buchhaltung und auch Verwaltung der Mittel übernahm die Firma Schürer. Alle übrigen Arbeiten wie Kassieren der Beiträge oder Auszahlung von Leistungen erfolgten durch den ehrenamtlichen Vorstand der Krankenkasse. Jeder Gulden bzw. Kreuzer kam so ungeschmälert der betrieblichen Einrichtung bzw. ihren Mitgliedern zu. Auf ihrer fünf-

ten Jahreshauptversammlung zu Beginn des Jahres 1846 bestätigten die Mitglieder der Fabrikkrankenkasse ihre seit Beginn amtierenden Vorstände, nämlich Friedrich Tebelmann, Johann Goldstein und Johann Düll im Amt. Auch wurde beschlossen, dass die in den fünf Jahren des Bestehens aufgelaufenen freien Fondsbeiträge nicht verteilt und ausbezahlt, sondern zu Gunsten der Mitglieder für weitere zehn Jahre verzinslich angelegt wurden.
1857 zählte die Fabrikkrankenkasse Schürer bereits 150 Mitglieder, nachdem der Tabakabsatz ein immer stärkeres Wachstum in Deutschland verzeichnete. 1854 hatte sich zur Unterstützungskasse für Zigarrenarbeiter eine solche für die Schnupf- und Rauchtabakarbeiter gesellt. »Motor« dieser Bestrebungen war der bei der Firma Schürer tätige Buchdrucker Adam Seubert gewesen, der auch erster Vorstand der Unterstützungskasse wurde. Joseph Schürer jr. übernahm es selbst, eine Satzung, analog der der Zigarrenmacher, auszuarbeiten. Der Magistrat erteilte nach eingehender Prüfung im Benehmen mit der Kreisregierung am 5. März 1854 die Genehmigung – nicht ohne Hinweis darauf, das Verhalten der Schürer'schen Vereine gebührend zu überwachen und bei besonderen Wahrnehmungen Anzeige zu erstatten. Die wesentlichen Unterschiede zur Fabrikkrankenkasse der Zigarrenleute waren das Beitrags-/Leistungsverhältnis und die Freiwilligkeit der Mitgliedschaft. Statt für drei Kreuzer erhielten die Tabakleute schon bei einem Wochenbeitrag von zwei Kreuzern einen Gulden wöchentliche Unterstützung.

Zusammenschluss der Unterstützungsvereine

Bei Schürer waren 1873 neben vier Geschäftsführern sowie 20 Büro- und Aufsichtspersonen 370 Arbeiter, davon 212 weibliche, mit der Produktion von Schnupf- und Rauchtabak sowie Zigarren beschäftigt. 1874 ging ihre Zahl nach einem wirtschaftlichen Einbruch im Deutschen Reich auf 300 Arbeiter zurück. Am 1. Januar 1874 waren bei der Firma Schürer die Kassen der Zigarrenarbeiter und die der Arbeitsleute sowie die Leichenkasse, entsprechend einem bayerischen Gesetz vom 29. April 1869, zum »Unterstützungsverein der Schürer'schen Cigarrenarbeiter zu Würzburg – anerkannter Verein« zusammengeschlossen worden. Im Verein dominierten die Zigarrenarbeiter, welche die Masse der finanziellen Mittel eingebracht hatten und denen deshalb auch das aktive und passive Wahlrecht im Verein vorbehalten war. Die Zigarrenarbeiter waren zum Beitritt verpflichtet. Als wesentliche Leistungen gewährte der Verein Krankenunterstützung sowie die Zahlung von Invaliden- bzw. Witwengeld. Das Eintrittsgeld lag übrigens bei zwölf Kreuzern. Bei der Umwandlung in eine Betriebskrankenkasse im Jahre 1884 verfügte die Fabrikkrankenkasse, die seit 1858 vom Firmeninhaber Joseph Schürer einen jährlichen Zuschuss von 50 Gulden erhalten hatte, über einen Reservefonds von 4 000 Mark.

2. Zusatzkassen/Unterstützungsvereine als Ergänzung

Neben den beiden Fabrikkrankenkassen gab es in der Stadt am Main auch soziale betriebliche Einrichtungen, die sich weniger als Kranken- und mehr als Zusatz- bzw. Zuschusskassen verstanden. Ihre Mitglieder waren in aller Regel doppelt versichert. Die städtischen Einrichtungen gewährten Kur und Verpflegung bei einem stationären Aufenthalt, die Zusatzkassen hingegen zur Sicherung des Lebensunterhalts ein unterschiedlich hohes Krankengeld und teilweise auch Sterbegeld.
Schon 1837, 22 Jahre nach ihrer Gründung, hatte die Buchdruckerei J. M. Richter auf Drängen einiger Drucker hin eine eigene »Hauskasse« gegründet. Die acht versicherungspflichtigen Mitglieder der Richter'schen Offizin mussten beim Eintritt jeweils 30 Kreuzer und dann einen Wochenbeitrag von drei Kreuzern zahlen. Dafür gewährte die Zuschusskasse ihren Mitgliedern Krankengeld für maximal 20 Wochen, das für Spital- und Hauskranke unterschiedlich hoch war. Die Zuschusskasse wurde 1906, als sie 49 Mitglieder hatte, aufgelöst.
1838 gründeten Joseph Blank und Franz Hannawacker eine »Handlungs-Commis-Hilfskassa«. Sie blieb jedoch über Jahre hinweg auf wenige Mitglieder beschränkt.
Zu Beginn des Jahres 1846 gründeten Tabakarbeiter den »Leichenkassa-Verein für die Arbeitsleute der Tabakfabrik des Herrn Joseph

Schürer«. Der Verein bot allen Mitarbeitern bei freiem Beitritt für einen Wochenbeitrag von einem Kreuzer ein Sterbegeld von 20 Gulden. Der Beitrag war auch während einer Erkrankung des Mitglieds zu entrichten. Ausgeschiedene Mitglieder besaßen nach 15-jähriger Beitragszahlung ebenfalls Anspruch auf das Sterbegeld. Hatte ein Mitglied über 15 Jahre hinweg seinen vollen Deckungsbeitrag eingezahlt, wurde es beitragsfrei gestellt. Erster Vorstand des Vereins war Joseph Schürer jr., der auch die Verwaltung besorgte. Kassier wurde der Vorarbeiter Franz Schellenberger. 1875 wurde das Statut bei der Zusammenlegung der Schürer'schen Unterstützungskassen dahingehend geändert, dass eine zehnjährige Beitragszahlung von drei Pfennig wöchentlich zum Empfang von 50 Mark Sterbegeld berechtigte.
Seit 1876 verfügte die Maschinenfabrik Jakob Heinrich Reinhardt ebenfalls über eine betriebseigene Zusatzkasse. Die Einrichtung zahlte, je nach Dauer der Mitgliedschaft, ein unterschiedlich hohes Krankengeld und daneben ein Sterbegeld von 40 Mark. Die Zuschusskasse kam für Kur und Verpflegung im Juliusspital auf, wenn die Erkrankten ausnahmsweise nicht Mitglieder der beiden städtischen Institute waren. Im Falle der Doppelversicherung mussten die Mitglieder durchschnittlich 17 Pfennig Wochenbeitrag entrichten. Die Mittel der Kasse stammten aus Beiträgen der Mitglieder – jeder Arbeiter hatte zwei Prozent von seinem Verdienst abzuliefern – aus Eintrittsgeldern, Lohnresten von vertragswidrig Ausgetretenen, verfallenen Kautionen bzw. Strafgeldern. Bereits 1885 wurde die verhältnismäßig kleine Zuschusskasse, deren Mitgliederzahl ständig unter 30 lag, aufgelöst.

Krankenunterstützung nach dem vorhandenen Geldvermögen

Als Krankenkasse mit freiwilligem Beitrittsrecht verstand sich auch eine soziale Einrichtung der 1826 gegründeten Noell'schen Maschinenfabrik. Die Geburtsstunde des Unterstützungsvereins lag im Jahre 1862. Gegen ein Eintrittsgeld von zwölf Kreuzern und einen wöchentlichen Beitrag von drei Kreuzern gewährte sie ihren Mitgliedern im Krankheitsfall ab dem vierten Tag bis zur Dauer von drei Monaten Krankenunterstützung. Deren Höhe richtete sich jeweils nach den zur Verfügung

stehenden Geldmitteln. 1873 waren bei der Noell'schen Waggonfabrik insgesamt 512 Arbeiter beschäftigt.
Über Zuschusskassen, zu denen der Beitritt ebenfalls freiwillig war, verfügten auch die Tabakfabrik Bolongaro-Crevenna (24 Arbeiter) und die Zigarrenfabrik Eisenmann/Mayer (65 Arbeiter). Dabei fällt auf, dass Würzburg damals, neben Frankfurt am Main, ein Zentrum der Schnupf- und Rauchtabak-Produktion war.

Privatversicherungsunternehmen auf Gegenseitigkeit

Nicht nur für Fabrikarbeiter, auch für andere Berufszweige gab es Privatkassen ohne Beitrittszwang. Entweder begannen bereits bestehende Vereine Krankenunterstützung zu gewähren oder es schlossen sich »Berufsgenossen« zu Krankenkassen-Vereinen zusammen. Meist handelte es sich um Privatversicherungsunternehmen auf Gegenseitigkeit. Sie ließen ihren Mitgliedern vor allem Geldzuschüsse bei einer Erkrankung zukommen. Auf Grund ihrer schmalen finanziellen und personellen Basis ist die sozialpolitische Bedeutung dieser privaten Unterstützungsvereine als gering einzustufen. Auch standen sie untereinander nicht im Wettbewerb, was sich allerdings später ändern sollte.
Bereits 1846 war die Kranken-, Sterbe- und Invalidenkasse der Buchdruckergehilfen ins Leben gerufen worden. Sie nahm alle Buchdrucker bis zum Alter von 50 Jahren bei einem Eintrittsgeld von 30 Kreuzern auf. Jedes Mitglied hatte wöchentlich drei Kreuzer zu entrichten. Dafür erhielt es im Krankheitsfall bis zu zwölf Wochen für jede volle Woche Krankengeld. Die Höhe war vom Kassenbestand abhängig und wurde jeweils von einem Ausschuss, bestehend aus zwei Kassierern, einem Krankenbesucher und einem Schreiber, festgesetzt. Der Krankenbesucher hatte die Kasse nicht nur vor Schädigung durch Simulanten zu bewahren, sondern die kranken Berufsgenossen auch nach ihren Wünschen zu befragen und ihnen mit Rat und Tat zur Seite zu stehen.
Der am 1. August 1848 gegründete »Arbeiterbildungsverein« rief schon bald nach seiner Errichtung eine allen Interessierten zugängliche Unterstützungskasse für erkrankte Arbeiter ins Leben. Trotz des hohen Wochenbeitrags von 24 Kreuzern konnten in kurzer Zeit 250 Mitglieder

angeworben werden, ein beachtlicher Erfolg, wenn man sich vergegenwärtigt, dass in Würzburg damals insgesamt 2300 Gesellen und 448 Arbeiter lebten.

Auch der Meisterverein der katholischen Gesellen, 1868 ins Leben gerufen, gewährte seinen Mitgliedern eine wöchentliche Krankenunterstützung von zwei Gulden. Der Vereinsbeitrag von monatlich zwölf Kreuzern war zugleich der Versicherungsbeitrag. Das Eintrittsgeld lag bei einem Gulden für Personen bis 50 Jahre.

Der Krankenunterstützungs- und Sterbekassenverein für alle Stände des Regierungsbezirks Unterfranken und Aschaffenburg erhob dagegen wesentlich höhere Beitrittsgelder und Beiträge. So betrug das Beitrittsgeld zwischen neun und elf Gulden. Die Beiträge beliefen sich bei einem Krankengeld von nur drei Gulden wöchentlich, das allerdings erst nach dreimonatiger Mitgliedschaft gezahlt wurde, auf 15 bis 48 Kreuzer monatlich. Dabei wurden sieben Altersklassen unterschieden. Die Mitglieder durften bei der Aufnahme nicht älter als 50 Jahre sein. Mitglieder, die oft mit der Eisenbahn fuhren, in Fabriken tätig waren oder deren Gesundheitszustand besonders gefährdet war, mussten einen höheren Beitrag entrichten. Allerdings erhielten die Angehörigen des Verstorbenen von jedem Mitglied 30 Kreuzer als Sterbegeld.

Wochengeld erst sechs Wochen nach der Entbindung

Der weibliche Kranken- und Sterbekassenverein Würzburg, 1871 gegründet, zahlte für verstorbene Mitglieder 20 Gulden Sterbegeld. Wöchnerinnen erhielten nicht ab dem Tag der Entbindung, sondern erst sechs Wochen nach der Niederkunft Unterstützung. Auch die Mitglieder des Bäckergehilfen-Vereins, 1877 ins Leben gerufen, hatten beim Tod eines Vereinsangehörigen 20 Pfennig zu entrichten. Die Höhe des Sterbegeldes hing also vom jeweiligen Mitgliederstand, der großen Schwankungen unterworfen war, ab. Darüber hinaus gewährte der Verein seinen Mitgliedern eine besondere Art der Krankenunterstützung: Wer arbeitsunfähig aus dem Spital entlassen wurde, kam zwei Wochen lang in den Genuss einer Unterstützung von 50 Pfennig täglich. Der auch ebenfalls 1877 entstandene »Krankenunterstützungs-

und Sterbekassaverein der Wechsel- und Ablöswärter und sonstigen Bediensteten im Bahnhof Würzburg« zahlte für verstorbene Mitglieder ein Sterbegeld von 60 Mark, und zwar nach achtjähriger Mitgliedschaft. Im Jahre 1880 war der Krankenunterstützungs- und Sterbekassenverein der städtischen Arbeiter gegründet worden. Das Eintrittsgeld lag zwischen zwei und zehn Mark, der Wochenbeitrag bei 17 Pfennig und das wöchentliche Krankengeld nach einer Wartezeit von sechs Monaten zwischen 3,50 und 7 Mark. Die Altersgrenze der Mitglieder beim Eintritt war auf 50 Jahre festgesetzt. Bei Krankheiten unter vier Tagen gab es keine Unterstützung.

Vielfache Unterstützung im Krankheits- und Todesfall

Darüber hinaus ließen sich zahlreiche Unterstützungs- und Wohltätigkeitsvereine die Hilfe ihrer Mitglieder im Krankheitsfall und die der Hinterbliebenen beim Ableben eines Mitglieds angelegen sein. In bescheidenem Umfang wirkten sie der Not und Verarmung entgegen. Die älteste Einrichtung dieser Art bildete der »Frauen-Verein zur Hilfe der Armen der Stadt Würzburg«, bereits 1811 gegründet. An weiteren Wohltätigkeits- und Unterstützungsvereinen sind, ohne Anspruch auf Vollständigkeit, zu erwähnen:
- Arbeiter-Unterstützungsverein (gegründet 1862),
- Verein für freiwillige Armenpflege (1875),
- Bürger-Sterbekasse (1870),
- Verein für katholische weibliche Dienstboten (1876),
- Bayerischer Frauenverein unter dem Roten Kreuz (1870),
- Evangelischer Frauenverein (1881),
- St. Georgs-Hilfs-Verein (1877),
- Gutenberg-Verein Würzburg (1863),
- Israelitische Brüderschaft (1830),
- Israelitische Kranken- und Pfründnerhaus-Stiftung (1880),
- Kaufmännischer Verein (1821),
- Kranken- und Sterbekasse der Mitglieder des evangelischen Arbeiter-Vereins (1870),
- Leichenkassen-Verein für Unterfranken und Aschaffenburg (1842),

- Dr. Franz Oberthür'sche Wohltätigkeits-Stiftung (1836),
- Pensionsverein Bavaria (1867),
- Evangelische Pfründneranstalt (1853),
- St. Vincentius-Verein für Hausarme (1872) und
- Witwen- und Waisenkassen-Verein (1867).

3. Sicherung von Invaliden, Witwen und Waisen

Bevor die reichsgesetzlichen Vorschriften über die Invaliditäts- und Alterssicherung im Jahre 1891 mit der Errichtung von Landesversicherungsanstalten in Kraft traten, nahmen sich bereits Betriebe auf freiwilliger Basis der Not ihrer Arbeitnehmer an. Sie schufen Einrichtungen für eine, wenn auch aus heutiger Sicht bescheidene finanzielle Absicherung. Zahlreiche Stiftungen in der Stadt linderten materielle Not.
Ein weiteres Mal dient die Maschinenfabrik Koenig & Bauer als Vorbild für die soziale Einstellung eines Unternehmens mit der Gründung der Invaliden-, Witwen- und Waisenkasse am 6. September 1873. Genau zu dem Zeitpunkt, an dem die 2000. Schnellpresse das Werk in Oberzell verließ. Damit sollte eine dauernde Unterstützung für arbeitsunfähig gewordene und altersschwache Arbeiter, »endlich der Relikten verstorbener Arbeiter« sichergestellt werden. Die Kasse stand unter der selbstständigen Verwaltung und Kontrolle der Arbeiter. Sie wurde von einem aus fünf Arbeitern bestehenden Verwaltungsrat geleitet. Dabei ernannte der Fabrikrat vier, die Fabrikherren eines der Mitglieder. Das Statut schrieb vor:

Es sollen hierzu nur solche Arbeiter ernannt werden, welche nicht über 60 Jahre und nicht unter 30 Jahre alt sind, der Fabrik seit zehn Jahren angehören, übrigens die zur Wahl eines Delegirten erforderlichen Eigenschaften besitzen. Die Ernennung ist gültig auf drei Jahre.

Ein Gründungskapital von 20000 Gulden

Die Firma Koenig & Bauer hatte die Invaliden-, Witwen- und Waisenkasse mit einer Schenkung von 20000 Gulden unter der Bedingung gegründet, dass alle Arbeiter bei der schon bestehenden Krankenkasse sowie ab dem 20. Lebensjahr bei der neuen »Invaliden-, Witwen- und Waisenkassa« teilnehmen. Das Gründungskapital durfte nicht angegriffen werden. Die Einnahmen bestanden aus den Zinsen des Gründungskapitals, den Einzahlungen bzw. Beiträgen der Arbeiter sowie einem Jahreszuschuss der Firma im Betrag der Gesamtsumme, die alle Arbeiter einzahlten.

Als Invalide war ein Arbeiter zu betrachten, wenn er durch eine vom Arzt für unheilbar erklärte Krankheit oder Kränklichkeit im allgemeinen zur Arbeit unfähig oder durch Altersschwäche in seiner Arbeitsfähigkeit beschränkt war. Die Höhe der Invalidenunterstützung richtete sich nach dem Dienstalter und dem Durchschnittsverdienst des letzten Jahres vor Eintritt der Invalidität und umfasste Jahresbeträge zwischen 140 und 420 Mark. Dazu wurden die Arbeiter in drei Klassen, je nach Tagesverdienst, eingeteilt.

Auch für Witwen und Waisen sah das Statut jährliche Unterstützungssummen vor. Die Höhe differierte bei Witwen zwischen einem Drittel und der Hälfte des Betrages, den der Ehemann erhalten hätte. Waisen erhielten 20 bis 30 Prozent der Witwen-Unterstützung. Bei Wiederverehelichung der Witwe erloschen alle Rechte und Ansprüche. Das Statut vom 23. Mai 1878 stellte klar:

Invaliden, Wittwen und Waisen, welche sich einem unsittlichen Lebenswandel ergeben, oder wegen entehrender Vergehen verurtheilt werden, verlieren jeden Anspruch auf Unterstützung.

Auch wer durch seinen Lebenswandel Grund zur Überzeugung gab, dass er durch eigene Schuld seine Gesundheit vorzeitig ruinierte und hierdurch der Invalidenkasse unmäßige Ausgaben drohten, konnte vom Verwaltungsrat mit einem entsprechend höheren Beitrag belastet oder von den Leistungen ganz ausgeschlossen werden. Dies galt auch, wenn ein Arbeiter ein »so unordentlicher Wirtschafter ist, daß seine Familie durch seine Schuld voraussichtlich im Elend hinterbleibt«.

Die Invaliden-, Witwen- und Waisenkasse der Firma Koenig & Bauer war eng an das Unternehmen angelehnt. Mit der Entlassung oder dem Austritt aus der Fabrik hörte jeglicher Anspruch an die Invalidenkasse auf. Eine Rückzahlung eingezahlter Beiträge erfolgte nicht.

Während sonst zur Anmeldung der Invalidität ein ärztliches Zeugnis vorgelegt werden musste, entfiel dieses, wenn der Arbeiter bereits das 65. Lebensjahr vollendet hatte und darüber hinaus 35 Dienstjahre im Unternehmen nachweisen konnte. Auch eine »Vorruhestandsregelung« enthielt das Statut bereits: Arbeiter, die das 60. Lebensjahr überschritten hatten und mit verkürzter Arbeitszeit weiterarbeiten wollten, konnten Zuschüsse oder Unterstützung erhalten.

Nochmaliges Heiraten im Alter die Ausnahme

Nochmaliges Heiraten im Alter bzw. bei Invalidität beschränkte sich damals wohl auf Ausnahmen, wie das Statut von 1878 deutlich macht:
Im Allgemeinen wird angenommen, daß Invaliden sich nicht wieder verehelichen. Vorkommendenfalls haben Wittwen und Kinder desselben keinerlei Ansprüche an die Invaliden-, Wittwen- und Waisenkassa.
Beim Todesfall von Invaliden zahlte die Kasse als Betrag zu den Beerdigungkosten ohne Unterschied 25 Mark.
Der »Unterstützungsverein der Schürer'schen Cigarrenarbeiter zu Würzburg« gewährte seinen Mitgliedern auch Invaliden- und Witwengeld. Der Beitrag zur Invalidenkasse betrug sechs Kreuzer pro Woche und berechtigte nach zehnjähriger Beitragszahlung zu einer monatlichen Unterstützung, deren Höhe jährlich, entsprechend der Finanzlage, neu festgesetzt wurde. Dazu hatte ein Arzt zu bestätigen, dass Altersschwäche das Mitglied daran hinderte, sich selbst zu ernähren. Neben der Vorstandschaft gab es zu deren Kontrolle vier Aufsichtsräte. Die Hauptlast ehrenamtlicher Arbeit hatte Wilhelm Seubert als Schriftführer zu tragen. Zu Versammlungen sowie allen sonstigen Vorgängen musste er Protokoll führen, Kassenbuch, Mitgliederlisten oder Inventarverzeichnisse nachtragen und allen Mitgliedern Termine bzw. andere Informationen schriftlich zukommen lassen.

Den Absichten der »Eheherren und Brüder« folgend

Eine Würzburger Stiftung, am 1. Oktober 1875 gegründet, verdient ebenfalls Beachtung: Die Witwen der beiden Brüder und Tabakfabrikanten Joseph Anton und Jan Bolongaro-Crevenna, die 1825 in Würzburg eine Tabakfabrik gegründet hatten, stifteten den Absichten »ihrer Eheherren und Brüder folgend«, zum 50-jährigen Firmenjubiläum die Hälfte ihres Vermögens für bedürftige Witwen und Waisen. Es handelte sich dabei um einen Betrag von 100 000 Gulden in vierprozentigen Pfandbriefen der königlich-bayerischen Hypotheken- und Wechselbank. Im Stiftungsbrief ist genau aufgeführt, an wen Leistungen gewährt werden sollen, etwa

an hilfsbedürftige, unbescholtene Wittwen – mit oder ohne eheliche Kinder – auf die Dauer des Wittwenstandes und guten Verhaltens, sowie an hinterlassene, hülflose eheliche Kinder ehrenhaften Rufes von verstorbenen Kaufleuten, Fabricanten und Gewerbsleuten zu Würzburg, welche wenigstens zehn Jahre hindurch ihr Geschäft zu Würzburg betrieben haben, und zwar an solche Kinder bis zum erreichten achtzehnten Lebensjahre bei Fortdauer ihres unbescholtenen Rufes.

Vom Magistrat verwaltet, wurde aus den Zinsen Bedürftigen eine Pfründe gewährt. Die Stiftung bestand über 70 Jahre und wurde 1952 mit anderen Reststiftungen in die »Vereinigten Stiftungen für Arme und Wohltätigkeit« eingebracht. Zahlreiche religiöse, karitative sowie Anstalts- und sonstige Stiftungen in Würzburg haben über lange Zeit hinweg Gutes, teilweise im Verborgenen, geleistet. Sie ermöglichen auch heute nicht wegzudenkende Leistungen für arme, notleidende, bedürftige und kranke Bürger der Stadt.

Zweck der »Hueberspflege« war die Unterhaltung und Verpflegung armer, dienstunfähig gewordener Mägde ledigen Standes, die eine mindestens 20-jährige Dienstzeit bei Würzburger Bürgersleuten nachweisen konnten, auf Lebensdauer in einem eigenen Pflegehaus. Damit verbunden war die Bereitung eines bequemen und sorgenfreien Alters zum Lohn für langjährige und treue Dienste. Die Stiftung wies 45 äußere Pfründnerinnen I. Klasse und 52 äußere Pfründner II. Klasse im Jahre 1880 auf. Das Stiftungsvermögen belief sich auf rund eine Million Mark. Weitere erwähnenswerte Stiftungen waren Siechenhauspflege, Wölffel'sche Stiftung, Wickenmayer'sche Stiftung, königliches Waisenhaus oder die evangelische Pfründenanstalt. Gregor Schmitt bemerkt dazu im Jahre 1892,

daß kaum eine deutsche Stadt so reich an Stiftungen, Kranken- und Wohlthätigkeits-Anstalten sein dürfte, wie Würzburg und daß der Wohlthätigkeitssinn kaum irgendwo sich erfolgreicher geltend machen dürfte, wie in dieser Stadt.
Seit mehr als einem Jahrhundert leisten zwar die einzelnen Zweige der Sozialversicherung Hilfe und Schutz. Diesem Bemühen sind aber nicht zuletzt durch die Gesetze Grenzen gesetzt. Von daher ergänzen sich staatlicher Schutz und private Hilfe in Würzburg auf beispielhafte Art und Weise, zumal auch im 21. Jahrhundert Not und Elend in der Stadt am Main nicht ausgestorben sind.

III. Kaiserliche Botschaft vom 17. November 1881

Bis zur Gründung des Deutschen Reiches am 18. Januar 1871 hatte es zahlreiche selbstständige Staaten und Fürstentümer in Deutschland ohne territoriale oder politische Einheit gegeben. Für soziale Regelungen fehlte, von Ausnahmen abgesehen, eine breite Grundlage. Diese unbefriedigende Situation sollte sich verhältnismäßig bald ändern. In dem Jahr, in dem in Amerika der Bau des Panama-Kanals begonnen, in Europa das »Drei-Kaiser-Abkommen« zwischen Deutschland, Österreich und Russland geschlossen, in Berlin die erste elektrische Bahn in Betrieb genommen und in Würzburg mit dem »Glacis« eine »Grüne Lunge« für die Stadt geschaffen wurde, nämlich 1881, schlug mit der »Kaiserlichen Botschaft« die Geburtsstunde der deutschen Sozialversicherung.

1. Industrialisierung und technischer Fortschritt

Mit dem Entstehen des Arbeiterstandes waren in der zweiten Hälfte des 19. Jahrhunderts für die Bevölkerung im Deutschen Reich große gesellschaftliche, soziale und wirtschaftliche Veränderungen und Umschichtungen einhergegangen. Vergleichbar, wenn auch auf andere Art und Weise, in etwa mit den gegenwärtig durch Globalisierung und moderne Informations-Technologie herbeigeführten Umwälzungen. Mehr und mehr verschob sich das Verhältnis zu Gunsten der in der Industrie arbeitenden Bevölkerung. Zahlreiche technische Erfindungen, angefangen von der Dampfmaschine über die Eisenbahn bis zum Telefon, begünstigten die fortschreitende Industrialisierung.

Wie vielfach im Reich, hatten sich auch in Würzburg die sozialen Spannungen zwischen Fabrikherren und Arbeitern verschärft. Insgesamt war der Schutz gegen die »Wechselfälle des Lebens« weiterhin bescheiden. So ging es Fabrikarbeitern, Handwerkern und Gesellen vor allem darum, ihr meist kümmerliches Dasein zu verbessern. Ein Jahrzehnt nach Gründung des Deutschen Reiches bahnte sich eine staatlich organisierte soziale Versicherung an. Sie war in verstärktem Maße von einzelnen Wissenschaftlern, Wirtschaftsführern, Gewerkschaftlern, Theologen und Politikern gefordert worden, um den sozialen Missständen wirkungsvoll begegnen zu können.

2. Konturen der sozialpolitischen Gesetzgebung

Reichskanzler Otto von Bismarck erkannte als einer der Ersten die Notwendigkeit einer umfassenden staatlichen Sozialversicherung.
Als er am 17. November 1881 zur Eröffnung einer neuen Session des Deutschen Reichstages im Auftrag seiner erkrankten Majestät, Kaiser Wilhelms I., jene historisch gewordene »Kaiserliche Botschaft« verlas, erahnte wohl niemand ihre Auswirkungen für die Zukunft. Die Anfänge waren allerdings bescheiden; denn die bald folgenden ersten Sozialgesetze erreichten nur ein Fünftel der Erwerbstätigen und ein Zehntel der Bevölkerung. In dieser Botschaft, die auch in Würzburg für reichlich Gesprächsstoff sorgte, wurden erstmals Konturen einer sozialpolitischen Gesetzgebung sichtbar. Der Reichskanzler hatte die Thronrede im wesentlichen selbst verfasst. Sie verhieß eine für die damaligen Verhältnisse weitgehende Sozialversicherung gegen Krankheit, Unfall, Invalidität bzw. Alter und ging von der Einsicht aus,

daß die Heilung der socialen Schäden nicht ausschließlich im Wege der Repression socialdemokratischer Ausschreitungen, sondern gleichzeitig

mit dem der positiven Förderung des Wohles der Arbeiter zu suchen sein werde.
Das Fränkische Volksblatt schreibt zu dem Ereignis in seiner Ausgabe am 18. November 1881:
Der neue deutsche Reichstag wurde unter dem üblichen Ceremoniell bei zahlreicher Anwesenheit seiner Mitglieder gestern Mittag halb 2 Uhr durch eine vom Fürsten Bismarck verlesene kaiserliche Botschaft eröffnet. In derselben werden angekündigt ... ein neu ausgearbeiteter Gesetzentwurf betreffs der Unfallversicherung und der Organisation des gewerblichen Krankenkassenwesens ... In der Botschaft wird die strikteste Festhaltung der bisherigen Wirtschaftspolitik und der Steuerreform betont, wobei die Nothwendigkeit der Staatsfürsorge für invalide Arbeiter hervorgehoben wird.
Die gestellte Aufgabe war allerdings zu groß und das in Angriff genommene Vorhaben zu schwierig, um es als Gesetz »in einem Guss« zu verabschieden. Der politische Druck ließ das Werk schließlich doch noch gelingen, allerdings in drei über Jahre verteilten Abschnitten, wobei eine weitere Kaiserliche Botschaft vom 14. April 1883 den Reichstag auf die schwierige Lage der arbeitenden Bevölkerung hinwies und zu beschleunigten Beratungen drängte.

3. Gegen Not und Armut auch in Würzburg

Die Bedeutung und Tragweite der »Kaiserlichen Botschaft«, auch die »Magna Charta« der Sozialversicherung genannt, vermag nur zu erfassen, wer sich vor Augen hält, dass die vor 1881 bestehenden Versicherungen auch in Würzburg lediglich einem kleinen Teil der Bevölkerung zugute kamen. Zudem waren die Leistungen im Krankheits- und Todesfall zu gering und zu unterschiedlich. Wer nicht gegen Krankheit versichert war, etwa beim Krankengesellen- oder Dienstboten-Institut, musste sich in der ersten Hälfte des 19. Jahrhunderts »im Falle eines Falles« mit staatlicher Unterstützung nach der Allgemeinen Verordnung über das Armenwesen vom 23. November 1816 begnügen – allerdings nur, wenn er in Bayern geboren war. Eine Verbesserung, Krankenhilfe auch an nicht heimatberechtigte Personen zu gewähren, hatten zwei

Gesetze vom 9. August 1850 und vom 29. April 1869 gebracht. Die öffentliche Armenpflege, für die damit zu Gunsten des Prinzips der Freiwilligkeit ein gesetzlicher Rahmen geschaffen war, hatte nunmehr hilfsbedürftige Personen zu unterstützen und der Verarmung entgegenzuwirken. Jedoch konnten auf breiter Front Armut und Elend in der Bevölkerung nicht bekämpft werden, weil die Aufenthalts- bzw. Heimatgemeinden überfordert waren. Von der gesetzlich eingeräumten Möglichkeit, den Dienstboten, Gewerbegehilfen, Lehrlingen, Fabrik- oder anderen Lohnarbeitern, solange sie im Gemeindebezirk dienten oder arbeiteten, einen wöchentlichen Krankenbeitrag von bis zu drei Kreuzer abzuverlangen, machte die Stadtgemeinde Würzburg keinen Gebrauch.

Hohe Ausgaben für Wohltätigkeit und Armenpflege

Wie zunehmend problematisch die Situation vor 1884, dem Inkrafttreten des Krankenversicherungsgesetzes für Arbeiter, in Würzburg war, zeigt der Städtische Verwaltungsbericht 1878-1882:
Während vor nicht allzu langer Zeit die Armenpflege einen Verwaltungszweig bildete, der für den städtischen Finanzhaushalt sehr wenig Bedeutung besaß, ist in der neueren Zeit nach dieser Richtung eine recht fühlbare Änderung eingetreten. Im Kämmerei-Grundetat vom Jahre 1866 war die Ausgabe für Wohlthätigkeit und Armenpflege im Ganzen mit 16681,71 Mark vorgesehen. Dagegen mussten im Etat pro 1882 für diese Zwecke 58120 Mark eingesetzt werden, welcher Betrag übrigens nicht einmal ausreichte und in der Folgezeit noch weniger ausreichen wird.
Für die Armenpflege bestand bei der Stadt ein »Armenpflegschaftsrath«, der sich aus Magistrats-Mitgliedern, Gemeindebevollmächtigten, Pfarrvorständen und einem Vertreter der Israelitischen Kultusgemeinde sowie dem königlichen Bezirksarzt zusammensetzte. 1869 verzeichnete Würzburg 385 »conskribirte Arme« sowie 723 momentan Unterstützte und wendete für Wohltätigkeit und Armenunterstützung einen Betrag von 127045 Gulden 42 ¼ Kreuzer auf. Das Geld dafür kam aus Schenkungen, Erbschaften, Abgaben für Tanzmusikbewilligung und öffentliche Belustigungen, Büchsensammlungen und dergleichen mehr.

Zweites Kapitel

Von der Erstlingsgesetzgebung zur Reichsversicherungsordnung

Auf Grund der Kaiserlichen Botschaft entstand von 1883 bis 1889 eine öffentlich-rechtliche dreigliedrige Sozialversicherung. Diese schützte die arbeitende Bevölkerung vor den Grundrisiken des Lebens, insbesondere vor Krankheit, Berufsunfall, Invalidität und Alter. Für den versicherungspflichtigen Personenkreis bedeuteten die drei Gesetze zur Kranken-, Unfall- und Invalidenversicherung Neuerungen in elementaren Bereichen ihrer persönlichen und sozialen Existenz, aber auch eine Umstellung traditioneller und eingeübter Verhaltensweisen. Der neu geschaffene Versicherungsschutz war noch keineswegs ausreichend, wie die gesetzliche Krankenversicherung zeigt: Von den 75 497 Einwohnern, welche Würzburg an der Schwelle vom 19. zum 20. Jahrhundert zählte, genossen mit 14 765 etwa 20 Prozent in zwei betrieblichen Krankenkassen der Stadt und den beiden gemeindlichen Einrichtungen Krankenversicherungsschutz. Hinzu kamen die 420 Mitglieder der Betriebskrankenkasse (BKK) Koenig & Bauer, die zum Großteil aber nicht in der Stadt wohnten und die bei den Hilfskassen und auswärtigen Krankenkassen versicherten Mitglieder.

I. Krankenversicherung der Arbeiter

Zunächst verabschiedete der Reichstag das »Gesetz betreffend die Krankenversicherung der Arbeiter« vom 15. Juni 1883. Bei der Organisation der gesetzlichen Krankenversicherung ergab sich fortan ein buntes Nebeneinander von Krankenkassen. Doch nicht alle möglichen Arten wie die Orts-, Betriebs- (Fabrik)-, Bau-, Innungs-, Knappschafts- und Hilfskassen sowie die Gemeinde-Krankenversicherung (Gemeinde-KV) waren am 1. Dezember 1884, als das Gesetz in Kraft trat, in

Würzburg auch präsent. Neu errichtet wurde zu diesem Zeitpunkt die Gemeinde-KV. Zur Gründung von Orts- und Innungskrankenkassen sollte es, im Gegensatz zu anderen deutschen Städten, erst 1914 kommen.
Dagegen hatte es zuvor schon Fabrikkrankenkassen in Würzburg gegeben. Sie wurden nun als BKKn weitergeführt. Eine nicht feststellbare Anzahl von im Staatsdienst beschäftigten Arbeitern und Betriebsbeamten war bei auswärtigen Betriebs- bzw. Baukrankenkassen versichert, so seit 1884 die Eisenbahnarbeiter bei der Werkstättenkrankenkasse bzw. bei der Eisenbahn-BKK oder die Postarbeiter bei der BKK der königlich bayerischen Post- und Telegraphenverwaltung in München. Eine Alternative zu den gesetzlichen Krankenkassen bzw. den kommunalen Einrichtungen bildeten teilweise die freien Hilfskassen, während Baukrankenkassen und Knappschaftskassen zu keiner Zeit in Würzburg existierten.

1. Gemeinde-Krankenversicherung als »Schachzug«

An einem Montag, dem 1. Dezember 1884, fiel der Startschuss für eine neue soziale Einrichtung in Würzburg. An diesem Tag begann, von den Bürgern der Stadt nicht besonders registriert, die fast 30 Jahre währende Tätigkeit der gemeindlichen Krankenversicherung. Auch wenn die Stadt Würzburg mit der ihr gesetzlich zugewiesenen Materie Neuland betrat, das Kollegium der Gemeindebevollmächtigten und der Magistrat wussten sich auf geschickte, ja raffinierte Art und Weise zu helfen: Sie ließen das im Jahre 1786 gegründete Krankengesellen-Institut für den Kreis der nach dem neuen Gesetz versicherungspflichtigen Personen weiterbestehen und gaben der Institution den Namen »Gemeinde-Krankenversicherung Würzburg«.
Untergebracht wurde die gemeindliche Einrichtung ohne eigene Rechtspersönlichkeit im Magistratsgebäude in der Domstraße 7, Geschäftszimmer 8. Sie unterstand, ebenso wie das Städtische Kranken-Institut, dem Offizianten Sebastian Halbig. Ihm war als Kontrolleur Paul Schuler zugeordnet. Dem mit einem Ausweis versehenen Kranken-

aufseher war zu jeder Zeit der Zutritt zu den Kranken zu gestatten. Auch war »ihm gegenüber ein achtungsvolles Benehmen an den Tag zu legen«.

Mitglieder der Gemeinde-KV wurden regelmäßig alle gewerblichen und industriellen Arbeiter sowie Lehrlinge männlichen und weiblichen Geschlechts. Einzelheiten zum Versicherungsgeschehen regelte der Magistrat mit einer Bekanntmachung vom 2. Dezember 1884. Der äußerst niedrige ortsübliche Tagelohn betrug über Jahre hinweg für vier nach Geschlecht und Alter gestaffelte Personengruppen zwischen 0,75 und 1,70 Mark, und dies bei einer täglichen Arbeitszeit von etwa zehn Stunden.

Beiträge nach Alter und Geschlecht gestaffelt

Die Beiträge in Höhe von zunächst 1,5 Prozent waren ebenfalls nach den ortsüblichen Tagelöhnen bemessen und wurden für die vier nach Geschlecht und Alter gestaffelten Personengruppen festgesetzt, pro Woche zwischen 6 und 15 Pfennig. Wie heute oblag die Anmeldung der versicherungspflichtigen Mitglieder und die Zahlung der Beiträge dem Arbeitgeber. Er übernahm davon ein Drittel und durfte seinen Arbeitnehmern zwei Drittel bei jeder regelmäßigen Lohnzahlung abziehen. Versicherungsberechtigte Mitglieder hatten den vollen Beitrag selbst einzuzahlen, und zwar wöchentlich im voraus. Für versicherungspflichtige Personen wurden die Beiträge hingegen vierteljährlich für das vergangene Vierteljahr durch einen Kassendiener vom Arbeitgeber gegen Quittung erhoben.

Die Feststellung der Mitglieder war in der Anfangsphase mit großen Schwierigkeiten verbunden. So konnte das »Heberegister« mit 4509 Mitgliedern erst am 15. Februar 1885 fertiggestellt werden. Infolge vieler Versäumnisse sah sich die Gemeinde-KV bereits im ersten Monat ihres Bestehens gezwungen, zwölf Strafanträge gegen Arbeitgeber wegen unterlassener Meldepflichten zu stellen. Die Schwierigkeiten bei der Feststellung der Versicherungspflicht beruhten vor allem auf einer Arbeitsüberlastung der Verwaltung, die nur mit großen Anstrengungen ihre Arbeit bewältigen konnte.

Die Unterstützung der Gemeinde-KV, im Rahmen des Sachleistungsprinzips zunächst auf das Notwendigste beschränkt, bestand in der eigentlichen Krankenhilfe und einem Krankengeld bei Erwerbsunfähigkeit. Die eigentliche Krankenhilfe leisteten vertragsgemäß die Würzburger Krankenanstalten für die Dauer von 13 Wochen, ebenso die Polikliniken. Von Kassenärzten war damals noch nicht die Rede. Seit der Errichtung der Gemeinde-KV befasste sich allerdings der Ärztliche Bezirksverein bei seinen Sitzungen wiederholt mit der Problematik. Doch waren die Verhältnisse in Würzburg, im Gegensatz zu anderen Städten, nicht so gelagert, dass der Friede zwischen Ärzten, Patienten und Krankenkassen nachhaltig gestört worden wäre. Noch hatten die Ärzte die Auswirkungen der neuen Krankenversicherung »am eigenen Leib« weniger zu spüren bekommen, weil die industrielle Entwicklung im Verhältnis zu anderen Gebieten des Reiches bescheiden war. Ihnen blieb gerade in einer Stadt wie Würzburg ein weites Feld privatärztlicher Betätigung. Der Verzicht auf Honorare bei wirtschaftlich nicht so gut gestellten Bürgern war eine Selbstverständlichkeit. So erschien den Ärzten die Beschäftigung für die Gemeinde-KV zunächst eher eine soziale Tat und weniger ein Mittel zum Gelderwerb.

Zunächst »schwarze Zahlen« in der Bilanz

Die Mitglieder der Gemeinde-KV nahmen innerhalb des ersten Jahres um rund ein Viertel auf 5 892 zu; denn die städtische Einrichtung erfuhr durch gesetzliche wie auch satzungsmäßige Änderungen ständig eine Erweiterung des Mitgliederkreises. In den ersten drei Jahren ihres Bestehens schrieb sie »schwarze Zahlen«, geriet dann allerdings ins Minus. 1889 beliefen sich die Mehrausgaben bereits auf 4 000 Mark. Zusehends entwickelte sich die Gemeinde-KV für die Stadt zu einem Problem. Und dies bei noch bescheidenen Pflegesätzen für einen stationären Aufenthalt. Als Verpflegsgebühren für einen Krankenhausaufenthalt zahlte die Versicherung ab 1. Oktober 1888 zwischen 1,50 und 2,50 Mark, je nach Klinik.
Zu Jahresbeginn 1891 gehörten der Gemeinde-KV bereits 6 357 versicherungspflichtige Mitglieder an. Insgesamt erkrankten in diesem Jahr

2020 Mitglieder, die in den Würzburger Kliniken behandelt wurden. Dabei gab die Versicherung mit 31 814 Mark für Verpflegskosten im Krankenhaus den mit Abstand größten Betrag und für Verwaltungskosten 4 945 Mark aus. Letztere wurden aus den »Renten« des vormaligen Krankengesellen-Instituts bestritten. Sonst wäre der Ausgleich zwischen Einnahmen und Ausgaben noch schwieriger gewesen. Für ärztliche Behandlung waren 1 929 Mark notwendig. Unter dem 22. November 1892 erließ der Stadtmagistrat ein neues ab 1. Januar 1893 geltendes »Statut und Vollzugs-Regulativ für die Gemeinde-Krankenversicherung Würzburg«. Danach wurden der Versicherungspflicht weitere Personengruppen unterstellt, die gegen Gehalt oder Lohn im Stadtbezirk Würzburg beschäftigt waren. Wenn die Beschäftigung auf einen Zeitraum von weniger als einer Woche beschränkt war, unterlag sie nicht der Versicherungspflicht.

Übernahme neuer Mitglieder- und Personengruppen

Die »unverheiratete Polizeimannschaft«, die zuvor beim Krankeninstitut versichert gewesen war, wurde nun, wie bereits 1888 die städtischen Bauarbeiter, in die Gemeinde-KV aufgenommen. Für bestimmte Personengruppen wie Betriebsbeamte, Werkmeister und Techniker, enthielt das Statut damals bereits eine Versicherungspflichtgrenze. Sie waren nämlich nur dann versicherungspflichtig,
wenn der Lohn oder Gehalt 6 2/3 Mark für den Arbeitstag oder, sofern Lohn oder Gehalt nach größeren Zeitabschnitten bemessen ist, zweitausend Mark für das Jahr gerechnet, nicht übersteigt.
Von der Versicherungspflicht ausgenommen waren auch Kommunal- und Staatsbedienstete mit Anspruch auf Gehaltsfortzahlung von mindestens 13 Wochen im Krankheitsfall, ebenso Personen, die einer BKK oder einer eingeschriebenen Hilfskasse angehörten. Die An- und Abmeldung hatte der Arbeitgeber spätestens am dritten Tag nach Beginn der Beschäftigung bzw. der Beendigung des Arbeitsverhältnisses vorzunehmen, und zwar
unter Benützung der dahier bestehenden Formulare an allen Werktagen von 9 bis 12 Uhr Vormittags und von 3 bis 6 Uhr Nachmittags.

Kamen Arbeitgeber ihrer Anmeldepflicht nicht nach, hatten sie eine Geldstrafe bis zu 20 Mark zu zahlen. Auch eine freiwillige Weiterversicherung nach dem Ausscheiden aus der versicherungspflichtigen Beschäftigung sah das Statut bereits vor, »persönlich und gleichzeitig mit Vorauszahlung des ersten Kassabeitrages«.

Berechtigungsschein als Vorläufer der heutigen Chipkarte

Ein Berechtigungsschein, der bei der Anmeldung ausgestellt wurde, diente »in Erkrankungsfällen als Legitimation bei Erhebung des Anspruchs auf Leistung der gesetzlichen Krankenhilfe«, war sozusagen Vorläufer des späteren Krankenscheins bzw. der heutigen Krankenversichertenkarte (»Chip«). Als Krankenunterstützung wurden ab 1893 auch Brillen, Bruchbänder und ähnliche Hilfsmittel eingeführt. Ärztliche Behandlung der erkrankten Versicherten, Lieferung der Arzneien sowie Kur und Verpflegung erfolgten, entsprechend dem Statut, nur durch die vom Stadtmagistrat bestimmten Ärzte, Apotheken und Krankenhäuser. Stationäre Behandlung wurde weiterhin im Juliusspital, im Ehehaltenhaus, in der Universitäts-Augenklinik, in der Psychiatrischen Klinik und im Israelitischen Krankenhaus angeboten.

Jahresturnus bei den Würzburger Apotheken

Ambulante Krankenhilfe leisteten medizinische, chirurgische, Augen-, Ohren- sowie Frauen-Poliklinik der Universität. Die in diesen Polikliniken ordinierten Medikamente lieferten ab 1892 die Würzburger Apotheken nach einem vom Stadtmagistrat festgesetzten Jahresturnus. Zuvor schon hatten drei Apotheken, nämlich »Pfauenapotheke« die Bewohner des Mainviertels, »Sternapotheke« die Bewohner von Grombühl und »Marienapotheke« die Bewohner in der Sanderau ständig mit Arzneimitteln versorgt.
Die von den Polikliniken verordneten Bäder verabreichte das Juliusspital. In der Folgezeit erhielt die Kneipp'sche Kuranstalt vierteljährlich die Kosten für die den Mitgliedern der Gemeinde-KV gewährten Güsse und Bäder zu dem Preis erstattet, den der Kneipp-Verein für seine eige-

nen Mitglieder festgesetzt hatte. Jedoch war eine ärztliche Verordnung erforderlich. Weiterhin gab es einen offiziellen Bader in Würzburg: Kleinere chirurgische Nothilfeleistungen, auch Zahnziehen, wurden von dem vom Stadtmagistrat aufgestellten und approbierten Bader August Messerer in der Augustinerstraße 2 vorgenommen.

Krankenhilfe, gleichgültig ob ambulant oder stationär, erhielten weiterhin nur die versicherten Personen selbst, nicht hingegen die Familienangehörigen des Mitglieds wie Ehefrau oder Kinder. Sie fielen bei Krankheit meistens der städtischen Armenfürsorge zur Last. Ein Kranker durfte ohne Bescheinigung seines behandelnden Arztes und ohne ausdrückliche Genehmigung der Gemeinde-KV den Stadtbezirk Würzburg, sofern er hier wohnte, nicht verlassen. Wurde er »erwischt«, musste er mit einer Ordnungsstrafe von bis zu 20 Mark rechnen.

Abschmelzen des Aktivvermögens und Beitragssatzerhöhungen

Die Geschäftsjahre 1889 bis 1895 verliefen für die Gemeinde-KV Würzburg alles andere als günstig. Die Stadtkämmerei leistete sogar einen Vorschuss von 16 000 Mark. Davon konnten bis 1895 lediglich 6 000 Mark zurückgezahlt werden. Zwangsläufige Folge dieser Entwicklung war zum 1. Januar 1893 eine Erhöhung der Beiträge auf zwei Prozent des ortsüblichen Tagelohnes.

1895 machte der Stadtmagistrat vom gesetzlich eingeräumten Recht Gebrauch, die Krankenversicherungspflicht zur Gemeinde-KV auf die in der Land- und Forstwirtschaft Beschäftigten auszudehnen. Auch wurden alle Dienstboten, Lehrlinge, Gehilfen und Lohnarbeiter versicherungspflichtig, gleichgültig ob sie in Würzburg beheimatet waren oder nicht. Diese Ausdehnung des Kreises der versicherungspflichtigen Mitglieder hatte innerhalb von zwei Jahren ein Ansteigen des Mitgliederbestandes auf 16 317 zur Folge.

Die Finanzen der gemeindlichen Einrichtung besserten sich ab 1896 bis zum Ende des Jahrhunderts wieder zunehmend, nachdem 1895 der ortsübliche Tagelohn und damit auch die Beiträge angehoben worden waren. So konnten nicht nur die Schulden abgetragen, sondern auch Rücklagen zu einem Reservefonds gebildet werden. Er betrug Ende 1900 genau 40 000 Mark. Ein neues Statut für die Gemeinde-KV erweiterte ab 1. Oktober 1904 erneut die Versicherungspflicht für Handlungsgehilfen und Lehrlinge, Betriebsbeamte sowie die in der Land- und Forstwirtschaft beschäftigten Arbeiter. Auch wurde der ortsübliche Tagelohn mehr als verdoppelt und die Versicherungsbeiträge auf zweieinhalb Prozent erhöht.

Schon 1903 war die Krankenunterstützung von 13 auf 26 Wochen ausgedehnt worden, nachdem sich die Einsicht durchgesetzt hatte, als Zeitraum für eine ausreichende Krankenunterstützung von einem halben Jahr auszugehen. Krankengeld wurde vom dritten Tag an für alle nicht auf einen Sonntag fallenden Tage gezahlt. Die Karenzzeit schaffte die Gemeinde-KV jedoch nicht ab, weil eine solche Maßnahme allein für 1903 Mehrausgaben von rund 7 500 Mark verursacht hätte. Die Ausdehnung der Krankengeldzahlung auf Sonntage hätte sogar 19 000 Mark mehr im Jahr gekostet. Das Statut ließ die Krankengeldbeschränkungen bei Geschlechtskrankheiten entfallen. Die Angebotspalette der Leistungserbringer wurde um Optiker und Bandagisten erweitert.

Freie Arztwahl lässt zunächst noch auf sich warten

Häufig führten die Versicherten damals darüber Klage, dass die Ärzte der medizinischen Kliniken trotz wiederholter Aufforderung erst erschienen, wenn der Erkrankte inzwischen einen Privatarzt hatte konsultieren müssen. Für Ärger sorgte auch, dass die Kranken der Medizinischen und der Chirurgischen Poliklinik am Samstag stundenlang auf ihre Krankheitszeugnisse warten mussten. Um diesem Missstand abzuhelfen, wurde die Zeugnisausstellung auf zwei Tage verteilt und ein Schutzmann aufgestellt, der für Ordnung zu sorgen hatte. Gleichwohl rissen die Beschwerden nicht ab.

Dem von den Mitgliedern vielfach geäußerten Wunsch, eine beschränkte freie Arztwahl einzuführen, d.h. für jeden Bezirk in der Stadt Ärzte zuzulassen, unter denen die Erkrankten die freie Wahl haben sollten, kam die Gemeinde-KV verhältnismäßig spät nach, nämlich durch einen Vertrag mit dem Ärztlichen Bezirksverein vom 28. November 1904. Dazu sollte man wissen: Am 13. September 1900 hatte in Leipzig die Gründungsversammlung des späteren »Hartmannbundes« stattgefunden. Er verstand sich als Schutzverband zur Wahrung der ärztlichen Standesinteressen und kämpfte unter seinem Gründer Dr. Hermann Hartmann, einem gebürtigen Würzburger, für eine freie Arztwahl. In seinem Gründungsmanifest hatte Dr. Hartmann ausgeführt:

Lasst uns ... eine feste zielbewusste Organisation schaffen zum Zwecke einer energischen Vertretung unserer aufs äußerste gefährdeten Interessen! Schließen wir uns fest zusammen, der einzelne ist nichts, alle zusammen sind wir eine Macht. Dann soll man nicht mehr mit dem einzelnen Arzt, sondern mit der Gesamtheit rechnen.

»Kasseärzte« als neue Vertragspartner

Zum ersten Mal tauchten in der Folgezeit bei den Vertragspartnern der Gemeinde-KV neben den Polikliniken »Kasseärzte« auf. Sie hatten, wenn Krankenhausbehandlung nicht erforderlich war, ärztliche Hilfe zu erbringen. Unter den aufgestellten »Kasseärzten« stand den in Würzburg wohnenden Versicherten die Auswahl frei. Allerdings durfte während derselben Krankheit ein Wechsel des behandelnden Arztes nur mit Genehmigung der Verwaltung stattfinden. Mit der freien Arztwahl wurde den Mitgliedern der Gemeinde-KV auch die Wahl der Apotheke freigestellt.

Der Ärztliche Bezirksverein Würzburg erhielt ab 1905 von der Gemeinde-KV jährlich 30 000 Mark zur Verteilung unter den in Anspruch genommenen Ärzten. Spezialärztliche Behandlung, deren Kosten einen Betrag von fünf Mark für jede Einzelleistung überstiegen, wurde gesondert honoriert. Dabei war, abgesehen von dringenden Fällen, die vorherige Genehmigung der Gemeinde-KV erforderlich. Zu den bisherigen Ärzten der Kliniken waren nun 59 Ärzte, davon 26 Spezialärzte, für die ambulante Behandlung der Mitglieder der Gemeinde-KV hinzugekommen. Doch schon bald setzten erneut Klagen ein, dass Ärzte Krankenhilfe weiter entfernt wohnenden Mitgliedern mit der Begründung verweigerten, ärztliche Behandlung nicht leisten zu können, weil das Honorar der Gemeinde-KV zu gering sei. Hatte die Gemeinde-KV vor Einführung der freien Arztwahl jährlich 2 420 Mark Zuschuss zum

Gehalt der Assistenzärzte und 1 000 Mark für einige dringende Ausnahmefälle, besonders für auswärtige Mitglieder, zu zahlen, so bedeutete die jährliche Mehrausgabe von fast 27 000 Mark für sie einen erheblichen Betrag. Die Pauschale für den Ärztlichen Bezirksverein wurde 1909 auf 45 000 Mark pro Jahr erhöht. Befürchtungen der finanziellen Belastung durch die freie Arztwahl hatten sich damit bestätigt. Schon 1906 hatte der Ärztliche Bezirksverein Würzburg eine aus »Kasseärzten« bestehende Kommission einberufen, welche die Beziehungen zu den Krankenkassen regeln und die von ihnen bezahlten Gebühren an die Ärzte verteilen sollte.

Höhere Beiträge und steigende Ausgaben

Die Verbesserungen bei der ärztlichen Behandlung ließen sich nur durch eine Erhöhung der Beiträge ermöglichen. Sie wurden mit einer Statutenänderung auf drei Prozent des ortsüblichen Tagelohnes angehoben, so dass sich neue gestaffelte Wochenbeiträge, je nach Personengruppe, zwischen 18 und 45 Pfennig ergaben.
Dass die Zunahme der Leistungsausgaben bereits vor 100 Jahren ein Thema war, verdeutlichen einige Zahlen: Die Aufwendungen für Heilmittel, die 1903 noch bei 13 994 Mark gelegen hatten, stiegen zwei Jahre später auf 25 915 Mark an. Für Arzneimittel hatte die Gemeinde-KV Würzburg 3 530 Mark im ersten Quartal 1904 und ein Jahr später bereits 6 540 Mark an die Apotheken zu zahlen. Deshalb wurde auf Veranlassung der Gemeinde-KV vom Ärztlichen Bezirksverein eine Rezeptprüfungskommission gebildet. Auch erfolgte eine intensivere Kontrolle der Mitglieder. Dass sich die Versicherten damals oft Heilmittel verschrieben ließen, die sie sich auf eigene Kosten nie beschafft hätten, zeigt die Tatsache, dass 1894 erst 143 und 1903 bereits 901 Brillen auf Kosten der Gemeinde-KV verordnet wurden. Dagegen verminderten sich, wohl im Zusammenhang mit der Einführung der freien Arztwahl, die Ausgaben für Spitalverpflegung im Jahre 1905 und erreichten eine geringere Höhe als in früheren Jahren, nämlich 69 499 Mark. Der Gemeinde-KV standen im Ehehaltenhaus 85, im Juliusspital 480 und im Israelitischen Krankenhaus 24 Betten zur Verfügung.

Ein Bader für kleinere chirurgische Hilfeleistungen

An zahnärztlichen Leistungen erfolgten damals nur das Ziehen der Zähne, das Abtöten der Zahnpulpa, das Öffnen von Abszessen und das Blutstillen nach einer Zahnoperation. Bei der Abgabe von Arzneimitteln hatten die Versicherten unter den Würzburger Apotheken die freie Wahl. Kleinere chirurgische Hilfeleistungen wurden nun von dem approbierten Bader Andreas Dehm, Mainbrücke 5, vorgenommen. Den Angehörigen der Versicherten wurde Familienkrankenhilfe von der Gemeinde-KV weiterhin nicht gewährt.
Zum Ausgehen bedurften erkrankte Versicherte bereits damals der Erlaubnis des behandelnden Arztes. Die Ausgehzeit war beschränkt auf die Stunden von 10 Uhr morgens bis 5 Uhr abends in den Monaten April, Mai und September, von 8 Uhr morgens bis 7 Uhr abends in den Monaten Juni, Juli und August, und von 11 Uhr morgens bis 4 Uhr abends in den Monaten Oktober bis März, soweit keine weitere Beschränkung durch den Arzt erfolgte. Der Besuch von Wirtshäusern und anderen öffentlichen Lokalen während der Ausgehzeit durfte nur mit ausdrücklicher Erlaubnis des Arztes erfolgen. Zur Vermeidung des betrügerischen Bezugs von Krankengeld wurde 1904 ein Vertrauensarzt zur Nachuntersuchung verdächtiger Personen angestellt.

Krankengeld jetzt auch an Sonntagen

Ab 15. Februar 1907 wurde die Zahlung von Krankengeld auf alle Tage, auch Sonntage, ausgedehnt. 1913 erkrankten insgesamt 7547 Mitglieder. Die Leistungsausgaben beliefen sich auf 441 062 Mark. Ihnen standen Einnahmen in Höhe von 511 912 Mark gegenüber. Die Personalausgaben für 13 Bedienstete, darunter zwei Offizianten, drei Kassendiener sowie einen Krankenaufseher, und die Regiekosten wurden teilweise aus den »Renten« des Krankengesellen-Instituts sowie des Kranken-Instituts, zum Teil auch von der Stadtkämmerei bestritten. Nach einer Kaiserlichen Verordnung vom 5. Juli 1912 waren zum 31. Dezember 1913, nachdem am 1. Januar 1914 die Reichsversicherungsordnung für die gesetzliche Krankenversicherung in Kraft trat,

alle gemeindlichen Krankenversicherungen im Deutschen Reich zu schließen. Davon betroffen war auch die hiesige Gemeinde-KV. Das königliche Oberversicherungsamt Würzburg verfügte dazu am 24. Mai 1913, nachdem Stadtmagistrat und Städtisches Versicherungsamt der Maßnahme zugestimmt hatten:
Die Gemeinde-Krankenversicherung Würzburg wird mit Ablauf des 31. Dezember 1913 geschlossen.
Die Abwicklung der Geschäfte erfolgte durch die bisherigen Beamten. Das vorhandene Vermögen der Gemeinde-KV in Höhe von 56 755 Mark floss der neu gegründeten AOK Würzburg als der alleinigen Rechtsnachfolgerin zu.

2. Das Städtische Kranken-Institut im Abwärtstrend

Das Städtische Kranken-Institut, der Gemeinde-KV Würzburg angegliedert und auch unter der Verwaltung des Magistrats-Sekretärs Sebastian Halbig, erfasste ab 1. Dezember 1884 als Mitglieder die Apotheken- und Kaufmannsgehilfen und -lehrlinge, die Dienstboten, die landwirtschaftlichen Arbeiter und die Stadtbeschäftigten – mithin den Personenkreis, der nach dem bayerischen Gesetz über die öffentliche Armen- und Krankenpflege vom 29. April 1869 krankenversicherungspflichtig war.

1885 vereinte das Institut 6 028 Mitglieder. 1893 waren es durch die Ausdehnung der Versicherungspflicht zur Gemeinde-KV nur noch 3 835. Die Beiträge des Kranken-Instituts beliefen sich ab 1. April 1889 auf Beträge zwischen 1,80 und 1,95 Mark monatlich. Im Erkrankungsfall gab es vollständige Verpflegung und ärztliche Behandlung in den Würzburger Spitälern und Kliniken, und zwar für die Dauer eines Vierteljahres. Auf Wunsch konnten sich erkrankte Mitglieder, gleichgültig ob ledig oder verheiratet, auch zu Hause verpflegen lassen. Dann erhielten sie Hilfe von den Ärzten der verschiedenen Polikliniken. Medikamente auf Rechnung des Kranken-Instituts übernahm dieses nur, wenn sie von den Ärzten dieser Kliniken verschrieben worden waren. Das Institut zahlte jährlich einen Betrag von 950 Mark als Honorar für die Ärzte der Medizinischen Poliklinik und 100 Mark als Betrag zu den Kosten für Verbandmittel. 1891 wurden allein im Juliusspital 756 Dienstboten mit 16 796 Tagen und acht Kaufmannsgehilfen an 244 Tagen verpflegt. Für kleine chirurgische Verrichtungen gab das Institut 303 Mark, für Bäder 484 Mark und für Medikamente von Mitgliedern, die sich außerhalb des Spitals verpflegen ließen, 1764 Mark aus. Die Personalkosten beliefen sich auf 4 990 Mark.

Ein beträchtliches Aktivkapital bei immer weniger Mitgliedern

Ab 1. Oktober 1895 war das Städtische Kranken-Institut nur noch für die Stadtbeschäftigten zuständig. Deren Beiträge lagen bei 65 Pfennig im Monat. Die Ausdehnung der Versicherungspflicht zur Gemeinde-KV ließ die Zahl der Mitglieder ständig sinken, und zwar von 2 824 im Jahr 1895 auf 170 im Jahr 1896 bzw. 106 zur Jahrhundertwende. Das Kranken-Institut hatte zusehends an Einfluss verloren. Es spielte praktisch nur noch den »Finanzier« für die Verwaltungskosten der Gemeinde-KV. Inzwischen hatte am 20. April 1897 das Arbeitsamt Würzburg als städtische Einrichtung in der Domstraße 5 seine Arbeit aufgenommen. Vom ersten Tag an wurde dem Amt »das regste Interesse« entgegengebracht. Der Einfluss der Stadt in sozialen Angelegenheiten war durch die rückläufige Entwicklung und zurückgehende Zahlen beim Kranken-Institut also nicht geschmälert.
Zum 31. Dezember 1913 wies das Kranken-Institut nur noch 44 Mitglieder, und zwar unständig beschäftigte Tagelöhner, Holzmacher, Näherinnen, Zugeherinnen und Wäscherinnen auf. Den Pflichtbeiträgen in Höhe von 345 Mark standen Kosten der Krankenhilfe von 613 Mark gegenüber. Beträchtlich war allerdings das Aktivkapital von 226 184 Mark, das ein Jahr vor Ausbruch des Ersten Weltkrieges Zinsen von 8 119 Mark abwarf. Kein Wunder, dass die ausgewiesenen Verwaltungskosten von 7 487 Mark nicht allein für Zwecke des Kranken-Instituts, sondern überwiegend auch für die Verwaltung der Gemeinde-KV Würzburg zu Buche schlugen. Nach Auflösung des Kranken-Instituts am 31. Dezember 1913 flossen die bei ihm vorhandenen Gelder und Aktivkapitalien der Stadt Würzburg zu.

3. Vier unterschiedlich große Betriebskrankenkassen

Nach den gesetzlichen Bestimmungen des Jahres 1883 waren Betriebsunternehmer mit mehr als 50 Beschäftigten berechtigt, eine eigene Krankenkasse zu errichten. Waren die Betriebsangehörigen besonderen Krankheitsgefahren ausgesetzt, konnte die Kreisregierung diese Betriebsunternehmer sogar zur Errichtung einer eigenen Betriebs- bzw. Baukrankenkasse verpflichten. Ihnen war es jedoch erlaubt, dafür einen jährlichen Zuschuss an die Gemeinde-KV zu zahlen. Dann blieben ihre versicherungspflichtigen Arbeitnehmer Mitglieder der Gemeinde-KV. So gehörten 1885 die 18 männlichen und 139 weiblichen Arbeiter der Thaler'schen Wollfabrik weiterhin der Gemeinde-KV an, und die Firma zahlte zur Abgeltung einen jährlichen Zuschuss von 200 Mark. Auch andere Betriebe und einige Baumeister, die keine eigenen Betriebs- bzw. Baukrankenkassen errichten wollten, zahlten Zuschüsse an die Gemeinde-KV. Die Aufsicht über die BKKn in der Stadt oblag dem Stadtmagistrat. Alljährlich nahm er eine Rechnungsprüfung vor. Auch hatten die betrieblichen Krankenkassen dem Magistrat einen Nachweis über Mitgliederzahl, Beiträge, Leistungen, Vermögen usw. einzureichen. Zu Beanstandungen durch die Aufsichtsbehörde kam es nur selten.

Koenig & Bauer hält an bewährter Einrichtung fest

Die neuen gesetzlichen Bestimmungen wirkten sich auf die Firma Koenig & Bauer in mehrfacher Weise aus. Träger der Krankenversicherung war ab 1. Dezember 1884 unter einer neuen Bezeichnung die »Betriebskrankenkasse Koenig & Bauer«. Das Unternehmen zahlte der Krankenkasse jetzt nur noch den gesetzlich vorgeschriebenen Arbeitgeberanteil, nachdem es in den Jahren zuvor einen Zuschuss gewährt hatte, der genau den von den Arbeitern aufgebrachten Beiträgen entsprach. Im Dezember 1884 zählte die BKK 401 Mitglieder. Von ihnen wohnten 63 in Würzburg, der überwiegende Teil in den umliegenden Gemeinden. Die Mitglieder waren in fünf Klassen, je nach Arbeitsverdienst, eingeteilt. An Beiträgen wurden von jedem Mitglied drei Prozent des Arbeitsverdienstes erhoben.

Auch nach der Arbeitsordnung der Firma Koenig & Bauer aus dem Jahre 1892 flossen die gegenüber Arbeitern verhängten Geldstrafen der BKK zu. Die Feststellung erfolgte weiterhin durch den Fabrikherrn. Die Mitgliederzahlen nahmen dank des anhaltenden Aufschwungs der Firma eine positive Entwicklung. 1906 waren es bereits 1 078 Mitglieder. Die Leistungen der BKK waren teilweise besser als die der Gemeinde-KV Würzburg. Die in Krankenanstalten untergebrachten Mitglieder erhielten ein wenn auch geringes Krankengeld und seit 1884 für 26 Wochen Krankenunterstützung. Auch zahlte die BKK ein Sterbegeld in Höhe des 25-fachen Tagelohnes, später des 20-fachen Tagelohnes, mindestens aber 80 Mark.

Ab 1901 auf Würzburger Stadtgebiet angesiedelt

Nach einem Eintrag im Gedenkbuch von Oberzell aus dem Jahr 1898 beliefen sich die Ausgaben der Krankenkasse für ärztliche Behandlung, Medikamente, Krankenunterstützungsgeld und Beerdigungskosten 1897 auf 16 439 Mark. Die Beiträge der Arbeiter betrugen 10 163 Mark, der Arbeitgeberanteil der Firma genau die Hälfte dieses Betrages und die erwirtschafteten Zinsen 846 Mark.
Zur Jahrhundertwende verkaufte die Firma Koenig & Bauer ihr altes Fabrikgelände an die Kongregation der Dienerinnen der heiligen Kindheit Jesu. Das Unternehmen siedelte im August 1901 in das »neue Werk« rechts des Mainufers und damit auf Würzburger Stadtgemarkung um. Das bedingte ab 1902 die aufsichtsrechtliche Zuständigkeit des Stadtmagistrats, was auch in den städtischen Verwaltungsberichten mit der Veröffentlichung von Jahresergebnissen zum Ausdruck kommt. Bereits 1896 war die Luise Bolza'sche Krankenstiftung für erholungsbedürftige Arbeiter errichtet worden. Im gleichen Jahr stiftete die Firma Koenig & Bauer 10 000 Mark, um die Leistungen der BKK an Rekonvaleszenten zu erhöhen.
Die BKK gehörte auch dem im Jahr 1908 gegründeten Süddeutschen Betriebskrankenkassen-Schutzverband mit Sitz in Augsburg an. Dessen Gründung erfolgte im Hinblick auf die geplante Reichsversicherungsordnung. Sie ließ einen Zusammenschluss der BKKn auf

Verbandsebene als dringlich erscheinen, um ihren Bestand weiterhin sichern zu können. Während das Vermögen der BKK Koenig & Bauer 1884 bei 17 000 Mark gelegen hatte, betrug es 1912 bereits 53 822 Mark. Eine wesentliche Erhöhung erfuhren die Beiträge im Zeitraum von 1884 bis 1913 nicht. Der höchste Beitragssatz in dieser Zeitspanne lag bei 3,75 Prozent.

Bohn & Herber ab 1884 mit eigener Krankenkasse

Die wahrscheinlich 1884 gegründete BKK der Maschinenfabrik Bohn & Herber in der Grombühlstraße 17 unterschied sich im Leistungsangebot von den anderen Krankenkassen insofern, als sie ab 1892 ein Krankengeld in Höhe von drei Viertel des durchschnittlichen Tagelohnes zahlte. Bei einer Doppelversicherung erhielten die Mitglieder jedoch nur soviel Krankengeld, als damit der Arbeitsverdienst nicht überschritten wurde. Über viele Jahre hinweg lagen die Beiträge der Krankenkasse bei drei Prozent des durchschnittlichen Tagelohnes.
Selbstverwaltungsorgane waren der Kassenvorstand und die Generalversammlung. Ersterer setzte sich aus dem Firmenvertreter, dem Kassenführer und fünf Beisitzern, auf zwei Jahre von der Generalversammlung gewählt, zusammen. In der Generalversammlung besaßen alle volljährigen Mitglieder je eine Stimme, der Firmenvertreter für je zwei Versicherte eine Stimme. In der Anfangsphase wollte sich die Firma Bohn & Herber, wohl wegen der ziemlich bürokratischen Einstellung der Aufsichtsbehörde, nicht mit dem Weiterbestehen ihrer BKK belasten und beantragte deshalb deren Auflösung. Dem Antrag wurde jedoch von der königlichen Kreisregierung nicht stattgegeben. Im Jahre 1914, beim Inkrafttreten der Reichsversicherungsordnung, waren bei der BKK Bohn & Herber noch 161 Mitglieder versichert.

Schürer-BKK mit vielen satzungsmäßigen Leistungen

1884 wurde auch die Fabrikkrankenkasse der Tabakfabrik Joseph Schürer in eine BKK umgewandelt. Ihre Leistungen lagen teilweise über denen der Gemeinde-KV. So gewährte sie bereits 1884 eine Wöchnerinnen-Unterstützung für drei Wochen, die 1904 sogar auf vier Wochen ausgeweitet wurde. 1909 führte die Krankenkasse, übrigens als einzige in Würzburg, eine Familienunterstützung ein: Die Ehefrauen der in der Tabakfabrik beschäftigten Mitglieder erhielten, wenn sie nicht selbst versicherungspflichtig waren, bei einer Erkrankung freie ärztliche Behandlung, Arznei- und kleinere Heilmittel. Auch stand Entlassenen, wie bei Koenig & Bauer, bis zu drei Wochen nach dem Ausscheiden aus der Firma noch ein nachgehender Krankenversicherungsschutz zu. Freiwillige Mitglieder, die sich nach dem Ende ihres Arbeitsverhältnisses weiterversichert hatten, erhielten im Erkrankungsfall das eineinhalbfache Krankengeld. Versicherungspflichtigen Mitgliedern wurde in den ersten 13 Wochen einer Arbeitsunfähigkeit das volle Krankengeld gezahlt. Danach wurde es halbiert.

Ein Auf und Ab bei den Beitragssätzen

1885 beliefen sich die Beiträge auf drei Prozentpunkte des durchschnittlichen Tagelohnes. Die BKK war allerdings in den folgenden Jahren wiederholt gezwungen, Beitragssatzerhöhungen vorzunehmen, so 1889 auf 3,5 und 1891 auf 4,2 Prozentpunkte. 1897 wurden die Beiträge wieder auf 3,6 Prozentpunkte ermäßigt. Weitere Erhöhungen, nämlich 1903 auf 4,2 und 1910 auf 5,4 Prozentpunkte kennzeichneten die keineswegs immer günstige finanzielle Situation in den folgenden Jahren. Einen Antrag zur Beitragssatzsenkung auf 4,5 Prozent im Jahre 1910 lehnte die königliche Kreisregierung ab, weil der Reservefonds von 9 680 Mark noch nicht die Höhe einer durchschnittlichen Jahresausgabe (10 097 Mark) erreicht hatte. Solange musste ein Zehntel der Beitragseinnahmen diesem Fonds zugeführt werden. Nachdem der Gesetzgeber 1892 die Einführung von Arbeitsordnungen für Industriebetriebe zwingend vorgeschrieben hatte, enthielt die erste am 28. April 1892 in Kraft getretene Arbeitsordnung der Tabakfabrik Schürer für alle Mitarbeiter die Verpflichtung der BKK des Unternehmens beizutreten. Der Erlös aus den Geldstrafen floss der betrieblichen Krankenkasse zu. Beispielsweise wurden Zuspatkommen zur Arbeit oder unentschuldigtes Fernbleiben nach erstmaliger Verwarnung mit 20, im Wiederholungsfall mit 50 Pfennig bestraft. Vergehen gegen die Arbeitsordnung, mangelnde Reinlichkeit oder hinterlassene Unordnung kosteten 10 Pfennig. Die finanzielle Dimension erreichte 1900 bei den Einnahmen 7 380 Mark und bei den Ausgaben 5 589 Mark – und dies bei einem Reservefonds von 11 144 Mark. Die Mitgliederzahl bewegte sich von 1885 bis 1900 zwischen 218 und 274. Das Unternehmen beschäftigte ein Jahr vor Ausbruch des Ersten Weltkriegs 305 krankenversicherte Arbeiternehmer, während 1909 mit 460 Mitarbeitern der höchste Personalstand seit Bestehen der Firma erreicht wurde.

BKK der Noell´schen Waggonfabrik vor der Auflösung

1884 war die BKK der Noell'schen Waggonfabrik vom Magistrat der Stadt Würzburg aufgefordert worden, die im Gesetz vorgeschriebenen Statutenänderungen vorzunehmen und an die geänderten Verhältnisse anzupassen. Andernfalls sollte dies von Amts wegen erfolgen. Die von der Krankenkasse eingereichten Entwürfe entsprachen jedoch nicht den Vorschriften, und so versagte die königliche Kreisregierung wiederholt die Satzungsgenehmigung. Es dauerte geraume Zeit, bis die Krankenkasse ordnungsgemäße Statuten vorlegte, vielleicht auch deshalb, weil das Unternehmen 1885 seine Betriebsstätte von der Dürerstraße vor die Aumühle verlegte.
Von Personen, die über 45 Jahre alt waren oder deren Gesundheitszustand zu wünschen übrig ließ, soweit sie vorher nicht bei einer anderen Krankenkasse versichert waren, erhob die BKK der Noell'schen Waggonfabrik ein Eintrittsgeld. Es belief sich auf sechs Wochenbeiträge. Diese wurden in Höhe von drei Prozent nach dem durchschnittlichen Tagelohn berechnet. Für das Sterbegeld war hingegen der ortsübliche Tagelohn maßgebend und im Todesfall wurde das Zwanzigfache dieses Betrages gezahlt. Auf Antrag der Noell'schen Waggonfabrik wurde deren BKK mit Entschließung der königlichen Regierung von Unterfranken vom 26. Juli 1888 aufgelöst. Das nach Deckung aller Unterstützungsansprüche am 1. November 1888 verbliebene Vermögen von 4 413 Mark ging auf die Gemeinde-KV Würzburg über, ebenso die Mitglieder der BKK, die 1888 nur noch Einnahmen von 634 Mark aufbrachten, aber fast doppelt so

hohe Ausgaben verursachten, was zu einem weiteren Abschmelzen des ohnehin geringen Reservefonds der betrieblichen Krankenkasse führte.

4. Von den Hilfskassen zu den Ersatzkassen

Nicht nur durch den Beitritt zur Gemeinde-KV, zum Städtischen Kranken-Institut oder zu einer BKK konnten Arbeitnehmer in Würzburg damals Krankenversicherungspflicht begründen. Auch die Mitgliedschaft bei einer Hilfskasse ermöglichte nach dem am 7. April 1876 ergangenen Hilfskassengesetz Schutz in der gesetzlichen Krankenversicherung. Den Hilfskassen, die den gesetzlichen Bestimmungen entsprachen, wurden die Rechte einer eingeschriebenen freien Hilfskasse verliehen, im Gegensatz zu den vom Gesetz nicht betroffenen privaten Hilfskassen. Maßgebend für ihr Leistungsniveau war jeweils der Standard der Gemeinde-KV am Sitz der Hilfskasse, nicht hingegen der Leistungskatalog der Würzburger Gemeinde-KV.
Die Hilfskassen hatten sich durch Zusammenschluss auf freiwilliger Basis die Hilfe und Unterstützung ihrer Mitglieder durch gemeinschaftlich aufgebrachte Mittel zum Ziel gesetzt. Sie waren für viele arbeitende Menschen deshalb attraktiv, weil sie anstelle der freien ärztlichen Behandlung Barbeträge auszahlten und ihren Mitgliedern so die Chance freier Arztwahl boten. Eine Novelle zum Krankenversicherungsgesetz beseitigte 1892 allerdings diese Möglichkeit wieder und verpflichtete die Hilfskassen zur Gewährung von Sachleistungen »in natura«. Dies verringerte ihre Attraktivität zunehmend und ließ ihren Mitgliederbestand sinken.

Keine Hilfskassen-Hauptverwaltung in Würzburg

Keine der 88 im Deutschen Reich eingeschriebenen freien Hilfskassen besaß ihre Hauptniederlassung je in Würzburg. Dies hängt mit den damaligen Strukturen in der Domstadt zusammen, vielleicht auch damit, dass es an einflussreichen Persönlichkeiten fehlte, die den Gedanken einer Hilfskasse in die Tat umgesetzt hätten. Um 1885 hatten acht und Ende 1888 elf Hilfskassen örtliche ehrenamtliche Verwaltungsstellen in Würzburg errichtet. Sie unterstanden der Aufsicht des Stadtmagistrats, der sie einmal im Jahr durch einen städtischen Beamten einer Visitation unterziehen ließ. Die Revisionen waren allerdings sehr schwer durchzuführen, weil die nebenberuflichen Leiter der meisten Verwaltungsstellen ihrer Arbeit nachgingen und selten von den Revisoren zuhause angetroffen wurden.

Das Adreß- und Geschäfts-Handbuch 1890 für Würzburg listet 13 eingeschriebene, d.h. staatlich anerkannte Hilfskassen auf, die damals in Würzburg Filialen, Ortskassen oder Verwaltungsstellen unterhielten, um die Mitglieder in Krankheits- oder Sterbefällen zu unterstützen. Die Palette erstreckte sich von der Central-Kranken- und Sterbekasse der deutschen Böttcher über die Central-Kranken- und Begräbnis-Kasse für Frauen und Mädchen in Deutschland bis zur Central-Kranken- und Sterbe-Unterstützungskasse der deutschen Zimmerer.

Voraussetzungen für die Aufnahme als Mitglied

Der Aufsicht durch die Stadt Würzburg unterlagen 1897 bereits 15 und 1912 sogar 20 örtliche Verwaltungsstellen eingeschriebener, freier Hilfskassen. Unberücksichtigt blieben dabei die Hilfskassen, die zwar Mitglieder in Würzburg hatten, aber – meist wegen zu geringer Mitgliederzahlen – keine örtlichen Verwaltungsstellen unterhielten. So war etwa für die 43 Würzburger Mitglieder der Krankenkasse für deutsche Buchdrucker in Stuttgart die Nürnberger Verwaltungsstelle zuständig. Einige Hilfskassen wie die Verbands-, Krankengeld- und Zuschusskasse des Zentralverbandes der Hilfs- und Transportarbeiter und Arbeiterinnen und verschiedener Berufe Deutschlands mit Sitz in München oder der Verein deutscher Kaufleute in Berlin unternahmen vergeblich den Versuch, ihre Verwaltungsstellen in Würzburg aufrecht zu erhalten. Auch die Agentur der Allgemeinen Krankenversicherungskasse in Chemnitz konnte sich mit ihrer Würzburger Verwaltungsstelle nur kurze Zeit des Bestehens erfreuen. Die Stadt Chemnitz sah sich nämlich veranlasst, vor der Mitgliedschaft bei dieser Hilfskasse zu warnen.

Sie hatte für eine größtmögliche Mitgliederwerbung eine falsche Leistungsfähigkeit vorgespiegelt. Für die Aufnahme als Mitglied waren bei den meisten Hilfskassen ein bestimmtes Alter, in der Regel 14 bis 45 Jahre, oft auch ein normaler Gesundheitszustand Bedingung. Manche Hilfskassen verlangten von über 45-jährigen Personen beim Eintritt eine Nachzahlung der Beiträge ab dem 45. Lebensjahr. Auch war die Beitrittsberechtigung von der Zugehörigkeit zu einem bestimmten Beruf, vom Besitz der bürgerlichen Ehrenrechte oder von der Mitgliedschaft bei höchstens einer anderen Krankenkasse abhängig. In den meisten Fällen war dies die Gemeinde-KV Würzburg; denn nur wenige Hilfskassen-Mitglieder hatten vom Recht, sich von der Beitragszahlung bei dieser auf Grund der Zugehörigkeit zu einer eingeschriebenen Hilfskasse befreien zu lassen, Gebrauch gemacht.

Krankengeld bis zur Dauer von einem Jahr

Die Leistungshöhe richtete sich größtenteils nach dem Alter des Mitglieds, das auch für die Höhe der Beiträge maßgebend war, aber auch nach der Dauer der Mitgliedschaft, der Höhe des Einkommens, der Ursache der Krankheit sowie nach einer eventuellen Unfallentschädigung und vor allem nach der Erwerbsfähigkeit des Mitglieds. Neben ärztlicher Behandlung, Medikamenten und kleineren Hilfsmitteln zahlte die jeweilige Hilfskasse bei Arbeitsunfähigkeit Krankengeld, und zwar für drei bis zwölf Monate. Mitglieder der Gemeinde-KV erhielten von den Hilfskassen, die freie ärztliche Behandlung und andere Leistungen gewährten, diese nicht, sondern dafür ein erhöhtes Krankengeld. Eine Ermäßigung des Krankengeldes erfolgte bei Krankenhauspflege und richtete sich auch danach, ob das erkrankte Mitglied Angehörige unterhielt oder alleinstehend war. Die Behandlung durch einen Facharzt erforderte zuvor die Einwilligung der Hilfskasse. Homöopathisch tätige Ärzte wurden von einigen Hilfskassen von vornherein von der Behandlung der Mitglieder ausgeschlossen. Nur in besonderen Fällen wurden freie Erholungskuren gewährt. Die Hilfskassen sahen ihren Vorteil darin, dass ihre Mitglieder in jeder deutschen Stadt, in der die Hilfskasse eine örtliche Verwaltungsstelle errichtet hatte, Krankenunterstützung erhielten. Bei einer Verlegung des Wohnsitzes wurde das Mitglied an die neue örtliche Verwaltungsstelle überwiesen. Die Mitgliedschaft lief ohne Unterbrechung weiter.

Die größte eingeschriebene Hilfskasse in der Stadt

Die bedeutendste eingeschriebene Hilfskasse in Würzburg wurde die »Deutschnationale Kranken- und Begräbniskasse«. Ihr gehörten fast zwei Drittel aller hiesigen Hilfskassen-Mitglieder an. Am 1. Januar 1899 war die Hilfskasse in Hamburg ins Leben getreten und gründete am 25. April 1907 eine Verwaltungsstelle in Würzburg. Erster Vertrauensmann war der Bankbeamte Georg Voll, ein Jahr später folgte ihm der Kaufmann Hans Goller in der Bahnhofstraße 22 nach. Im Jahr 1909 gab es bereits eine Geschäftsstelle in der Maxstraße 9¼, Parterre. Die Kranken- und Begräbniskasse verstand sich als kleiner Versicherungsverein auf Gegenseitigkeit. Die Mitgliedschaft konnte jeder in Deutschland wohnende Handlungsgehilfe und -lehrling erwerben, wenn er Mitglied des deutschnationalen Handlungsgehilfen-Verbandes war. Juden und nachweislich von Juden abstammende Personen waren von der Aufnahme ausgeschlossen. Ebenso Nicht-Versicherungspflichtige, wenn sie das 50. Lebensjahr vollendet hatten und bereits Erkrankte. Personen mit einem ungünstigen Gesundheitszustand, insbesondere mit chronischen Leiden oder Krankheitsanlagen, konnten freiwillig beitreten, allerdings nur, wenn sie auf die Regelbeiträge einen Zuschlag von 25 Prozent zahlten. Das Eintrittsgeld bei der Aufnahme betrug zwei Mark. Die Hilfskasse gewährte Krankenhilfe und Krankengeld an die Mitglieder, Familienhilfe für Familienangehörige und ein Begräbnisgeld an die Hinterbliebenen des jeweiligen Mitglieds.
Bis zum Jahre 1913 entwickelte sich die Deutschnationale Kranken- und Begräbniskasse zur größten kaufmännischen Hilfskasse in Deutschland, weil sie, auch in Würzburg, nach außen aggressiv und innovativ in Erscheinung trat. Zum Rüstzeug der Werber gehörten damals schon Flugblätter und Satzungen, Leistungsvergleiche mit anderen Anbietern, Beitrittsformulare und ärztliche Untersuchungsbögen, dazu ein »Leitfaden« für die Werbearbeit.

5. Privatversicherungsunternehmen als Zuschusskassen

Im Gegensatz zu den gemeindlichen Krankenversicherungseinrichtungen, den Kranken- und Hilfskassen erfüllten die Privatversicherungsunternehmen nicht die vom Gesetz geforderten Voraussetzungen. Insbesondere mangelte es bei ihnen an der Beitritts- und damit an der Krankenversicherungspflicht ihrer Mitglieder. Sie verstanden sich daher als reine Zuschusskassen und sahen ihre wichtigste Aufgabe in der Zahlung von Kranken- und Sterbegeld an die Mitglieder.

Nach der Jahrhundertwende existierten in Würzburg 19 private, unterschiedlich ausgerichtete Versicherungsunternehmen. Ab 1883 waren u.a. neu gegründet worden: Kranken-Unterstützungs- und Sterbekassen-Verein der Stadt Würzburg (gegründet 1883), Musiker-Krankenunterstützungskasse Bad Kissingen-Würzburg (1886), Kranken-Unterstützungs- und Sterbekassen-Verein der Steinmetzen Würzburg und Umgebung (1887), Kameradschaft der Kutscher Würzburgs (1891), Kranken-Zuschußkasse des katholischen Arbeiter-Vereins für Würzburg und Unterfranken (1896), Unterstützungsverein vereinigter Militärreiter (1901) und Unterstützungsverein für erkrankte Priester der Diözese Würzburg (1906).

Beim Priester-Unterstützungsverein war anstelle des Beitrags eine einmalige Zahlung von 250 Mark zulässig. Die Leistungsdauer belief sich auf 90 Tage. Der Verein hatte 1908 insgesamt 514 Mitglieder und verfügte über ein Vermögen von 10 400 Mark. Die Musiker-Unterstützungskasse zahlte Unterstützung für sechs Wochen im Jahr und verzeichnete 1913 zehn Mitglieder. Der Militärreiter-Unterstützungsverein gewährte auch bei einer Geschlechtskrankheit Krankengeld. Zahlreiche andere Vereine in Würzburg, deren Hauptzweck auf anderen Gebieten wie Sport, Vergnügen oder Gesang lag, ließen ihren Mitgliedern im Krankheitsfall teilweise auch eine einmalige Unterstützung zukommen.

Die Bedeutung der Privatversicherungsunternehmen sollte mit der Einführung der Reichsversicherungsordnung deutlich abnehmen. Zum Teil blieben sie als kleinere Versicherungsvereine oder gesellige Vereine erhalten. Teilweise wurden die Unternehmen auch aufgelöst; denn durch die ständige Ausdehnung des Kreises der krankenversicherungspflichtigen Mitglieder verloren sie mehr und mehr an Bedeutung, nicht zuletzt wegen der geringen Höhe der Unterstützung, d.h. der Zuschüsse zu den von den Kranken- und Hilfskassen gewährten Leistungen.

II. Gesetzliche Unfallversicherung

Als zweiten Zweig der Sozialversicherung schuf der Gesetzgeber die gesetzliche Unfallversicherung, um Arbeitnehmern angesichts der rasant verlaufenden Industrialisierung auch bei Berufsunfällen Leistungen zur Verfügung zu stellen. Vorläufer auf breiter Ebene hatte es bisher nicht gegeben. Weitgehend musste deshalb Neuland betreten werden.

Daß der Staat sich in höherem Maße als bisher seiner hülfsbedürftigen Mitglieder annehme, ist nicht blos eine Pflicht der Humanität und des Christenthums, ... sondern auch eine Aufgabe staatserhaltender Politik.

Mit diesen Worten hatte Reichskanzler Otto von Bismarck die Einführung der gesetzlichen Unfallversicherung schon am 15. Januar 1881 begründet. Zwei Gesetze bildeten dann 1884 und 1886 den Rahmen für die gewerbliche und die landwirtschaftliche Unfallversicherung.

1. Zentrale gewerbliche Berufsgenossenschaften

Mit dem Unfallversicherungsgesetz vom 6. Juli 1884 wurde zunächst der gewerbliche Bereich geregelt. Es bestand von Anfang an Versicherungszwang. Der versicherte Personenkreis war zunächst auch in Würzburg in den bisher der Haftpflicht unterliegenden Betrieben und auf Betriebsbeamte mit bis zu 2 000 Mark Jahresverdienst beschränkt. In den folgenden Jahren wurde der gesetzliche Unfallversicherungsschutz auf weitere Bereiche ausgedehnt. Die gesamten Kosten der Unfallversicherung hatten allein die Unternehmer zu tragen. Nur sie waren deshalb auch in der Selbstverwaltung vertreten. Die Arbeitnehmer beteiligten sich nicht an der Finanzierung der gesetzlichen Unfallversicherung. Die Leistungspflicht der Unfallversicherungsträger setzte generell erst mit Ablauf der 13. Woche ein. In der Zeit zuvor waren die Krankenkassen für die Gewährung von Leistungen zuständig. Als Träger der Unfallversicherung wurden für das Deutsche Reich in den Jahren 1884 und 1885 insgesamt 57 fachlich gegliederte, gewerbliche Berufsgenossenschaften geschaffen. In Würzburg war in der Anfangsphase weder eine gewerbliche Berufsgenossenschaft (BG) angesiedelt noch gab es hier Sektionen, Geschäfts- oder Verwaltungsstellen. Damals dachten die BGen, wie übrigens auch der Staat, noch zentral.

Nach den beim Stadtmagistrat verwahrten Nachweisungen waren in Würzburg Mitglieder von 23 gewerblichen BGen angemeldet. Dem Stadtmagistrat mussten alle Betriebsunfälle angezeigt werden. 1886 und 1887 gelangten je 140 Betriebsunfälle, davon zwei tödliche, zur Anzeige. In den folgenden Jahren stieg die Zahl der gemeldeten Betriebsunfälle kontinuierlich an und erreichte 1895 die Zahl von 265, davon sieben mit tödlichem Ausgang. Die meisten Betriebsunfälle ereigneten sich mit 51 Prozent im Baugewerbe.

2. Eine Berufsgenossenschaft für Landwirte

Verhältnismäßig gering waren in vorindustrieller Zeit in der Landwirtschaft die Unfallgefahren. Gab es doch überwiegend nur Handarbeit und wenige Geräte, von denen eine entsprechende Gefährdung hätte ausgehen können. Auch waren Knechte und Mägde weitgehend in den sozialen Verband des Betriebes oder des Gutes eingegliedert. Im Krankheits- oder Unglücksfall, vor allem im Alter, gewährte der Gutsherr ihnen und ihren Angehörigen Fürsorge, die zumindest das Existenzminimum sicherte. Mit der fortschreitenden Mechanisierung und Technisierung in der Landwirtschaft ging ein tiefgreifender Wandel im Unfallgeschehen einher. Die Zahl der Arbeitsunfälle nahm an Zahl und Schwere zu. Mit der Aufhebung der Leibeigenschaft waren die Bauern zwar persönlich frei und nicht mehr an ihren Gutsherrn gebunden. Dadurch hatten sie aber auch ihre bisherige soziale Absicherung verloren. Die landwirtschaftlichen Arbeiter, deren einzige Existenzgrundlage ihre Arbeitskraft bildete, gerieten selbst bei kleineren Unfällen oder kurzzeitigen Erkrankungen an den Rand der Existenzsicherung.

Keine Primogenitur in Unterfranken

Eine Besonderheit schuf in Unterfranken zusätzlich Probleme, nämlich die Realteilung im Erbfall. Am Vermögen, damit auch am Grundbesitz des Erblassers, hatten alle Kinder gleichen Anteil. Die Primogenitur galt nicht – mit der Folge, dass immer mehr und immer ärmere Bauern immer kleinere Anwesen bewirtschafteten. Der Regierungsbezirk Unterfranken und Aschaffenburg erreichte dabei die größte Parzellierung des Grundbesitzes in Bayern. Diese Zersplitterung führte zu erheblichen wirtschaftlichen Nachteilen, erschwerte die Arbeit und verringerte auch die Wirtschafts- und Leistungsfähigkeit der landwirtschaftlichen Betriebe. Erst ein Gesetz über die Flurbereinigung aus dem Jahre 1886 leitete die Beseitigung dieser Missstände ein.
Als die ersten Schritte zur Einführung der landwirtschaftlichen Unfallversicherung erfolgten, arbeitete ein Großteil der unterfränkischen Bevölkerung in der Landwirtschaft: 97 668 landwirtschaftliche Betriebe bewirtschafteten 1883 eine Bodenfläche von 454 244 Hektar. Das »Reichsgesetz über die Unfall- und Krankenversicherung der in land- und forstwirthschaftlichen Betrieben beschäftigten Personen« vom 5. Mai 1886 ermöglichte die Gründung von 48 landwirtschaftlichen BGen im Deutschen Reich, davon acht in Bayern bzw. in der Pfalz, und trat am 1. Januar 1889 in Kraft.

Die erste Unterbringung im Regierungsgebäude

Das bayerische Ausführungsgesetz vom 5. April 1888 sah von der Organisation einer Krankenversicherung für den in der Land- und Forstwirtschaft beschäftigten Personenkreis ab und beschränkte sich ganz auf die Unfallversicherung. Mit dem Gesetz wurde für den Regierungsbezirk die »Land- und forstwirthschaftliche Berufsgenossenschaft für Unterfranken und Aschaffenburg« in Würzburg errichtet. Am 1. Januar 1889 nahm der Unfallversicherungsträger seine Arbeit auf, und zwar im Regierungsgebäude am Peterplatz 7.
Um den Aufbau machte sich die königliche Regierung von Unterfranken und Aschaffenburg verdient. So schlug sie dem königlich-baye-

rischen Staatsministerium des Innern den königlichen Regierungsrat Ludwig Britzelmayr, der bereits als Vorsitzender eines Schiedsgerichts Erfahrungen auf sozialpolitischem Gebiet gesammelt hatte, als ersten Beauftragten der Kreisregierung vor. Er erhielt die Ernennungsurkunde im Oktober 1888. Seine endgültige Arbeitsaufnahme im Nebenamt, das den Vorsitz im Genossenschaftsvorstand einschloss, begann zum 1. Januar 1889. Als »Funktionsbezug« standen ihm jährlich 800 Mark zu.
Die Verwaltungsarbeiten erledigten zunächst »Revisoren« und »Funktionäre« der Kreisregierung auf ehrenamtlicher Basis gegen ein jährliches Honorar bis zu 500 Mark. Sie mussten im ersten Jahr des Bestehens 183 Unfallanzeigen bearbeiten.
Das Gesetz räumte der Landwirtschaftlichen Berufsgenossenschaft (LBG) von Anfang an die Verwaltung ihrer eigenen Angelegenheiten ein. Als Selbstverwaltungsorgane fungierten eine Genossenschaftsversammlung und der Genossenschaftsvorstand. Dem fünfköpfigen Vorstand oblag die Verwaltung der Berufsgenossenschaft, während die Genossenschaftsversammlung die Mitglieder des Vorstandes wählte, das Satzungsrecht besaß sowie im Rahmen des Budgetrechts den Haushaltsplan festzustellen und die Jahresrechnung abzunehmen hatte.

Häufige Unfallursachen im Überblick

Die land- und forstwirtschaftlichen Unternehmer mussten im Rahmen eines Umlageverfahrens die Beiträge zahlen. Diese waren entsprechend der dem Unternehmer auferlegten Grundsteuer zu entrichten. Die Zahl der versicherten Personen, zu denen neben den landwirtschaftlichen Arbeitern auch die Betriebsunternehmer und die in den Betrieben beschäftigten Familienangehörigen gehörten, lag bei 172 115. In den ersten Jahren nach Einführung der Unfallversicherung sank die Zahl der versicherten Unternehmen. Dagegen nahm die der versicherten Personen zu. So verzeichnete die LBG innerhalb eines Jahrzehnts einen Zuwachs von 33 360 versicherten Personen.
Die Entschädigung von Unfällen – Berufskrankheiten waren damals noch nicht in den Versicherungsschutz einbezogen – bildete anfangs den Schwerpunkt der Arbeit. Sie nahm ständig zu. So gingen im Okto-

ber 1891 bereits 527 Unfallanzeigen ein. 323 Männer und 85 Frauen waren in Ausübung ihres Berufes verunglückt. Häufigste Unfallursachen waren einer Übersicht zufolge Fallen von Leitern, Böden oder Bäumen, Betrieb von Arbeitsmaschinen, Unfälle mit Fuhrwerken, Unfälle mit Zugtieren, Auf- und Abladen sowie Tragen von Lasten, Zusammenbruch, Einsturz und Herabfallen von Gegenständen, Unfälle mit Handwerkszeug und Gerät sowie Unfälle durch Blitzschlag.

Die LBG war bei der Abwicklung ihrer Amtsgeschäfte auf die büromäßigen Möglichkeiten der damaligen Zeit angewiesen. Der gesamte Schriftverkehr musste noch handschriftlich erledigt werden. Die Akten wurden mit Nadel und Faden geheftet, was sehr zeitaufwändig war. Trotzdem bewältigte der Unfallversicherungsträger sein Arbeitspensum, ohne dass Beschwerden überliefert sind.

Ein denkwürdiger Tag im Jahre 1895

Am 1. November 1891 übernahm der königliche Regierungsrat Franz Scheder das Amt des Regierungsbeauftragten. Ein weiterer Wechsel im Vorsitz der Berufsgenossenschaft datiert vom 8. November 1895, genau dem Tag, an dem Wilhelm Conrad Röntgen am Physikalischen Institut der Würzburger Universität die später nach ihm benannten X-Strahlen entdeckte. Der königliche Regierungsrat Philipp Henner, der über 17 Jahre die LBG leiten sollte, wurde neuer Beauftragter.

Das auch heute noch wichtige und oft Leben rettende berufsgenossenschaftliche Heilverfahren datiert aus dem Jahr 1892. Die BGen erhielten damals vom Gesetzgeber das Recht, schon vor Ablauf der 13. Woche nach dem Unfall das Heilverfahren von der Krankenkasse zu übernehmen. So konnten Schwer- und Schwerstverletzte sofort nach dem Unfall durch ausgewählte, auf ihrem Fachgebiet besonders qualifizierte Ärzte und in besonders ausgewählten Krankenhäusern bzw. Kliniken behandelt werden.

Die Kreisregierung stellte der Berufsgenossenschaft weiterhin ohne Entschädigungsanspruch Geschäftsräume, Inventar, Heizung und Beleuchtung in ihrem Dienstgebäude am Peterplatz zur Verfügung. Dadurch waren die Verwaltungskosten der LBG mit 6127 Mark im

Jahre 1895 sehr niedrig. Das Personal setzte sich aus zwei »etatmäßigen Revisoren«, zwei »Funktionären« und einem teilzeitbeschäftigten Regierungskanzlei-Funktionär zusammen. Als Mitglied der Genossenschaftsversammlung fungierte damals auch der Bürgerspital-Amtmann Ferdinand Quaglea. Die Zahl der versicherten Personen belief sich 1895 auf 219 407. In diesem Jahr wurden bereits 1 078 Unfälle gemeldet. Es ergingen 1918 Rentenbescheide an Dienstboten, Tagelöhner, Betriebsunternehmer und deren Angehörige.

Unfallverhütung vorerst noch verkannt

Der ehrenamtlich tätige Genossenschaftsvorstand hielt 1895 insgesamt 24 Sitzungen ab und hatte dabei über 2 000 Tagesordnungspunkte zu behandeln. Kein Wunder, kümmerte er sich doch so ziemlich um alles, wie die Protokolle jener Zeit widerspiegeln: Gewährung von Leistungen, Entrichtung von Beiträgen, Probleme mit Ärzten und Krankenhäusern, Verhängung von Geldstrafen, Durchführung von Heilverfahren und vieles andere mehr.
Der Gedanke, Schritte zur Unfallverhütung zu ergreifen, nahm um diese Zeit langsam Gestalt an. Von Anfang an hatte sich der Gesetzgeber vom Grundsatz leiten lassen, dass ein verhinderter Unfall »der beste Unfall« ist und deshalb den BGen die Verhütung von Arbeitsunfällen als gleichwertige Aufgabe neben der Unfallentschädigung auferlegt. Eine Kommission aus Vorstandsmitgliedern und Vertretern der LBG befasste sich 1895 erstmals mit dem Entwurf von Unfallverhütungsvorschriften. Sie wurden am 23. November 1895 von der Genossenschaftsversammlung angenommen. Allerdings zeigten sich die Betriebsunternehmer wenig erfreut über die Kontrolle ihrer Betriebe. Den Sinn der neuen Vorschriften verstanden sie erst nach und nach.
Ein Schiedsgericht, das bereits am 23. November 1888 unter dem Vorsitz des königlichen Oberregierungsrats Herrmann Treppner errichtet worden war und als erster Vorläufer des heutigen Sozialgerichts angesehen werden kann, hatte 1895 über 272 Beschwerden gegen Bescheide der Berufsgenossenschaft zu entscheiden. Dabei wurde 216-mal der angefochtene Bescheid bestätigt und in 53 Fällen zu Gunsten der Versicher-

ten entschieden. Für Entschädigungen zahlte die Berufsgenossenschaft fünf Jahre vor der Jahrhundertwende 156 628 Mark. Kosten von 52 358 Mark im Jahre 1898 verteilten sich allein auf Heilverfahren, Unterbringung im Krankenhaus, Renten und Beerdigungskosten. Daran wurde eine Zahl von steigenden Unfällen sichtbar. Männliche Dienstboten in der Landwirtschaft bezogen 1898 bei völlig freier Station einen Jahreslohn von 220 Mark. Hinzu kamen Trinkgelder bei Viehverkäufen, Erntestücke und das Weihnachtsgeld, meist bestehend aus Kleidungsstücken. Männliche Arbeiter wurden pro Woche mit fünf bis acht Mark entlohnt, wozu noch Kost und Wohnung kamen. Weibliche Dienstboten erhielten durchschnittlich pro Jahr 140 bis 150 Mark zuzüglich Trinkgelder, Erntestücke und Weihnachtsgeschenke, waren also wirtschaftlich besser gestellt als ungelernte Arbeiter in der Stadt.

Gleichwohl herrschte »Leutenot auf dem Lande«. Sie war teilweise auf die »wirtschaftliche Hochflut der Industrie« zurückzuführen, vor allem auf den Einsatz neuer Maschinen in der Landwirtschaft, die Arbeiter mehr und mehr zu Saison-Arbeitern degradierten. Da nahm es nicht wunder, dass viele von ihnen in die Stadt, nach Würzburg, zogen, wo sie sich Aussicht auf eine ganzjährige Beschäftigung erhofften. Im September 1899 führte das hiesige Arbeitsamt bei 107 Gemeinden sogar eine Fragebogen-Aktion über die »Leutenot auf dem Lande« durch.

Mehr Unfälle aufgrund von Technisierung und Mechanisierung

Durch die zunehmende Technisierung und Mechanisierung in der Landwirtschaft entstanden neue Unfallursachen. Vom königlichen bayerischen Landesversicherungsamt am 20. April 1903 genehmigte Unfallverhütungsvorschriften setzten sich deshalb schwerpunktmäßig mit dem sicheren Betrieb von Maschinen auseinander. Ausdrücklich verboten wurden Schlafen und Trunkenheit während der Fahrt auf Fuhrwerken. Doch kaum jemand kümmerte sich um die Einhaltung der neuen Vorschriften. Dies macht ein Bericht des Technischen Aufsichtsbeamten Gustav Friedrich deutlich: Er hatte in rund 1 000 unterfränkischen Gemeinden über 90 000 Haupt- und Nebenbetriebe zu »kontrollieren«. An 116 Reisetagen schaffte er 1 356 Betriebe. Die

Beanstandungen des Technischen Aufsichtsdienstes, allein 9163 bei den Hauptbetrieben, waren entsprechend hoch. 1913 gelang bei der BG erstmals Frauen der Sprung in den Beruf. Zwei »Hilfsarbeiterinnen« aus Würzburg wurden eingestellt. Dass es sich dabei nicht um Hilfsarbeiter im heutigen Sinn handelte, ergibt sich nicht zuletzt daraus, dass sie über Kenntnisse in Schreibmaschine und Stenographie verfügen mussten. Weil das Ergebnis der Prüfung aus beiden Fächern bei einer Bewerberin nicht ganz zufrieden stellte, erfolgte die Einstellung unter der Voraussetzung, »daß sich die Genannte die erforderlichen Fertigkeiten in Bälde aneignet«.

Exaktes Schriftbild, Schnelligkeit und Durchschläge

Die Schreibmaschine hatte also Einzug bei der Berufsgenossenschaft wie auch bei anderen öffentlichen Institutionen gehalten. Besonders zu schätzen wussten die Vorgesetzten exaktes Schriftbild, Schnelligkeit und die Möglichkeit, Durchschläge zu fertigen. Der Vorstand der BG dürfte aber auch vom damals niedrigeren Gehaltsniveau der Damen angetan gewesen sein. Die laufende Verwaltung erfolgte ab 10. Oktober 1912 durch den königlichen Regierungsrat Gustav Haack. Als »Hilfsarbeiter« waren ein Rechnungskommissär, drei Revisoren, vier Assistenten und die besagten beiden Assistentinnen tätig. Die Verwaltung ergänzten zwei Technische Aufsichtsbeamte und ein nebenamtlicher Regierungsbote. Nach wie vor befanden sich die Geschäftsräume im Regierungsgebäude in sieben Zimmern, die, wie auch Heizung und Beleuchtung, von der Regierung kostenfrei zur Verfügung gestellt wurden. Ebenfalls unentgeltlich besorgte die königliche Kreiskasse für Unterfranken die Kassen- und Rechnungsführung der Berufsgenossenschaft.
Für den Bereich der gesamten Unfallversicherung trat die Reichsversicherungsordnung mit ihrem 3. Buch am 1. Januar 1913 in Kraft. Sie wahrte im wesentlichen die Grundlagen des bisherigen Rechts. Das bayerische Ausführungsgesetz vom 2. November 1912 beließ die 1889 errichteten LBGen in ihrem Bestand. Nunmehr nannte sich der Versicherungsträger »Landwirtschaftliche Berufsgenossenschaft Unterfranken«.

III. Invaliditäts-, Alters- und Angestelltenversicherung

Das »Reichsgesetz, betreffend die Invaliditäts- und Altersversicherung« vom 22. Juni 1889 bildete den Abschluss der Erstlingsgesetzgebung. An Stelle eines Armengesetzes hatte Reichskanzler Otto von Bismarck dabei eine Regelung vorgeschwebt, die dem arbeitenden Menschen für sein Alter einen Anspruch auf Rente sicherte und ihm so bis zu seinem Tod zumindest ein Recht auf das Existenzminimum ermöglichte. Die territoriale Gliederung des deutschen Kaiserreichs spiegelte sich in einer Vielzahl von neu gebildeten Versicherungsträgern wider. Im Lauf des Jahres 1890 wurden neben zehn Sonderanstalten 31 Versicherungsanstalten als Träger der Invalidenversicherung mit örtlich abgegrenzten Bezirken gebildet. Die Angestelltenversicherung folgte 1911 mit einem eigenen Gesetz und einem zentralen Versicherungsträger.

1. Versicherungsanstalt »im Namen seiner Majestät«

Durch eine »Königlich Allerhöchste Verordnung« vom 26. Juli 1890 wurden im Königreich Bayern »Im Namen seiner Majestät des Königs, Luitpold von Gottes Gnaden Königlicher Prinz von Bayern (Regent)« acht Versicherungsanstalten errichtet, und zwar je eine für den Umfang eines Regierungsbezirks am Sitz der Kreisregierung. So auch zum 1. Januar 1891 die »Versicherungsanstalt für Unterfranken und Aschaffenburg«. Die Anstalt verstand sich von Anfang an nicht als Kommunal- oder Staatsanstalt. Vielmehr war sie eine selbstständige Korporation mit eigener Rechtspersönlichkeit, eigenen Selbstverwaltungsorganen, eigener Verfassung, eigener Vermögensverwaltung und einem eigenen Siegel. In den ersten Jahren ihres Bestehens war die Anstalt im Gebäude der Bezirksregierung am Peterplatz untergebracht.

An der Spitze der Versicherungsanstalt stand ein Vorstand. Die Geschäfte als dessen Vorsitzender nahm für fast zwei Jahrzehnte der königliche Regierungsrat Ludwig Groll wahr. Seine Gehaltsbezüge wurden aus der Staatskasse bezahlt. Als Entschädigung hierfür hatte die Versicherungsanstalt jährlich einen Aversalbetrag von 2500 Mark an die Staatskasse zu vergüten. Vertreter der Arbeitgeber im Vorstand als nichtbeamtetes Vorstandsmitglied war Kommerzienrat Johann Baptist Dietz. Als Vertreter der Arbeitnehmer gehörte dem dreiköpfigen Gremium in gleicher Eigenschaft der Maschinenschlosser Konrad Hümmer an. Neben dem Vorstand existierte als weiteres Selbstverwaltungsorgan ein Ausschuss, bestehend aus je sechs Vertretern der Arbeitgeber und der Versicherten. Er hatte die Arbeit des Vorstandes zu überwachen.

Das Anstaltspersonal bestand in der Anfangszeit aus einem Rechnungskommissär, einem Funktionär, einem Anstaltsdiener sowie einem Aushilfsschreiber, die das »Cassa-, Rechnungs- und Schreibwesen« besorgten. Noch arbeitete die Anstalt sehr billig. Die Verwaltungskosten beliefen sich 1891 auf 13 1/3 Pfennig pro Versicherten. Der Bezirk der Anstalt umfasste 619 436 Einwohner. Von ihnen unterlagen etwa 128 000 der Versicherungspflicht in der Invalidenversicherung. Die Anstalt gab in ganz Unterfranken 150 000 Quittungskarten aus und erwartete dar aus im Umtausch einen jährlichen Rücklauf von etwa 100 000 Karten. Dem Verwaltungsbericht 1891 ist zu entnehmen:

Die Prüfung und Berichtigung dieser Karten in formeller Beziehung, deren Sortirung nach Geschlecht und Geburtsjahren, deren theilweise Entwerthung, deren Ordnung und Einregistrierung in streng alphabetischer Reihenfolge behufs jederzeitiger und schleuniger Auffindung hat nothwendig ganz außerordentliche und stetig zunehmende Arbeitsleistungen im Gefolge.

Die Grundgedanken der neuen Versicherung

Die Invaliditäts- und Altersversicherung ging von folgenden Grundprinzipien aus: Es bestand eine allgemeine einkommensunabhängige Versicherungspflicht für alle Lohnarbeiter und unteren Betriebsbeamten vom 16. Lebensjahr an. Hausgewerbetreibende und nicht versicherungspflichtige Betriebsunternehmer bis zum vollendeten 40. Lebensjahr besaßen das Recht zur Selbstversicherung. Nach Beendigung der versicherungspflichtigen Beschäftigung bestand die Möglichkeit der freiwilligen Weiterversicherung.

Der Versicherungsträger zahlte eine besondere Alters- und eine Invalidenrente bei Erwerbsunfähigkeit, wobei die Wartezeit für die Invalidenrente fünf Beitragsjahre und für die Altersrente 30 Beitragsjahre betrug. Übergangsbestimmungen sicherten beide Rentenarten vor Ablauf der vollen Wartezeit. Altersrenten wurden mit Vollendung des 70. Lebensjahres bewilligt. Auch gab es für jede Rente einen Reichszuschuss aus Steuermitteln, wesentlich finanziert aus den Erträgen des Tabak-Monopols. Die Aufbringung der Mittel erfolgte durch gleich hohe Beiträge der Versicherten und der Arbeitgeber. Die Beiträge wurden nach Lohnklassen berechnet und durch Verwendung von Beitragsmarken erhoben. Die Auszahlung der Renten nahm die Post vor.

Im Gründungsjahr 1891 gingen bei der Versicherungsanstalt 1489 Altersrentengesuche, auch von vielen Versicherten, die älter als 70 Jahre waren, ein. Davon entfielen 57 Altersrenten auf die Stadt Würzburg, 35 an männliche und 22 an weibliche Versicherte. Statistisch gesehen traf auf 1 070 Einwohner in der Domstadt ein Altersrentner. Würzburg nahm, prozentual gesehen, in der Rangfolge der vier unmittelbaren Städte und der 20 Bezirksämter nur den 24. und letzten Platz ein.

Im Einzelfall langwierige Ermittlungen notwendig

Die Versicherungsanstalt verzeichnete 1891 auch 17 Gesuche auf Invalidenrenten, die allerdings erst nach Ablauf eines Beitragsjahres gezahlt werden konnten. Davon wurden vier genehmigt. Eine Invalidenrente erhielten Versicherte übrigens nur, wenn sie infolge ihres geistigen oder körperlichen Zustandes »dauernd erwerbsunfähig« waren. Diese Prüfung machte im Einzelfall langwierige Ermittlungen erforderlich. Im Geschäftsbericht 1891 macht sich der Vorstand auch über die weitere finanzielle Entwicklung der Invalidenversicherung seine Gedanken:

Die Belastung der Anstalt mit Alters- und Invalidenrenten steigert sich ganz erheblich von Jahr zu Jahr durch fortgesetzte Zugänge dieser Renten bis zum Beharrungs-Zustand in circa 40 Jahren, während die Jahreseinnahmen ohne Erhöhung der Beiträge sich so ziemlich gleich bleiben.

Ähnlich wie in der Unfallversicherung gestaltete sich der Rechtsweg in der Invalidenversicherung. Die Bescheide der Versicherungsanstalt waren mit der Berufung zum Schiedsgericht anfechtbar. Gegen dessen Entscheidung war die Revision zum Reichsversicherungsamt zulässig. 1891 wurde bei 274 abweisenden Bescheiden des Vorstandes die beachtliche Zahl von 182 Beschwerden eingelegt. Für das Gründungsjahr fällt das Vorstands-Fazit positiv aus:

Die Bevölkerung hat sich schneller in das Gesetz hineingelebt, als zu erwarten stund ... Hierbei wird noch zum Schlusse angefügt, daß das Gesetz seinem Geist entsprechend allenthalben in wohlwollender Weise vollzogen wurde, soweit die Pflicht dies gestattete.

»Die wohlthätigen Wirkungen des Gesetzes« verkannt

Wenn auch im zweiten Jahr des Bestehens der Versicherungsanstalt »die wohlthätigen Wirkungen des Gesetzes«, so der Vorstand, noch vielfach verkannt wurden, waren doch bei gleichbleibender Personalausstattung 439 Anträge auf Altersrente zu verzeichnen. Davon konnten 347 genehmigt werden. Von den 457 Invalidenrenten-Anträgen wurden 312 anerkannt.

Die Verpflichtung der Arbeitgeber zum Einkleben der Beitragsmarken, zwischen 14 und 30 Pfennig wöchentlich, in »Quittungskarten« empfanden weite Kreise als ziemlich lästig. Schon bald setzte eine Bewegung ein, die auf eine andere bequemere Weise der Beitragsleistung abzielte. Zunächst gelang es allerdings nicht, eine einfachere Form zu finden. Mit der wachsenden Erkenntnis der Vorteile des Gesetzes gewöhnte sich die Bevölkerung nach einer Eingewöhnungsphase an das Kleben von Marken, zumal die neben den Einwochen-Marken neu eingeführten Zwei- und Dreiwochen-Marken das »Klebegeschäft« etwas erleichterten.

Am Jahresende 1893 waren 1362 Personen, davon 94 Würzburger, im Genuss einer Altersrente und 501 Versicherte, darunter 95 Personen aus Würzburg, erhielten Invalidenrente. Die Altersrenten waren inzwischen erheblich zurückgegangen, weil viele Arbeiter schon vor dem 70. Lebensjahr Anspruch auf Invalidenrente besaßen. Damals heißt es im Verwaltungsbericht:

Häufig ist das Bestreben erkennbar, die Vortheile des Gesetzes in welcher Weise auch immer zu erlangen, den auferlegten Pflichten aber nach Thunlichkeit sich zu entziehen. Die Markenverwendung für Arbeiter mit wech-

selnden Arbeitgebern lässt Vieles zu wünschen und in manchen Gegenden fällt es Arbeitern schwer, zum Beginn der Wochen Arbeit zu finden, wenn sie auf Einklebung der Marken bestehen.

Landbezirke vorzugsweise mit Renten bedacht

Die Einnahmen von über 1,8 Millionen Mark legte die Anstalt in Wertpapieren, Hypotheken, bei bayerischen Gemeinden und Stiftungen sowie beim Landwirtschaftlichen Kreisverein für Unterfranken und Aschaffenburg an. 1894 erhielten in der Stadt Würzburg 17 Versicherte über 70 Jahre eine Altersrente zugebilligt, während 32 in den Genuss einer Invalidenrente kamen. Von 1891 bis 1894 erhielten 111 Bürger der Stadt eine Altersrente und 79 wurde eine Invalidenrente zuerkannt. Die Domstadt belegte damit nur einen der hinteren Ränge, wie überhaupt die Landbezirke damals »mit Renten vorzugsweise bedacht wurden«. Beim Verkauf von Beitragsmarken, den die königliche Post besorgte, war Würzburg dagegen »Spitzenreiter«. Hier lebte eine im Verhältnis größere Zahl von aktiv im Berufsleben stehenden Versicherten und zahlte höhere Beiträge, als dies auf dem Land der Fall war.
An »Frauenspersonen in Heiratsfällen« wurden 1895 an Beiträgen 1 745 Mark erstattet, eine Regelung, die zwar kurzfristig Geld brachte, sich für den betreffenden Personenkreis aber ungünstig auswirkte, wenn in späteren Jahren wieder eine Beschäftigung aufgenommen wurde; denn mit der Beitragserstattung waren alle zuvor erworbenen Ansprüche verloren gegangen. Im Jahr 1895 gingen in Unterfranken und Aschaffenburg 3 769 Renten an Tagelöhner, an Dienstboten, Gewerbsgehilfen, Fabrikarbeiter, Gemeindebedienstete und andere Arbeiter – eine bescheidene Zahl im Vergleich zu heute.

Vermögen zur Befriedigung gemeinnütziger Zwecke

Als wünschenswerte und wesentliche Verbesserungen des zwischenzeitlich sechs Jahre geltenden Invaliditäts- und Altersversicherungsgesetzes, gegen das in Teilen der Bevölkerung wegen der finanziellen Lasten noch gelegentlich Vorbehalte laut wurden, regte der Vorstand

der Versicherungsanstalt, dem inzwischen auf Arbeitgeber-Seite der Fabrikant Hans Schürer als Beisitzer angehörte, an:
Verlässlichere Bestimmungen über die Versicherungspflicht der unständigen Arbeiter, klare Definition des Begriffs Erwerbsunfähigkeit, Wegfall des oft schwierig zu beschaffenden Arbeitsnachweises zur Erlangung einer Altersrente für die Jahre 1888 bis 1890, Befreiung der Altersrentner von der Beitragsleistung, Gewährung von Invalidenrenten an nicht dauernd erwerbsunfähige Arbeiter schon nach Ablauf von 26 Wochen statt, wie bisher, nach 52 Wochen Krankheitszeit sowie Herabsetzung der Wartezeit für die Invalidenrente von 235 auf 220 Wochen und für die Altersrente von 1 410 auf 1 200 Wochen.
Die zunehmende Liquidität der Anstalt zeigte sich in der Folgezeit darin, dass 1897 bereits über 1,2 Millionen Mark gegen eine 3,5-prozentige Verzinsung und unter »thunlichst günstigen Bedingungen« an unterfränkische Gemeinden »zur Befriedigung gemeinnütziger Zwecke« ausgeliehen wurden. Erstmals führte die LVA 1898 in nennenswertem Umfang von ihr finanzierte Heilverfahren durch. Zwar hatte sie in allen Gemeinden die Bedingungen für ein Heilverfahren bekannt gegeben. Doch gingen leider nur wenige Anträge ein, denen der Versicherungsträger meist nicht entsprechen konnte. Die Verwaltungskosten betrugen trotz einer Mehrung der Aufgaben und des Personals 1898 15,6 Pfennig pro Versicherten.

Weniger Altersrenten, aber höherer Rentenbetrag

Vom 19. Juli 1899 stammt das Invalidenversicherungsgesetz. Die neuen Regelungen sollten bei der Versicherungsanstalt in Würzburg neben einer Ausweitung des versicherungspflichtigen Personenkreises eine erhebliche Steigerung der Ausgaben durch Abkürzung der Wartezeit für einen Anspruch auf Renten und Beitragserstattungen, Erhöhung der Grundrentenbeträge und der Rentensteigerungssätze sowie Ermächtigung zur Einleitung von Heilverfahren bewirken. Schon zur Jahrhundertwende zeigten sich die ersten durchaus günstigen Auswirkungen bzw. Erleichterungen des neuen Gesetzes. Zwar ging die Zahl der Altersrenten von 139 (1899) auf 123 zurück; der gezahlte Renten-

betrag stieg aber infolge der Rentenerhöhung auf 13962 Mark an. Die Zahl der Invalidenrenten nahm von 1139 auf 1481 zu und erforderte Aufwendungen von 200518 Mark.
Ein Reichsgesetz vom 30. Juni 1900 verbesserte ab 1. Januar 1901 das Streitverfahren gegen Bescheide der Versicherungsträger. Die Schiedsgerichte für die Unfall- und Invalidenversicherung wurden auf territorialer Grundlage umgestaltet. Das für den Kreis Unterfranken errichtete Schiedsgericht für Arbeiterversicherung war in der Sieboldstraße beheimatet. Vorsitzender war der königliche Regierungsrat Heinrich Völk.
Insgesamt wurden von der Versicherungsanstalt im letzten Dezennium des 19. Jahrhunderts 2730 Alters- und 6621 Invaliditäts- und Krankenrenten bewilligt. Die Anzahl der Rentner belief sich am 1. Januar 1901 auf 5599.

Ein neues Verwaltungsgebäude in der Planung

Statistisch gesehen kam 1902 auf je 87 Einwohner und auf je 17 Versicherte im Regierungsbezirk ein Rentner. Heute ist die Relation wesentlich anders: Auf zwei Versicherte trifft derzeit ein Rentner. Der Verwaltungsbericht 1902 wendet bereits die Reformbeschlüsse zur deutschen Rechtschreibung vom 18. Juni 1901 an und zieht eine insgesamt positive Bilanz:
Das Berichtsjahr ließ mit Genugtuung ersehen, daß das Invalidenversicherungsgesetz sich mehr und mehr in der Bevölkerung einlebt. Nicht nur die Arbeitgeber, sondern auch die Arbeiter sind bestrebt, angesichts der unverkennbaren Wohltaten und Vorteile des Gesetzes den vom ihm auferlegten Opfern sich willig zu unterziehen ... Keine Versicherungsgesellschaft kann so günstige Versicherungsbedingungen stellen gegen so geringe Gegenleistungen als die Versicherungsanstalt.
Und auch von einem unzulässigen Markenverwendungs-Verfahren berichtet die Anstalt:
Unständigen Arbeitern mit wechselnden Arbeitgebern werden vielfach die Marken nicht vom Arbeitgeber in die Karte eingeklebt, sondern dieser händigt bloß dem Arbeiter den treffenden Geldbetrag ein und überläßt dem Arbeiter die Markenverwendung. Dieses Verfahren ist gesetzlich unzulässig.

Wenn der Versicherte das Geld zu anderen Zwecken als für Beschaffung und Verwendung von Marken benützt, was nicht selten geschieht, so hat der Arbeitgeber nicht bloß die Marken nachzukleben, sondern auch Strafe wegen Unterlassung der Markenverwendung zu erwarten.

Am 24. September 1902 beschloss der Ausschuss der Versicherungsanstalt, auf dem für 50 000 Mark von der Stadt Würzburg angekauften Bauplatz in der Tiepolostraße ein Verwaltungsgebäude zu errichten. Die Anstalt war immer noch im Regierungsgebäude am Peterplatz 7 untergebracht. Nach Verhandlungen mit Prof. Dr. Albert Hoffa, der an der Ecke Frieden-/Sieboldstraße eine chirurgisch-orthopädische Privatklinik betrieb und diese wegen seiner Berufung nach Berlin aufgeben musste, beschloss der Ausschuss am 26. November 1902 das Anwesen für 375 000 Mark anzukaufen. Der Bauplatz an der Tiepolostraße sollte wieder, möglicherweise mit Gewinn, veräußert werden, weil

das neue Verwaltungsgebäude (in der Friedenstraße) so viel Raum bietet, daß der steten Zunahme der Geschäfte und der damit verbundenen notwendigen Vermehrung des Anstaltspersonals selbst dann voll Rechnung getragen ist, wenn die gesamte Unfallversicherung mit der Invaliden- und Altersversicherung vereinigt werden wird, was nur eine Frage der Zeit ist. Die Größe des Besitztums gestattet nach allen Richtungen Erweiterungsbauten, wenn solche mit etwaiger Einführung einer Witwen- und Waisenversorgung notwendig werden sollten.

Zum damaligen Zeitpunkt gab es übrigens noch keine auf Gesetz beruhende Versorgung für Witwen und Waisen. Hinterbliebenenrenten führte der Gesetzgeber erst im Jahr 1912 ein. Die angesprochene Vereinigung der Invaliden- mit der Unfallversicherung wurde damals zwar ausführlich diskutiert, kam letztlich aber nicht zustande.

Krankheitsbilder – einst und jetzt betrachtet

Eine Übersicht für die Gewährung einer Invalidenrente aus dem Jahr 1902 veranschaulicht, dass Hauptursache in 19 Prozent aller Fälle ein Emphysem oder Asthma, bei 19 Prozent Lungentuberkulose, in 12,5 Prozent Blutarmut und Altersschwäche, bei neun Prozent Herzkrankheiten, in sieben Prozent Muskelrheumatismus und bei fünf Prozent

Magenleiden waren. Auf die übrigen Krankheitsbilder entfielen 29 Prozent. Röntgenaufnahmen waren als Beweisstücke bei der Beantragung einer Rente damals bereits sehr begehrt und auch aussagekräftig. Im Vergleich zu früher haben sich die Krankheitsbilder inzwischen entscheidend verändert. Heute stehen im Vordergrund Zivilisationskrankheiten wie Herz- und Kreislauferkrankungen, Diabetes, Rheuma, Allergien, aber auch Parkinson, Alzheimer oder Aids.

Herausragendes Ergebnis im Jahre 1903 war der Bezug des neuen Anstaltsgebäudes in der Friedenstraße 14. Der Umzug vollzog sich ohne besondere Schwierigkeiten. Im Parterre war auch das Schiedsgericht für Arbeiterversicherung, nunmehr unter der Leitung des königlichen Oberregierungsrats Karl Trümmer, untergebracht. Einschließlich der notwendigen baulichen Veränderungen beliefen sich die Kosten für den Erwerb des Anwesens auf 393 000 Mark, während ein Neubau rund 530 000 Mark an Kosten erfordert hätte. Den Bauplatz an der Tiepolostraße erwarb die Stadt Würzburg übrigens zum Ankaufspreis wieder zurück. Der von der Anstalt erhoffte Gewinn ließ sich deshalb nicht erzielen.

»Zum Leben zu wenig und zum Sterben zu viel«

Deutlich verringerten sich 1904 im Gegensatz zu den 1 942 Anträgen auf Invaliden- und Krankenrente die Ansprüche auf eine Altersrente. Nur noch 68 Anträge wurden gestellt, davon 58 anerkannt. Lediglich vier Altersrenten entfielen dabei auf Würzburg. Sinn und Zweck der Altersrenten beherrschten demzufolge auch weitgehend die Diskussion. So hielt es die Versicherungsanstalt aus politischen, geschäftlichen und rechnerischen Gründen für vorteilhafter, Altersrenten gar nicht erst zu zahlen, sondern jedem 70 Jahre alten Arbeiter ohne Nachweis der Invalidität Invalidenrente zu gewähren. Auch erschienen die Renten damals zu niedrig, »zum Leben zu wenig und zum Sterben zu viel«. Von der Rente allein, so hieß es, könne niemand, geschweige denn mit Familie, leben und ein sorgenfreies Dasein führen. Und in der Tat: 1904 betrug der Gesamtbetrag der gezahlten Altersrenten 8 718 Mark, so dass auf eine Rente durchschnittlich etwa 150 Mark entfielen. Für Inva-

lidenrenten waren im selben Jahr 225 398 Mark aufzuwenden. Damit kamen auf eine derartige Rente im Durchschnitt 146 Mark.
Der Verwaltungsbericht 1904 listet auf, dass die Versicherungsanstalt seit ihrem Bestehen im Jahre 1891 über 2,1 Millionen Mark für Alters-, Invaliden- und Krankenrenten gezahlt hat, dass 586 000 Mark zum Bau von Heilanstalten, Kleinkinderschulen, Herbergen, Wasserleitungen und Wegebauten sowie 285 000 Mark zum Bau von Arbeiterwohnungen, überwiegend in Schweinfurt, ausgegeben wurden. Für landwirtschaftliche Kreditbedürfnisse wurden 3 116 256 Mark ausgeliehen. 33 572 Mark entfielen auf Heilverfahren und 48 903 Mark Beiträge wurden an verheiratete Frauen, Witwen und Waisen verstorbener Versicherter zurückerstattet. Nach 13-jähriger Tätigkeit im Vorstand der Versicherungsanstalt übergab Kommerzienrat Hans Schürer seinen Sitz an den Würzburger Großkaufmann Philipp Seißer.

Klagen aus jeweils unterschiedlicher Sicht

Am 31. Dezember 1905 zahlte die Versicherungsanstalt an 706 Personen Altersrente und an 8 641 Versicherte Invaliden- und Krankenrente. 1905 kamen 104 269 Quittungskarten zur Bearbeitung und Rangierung in die Anstalt zurück. In diesem Jahr konnten auch 211 Heilverfahren eingeleitet werden. Während 1901 in Unterfranken erst 197 Personen freiwillig invalidenversichert waren, stieg ihre Zahl dank intensiver Werbung in der Tagespresse und durch die Behörden bis 1905 auf 515 an. Bei der Lektüre des Verwaltungsberichts 1905 fühlt man sich fast in die Gegenwart versetzt:
Arbeitgeber klagen über schwere Belastung durch das Gesetz, leichtfertige Rentengewährung, Lähmung der Energie des Einzelnen, Unterstützung der Faulheit und des Schwindels, die Versicherten über zu strenge Handhabung des Gesetzes und Unzulänglichkeit der Renten. Während die Ärzte sich beschweren, daß man ihren Zeugnissen und Anträgen zu wenig Rechnung trage, wird ihnen von anderer Seite der Vorwurf zu nachsichtiger Beurteilung des Krankheitszustandes der Rentenbewerber gemacht. Die Versicherten selbst mißgönnen oft einander die Renten, namentlich wenn Invalide noch gegen Lohn zeitweise fortarbeiten können.

Dass die Begehrlichkeit bei Heilverfahren schon damals ein Thema war, machen die folgenden Zeilen, ebenfalls aus dem Verwaltungsbericht 1905, deutlich:

Selbst bei Einleitung des Heilverfahrens zur Wiedererlangung oder Erhaltung der Erwerbsfähigkeit haben sich Mißstände ergeben. Zum Teil werden übertriebene Anforderungen gestellt, wie der Gebrauch von Seebädern oder Heilverfahren in den teuersten Bädern, Heilanstalten und Luftkurorten, was sich nur die reichsten Leute erlauben können, teils in bezug auf die Zeit des Heilverfahrens. Zur schönsten Jahreszeit ist der Andrang der Gesuche ein ganz bedeutender. Zu minder guter Jahreszeit wird das Heilverfahren oft abgelehnt, gleichwohl diese für den Heilzweck häufig gleichgültig ist.

Erstmals überschritten im Jahr 1906 die Beitragseinnahmen die Millionengrenze. Die Reinausgaben bei Alters-, Invaliden- und Krankenrenten beliefen sich auf 619 423 Mark. Auf die Stadt Würzburg entfielen aber insgesamt nur neun anerkannte Alters-, aber 218 erstmals festgesetzte Invaliden- und Krankenrenten. Die Einnahmen aus dem Verkauf von Beitragsmarken brachten allein 1906 von Würzburger Versicherten 222 030 Mark in die Rentenkasse.

Bau eines Invalidenheimes zunächst zurückgestellt

Ausschuss und Vorstand der Anstalt hatten, nachdem »ein nicht geringer Teil der männlichen Rentner ohne Verwandte, nähere Bekannte und zufolge körperlicher Gebrechen völlig hilflos sei und eines angemessenen Unterkommens bedürfe«, schon 1906 den Neubau eines Invalidenheimes für etwa 100 Invalidenrentner in Miltenberg am Main ins Auge gefasst. Eine Umfrage bei den Gemeindebehörden hatte 2 000 bis 3 000 Rentner ergeben, die sich für eine Aufnahme in ein solches Heim aussprachen. Nach erfolgter Ausschreibung gingen über 100 wettbewerbsfähige Arbeiten ein. Doch keiner der Vorschläge brachte eine völlig zufriedenstellende Lösung. Diese Tatsache und die Einsicht, dass die Lösung der gestellten Aufgabe nur durch einen Monumentalbau möglich sei und dadurch Verhältnisse geschaffen würden, die den bisherigen Lebensgewohnheiten der Pfleglinge gänzlich fremd seien, veranlassten den Ausschuss der Anstalt am 17. März 1909, die Errichtung eines Invalidenheimes zurückzustellen und sich den auf dem Gebiet der Tuberkulose vordringlichen Aufgaben zu widmen. Im Jahre 1913 konnte der 1906 für 10 179 Mark erworbene Bauplatz in Miltenberg wieder verkauft werden.

Ein erster Wechsel an der Spitze der Anstalt

Auf Grund des Ergebnisses der Berufszählung im Jahre 1907 nahm die Versicherungsanstalt Unterfranken und Aschaffenburg die Zahl der invalidenversicherungspflichtigen Personen in ihrem Bereich mit 140 000 an. Genaue Zahlen ließen sich damals nicht feststellen, weil die Träger der Invalidenversicherung, im Gegensatz zu Krankenkassen und BGen, keine Mitglieder aufwiesen und die Versicherten von ihnen auch nicht erfasst zu sein brauchten.
Nachdem er im November 1908 seinen 70. Geburtstag gefeiert hatte, wurde der Vorsitzende des Vorstandes, Oberregierungsrat Ludwig Groll, ab 1. Februar 1909 in den Ruhestand versetzt, »der ihm Allerhöchsten Orts unter Anerkennung seiner Dienstleistung unter Verleihung des Titels und Ranges eines königlichen Regierungsdirektors bewilligt wurde«. Sein Nachfolger im Vorstandsvorsitz wurde der königliche Regierungsrat Otto Giesel. Das Personal der Anstalt setzte sich 1908 aus einem Rechnungskommissar als »prakmatischer Beamter«, einem Sekretär, einem Offizianten, drei Funktionären I. Klasse, einem Boten mit Kassendienst, einem Hausmeister und Heizer sowie zehn Hilfsarbeitern zusammen.

Tbc-Behandlung als neue und wichtige Aufgabe

Erstmals berichtet der Verwaltungsbericht 1908 ausführlich über die Behandlung von an Tuberkulose erkrankten versicherten Frauen in der Heilstätte Römhild in Thüringen sowie in der Heilstätte Ruppertsheim im Taunus. In letzterer wurden »13 Frauenspersonen« mit insgesamt 799 Verpflegstagen behandelt, während es in der Heilstätte Römhild »25 Frauenspersonen mit 2 077 Verpflegstagen« waren. Ein am 1. Januar 1909 in Kraft getretenes Beamtengesetz regelte die Gehaltsverhältnisse der Beamten der Versicherungsanstalt neu. So erhielt nach der Gehaltsordnung der Rechnungskommissar vom 16. Dienstjahr an ein Jahresgehalt von 6000 Mark, während Obersekretären vom 19. Dienstjahr an ein solches von 4800 Mark zustand, Sekretäre sich mit 3600 Mark »per anno« und Assistenten mit 2400 Mark im Jahr begnügen mussten.

Auch damals gab es bereits Wanderungsbewegungen in beträchtlichem Ausmaß. So überstieg der Wegzug versicherungspflichtiger Arbeitnehmer aus dem Bezirk der Versicherungsanstalt den Zuzug im Jahre 1909 um 12649 Personen. Am größten war die Abwanderung am Untermain, vor allem nach Hessen-Nassau und in das Großherzogtum Hessen.

In zunehmendem Maße wandten die Verantwortlichen der Kontrolle und Prüfung Beachtung bei. So wurden zur Beitragskontrolle 1909 drei hauptamtliche und ein nebenamtlicher Anstaltsbeamter eingesetzt. Der Wert der nachträglich eingeholten Beitragsmarken belief sich auf immerhin 12394 Mark. Auf Grund negativer Erfahrungen erfolgten erstmals auch unvermutet Kontrollen. 1505 Ordnungsstrafen mit einer Gesamthöhe von 3014 Mark sind als Ergebnis festgehalten. Die höchste bis zum Jahre 1909 angewiesene Invalidenrente betrug 230 Mark, die niedrigste 106 Mark. Der älteste Invalidenrenten-Empfänger war damals 91 Jahre alt, der älteste Altersrentenempfänger 96½ Jahre.

Frauen noch nicht in den Selbstverwaltungsorganen

Bei einem Blick auf den 1910 neu gewählten Vorstand und Ausschuss fällt auf, dass Frauen in beiden Gremien damals noch nicht vertreten waren. Ihnen war bis zum Inkrafttreten der Reichsversicherungsordnung die Zugehörigkeit zu den Selbstverwaltungsorganen der Versicherungsanstalten kraft Gesetzes ausdrücklich verboten. Wählbar waren »nur deutsche, männliche, großjährige, im Bezirk der Versicherungsanstalt wohnende Personen«. Gleichberechtigung zwischen Frauen und Männern war damals noch ein Fremdwort.

Im Jahre 1910 wurden nur noch 44 Anträge auf eine Altersrente gestellt, während es bei Invalidenrenten 2182 Anträge waren. Zehn bzw. 213 Würzburger Versicherten wurde dabei eine Alters- bzw. eine Invalidenrente bewilligt. Das Vermögen der Anstalt in Wertpapieren und

Darlehen nahm weiterhin zu und belief sich zum Jahresende 1910 auf über 9,2 Millionen Mark. In 666 Fällen wurden 1913 Heilverfahren beantragt und bei 522 Versicherten auch tatsächlich durchgeführt. Die Ausgaben dafür beliefen sich auf mehr als 136 000 Mark. Mit 24 Prozent war die Tuberkulose eine der Hauptursachen für Invalidität, ein gegenüber anderen Versicherungsanstalten außergewöhnlich hoher Prozentsatz.

Teilweise katastrophale hygienische Zustände

Apropos Tbc: Wie in anderen deutschen Städten hatte die Tuberkulose auch in Würzburg über Jahrhunderte hinweg regelrecht »gewütet«. In der zweiten Hälfte des 19. Jahrhunderts war eine geradezu explosionsartige Zunahme dieser Krankheit, die man auch Schwindsucht, Lungensucht, Phthisis oder Abzehrung nannte, zu verzeichnen. Prof. Dr. Rudolf Virchow (1821-1902) stellte während seiner Tätigkeit in Würzburg 1859 fest, dass ein Fünftel aller Todesfälle in der Stadt durch Tuberkulose verursacht war. Diese Erkrankung sollte die Stadt noch Jahrzehnte beschäftigen.

Zu ähnlichen Ergebnissen kam später der Würzburger Bezirksarzt Dr. Ottmar Hofmann. Er fand zwischen 1871 und 1875 bei 1 000 Todesfällen 335 der Atmungsorgane. Die Tuberkulose-Sterblichkeit wurde von 1868 bis 1872 mit 55,7 pro 1 000 Lebendgeborene angegeben. Würzburg hatte, vor allem wegen der teilweise katastrophalen hygienischen Verhältnisse, im Vergleich zu anderen deutschen Städten eine besonders hohe Tuberkulose-Mortalitätsrate. Im letzten Viertel des 19. Jahrhunderts ging diese Ziffer von 48,0 im Jahre 1876 auf 25,7 im Jahre 1900 zurück. Die Statistik zeigt eine auffällige Häufung von Tbc-Fällen in den engen Gassen zu beiden Seiten des Mains, die zudem ständig von Hochwasser bedroht waren. Ein Augenzeuge in der Person eines Armeearztes schreibt dazu 1879:

Würzburg hat zwar den Ruf einer guten Lage. Aber nicht in gleichem Maße Rühmendes kann man von der Stadt selbst berichten. Weder Licht noch Luft, noch Cultur ist in einer großen Zahl von Straßen und Häusern vorzufinden.

Der Grundstein für die Heilstätte »Luitpoldheim«

Schon bei ihrer Gründung im Jahre 1891 hatten die Versicherungsanstalten die Bekämpfung der Tuberkulose als eine von vielen Aufgaben übertragen bekommen. Zunächst handelte es sich dabei um freiwillige Maßnahmen. Sie sollten einer dauernden Erwerbsunfähigkeit vorbeugen. Dem 1894 in Würzburg errichteten »Verein zur Gründung eines Sanatoriums für unbemittelte Lungenkranke in Unterfranken« blieb es vorbehalten, sich erstmals um die Behandlung der Tbc-Kranken zu kümmern. Dem Vereinsvorstand gelang es bereits ein Jahr vor der Jahrhundertwende, den Grundstein für die Heilstätte »Luitpoldheim« in Lohr am Main zu legen. Bei dem dreigeschossigen Neubau handelte es sich ausschließlich um eine Heilstätte für männliche Versicherte. Am 27. Juni 1901 wurde das Sanatorium mit 40 Betten eröffnet.
Die Versicherungsanstalt Unterfranken und Aschaffenburg leistete, bei einem Baupreis von 351 384 Mark, eine Hypothek von 115 000 Mark zu zwei Prozent Verzinsung. Innerhalb der ersten zehn Jahre wurden dort 2 292 Kranke aufgenommen. 1905 erfolgte eine Erweiterung auf 60 Betten. Der Kaufpreis, den die Versicherungsanstalt für die Übernahme des Luitpoldheimes 1911 an den Verein zahlte, lag bei 260 000 Mark. Im Übergabevertrag ist festgehalten, dass der Betrieb des Sanatoriums in gleicher Weise wie bisher weiterzuführen ist und dass dem Verein eine bestimmte Anzahl von Betten für Freiplätze nach wie vor zu reservieren ist. 1913 wurden dort 239 Männer behandelt. Ein wesentliches Glied in der Kette der auf die Ausrottung von Tbc gerichteten Maßnahmen bildete die am 16. Dezember 1907 ins Leben gerufene Fürsorgestelle für Lungenkranke in Würzburg. Bereits 1908 wurden vom Fürsorgearzt 158 Sprechstunden abgehalten. Von den 234 untersuchten Erwachsenen stammten allein 189 aus Würzburg. Die eingeleiteten Maßnahmen waren recht vielfältig:
Je nach dem Befunde bei der Nachschau in den Familien erfolgte alsdann seitens der Fürsorgestelle Verabreichung von Spuckflaschen, Spuckschalen, von Wäsche und Bettstücken und von Nahrungsmitteln, insbesondere Milch, von der 4 500 Liter verabreicht wurden, und außerdem in einzelnen Fällen von Fleisch, Eiern, Kakao, dann in der Gewährung von Umzugskosten

behufs Gewinnung einer besseren Wohnung, Verabreichung von Heizmaterial zur Ermöglichung der Absonderung von Kranken vom gemeinsamen Familienzimmer, in einem Falle auch von Reisegeld behufs entfernt wohnender Verwandter auf dem Lande während der besseren Jahreszeit.

Einführung von Hinterbliebenenrenten

Die Reichsversicherungsordnung trat für den Bereich der Invalidenversicherung am 1. Januar 1912 in Kraft. Eine Königliche Verordnung vom 29. Dezember 1911 beließ es bei den acht Versicherungsanstalten im Königreich Bayern, und zwar für jeden Kreis am Sitz der Kreisregierung. Der Invalidenversicherungsträger nannte sich seit 1. Januar 1912 »Landesversicherungsanstalt Unterfranken«, abgekürzt LVA. Zuständig war die Anstalt weiterhin für den Regierungsbezirk Unterfranken mit insgesamt 998 politischen Gemeinden. Die Einwohnerzahl des Regierungsbezirks betrug, so die Volkszählung von 1910, 710 943 Personen, darunter 347 992 Männer und 362 951 Frauen.

Mit der Reichsversicherungsordnung führte der Gesetzgeber Hinterbliebenenrenten ein. Sie setzten allerdings bei der Witwe Invalidität bzw. beim Witwer Bedürftigkeit voraus. Auch Waisenrenten für Kinder bis zum vollendeten 15. Lebensjahr wurden neu eingeführt. Der Personalaufwand nahm mit der Aufgabenmehrung ständig zu. An etatmäßigen Beamten waren 1912 ein Rechnungskommissar, ein Obersekretär, fünf Sekretäre, neun Assistenten und ein Bote beschäftigt. Dazu kamen noch als nicht etatmäßige Beamte ein Hausmeister / Heizer sowie zwei Hilfsarbeiter.

1912 gehörten dem Vorstand der LVA der königliche Oberregierungsrat Otto Giesel als Vorsitzender, Regierungsassessor Johannes Petri als beamtetes Mitglied und Stellvertreter des Vorsitzenden, der königliche Kommerzienrat und Großkaufmann Philipp Seißer als Vertreter der Arbeitgeber und der Schriftsetzer Jakob Schäfer als Vertreter der Versicherten an. Die beamteten Vorstandsmitglieder wurden vom Staatsministerium des Innern den Beamten der Regierungen – Kammern des Innern – entnommen. Sie blieben während ihrer Verwendung bei der LVA Mitglieder der Regierung. Die Dienstaufsicht über sie führte der

Regierungspräsident. Auf die Bewohner von Würzburg entfielen 1913 übrigens nur acht Altersrenten und 216 Invaliden- bzw. Krankenrenten.

Auch eine Heilstätte für weibliche Versicherte

Um das Eindringen unberechtigter Personen in die Invalidenversicherung »hintanzuhalten«, wurden beim Einlauf von Quittungskarten Nr. 1 bei Personen, die über 40 Jahre alt waren, weitere Erhebungen zur Erwerbsfähigkeit und zur Beschäftigung angestellt. 1913 waren allein 513 derartige Fälle anhängig. In 231 Fällen wurde die Versicherungspflicht an- und 154mal aberkannt. Bei 12 698 Betriebsinhabern, Haushaltungsvorständen und sonstigen Arbeitgebern wurden Beitragskontrollen vorgenommen.
Herausragendes Ereignis wenige Tage vor Beginn des Ersten Weltkrieges war die feierliche Eröffnung der Heilstätte Maria-Theresia-Heim für weibliche Versicherte in Lohr-Sackenbach am 11. Juli 1914. Die LVA Unterfranken gab dem »Verein zur Gründung eines Sanatoriums für unbemittelte Lungenkranke in Unterfranken« zu dem 85-Betten-Komplex ein Darlehen von 140 000 Mark zu günstigen Bedingungen. König Ludwig III., Staatsminister a.D. Friedrich von Brettreich und zahlreiche Industrielle hatten durch großherzige Spenden die Baumaßnahme erst ermöglicht. Die Pläne für die Heilstätte hatte Architekt Christoph Mayer aus Würzburg gefertigt. Ohne das Engagement des Geheimen Kommerzienrates Heinrich Stürtz, Inhaber der königlichen Universitätsdruckerei in Würzburg, wäre das Vorhaben wohl nicht verwirklicht worden.

2. Eigene Versicherungsanstalt für Angestellte

Mit dem Versicherungsgesetz für Angestellte, das am 1. Januar 1913 in Kraft trat, wurden auch in Würzburg Angestellte ab dem vollendeten 16. bis zum 60. Lebensjahr rentenversicherungspflichtig. Voraussetzung: Ihr Jahresarbeitsverdienst überstieg den Betrag von 5 000 Mark nicht.

Angestellte mit einem Jahresgehalt bis zu 2 000 Mark verblieben weiterhin in der Invalidenversicherung. 56,3 Prozent der männlichen und 96,4 Prozent der weiblichen Versicherten hatten 1913 im Deutschen Reich des Status einer »Doppelversicherung«, waren also gleichzeitig invaliden- und auch angestelltenversichert. Je nach Gehaltsklasse lag der Monatsbeitrag zwischen 1,60 und 26,60 Mark. Die Beiträge waren je zur Hälfte vom Arbeitgeber und vom Angestellten aufzubringen.

Angestellten-Begriff nicht gesetzlich geregelt

Als Träger wurde am 22. März 1912 die Reichsversicherungsanstalt für Angestellte in Berlin-Wilmersdorf errichtet. Sie war zentral ausgerichtet und verfügte nicht über Geschäfts- oder Verwaltungsstellen im Reich. Was man unter einem Angestellten zu verstehen hatte, suchte man im Gesetz vergeblich. Aufgezählt wurden dort alle in Frage kommenden Berufsgruppen, die von den Angestellten in leitender Stellung, Betriebsbeamten, Werkmeistern und anderen Angestellten in einer ähnlich gehobenen oder höheren Stellung über Handlungsgehilfen und Gehilfen in Apotheken, Bühnen- und Orchestermitglieder bis zu Lehrern und Erziehern reichten.

Die Reichsversicherungsanstalt für Angestellte gewährte ihren Versicherten Ruhegeld im Alter mit Vollendung des 65. Lebensjahres und bei Invalidität im Fall von weniger als 50 Prozent der normalen Leistung, Witwenrenten und Waisenrenten beim Tod des Versicherten sowie Heilverfahren zur Abwendung drohender Berufsunfähigkeit. In den ersten Jahren ihres Bestehens gewährte die Angestelltenversicherung ihren Versicherten nur Heilverfahren; denn Renten konnten wegen der festgelegten Wartezeit von zehn Jahren (Frauen nur die Hälfte) noch nicht gezahlt werden.

Mehrere Anlaufstellen für versicherte Angestellte

Wenn Würzburger Versicherte und ihre Arbeitgeber Fragen aus dem Bereich der Angestelltenversicherung hatten, konnten sie sich damals an die Anstalt in Berlin wenden, persönlich bei dem am 1. Januar 1913 errichteten Städtischen Versicherungsamt im Rathaus, Zweiter Stock, Zimmer 149, vorsprechen und sich dort beraten und helfen lassen, das für Rentenanträge von Angestellten zuständige Versicherungsamt Nürnberg angehen oder direkt an einen der ehrenamtlich tätigen Vertrauensmänner der Reichsversicherungsanstalt für Angestellte in Würzburg wenden.

Diese Vertrauensmänner fungierten als »örtliches Bindeglied« zwischen der Anstalt auf der einen und den Versicherten wie auch Arbeitgebern auf der anderen Seite. Sie wurden erstmals im Oktober 1912 zur Hälfte von den versicherten Angestellten und von den Arbeitgebern, die versicherte Angestellte beschäftigten, gewählt, waren also sowohl »Vertreter« der Versicherten wie auch der Arbeitgeber in Würzburg. Ihre Aufgaben lagen in der Auskunftserteilung, Beratung, Aufnahme von Rentenanträgen, Beitragserstattung, Mitwirkung bei Anträgen auf Heilverfahren und der Überwachung der Rentenempfänger. Für die Aufnahme eines Rentenantrages erhielten die Vertrauensmänner zunächst eine Mark. Die Namen von Würzburger Vertrauensmännern in der Anfangsphase der Angestellten-Versicherung waren trotz Mithilfe der Bundesversicherungsanstalt für Angestellte und intensiver Suche in den Würzburger Tageszeitungen nicht mehr ausfindig zu machen.

Gut eineinhalb Jahre existierte die Angestelltenversicherung, als der Erste Weltkrieg nach dem Mord von Sarajewo als auslösendem Faktor am 28. Juli 1914 ausbrach. Wirtschaftlich war die Anstalt noch nicht gefestigt und hatte auch noch keine solide Vermögensrücklage gebildet. Doch danach fragte die Politik nicht.

3. Invalidenkasse auf freiwilliger Basis

Als 1891 die Alters- und Invalidenversicherung reichseinheitlich in Kraft getreten war, erfuhren auch die Statuten der Invaliden-, Witwen- und Waisenkasse der Firma Koenig & Bauer zwangsläufig eine Änderung. Vor allem deshalb, weil sich nurmehr ein Teil der Mitglieder zur Fortführung der Mitgliedschaft bei der Unterstützungskasse bereit erklärte. Die bisher obligatorischen Invaliden-, Witwen- und Waisenrenten erhielten den Charakter einer freiwilligen Leistung – ohne Zwang zur Teilnahme, ohne staatliche Berechtigung der Aufsicht, unter freier Verwaltung und Kontrolle der Arbeiter selbst bzw. des von ihnen gewählten Verwaltungsausschusses.

Für die Leistungen an Witwen und Waisen hatte die Kasse bis 1891 monatliche Unterstützungen gezahlt. Als höchste Auszahlung in Monatsraten an eine einzelne Witwe erscheinen in den Unterlagen 17,50 Mark. Nachdem die Unterstützungsleistungen im Laufe von nahezu zwei Jahrzehnten zu einer stattlichen Gesamtsumme angewachsen waren, wurde für neu hinzukommende Witwen und Waisen die Auszahlung einer einmaligen Unterstützung an Stelle von laufenden Renten festgesetzt. Sie betrug beispielsweise für Witwen den doppelten Betrag der Gesamtsumme, welche der verstorbene Arbeiter oder Invalide an Beiträgen zur Kasse eingezahlt hatte.

Auch wurden ältere Arbeiter, die die zehnstündige tägliche Arbeitszeit nicht durchstehen konnten und deshalb nur einen Teil am Tage arbeiteten, von der Invaliden-, Witwen- und Waisenkasse so unterstützt, dass ihnen die Differenz zum vollen Tagesverdienst ersetzt wurde. Auch von der BKK »ausgesteuerte« Mitglieder wurden nach sechsmonatiger Arbeitsunfähigkeit als »temporäre« Invaliden aufgenommen und erhielten für weitere sechs Monate zwei Drittel ihres bisherigen Krankengeldes.

Eindrucksvolle Bilanz über ein Vierteljahrhundert hinweg

Ein Bericht, der die Zeitspanne von 1874 bis 1901 umfasst, gibt Aufschluss über Einnahmen und Ausgaben der Invaliden-, Witwen- und Waisenkasse in diesem Zeitraum: Die Einnahmen beliefen sich auf 273 623 Mark, denen Ausgaben in Höhe von 272 029 Mark gegenüber standen. Von der Invaliden-, Witwen- und Waisenkasse wurden von 1874 bis 1901 dauernd 103 Invaliden, 77 Witwen sowie 86 Waisen und einmalig 62 Witwen und Relikten unterstützt. Obwohl die Invalidenversicherung schon ein Jahrzehnt zuvor eingeführt worden war, gehörten von den am 31. Dezember 1901 bei der Firma beschäftigten 529 volljährigen Arbeitern noch 421 der Invaliden-, Witwen- und Waisenkasse an.

Beweis dafür, dass die Rentenleistungen aus dem staatlichen System ein »Zubrot« vertrugen, zumal das Gesetz damals noch keine Hinterbliebenenversorgung für Witwen und Waisen kannte. Zu diesem Zeitpunkt wurden von der Invalidenkasse dauernd 34 Invaliden, ein älterer Arbeiter und 32 Witwen unterstützt.

In den Jahren 1906 und 1913 wurde die Satzung aktualisiert. Das Unternehmen stiftete 1906 anlässlich der Fertigung der 7 000. Maschine einen Zuschuss von 70 000 Mark. Er stellte eine wesentliche Hilfe für die weitere Leistungsfähigkeit der Kasse dar. Sie bestand bis zum Jahre 1940, als von der Firma die »König & Bauer´sche« Invaliden- und Witwenhilfe e.V.« mit einem Vermögen von 204 000 RM ins Leben gerufen wurde.

Drittes Kapitel

Vom Beginn des Ersten bis zum Ende des Zweiten Weltkrieges

Am Anfang und am Ende dieses Kapitels steht dasselbe Wort, nämlich Krieg, mit all seinen schrecklichen Folgen und Wirkungen. Die mit dem Ende der Kampfhandlungen einsetzende soziale Umwälzung, aber auch der fortgesetzte Verfall der deutschen Währung, stellten alle Sozialversicherungsträger vor gewaltige Probleme. Von der Kriegszeit gar nicht zu reden. Auch galt es, sechs Millionen Soldaten wieder in das allgemeine Wirtschaftsleben einzugliedern. Negativ auf Löhne und Gehälter und damit die Beiträge wirkte sich vor allem die Geldentwertung aus.

Die Weltwirtschaftskrise des Jahres 1929 setzte der langsam einsetzenden Prosperität ein jähes Ende. Notverordnungen führten zu Einschränkungen und Sparmaßnahmen im öffentlichen und privaten Bereich. Der »Weimarer Republik« war es nicht gelungen, mit der großen Arbeitslosigkeit, die zu einer Verarmung weiter Teile der Bevölkerung führte, fertig zu werden. Durch die nationalsozialistische Ära war der Zeitraum von 1933 bis 1945 äußerst negativ gekennzeichnet, wenngleich die Sozialversicherung in ihrem Wesen und in ihren Grundzügen von den »braunen Machthabern« nicht entscheidend verändert wurde.

I. Krankenversicherung

Die Reichsversicherungsordnung, die mit ihrem 2. Buch – Gesetzliche Krankenversicherung – am 1. Januar 1914 in Kraft trat, beseitigte in Würzburg nicht nur die Gemeinde-KV. Sie gestaltete auch die Organisation der gesetzlichen Krankenversicherung neu. Die bunter werdende Palette von Krankenkassen in der Unterfranken-Metropole spiegelte sich fortan in folgenden Krankenkassen-Arten wider: Ortskrankenkas-

sen, Betriebskrankenkassen, Innungskrankenkassen und Ersatzkassen. Eine Verfügung des Stadtmagistrats an die Gemeinde-KV Würzburg vom 13. Januar 1913 versuchte in Erfahrung zu bringen:
1. *Wie hoch dürfte sich die ungefähre Mitgliederzahl der künftigen Allgemeinen Ortskrankenkasse belaufen – nach Abzug der Mitgliederzahl der neu zu errichtenden Innungskrankenkassen (Bäcker-, Schuhmacher- und Metzgerinnung)?*
2. *Weiter ist die Mitgliederzahl der drei hiesigen Betriebskrankenkassen anzugeben und zu erheben, ob nicht Ersatzkassen hier bestehen, bejahendenfalls, wie viele Mitglieder diese zählen.*
3. *Welche Berufsgruppen haben nach den bisherigen Erfahrungen die größeren Risiken? Wie verhalten sich die Beiträge dieser Gruppen?*

Und hier das Antwortschreiben der Gemeinde-KV vom 16. Januar 1913, das über die eingeschriebenen Hilfskassen/Ersatzkassen keine Angaben enthielt:
1. *Die ungefähre Mitgliederzahl der künftigen Allgemeinen Ortskrankenkasse dürfte sich – nach Abzug der ungefähren Mitgliederzahl der zu errichtenden Innungskrankenkassen (Bäcker-, Schuhmacher- und Metzgerinnung) – auf 15 000 belaufen, und zwar ca. 10 000 männliche und 5 000 weibliche Personen.*
2. *Der Mitgliederbestand der drei hiesigen Betriebskrankenkassen ist z.Zt. folgender:*
   - *Koenig & Bauer   1 035 Mann,*
   - *Bohn & Herber   172 Mann,*
   - *Schürer   305 Mann (111 männliche und 194 weibliche).*
3. *Was einzelne Berufsgruppen anbetrifft, mit denen die unterfertigte Verwaltung größere Risiken zu tragen hat, so dürften in erster Linie wohl die Maurer und Bauhandwerker, Tüncher (vornehmlich aus den Orten Rimpar, Versbach, Güntersleben, usw.), dann Angehörige des Buchdruckgewerbes (Schriftsetzer) in Betracht kommen. Die Beiträge aus diesen Kategorien bieten kein Äquivalent für die auf sie entfallenden Ausgaben.*

Schon wenige Monate nach Inkrafttreten der Reichsversicherungsordnung gerieten die neu errichteten wie auch die bestehenden Krankenkassen in den »Strudel« des Ersten Weltkrieges. Dem neuen Gesetz war die notwendige Anlaufzeit nicht beschieden. Unter enorm schwierigen

Bedingungen hatte die gesetzliche Krankenversicherung sogleich den Beweis ihrer Funktionsfähigkeit zu erbringen.

1. AOK Würzburg-Stadt größer als erwartet

Im städtischen Anwesen Sanderstraße 4a (heute Papier-Pfeiffer) schlug am 1. Januar 1914 die »Geburtsstunde« der Allgemeinen Ortskrankenkasse (AOK) Würzburg-Stadt. In Räumlichkeiten im Parterre und im 1. Stock, die sich bald schon für den Dienstbetrieb und den Publikumsverkehr als zu klein und auch wenig geeignet erweisen sollten. Vorausgegangen waren der Errichtung über Jahre hinweg Aktivitäten, welche die Bildung einer Ortskrankenkasse in der Stadt gefordert hatten, aber an der Haltung der beiden städtischen Gremien gescheitert waren. Das waren damals das unnachgiebige Kollegium der Gemeindebevollmächtigten, heute dem Stadtrat vergleichbar, und der einer Errichtung eher zugängliche Stadtmagistrat, heute die Stadtverwaltung.
Kollegium der Gemeindebevollmächtigten, zunächst teilweise auch der Stadtmagistrat, duldeten in ihren Mauern, solange sie das Sagen hatten, »keine Konkurrenz«. Mehreren Versuchen, eine Ortskrankenkasse zu errichten, wie es sie etwa seit 1889 in Schweinfurt gab, war ein Erfolg nicht beschieden. Ausschlaggebend dafür dürfte vor allem der Widerstand der Amtshonoratioren gewesen sein, der sich insbesondere gegen eine Beteiligung der Arbeiter an der Selbstverwaltung der Krankenkassen richtete. Bei den der Stadt unterstellten unselbstständigen Einrichtungen wie Gemeinde-KV oder Kranken-Institut waren die Arbeiter dagegen »außen vor«.

Mehrere Errichtungsversuche ohne Erfolg

Bereits 1895 vermochte der Stadtmagistrat einem aus der Mitte einer öffentlichen Versammlung gestellten Antrag auf Errichtung einer gemeinsamen Ortskrankenkasse für den Stadtbezirk Würzburg »bei dem Widerspruche Betheiligter« nicht Folge zu leisten. Wer sich hinter den »Betheiligten« verbarg, wissen wir nicht. 1902 und 1903 hatte die

Bildung einer Ortskrankenkasse die gemeindlichen Gremien erneut beschäftigt, jedoch ohne positives Ergebnis. Dies bringt der städtische Verwaltungsbericht 1903 deutlich zum Ausdruck:
Eingehendst wurde die Frage der Gründung einer allgemeinen Ortskrankenkasse erwogen, allein deren Errichtung scheiterte am Widerspruch des Gemeindekollegiums, welches die Überzeugung vertrat, daß die Beiträge zur Ortskrankenkasse eine für die Kräfte des Gewerbes und der Industrie unerschwingliche Last bedeuten würden, und den Stadtmagistrat auf den weiteren Ausbau der Gemeinde-Krankenversicherung verwies. Der Stadtmagistrat hatte bei seiner der Ortskrankenkasse günstigen Stellungnahme erwogen, daß die Gemeinde-Krankenversicherung nach der gesetzlichen Lage den Versicherten niemals die Vorteile der Ortskrankenkasse bieten kann, teils weil gewisse Leistungen (Wöchnerinnenunterstützung, Sterbegeld) nicht in das Programm der Gemeinde-Krankenversicherung aufgenommen werden können, teils weil die Gemeinde-Krankenversicherung in der Mittelbeschaffung nicht so frei ist wie die Ortskrankenkasse.

Die Reichsversicherungsordnung ermöglicht den Start

Bei der unverständlichen Haltung des Kollegiums der Gemeindebevollmächtigten blieb es auch in der Folgezeit. Erst die Reichsversicherungsordnung veranlasste den Stadtmagistrat zum Handeln. Eine Rücksichtnahme auf die besonderen Verhältnisse in Würzburg war nicht mehr möglich. Nicht gerade Lobeshymnen für die Rechtsvorgängerin enthält der Geschäftsbericht 1914 der AOK Würzburg-Stadt:
An diesem Tag (1.1.1914) wurde die seit dem Jahr 1884 bestehende Gemeinde-Krankenversicherung geschlossen. An die Stelle einer gemeindlichen Einrichtung, welche nach Organisation und Durchführung Herkunft und Zusammenhang mit dem bayerischen Armenrechte nie verleugnen konnte, trat die öffentlich-rechtliche Körperschaft, die sich auf dem Grundsatz der Selbstverwaltung aufbaut und die Idee einer Arbeiterfürsorge von Staatswegen möglichst rein zu verwirklichen bestrebt ist.
Gleichwohl trug das Restvermögen der ehemaligen Gemeinde-KV zur positiven finanziellen Entwicklung der AOK Würzburg-Stadt in der Anfangsphase bei. Es belief sich immerhin auf 56 755 Mark und ging am

1. Januar 1914 in voller Höhe von der Stadt auf die neu errichtete AOK über. Ebenso übernahm die neue Ortskrankenkasse mit ihrer Errichtung 17 490 Mitglieder der Gemeinde-KV.

Viele Sitzungen in der Gründungsphase notwendig

Die Vorarbeiten für die Gründung der AOK hatten bereits 1913 begonnen und entwickelten sich zu einem Ereignis, das Industrie, Handel, Handwerk, aber auch Gewerkschaften und Arbeitervereine in der Stadt mehrere Monate lang in Atem hielt. Vom Kellner-Verein »Frankonia« über die verschiedenen Innungen, den Kaufmännischen Verein »Constantia« bis zur damaligen Handelskammer reichten die Organisationen, die vom Arbeitsausschuss zur Errichtung einer AOK gehört wurden, sich an den Vorarbeiten mehr oder weniger aktiv beteiligten bzw. Vorschläge für die Besetzung der Errichtungs- und Selbstverwaltungsorgane der neuen Krankenkasse machten.
Gekennzeichnet war das Jahr 1913 durch viele Sitzungen verschiedenster Gremien, aber auch durch Berechnungen und Schätzungen zur Leistungsfähigkeit der Krankenkasse. Gefordert war dabei vor allem die Stadt Würzburg, als Errichtungsbeauftragte quasi »Geburtshelferin« der neuen Krankenkasse. Sie sollte auch weiterhin »die Hand über die AOK halten«: Dem am 1. Januar 1913 errichteten Versicherungsamt oblag nämlich die Aufsicht über die AOK Würzburg-Stadt. Vorsitzender des Versicherungsamtes war der Erste Bürgermeister und Hofrat Max Ringelmann, sein ständiger Vertreter Polizeirat Karl Zimmermann, in dessen Händen die wesentliche Arbeit lag und der auch den »Gesamtausschuß zur Bildung einer AOK in Würzburg« leitete.
Die Satzung für die AOK Würzburg-Stadt beschloss der Magistrat nach eingehenden Beratungen und nach Anhörung der beteiligten Arbeitgeber und Versicherten in seiner Sitzung am 13. Juni 1913. Dabei hatten auch eine Mustersatzung und Satzungen auswärtiger Krankenkassen »Pate« gestanden und es waren ein Arbeitsausschuss, bestehend aus 20 Arbeitgebern und 20 Versicherten sowie ein engerer Ausschuss, jeweils 14 Vertreter, gebildet worden. Sogar Fahrtenbelege von Polizeirat Karl Zimmermann nach Ansbach, München und Ulm für Informationsreisen

zur Errichtung einer AOK sind in den städtischen Unterlagen vorhanden. Das Statut regelte in 107 Paragraphen ausführlich Name, Umfang und Sitz der Krankenkasse, Mitgliedschaftsrecht, Beitragswesen, Leistungskatalog und Verwaltung der Krankenkasse. In einer Anzahl von 30 000 Exemplaren, 18 000 für die Mitglieder der Gemeinde-KV, 6 000 für die Arbeitgeber und 6 000 für neu beitretende Mitglieder, wurde die neue Satzung gedruckt.

Ausschuss und Vorstand als Selbstverwaltungsorgane

Bereits am 9. November 1913 wurde unter Federführung des Stadtmagistrats und des Versicherungsamtes als erstes Selbstverwaltungsorgan der Ausschuss der Krankenkasse gewählt. Ihm gehörten 45 Mitglieder an. Ein Drittel davon stellten, entsprechend der damaligen Verteilung der Beitragslast in der Krankenversicherung, die Arbeitgeber und zwei Drittel die Versicherten. Die Wahl selbst verlief nicht ganz reibungslos. Sowohl seitens der Arbeitgeber wie auch der Versicherten waren mehrere Vorschlagslisten eingereicht worden. Nachdem die freigesinnten Arbeitgeber ihre Liste zurückgezogen hatten, galten die in der Allgemeinen Arbeitgeberliste benannten 15 Arbeitgeber automatisch als gewählt. Von der Gruppe der Versicherten waren sogar drei Vorschlagslisten gekommen, und zwar von der freien Gewerkschaftsliste (Liste I), vom Ausschuss nationaler Arbeitnehmerorganisationen (Liste II) und von der Allgemeinen Arbeitsgemeinschaft (Liste III). Während letztere bei der Wahlhandlung leer ausging, entfielen auf die beiden anderen Listen, nach der Zahl der abgegebenen Stimmen, jeweils 15 Sitze.
Der vom Ausschuss am 28. November 1913 gewählte Vorstand, das zweite Selbstverwaltungsorgan, setzte sich in der ersten Amtsperiode (1914-1921) analog der Beitragsverteilung aus vier Arbeitgeber- und acht Versichertenvertretern zusammen. Zum Vorstandsvorsitzenden wurde Buchdruckereibesitzer Thomas Memminger gewählt. Mit der Sekretärin Kunigunde Kestler gehörte dem Gremium auch eine Frau an. Der Vorstandsvorsitzende der AOK stammte aus dem Lager der Arbeitgeber, was angesichts der Zwei-Drittel-Mehrheit der Versichertenvertreter in diesem Gremium überrascht. Zu erklären ist es damit,

dass damals fachlich geeignete und politisch selbstbewusste Arbeiter noch nicht für eine Leitungsfunktion zur Verfügung standen. Gleichwohl begegneten sich Arbeitgeber und Arbeitnehmer in den beiden Selbstverwaltungsorganen zum ersten Mal auf der Grundlage gleichwertiger und gleichrangiger Partnerschaft.

Der Vorstand arbeitete, ebenso wie der Ausschuss, ehrenamtlich. Den Mitgliedern beider Selbstverwaltungsorgane wurden lediglich ihre baren Auslagen erstattet. Für die Leitung der Geschäfte erhielt der Vorstandsvorsitzende ab 1915 eine jährliche Entschädigung von 600 Mark. Innerhalb des Vorstandes besaß er auf Grund eines umfangreichen Zuständigkeitskatalogs eine dominierende Stellung.

Bereits mit 28 Jahren AOK-Geschäftsleiter

Erster Geschäftsleiter der neu errichteten AOK wurde unter elf Bewerbern im November 1913 auf Vorschlag der Arbeitgeber-Vertreter der damals 28-jährige Dr. Franz Eichelsbacher. Der gebürtige Würzburger, der an der Alma Julia Rechtswissenschaften studiert hatte, begann sofort, unterstützt von seinem Stellvertreter Anton Westermeir, mit den umfangreichen und auch zeitraubenden Einrichtungsarbeiten.

Sie erstreckten sich teilweise bis in das erste Geschäftsjahr hinein. Der im Original erhalten gebliebene Mietvertrag vom 26. November 1913, abgeschlossen zwischen dem Stadtmagistrat als Vermieter und der AOK als Mieterin, beinhaltet u.a.:

§ 3: *Der Mietschilling beträgt pro Jahr 3 200 M = dreitausendzweihundert Mark – derselbe ist in vierteljährlichen Raten post numerando an die Stadtkämmerei zu entrichten.*

§ 4: *Die Stadtgemeinde übernimmt die auf 4 000 Mark veranschlagten Kosten für die von der Ortskrankenkasse geforderten baulichen Änderungen und Verbesserungen.*

Der neue Geschäftsleiter antwortete dem Versicherungsamt am 20. Dezember 1913, zwölf Tage vor Aufnahme des Geschäftsbetriebs:

Auf das jenseitige Anschreiben vom 17. Dezember 1913 gestatte ich mir mitzuteilen, daß, wenn nicht unvermutliche Hindernisse eintreten, bis zum 1. Januar 1914 die Geschäftsräume der Allgemeinen Ortskrankenkasse

Würzburg-Stadt so weit in Stand gesetzt werden können, daß die Aufnahme des Geschäftsbetriebes an diesem Tage sichergestellt ist. Gleichzeitig teile ich mit, daß der Telefonruf der Allgemeinen Ortskrankenkasse Würzburg-Stadt Nr. 28 38 ist.

Mitgliedschaft, Beiträge und Versicherungsfreiheit

Versicherungspflichtige Mitglieder der AOK Würzburg-Stadt waren nach der Vorgabe des Gesetzes: Arbeiter, Gehilfen, Gesellen und Dienstboten, Betriebsbeamte, Werkmeister und andere Angestellte in ähnlich gehobener Stellung, wenn diese Beschäftigung ihren Hauptberuf bildete, Handlungsgehilfen und Lehrlinge, Apothekengehilfen und -lehrlinge, Bühnen- und Orchestermitglieder ohne Rücksicht auf den Kunstwert ihrer Leistungen, Lehrer und Erzieher sowie die Besatzung von Fahrzeugen der Binnenschifffahrt, allerdings nur, wenn die Beschäftigung gegen Entgelt in Würzburg erfolgte. Bei einem Jahresverdienst von mehr als 2 500 Mark bestand Versicherungsfreiheit.
Versicherungsfrei waren auch Personen, die im Krankheitsfall gegen die Folgen wirtschaftlicher Schäden entsprechend abgesichert waren, sei es durch Weiterzahlung des Gehalts oder Anspruch auf Krankenhilfe durch den Arbeitgeber. Nicht in den Versicherungsschutz einbezogen wurden Beschäftigte mit bestimmten vorübergehenden Dienstleistungen, nur zu einem geringen Teil Arbeitsfähige und Bezieher von Invalidenrenten. Weil das bayerische Ausführungsgesetz zur Reichsversicherungsordnung in kreisunmittelbaren Städten mit mehr als 15 000 Einwohnern die Errichtung von Landkrankenkassen verbot, waren in Würzburg auch die in der Landwirtschaft oder im Wandergewerbe Beschäftigten sowie Hausgewerbetreibende und Dienstboten Mitglieder der AOK Würzburg-Stadt.
Der Krankenkasse freiwillig beitreten konnten Personen unter Vorlage eines ärztlichen Gesundheitszeugnisses bis zum vollendeten 55. Lebensjahr, wenn ihr jährliches Gesamteinkommen 2 500 Mark nicht überstieg. Dazu gehörten Gewerbetreibende und Betriebsunternehmer, die in ihrem Betrieb regelmäßig nicht mehr als zwei versicherungspflichtige Arbeitnehmer beschäftigten.

Die Beiträge beliefen sich anfangs in acht Stufen auf wöchentlich 0,18 bis 1,35 Mark. Für Lehrlinge ohne Entgelt betrugen sie 12 Pfennig wöchentlich. Der Beitragssatz lag bei 4,5 Prozent des Bruttoarbeitsverdienstes und war im Reichsdurchschnitt sehr günstig. Die finanzielle Situation der AOK Würzburg-Stadt sollte in der Folgezeit in starkem Maße von der Leistungsfähigkeit der Wirtschaft beeinflusst werden. Insofern bestand kein wesentlicher Unterschied zu heute.

Guter Start mit über 20 000 Mitgliedern

Am 1. Februar 1914, bei der ersten statistischen Erfassung, zählte die Krankenkasse 20 666 Mitglieder. Kriegsbedingt schloss das Geschäftsjahr 1914 allerdings mit einem Mitgliederstand von 16 975. Dazu kamen noch 390 Mitglieder, deren Rechte und Pflichten bei der AOK ruhten, weil sie einer Ersatzkasse angehörten. Die Hauptbelastung ergab sich jedoch daraus, dass die zum Militär eingezogenen Versicherten der Krankenkasse als Mitglieder verloren gingen. In der Regel handelte es sich dabei um günstige Risiken.
Der Leistungskatalog, bei weitem noch nicht so umfangreich wie heute, umfasste drei Bereiche, nämlich Krankenhilfe, Wochenhilfe und Sterbegeld. Krankengeld erhielten Versicherte in Höhe des halben Verdienstes für maximal 26 Wochen, und zwar an jedem Samstag für die abgelaufene Woche, allerdings erst nach zwei Karenztagen. Wochengeld gab es in Höhe des Krankengeldes für acht Wochen. Davon mussten sechs Wochen in die Zeit nach der Niederkunft fallen. Sterbegeld, mindestens 50 Mark, wurde zunächst nur für Mitglieder gezahlt. Aus der AOK Würzburg-Stadt schieden zum 1. Juni 1914 mehrere Handwerksinnungen (Bäcker, Metzger, Friseure, Schneider, Schreiner und Schuhmacher) mit über 1 300 Mitgliedern aus. Sie schlossen sich in eigenen Innungskrankenkassen zusammen.

Der Erste Weltkrieg mit einschneidenden Änderungen

Der Ausbruch des Ersten Weltkrieges am 28. Juli 1914 wirkte sich sofort auf die noch junge Ortskrankenkasse aus. Auf Grund eines Notgesetzes vom 4. August 1914 waren, um die Leistungsfähigkeit der Krankenkasse sicherzustellen, für die Dauer des Krieges lediglich Regelleistungen zugelassen. Eine Maßnahme, die für viele Mitglieder nur schwer verständlich, im Interesse des »Durchhaltens« aber geboten war. So galten fortan drei Karenztage beim Krankengeld. Es entfiel darüber hinaus für alle Sonn- und Feiertage. Das Hausgeld bei Krankenhauspflege, damals noch eine Ermessensleistung der Krankenkasse, wurde von zwei Drittel des Krankengeldes auf die Hälfte, das Sterbegeld vom 25-fachen auf den 20-fachen Betrag des Grundlohnes herabgesetzt. Die Herausgabe eines Rezepturbüchleins verschob die Krankenkasse infolge des Kriegsausbruchs auf später.

Die wider Erwarten erfreuliche finanzielle Entwicklung in den Jahren 1915 und 1916 ließ den Vorstand einige bis zum Kriegsausbruch gewährte Leistungen, etwa Krankengeld für Sonn- und Feiertage, den Zuschuss für größere Heilmittel oder erhöhtes Sterbegeld, wieder einführen. Die AOK Würzburg-Stadt konnte ihre Leistungsfähigkeit trotz schwieriger wirtschaftlicher Verhältnisse erhalten.

Zunächst 18 etatmäßig angestellte Mitarbeiter

Die Leistungen der Krankenpflege wurden durch Verträge der Krankenkasse mit den Leistungserbringern, also Ärzte, Zahnärzte und Zahntechniker, Apotheker, Bandagisten und Optiker, Badebesitzer, Masseure und Krankenpfleger sowie öffentliche Krankenhäuser, sichergestellt. Die ärztliche Behandlung der Kassenmitglieder erfolgte ausschließlich durch approbierte Ärzte. Der erste Ärztevertrag vom 23. Dezember 1913, »Berliner Abkommen« genannt, war mit der AOK-Errichtung am 1. Januar 1914 in Kraft getreten. Er sah eine Bezahlung der ärztlichen Leistungen nach einer Kopfpauschale der durchschnittlichen Mitgliederzahl, in gewissem Umfang aber auch Einzelleistungen vor. Nach den Unterlagen der damals noch selbstständigen AOK Lohr/Main hatte die Krankenkasse als Honorar 32 Prozent der Beiträge, damals in Lohr drei vom Hundert, an die Kassenärztliche Verrechnungsstelle zu zahlen. Zum Jahresende 1914 waren bei der AOK Würzburg-Stadt 18 Mitarbeiter etatmäßig angestellt. Sieben von ihnen wurden schon in den ersten fünf Monaten des Krieges »zu den Fahnen« gerufen. Drei Vorstandsmitglieder traf 1915 das gleiche Schicksal, ebenso auch zahlreiche Mediziner, was zu Schwierigkeiten bei der ärztlichen Versorgung führte. Das Gründungsjahr stand für die AOK Würzburg-Stadt nicht gerade unter einem günstigen Stern, wie der Geschäftsbericht deutlich macht:

Das Jahr 1914 begann mit einem außerordentlich hohen Krankenstand, der sich erst vom Spätfrühjahr an einigermaßen normal gestaltete. Die Witterungsverhältnisse jener Zeit waren recht ungünstige; der Arbeitsmarkt war gedrückt. Die AOK Würzburg-Stadt übernahm für die sämtlichen arbeitsunfähig erkrankten Mitglieder der in Liquidation befindlichen Gemeinde-Krankenversicherung die weitere Leistung der Krankenhilfe ... Die im Februar drohende Blatterepidemie ging Dank dem energischen Eingreifen der Gesundheitspolizei ohne weitere Fährnisse vorüber.

Der zu Kriegsbeginn noch herrschende Enthusiasmus, aber auch Optimismus und Siegeszuversicht, kommen in dem AOK-Geschäftsbericht 1914 ebenfalls zum Ausdruck:

Wie das Jahr 1914 durch seine erschütternden Ereignisse unvertilgbar in das Herz des Volkes gehämmert ist, so wird auch die deutsche Sozialversicherung dieses Jahr niemals vergessen. Die deutsche Sozialversicherung macht gegenwärtig eine ‚Probe aufs Exempel' durch. Der Sieg des Volkes wird zugleich ein Sieg der sozialen Versicherung sein. Denn daß die Volkskraft, welche diesen Krieg ertragen und führen kann, in reichem Maße gestählt und gestärkt ist, durch all die Maßnahmen, welche von der sozialen Versicherung ausgehen, das dürfte heute wohl niemand mehr bestreiten wollen.

Negatives Image durch viele Krankenkontrollen

Genau einhalten mussten die Kassenmitglieder die Krankenordnung der AOK Würzburg-Stadt, die das Versicherungsamt am 19. März 1914 genehmigt hatte, ebenso die Anordnungen des behandelnden Arztes. Bei Übertretungen setzte der Vorstand Strafen bis zum dreifachen Betrag des täglichen Krankengeldes für jeden Übertretungsfall fest, eine in Anbetracht der damaligen Verhältnisse empfindlich hohe Geldstrafe. Die Außenkontrolle der arbeitsunfähig erkrankten Mitglieder oblag

drei Krankenkontrolleuren. Sie waren angestellt, um bei kranken Kassenmitgliedern unangemeldet zu erscheinen, ihren aktuellen Krankheitszustand zu überprüfen und Verstöße gegen die Krankenordnung aufzuspüren.
Diese Kontrollinstanz entwickelte sich in der Folgezeit zu einem wichtigen Disziplinar-Instrument. Traf der Kontrolleur einen krank Gemeldeten nicht zuhause an oder überraschte ihn bei häuslicher Arbeit, für viele Frauen damals oft eine Notwendigkeit, war dies regelmäßig ein Grund für den Entzug des Krankengeldes. Allein 1914 erfolgten 13 442 Kontrollbesuche. Die Krankenkontrolleurin Magdalena Frantzen suchte bei ihrer Tätigkeit auch zahlreiche Wöchnerinnen auf und berichtete über vorgefundene Missstände an das Rote Kreuz. Dieses sorgte nach Möglichkeit für Abhilfe.
Gleichwohl brachten die verstärkten Kontrollmaßnahmen und in der Folgezeit auch Nachuntersuchungen durch »Revisionsärzte« der AOK mancherlei Nachteile und beeinflussten ihr Image negativ. Aufgabe der kontrollierenden Ärzte war die Überprüfung der Arbeitsunfähigkeit mit dem Ziel, der (Kriegs-)Wirtschaft wieder Arbeitskräfte zuzuführen und die ungerechtfertigte Inspruchnahme von Leistungen zu unterbinden. So trat 1914 eine Ärzte-Kommission 61mal zusammen und befand von 1 944 vorgeladenen AOK-Mitgliedern 1 006 sofort oder in den nächsten dem Untersuchungstag folgenden Tagen für arbeitsfähig. Die Ärzte und Kontrolleure handelten sich bei ihrer Tätigkeit »keine Lorbeeren« ein. Die großen Pionierleistungen der AOK Würzburg-Stadt beim Aufbau einer solidarischen Krankenversicherung in der Stadt gerieten durch diese »Notmaßnahmen« zu schnell in Vergessenheit.

Unvorhersehbare Aufwendungen für Verwundete

Bis zum 31. Dezember 1914 zählte die Stadt-AOK bei einem Krankenstand von 2,84 Prozent 6569 abgeschlossene Krankheitsfälle mit Arbeitsunfähigkeit. Zur außergewöhnlichen Inspruchnahme, mit der die AOK-Verantwortlichen teils aus hygienischen, aber auch aus wirtschaftlichen Gründen gerechnet hatten, kam es glücklicherweise nicht. Gleichwohl erforderten Unterstützungsfälle verwundeter Soldaten unvorhersehbare Aufwendungen; denn am 16. Dezember 1914 hatte der Vorstand beschlossen, allen Kriegsteilnehmern Leistungen zu gewähren, wenn die Voraussetzungen dafür gegeben waren. Rund 5000 Mark zahlte die Krankenkasse in den ersten Kriegsmonaten an verwundete Soldaten oder ihre Angehörigen aus. Kriegsbedingt waren der AOK zahlreiche Personen als versicherungspflichtige Mitglieder zugeführt worden, die sonst auf dem Arbeitsmarkt keine Rolle gespielt und damit auch kein versicherungspflichtiges Beschäftigungsverhältnis eingegangen hätten. Alterskrankheiten, chronischer Gelenkrheumatismus, Asthma, Wassersucht, Herzleiden, Arterienverkalkung und anderes mehr erforderten bei diesen »ausgesteuerten« Mitgliedern vielfach Krankenunterstützung.

Die Meldestelle der Krankenkasse, bis 31. Dezember 1914 mit dem Einwohnermeldeamt des Stadtmagistrats vereinigt, befand sich ab 1. Januar 1915 in den Geschäftsräumen der AOK Würzburg-Stadt in der Sanderstraße, nachdem sich die bisherige Regelung durch die große Entfernung als unzweckmäßig erwiesen hatte. Damit ging ein von Vorstand und Geschäftsleitung von Anfang an gehegter Wunsch in Erfüllung, zumal der Meldeverkehr außerordentlich rege war.

Kassenärzte als Partner der Krankenkassen

Erheblichen Umfang in den Sitzungen des Kassenvorstandes nahm in der Anfangsphase das »Berliner Abkommen« ein. Es hatte kurz vor Inkrafttreten der Reichsversicherungsordnung den Ausbruch eines Kampfes zwischen Ärzteschaft und Krankenkassen über die ärztlichen Arbeitsbedingungen verhindert. Die AOK Würzburg-Stadt erkannte das Abkommen erst am 3. Februar 1915 an, nachdem sich Politik, Krankenkassen-Verbände und Ärzte-Organisationen für seine Anerkennung eingesetzt hatten. Nach dem Abkommen wurden die Ärzte von einem Ausschuss, der sich je zur Hälfte aus Ärzten und Mitgliedern der Krankenkassen-Organe zusammensetzte, als Kassenärzte zugelassen. Um die Zulassung bewerben konnten sich alle Ärzte, die eine Kassenpraxis betreiben wollten und im Ärzteregister eingetragen waren. Insgesamt waren 1914 in Würzburg 72 Kassenärzte tätig. Es

»wimmelte«, so der spätere AOK-Geschäftsleiter Anton Westermeir, in der Stadt am Main geradezu von Kassenärzten. Schon damals ging es nicht ohne Verbände. Die später einsetzende »Verbandsherrschaft« in der Selbstverwaltung sollte einen wesentlichen Faktor für die abnehmende Verbundenheit des einzelnen Mitglieds mit seiner Krankenkasse bilden. Am 3. Februar 1915 beschloss der Kassenvorstand, dem Landesverband bayerischer Ortskrankenkassen (rechts des Rheins) in Nürnberg, einem Unterverband des Hauptverbandes deutscher Ortskrankenkassen, beizutreten. Bereits am 10. Oktober 1915 fand in Würzburg zum ersten Mal eine Kassentagung der Geschäftsleiter im Landesverband bayerischer Ortskrankenkassen statt.

Besondere Aufmerksamkeit musste die Krankenkasse anfangs den Betrieben zuwenden; denn die Einhaltung der Meldevorschriften ließ viel zu wünschen übrig. Der Vorstand hatte zwar zu Kriegsbeginn die Durchführung von Ordnungsstrafverfahren wegen Verletzung der Meldevorschriften aufgegeben. Gegen Ende 1915 waren allerdings derart unhaltbare Zustände eingerissen, dass sich das Gremium gezwungen sah, wieder die Einleitung von Ordnungsstrafverfahren zu beantragen.

Arzneimittelverordnung schon damals ein »wunder Punkt«

Genauso wie heute bereiteten der Arzneimittelsektor und die starke Verteuerung der Medikamente der Krankenkasse bereits in den Anfangsjahren große Sorgen. So heißt es im Geschäftsbericht 1915:

Diese außerordentlichen Verhältnisse waren für uns hinreichende Veranlassung, in einem Flugblatt unsere Mitglieder zu bitten, im Gebrauch der Arzneimittel möglichste Sparsamkeit zu beobachten, nicht nur im Interesse der finanziellen Leistungsfähigkeit der Kasse, sondern auch im allgemeinen Interesse, im Interesse insbesondere der Volksernährung und der Schonung und Streckung der Vorräte des Arzneimittelschatzes.

Ein wunder Punkt ist immer noch die zum Teil wenig kassenmäßige Rezeptur mancher Ärzte ... Sehr viele Ärzte wissen eben nicht, welche erheblichen Summen uns gespart werden könnten, wenn so rezeptiert würde, wie es geschehen kann, ohne daß berechtigte Forderungen der Mitglieder irgendeine Beeinträchtigung erführen.

Nicht unbeträchtliche Mehrkosten verursachten der Krankenkasse die Preissteigerungen bei Arznei- und Hilfsmitteln. So waren 1915 die Preise für Borsalbe, Lebertran oder Karbolwasser teilweise um über 100 Prozent gestiegen.

Krankengeld als wichtige Lohnersatzleistung

Noch nicht die heutigen Dimensionen besaß der stationäre Bereich. 1915 wurden von der größten Krankenkasse in Würzburg 67 618 Mark für Krankenhauspflege aufgewendet. Ein Tag Krankenhauspflege im Juliusspital kostete 3,50 Mark. Der absolute Rückgang der Krankenhauskosten, 1914 noch 81 994 Mark, war vor allem auf die zeitweise außerordentlich hohe Beanspruchung der Würzburger Krankenhäuser durch das Militär zurückzuführen. Würzburg war eine der wichtigsten Durchgangsstationen der deutschen Armee nach Westen. Deshalb erfuhr nicht jeder zur Krankenhausbehandlung geeignete Versicherte auch stationäre Behandlung. Da in der Kriegszeit die meisten Krankenanstalten mit verwundeten Soldaten belegt waren, mussten sogar Wohltätigkeitseinrichtungen wie Marienanstalt, St. Anna-Stift, Wölffel-Stiftung oder Hueberspflege von der AOK Würzburg-Stadt in Anspruch genommen werden. Nur so gelang es, die stationäre Behandlung der Krankenkassen-Mitglieder während des Krieges zu gewährleisten. Das Krankengeld spielte, weil es eine Entgeltfortzahlung im Krankheitsfall noch nicht gab, als Lohnersatzleistung eine außerordentlich wichtige Rolle. So beliefen sich die Ausgaben dafür 1915 auf 128 471 Mark. Dem Trend der Zeit entsprechend, erwarb die AOK Würzburg-Stadt ab 1915 auch Reichsschatzanweisungen und Anleihen des Deutschen Reiches. Ihr papiermäßiger Wert belief sich am 31. Dezember 1916 auf 138 000 Mark. Bei Kriegsende waren es insgesamt 168 500 Mark.

»Durchhalten« – ein großes Ziel vor Augen

Nachdem die beiden geschäftsleitenden Beamten der Krankenkasse, Dr. Franz Eichelsbacher und Anton Westermeir, 1916 zum Heeresdienst eingezogen worden waren, richtete der Vorstand sein ganzes

Bestreben darauf, mit dem noch verbliebenen, stark reduzierten Personal »durchzuhalten«, um die vielfachen Aufgaben erfüllen zu können. Erst im Oktober 1917 konnte Dr. Eichelsbacher seinen Dienst bei der AOK Würzburg-Stadt wieder aufnehmen. Im Zeichen der Beendigung des Ersten Weltkrieges, der die Mitgliederzahl bei der Krankenkasse um rund 6000 zurückgehen ließ, stand das Jahr 1918. Schon am 4. Januar 1918 hatte der Vorstand der AOK Würzburg-Stadt die Wiedereinführung sämtlicher Mehrleistungen beschlossen.

Die Sachbezüge, aus denen damals, ebenso wie heute, Beiträge berechnet wurden, setzte das Versicherungsamt am 25. Januar 1918 neu fest. Für Personen in leitender und gehobener Stellung wurden für das Frühstück 20 Pfennig, für das Mittagessen 85 Pfennig, für das Vesper 15 Pfennig und für das Abendessen 55 Pfennig täglich festgesetzt. Der Wert der Wohnung belief sich pro Tag auf 35 Pfennig.

Eine Grippe-Epidemie, welche die Stadt in zwei Wellen in den Monaten Juli/August mit 465 grippekranken Mitgliedern und im Oktober und im November 1918 mit 2346 grippekranken Mitgliedern heimsuchte und 61 Todesopfer unter den AOK-Mitgliedern forderte, sprengte fast das finanzielle Gefüge der Krankenkasse und verzehrte die letzten Barmittel. Noch einmal warf das Geschäftsjahr 1918 die ganze Wucht der Kriegsfolgen auf die AOK Würzburg-Stadt. Infolge der schwierigen Ernährungssituation hatten in den Kriegsjahren bei den Mitgliedern, aber auch ihren Familienangehörigen, Unterernährung, Blutarmut, Schwächezustände und Magenleiden außerordentlich zugenommen. Dies erforderte erhöhte finanzielle Aufwendungen. So erreichte die Summe des Krankengeldes, die im Januar 1918 noch bei 18053 Mark gelegen hatte, im November 1918 bereits 78383 Mark.

Mehr Mitglieder nach dem Zusammenbruch

Am 11. November 1918 schwiegen die Waffen, der Erste Weltkrieg war zu Ende. Mit der Demobilisierung im Dezember 1918 kam der längst ersehnte positive »Ruck« bei den Mitgliedern. In diesem Monat stieg die Mitgliederzahl um fast 1000 männliche Versicherte von 5777 auf 6724. Insgesamt registrierte die AOK 15878 Mitglieder zum Jahresende 1918, darunter 9055 Frauen. Ursächlich für den Mitgliederanstieg war auch die Ausdehnung der Versicherungspflicht und -berechtigung. Damit wurden neue Personenkreise in den Schutz der Krankenversicherung einbezogen. Auch die Versicherungspflichtgrenze wurde am 22. November 1918 bis zu einem Jahreseinkommen von 5000 Mark, zuvor 2500 Mark, ausgedehnt. Dies brachte einen Mitgliedergewinn von 250 bis 300 Mitgliedern, allerdings weniger, als die Geschäftsleitung erhofft hatte.

Die Rückkehr der Kriegsteilnehmer und damit eine höhere Mitgliederzahl wirkten sich für die AOK Würzburg-Stadt zunächst nicht positiv aus. Viele Kriegsteilnehmer brachten Krankheiten und Leiden mit nach Hause, die sie auf Kosten der Krankenkasse behandeln und kurieren ließen. Auch war die angesichts der angespannten Versorgungslage schlecht ernährte Bevölkerung krankheitsanfälliger als gewöhnlich, so dass es in der unmittelbaren Nachkriegszeit verstärkt zur Ausbreitung von Infektionskrankheiten kam.

Erwerbslosenfürsorge in der Stadt

Bedeutungsvoll für die AOK Würzburg-Stadt war eine Verordnung über die Arbeitslosenfürsorge vom 13. November 1918. Sie verpflichtete die Gemeinden, jeden Erwerbslosen, der zur Aufrechterhaltung seiner Mitgliedschaft bei einer Krankenkasse berechtigt war, sich bei dieser weiterzuversichern. Bis 23. April 1919 wurden von der Erwerbslosenfürsorgestelle der Stadt Würzburg insgesamt 496 Personen ausschließlich bei der AOK Würzburg-Stadt angemeldet und freiwillig versichert.

Vor allem an die »großen« Arbeitgeber richtete die AOK Würzburg-Stadt die Bitte, die Krankenversicherungsbeiträge im Rahmen des bargeldlosen Zahlungsverkehrs zu überweisen. Ziel waren eine Verlängerung des Bargeldumlaufs und damit eine Stärkung der Wirtschaftskraft. Drei Girokonten beim Postscheckamt Nürnberg, bei der Bayerischen Handelsbank und bei der Bayerischen Staatsbank wurden den Arbeitgebern dazu angeboten. Die Krankenkasse sah darin einen Vorstoß »zur Veredelung unserer Zahlungssitten« – wie sie im Geschäftsbericht für das Jahr 1918 anmerkt.

Eine höhere Vergütung für die Kassenärzte

Nach Kriegsende waren für die AOK Würzburg-Stadt 53 Ärzte mit allgemeiner Praxis und 24 Fachärzte, die Kliniken ausgenommen, tätig. Für in Würzburg wohnende Mitglieder wurde eine Kopfpauschale von fünf Mark an die Kassenärzte-Vereinigung des Ärztlichen Bezirksvereins Würzburg gezahlt. Ende Juni 1918 traten die Kassenärzte mit der Forderung nach höheren Honoraren an die Krankenkasse heran. Am 13. November 1918 kam ein Vertragsnachtrag zum 1. Januar 1919 zustande. Er brachte für die Ärzte eine 33-prozentige Aufbesserung ihrer Vergütung. Nun zahlte die AOK eine Pauschale von acht Mark pro Kopf und Jahr für in Würzburg wohnende Mitglieder und elf Mark für auswärtige Versicherte. Andere Entgelte wurden daneben nicht geleistet. Nicht gerade optimistisch endet der AOK-Geschäftsbericht für 1918, wenn es dort heißt:

Die deutsche Krankenversicherung, die ganze deutsche Sozialversicherung steht an der Wegscheide. Vor ihr liegt unermeßliche, fruchtbare Arbeit. Wir sind bereit freudig zu tun, was wir nur tun können. Aber man sollte uns nicht verpflichten, todgeborene Kinder lebendig zu machen oder dem sicheren Verderben geweihten Menschen Gesundheit, Fröhlichkeit und Arbeitsfreude zu verschaffen. Die nächsten Wochen entscheiden über die Möglichkeit positiver Arbeitsleistung auch für uns.

Spartakus-Aufstand und Revolution

Das Geschäftsjahr 1919 musste die AOK mit einem Verlust von 10299 Mark beginnen, eine Nachwirkung des Spartakus-Aufstandes und der Revolution zu Beginn des Jahres. Deshalb musste ab 1. Januar 1919 der Beitragssatz von 4,5 Prozent, wie er seit Gründung der Krankenkasse gegolten hatte, auf 5,0 Prozentpunkte erhöht werden. Der durchschnittliche Jahresbeitrag, der 1918 für ein Mitglied noch bei 48,86 Mark gelegen hatte, stieg auf 78,37 Mark. Die Inflation warf ihre Schatten voraus. Die Spartakisten riefen den stellvertretenden Geschäftsleiter Anton Westermeir sogar vor das Tribunal und verlangten von ihm die sofortige Schließung der AOK Würzburg-Stadt. Letztlich entschied sich

der Oberbefehlshaber des Arbeiter- und Soldatenrates in Würzburg, Dr. Albrecht Matthes, für den Weiterbetrieb der AOK Würzburg-Stadt in schwieriger Zeit.
Die damals allgemein stagnierende Entwicklung wirkte sich auch auf die durch den Krieg finanziell arg geschwächte Krankenkasse aus. So machte die Krankenkasse zunächst Wertpapiere aus dem Stammvermögen »flüssig«, um die laufenden Verbindlichkeiten decken und die stark angewachsenen Bankvorschüsse zurückzahlen zu können.

Vom Vorstandsvorsitzenden zum Minister

Eine ehrenvolle Berufung wurde dem Vorstandsvorsitzenden auf Versichertenseite, Fritz Endres, zuteil. Er gehörte 1918/19 dem bayerischen Kabinett als Justizminister und 1920 als Innenminister an. Der Geschäftsbericht 1919 nennt ihn einen
Kenner und Förderer der Krankenversicherungssache, der jederzeit seine gesunde Anschauung offen vertrat und wirklich mit viel Geschick und Takt seines Amtes waltete.
Schon 1913 hatte sich Fritz Endres auf Versichertenseite für die Bildung der AOK Würzburg-Stadt eingesetzt und war auf Versichertenseite im Vorstand die herausragende Persönlichkeit. Am 1. September 1919 wurde Geschäftsleiter Dr. Franz Eichelsbacher als Bezirksamts-Assessor und Referent für das Sozialversicherungswesen in das Staatsministerium für soziale Fürsorge nach München berufen. Mit ihm verlor die Ortskrankenkasse »einen außerordentlich fleißigen und tüchtigen Beamten«, der später vor allem mit der »Eichelsbacher-RVO«, einer Gesetzessammlung des Sozialversicherungsrechts, in ganz Deutschland bekannt wurde. Sein Sohn Dr. Heinz-Martin Eichelsbacher war von 1954 bis 1989 übrigens Direktor der Staatlichen Hofkellerei in Würzburg.
Der Vorstand beförderte den bisherigen Hauptkassier Anton Westermeir zum Geschäftsleiter und ernannte ihn gleichzeitig zum Verwaltungsdirektor. Hauptkassier wurde Georg Parr. Seine drei Fußball spielenden Söhne Franz, Max und Paul sollten später maßgeblich zum Ruhm und Erfolg der Würzburger Kickers beitragen.

Umfangreiches »Heilmittellager« bis zum Jahre 1928

Zum Jahresende 1919 waren bei der AOK Würzburg-Stadt neben dem Geschäftsleiter 30 Mitarbeiterinnen und Mitarbeiter beschäftigt, darunter zehn Kanzlistinnen und Kanzlisten, eine Krankenbesucherin und ein Krankenbesucher. Dieser hatte 1919 insgesamt 7458 und seine Kollegin 4560 Krankenbesuche gemacht. Daneben übten die Krankenbesucher eine weitgehende Wohnungskontrolle aus und meldeten entsprechende Mängel dem Wohnungsamt der Stadt.

Nach Kriegsende wurde zwangsläufig das große Heeresverbandstoff-Lager in der Würzburger Residenz aufgelöst. Aktenmäßig gingen die Bestände in den Besitz einer Berliner Firma über. Durch entsprechende Aktivitäten der Geschäftsleitung konnte ein Teil der Krankenpflegeartikel für die AOK Würzburg-Stadt »gerettet« werden. Wichtig vor allem deshalb, weil die Würzburger Apotheken und Drogerien bei Verbandstoffen förmlich ausverkauft waren. Auf Jahre hinaus war die AOK Würzburg-Stadt mit Krankenpflegeartikeln eingedeckt. Das »Heilmittellager« der AOK Würzburg-Stadt wurde bis 1928 beibehalten.

Nur langsam begannen sich Gewerbe, Handel, Handwerk und Industrie nach den schrecklichen Ereignissen wieder zu erholen und zu beleben. Am Ende des Geschäftsjahres 1919 war bei der Krankenkasse mit 20806 die vor dem Krieg vorhandene Mitgliederzahl fast wieder erreicht. Die zu Jahresbeginn 1919 erfolgte Beitragssatzanhebung ergab 1919 einen Überschuss von 309436 Mark. In der Nachkriegszeit stiegen die Ausgaben wesentlich schneller als die Einnahmen, zumal die Anhebung der Beitragsbemessungsgrenze für die Grundlöhne mit der fortschreitenden Geldentwertung nicht Schritt halten konnte.

Neue Räumlichkeiten für viele Besucher

Nachdem sich die räumlichen Verhältnisse im angemieteten Gebäude in der Sanderstraße schon bald als wenig geeignet erwiesen hatten, beschloss der Vorstand in seiner 100. Sitzung am 15. Dezember 1919 den Erwerb des Hotels Rügmer, bestehend aus den zwei Anwesen Maxstraße 9 und Ingolstadter Hof 6. Einstimmig stimmte dem Erwerb auch der Ausschuss zu. 450 000 Papiermark waren dafür aufzubringen. 150 000 Mark mussten in bar gezahlt werden. 300 000 Mark wurden als Hypothek auf das Anwesen eingetragen. Das ehemalige Hotel, 36 Meter lang, in ruhiger und zentraler Lage, gut gebaut und erhalten, mit Dampfheizung, elektrischem Licht und Gas ausgestattet, wurde zu einem Verwaltungsgebäude umgebaut und ist bis zum heutigen Tag »Bleibe« der AOK. Auch das angrenzende Anwesen Ingolstadter Hof Nr. 7 (früheres Kohlmüller'sches Anwesen) konnte die Krankenkasse am 9. April 1920 für 28 000 Mark erwerben, zumal

es dem Hotel Rügmer Luft und Licht wegnahm und durch ungünstige Kamin- und Abortanlagen recht unangenehm und gleichzeitig gesundheitswidrig wirkte.

Wenn es auch Absicht der AOK war, dieses Haus möglichst bald abzubrechen, so bestand es fast zwei Jahrzehnte immer noch und wurde erst im Herbst 1939 zusammen mit dem Anwesen Ingolstadter Hof 6 abgebrochen. Die AOK plante daraufhin einen Schaltererweiterungsbau, der aber vom weiteren Ausgang des Krieges abhing. Dem Kauf des Hotels Rügmer durch die Ortskrankenkasse war eine Auseinandersetzung mit der Stadt Würzburg vorausgegangen; denn diese hatte zum 1. Oktober 1919 für die vermieteten Räume in der Sanderstraße eine Erhöhung des Mietschillings von 3 200 auf 6 000 Mark, mithin um fast 100 Prozent, angekündigt. Allerdings war die AOK nicht gewillt, eine solche Mietsteigerung hinzunehmen. Als »Retourkutsche« erhielt der Stadtrat am 12. März 1920 folgendes AOK-Schreiben:

Wir beehren uns mitzuteilen, daß wir das Hotel Rügmer käuflich erworben haben. Am 1. Juli 1920 wird dieses Anwesen uns übergeben werden. Nachdem keine wesentlichen baulichen Veränderungen vorgenommen werden müssen, glauben wir bestimmt bis zum 1. Oktober 1920 dort einziehen zu können.

»Erst die Versicherten, dann die Angestellten«

Der Kauf des neuen Verwaltungsgebäudes wurde von Gegnern der AOK Würzburg-Stadt als überflüssig bezeichnet. Der Geschäftsbericht 1919 nimmt den Kritikern »den Wind aus den Segeln«:

Schon bei der Eröffnung der Allgemeinen Ortskrankenkasse zeigte sich, daß die Lokalitäten im städtischen Anwesen Sanderstraße 4a keineswegs für eine Krankenkasse geeignet sind. Die Kassenräume sind ungesund und viel zu klein. Auch ist die Lage äußerst unruhig. Der Schalterraum ist ein dumpfer Glaskasten, der schwer zu lüften ist. Es ist wiederholt vorgekommen, daß darin Frauen ohnmächtig geworden sind. Personal und Publikum beklagen sich fortwährend. Im ersten Stock ist es auch nur ein Gewinkel. Die Geschäftsleitung weiß wirklich nicht mehr, wie sie die Angestellten und Akten unterbringen soll. Die Angestellten werden immer mehr, die Akten schwellen zu Bergen an.

Nachdem den Krankenkassen fortwährend neue Aufgaben gestellt werden, die Personal- und Parteiverkehrsmehrung bringen, so ist es unbedingt notwendig, daß sobald wie nur möglich, andere Geschäftsräume beschafft werden. Man darf nicht sagen: ‚Nun hat es die sechs Jahre gut getan, es wird auch noch ein paar Jahre weiter gehen!' Während des Krieges hat man sich mit den Raumverhältnissen abgefunden, da die Mitgliederzahl von 22 000 auf 14 000 herabgesunken war.

Der Umbau, der sich unter vielen technischen Schwierigkeiten vollzog, kostete insgesamt 526 790 Mark, was damals etwa einem Betrag von 25 000 Goldmark entsprach. Die feierliche Eröffnung fand am 2. Oktober 1920 statt. Der schlichte und praktische Bau wurde allgemein anerkannt. Über der Eingangstüre standen die Worte: »Erst die Versicherten, dann die Angestellten«. Die AOK Würzburg-Stadt verzeichnete damals einen täglichen Parteiverkehr von durchschnittlich 1 000 Personen. Die nunmehr »rasche Abfertigung« empfanden vor allem kranke Mitglieder als große Annehmlichkeit.

Im neuen Verwaltungsgebäude richtete die Krankenkasse ein Röntgeninstitut für den Vertrauensärztlichen Dienst ein. Die fortschreitende Medizin ermöglichte eine verbesserte Diagnostik, und die neuen Geräte stellten für die niedergelassenen Ärzte und den Vertrauensarzt eine wertvolle Hilfe dar. Das Institut musste allerdings später wieder geschlossen werden, weil die laufenden Verbesserungen und Erneuerungen der Röntgenapparatur für die Krankenkasse zu kostspielig und nicht mehr rentabel erschienen – und dies in der Stadt, in welcher 1895 die Röntgen-Strahlen entdeckt worden waren.

AOK gegen »Zerbröckelung« der Universität

Auch war im neuen Verwaltungsgebäude ein bakteriologisches Laboratorium vorgesehen. Nach Verhandlungen mit der Universität und der Stadtverwaltung sah der AOK-Vorstand davon aber wieder ab. Es stand nämlich zu befürchten, dass sich die Staatliche Untersuchungsanstalt Würzburg mit dem Wegfall der Inanspruchnahme durch die AOK Würzburg-Stadt nicht mehr halten könne und deshalb nach Erlangen verlegt werde. So heißt es in einem Rückblick im Jubiläums-Geschäftsbericht des Jahres 1938:

Das würde aber der Anfang von der Zerbröckelung der Universität Würzburg sein, der schon im Interesse der Stadt Würzburg vermieden werden müßte.

Zum 1. Januar 1920 musste die Krankenkasse ihre Beiträge deutlich, und zwar von fünf auf sieben Prozentpunkte anheben. Die Notlage vieler erkrankter Kassenmitglieder machte höhere Leistungen notwendig. Von den Beiträgen trugen die Versicherten weiterhin zwei und die Arbeitgeber ein Drittel. Zwischen 3 und 3,80 Mark lagen 1919 die Krankenhaus-Pflegesätze in Würzburg, stiegen allerdings bald um 300 bis 400 Prozent an. Ab 1920 wurden sie auf 20 Mark pro Tag und Patient festgesetzt. Für die Behandlung der Kassenmitglieder standen neben 15 Krankenhäusern mit den Klinikärzten 72 Ärzte, davon 33 Spezialisten, 16 Zahnärzte, 15 Dentisten und 13 Apotheken zur Verfügung. Größte Apotheke in der Stadt war die Einhornapotheke. Drogerien waren für die Belieferung der AOK-Mitglieder nicht zugelassen. Unter den Krankenhäusern finden sich neben der Rotkreuz- und der Theresienklinik auch die Dr. Apetz'sche Augenklinik, Dr. Kirchgeßner'sche Klinik, Dr. Burkard'sche Klinik oder das Israelitische Krankenhaus.

Ärztliche Vergütung nach Einzelleistungen

Ein »Ärztestreik« im Frühjahr 1920 führte zu einer heftigen Zeitungsfehde, einem vertragslosen Zustand und einem Durcheinander in der ärztlichen Versorgung. Die Versicherten mussten die ärztlichen Leistungen selbst bezahlen. Dafür ließ ihnen die Krankenkasse eine

Bargeld-Unterstützung in Höhe eines Betrages bis zu zwei Drittel des durchschnittlichen Krankengeldes zukommen, und zwar für jede Konsultation in der Wohnung des Arztes 2 Mark, für jeden Arztbesuch in der Wohnung des Patienten drei Mark. Zur Einsparung von Arzneikosten durften die Apotheken eine wiederholte Abgabe von Arzneimitteln, wenn es nach der Verordnung gestattet war, selbstständig vornehmen. Mit derartigen Maßnahmen gelang es der Krankenkasse, den Betrieb während der vertragslosen Zeit, die die meisten Städte in Deutschland ähnlich traf, aufrecht und die Mitglieder »bei der Stange« zu halten.
Der Streik konnte am 2. Juni 1920 mit einem Schiedsspruch beendet werden. Ein neuer Ärztevertrag trat am 1. Juli 1920 in Kraft. Die Vergütung erfolgte nicht mehr durch eine Pauschale, sondern nach Einzelleistungen. Alle ärztlichen Verrichtungen wurden nach den Mindestsätzen der Bayerischen Gebührenordnung aus dem Jahre 1901 mit einem Zuschlag von 150 Prozent vergütet. Abweichend davon waren für jeden Besuch sechs Mark und für jede Beratung vier Mark sowie für geburtshilfliche Eingriffe die Mindesttaxe plus 400 Prozent Zuschlag zu bezahlen. Die Beträge, die von der AOK Würzburg-Stadt für die einzelnen Leistungen gezahlt wurden, schwankten zwischen 5 und 15 Mark. Pro Behandlungsfall durften aber nicht mehr als vier Leistungen an Beratungen und Besuchen im Vierteljahres-Durchschnitt anfallen.

Erstmals ein hauptamtlicher Vertrauensarzt

Zum 1. Januar 1920 hatte die AOK Würzburg-Stadt Oberstabsarzt Dr. Otto von Wilucki als Vertrauensarzt im Hauptamt angestellt. Er war als Gutachter für die Krankenkasse tätig und durfte eine Kassenpraxis nicht ausüben. Zusätzliche Arbeit erhielt er während des »Ärztestreiks« im Frühjahr 1920: Während des vertragslosen Zustandes hatte er für die Krankenkasse alle Arbeitsunfähigkeitsbescheinigungen auszustellen. Die behandelnden Kassenärzte erhielten von einer vertrauensärztlichen Untersuchung jeweils Kenntnis und konnten daran teilnehmen oder der Aufklärung dienende Mitteilungen machen. Das Amt des Vertrauensarztes war nicht einfach. Dem Mediziner oblagen Aufgaben und Befugnisse, die der Kritik der Versicherten einerseits und der Ärzte und

Apotheker andererseits ausgesetzt waren. Eine weitergehende sozialmedizinische Tätigkeit im Sinne vorausschauender Heilmaßnahmen ließ sich damals weder technisch noch praktisch durchführen. Gleichwohl kam es zu keinen wesentlichen Streitigkeiten zwischen dem Vertrauensarzt und den Würzburger Kassenärzten.

Allein im Jahre 1922 untersuchte der Vertrauensarzt 3 354 Kassenmitglieder und außerdem 44 Kinder. Er machte ferner 90 Hausbesuche, 1 802 Röntgenuntersuchungen und 704 chemische Untersuchungen. Ihm standen fünf Zimmer und ein neuzeitlicher Röntgenapparat zur Verfügung. Zu seiner Unterstützung stellte die Krankenkasse eine ausgebildete Tbc-Fürsorgeschwester fest an. Nach dem Tod des ersten Vertrauensarztes im Jahre 1924 versah Hofrat Dr. Karl Philipp Rösgen fortan die Vertrauensarzt-Stelle, und zwar im Nebenamt. Anscheinend war ein hauptberuflich tätiger Vertrauensarzt der Krankenkasse zu teuer.

Zunehmender Wettbewerb unter den Krankenkassen

Bald nach dem Ersten Weltkrieg machte sich ein heute gängiges Phänomen, nämlich der Wettbewerb innerhalb der gesetzlichen Krankenversicherung, bemerkbar. So prangert die AOK Würzburg-Stadt in einem ihrer Geschäftsberichte das Entstehen immer neuer »Zwergkassen« (z.B. Innungskrankenkassen) an:

Anstatt an eine praktische Zusammenlegung der Krankenkassen zu gehen, wird von verschiedenen Kreisen an der Zerstückelung der Kassen gearbeitet ... Es ist und bleibt unsozial, wenn Berufsgruppen aus dem Versichertenstande der Allgemeinen Ortskrankenkasse herausgenommen werden und für sie eine eigene (z.B. Innungs-)Krankenkasse errichtet wird.

Vermehrt traten Kassenmitglieder auch zu Ersatzkassen in der Erwartung über, »dort besser aufgehoben zu sein«. Die AOK ruft dabei in Erinnerung, dass von den in Würzburg vor Kriegsbeginn vorhandenen 390 Ersatzkassen-Mitgliedern allein 314 gleich nach Kriegsausbruch ohne Antrag und Unterstützungsanspruch bei ihrer Ersatzkasse ausgeschieden sind und nur 36 Versicherte ihre Mitgliedschaft aufrecht erhalten konnten: »Schlagender Beweis dafür, daß bisher die Ersatzkassen in schweren Zeiten eben versagten«.

Auch die steigenden Verwaltungskosten ein Thema

Ausführlich widmet sich der Geschäftsbericht 1920 den Verwaltungskosten, die in diesem Jahr einen Betrag von 586 075 Mark ausmachten. Wörtlich heißt es dabei:
Wer die große Arbeitslast der AOK Würzburg-Stadt genau kennt, wird sich über die Höhe der Verwaltungskosten keineswegs wundern. Freilich sind die Verwaltungskosten der Allgemeinen Ortskrankenkassen manchmal etwas höher als die der Betriebs- und Innungskrankenkassen, aber es sind auch von den Allgemeinen Ortskrankenkassen viel mehr und größere Verwaltungsaufgaben zu lösen wie von den anderen Krankenkassen.
Angeführt werden bei den Mehraufgaben beispielsweise die Familienfürsorge, unständig Beschäftigte, im Haus- und Wandergewerbe Beschäftigte oder Heilverfahren für Kriegsteilnehmer. Dazu ein anschauliches Beispiel: Am 28. Juni 1920 wurden bei einer Demonstration gegen die Teuerung (Hungerrevolte) von Reichswehrsoldaten vier Kassenmitglieder durch Schüsse schwer verletzt. Die AOK Würzburg-Stadt übernahm in allen Fällen ein Heilverfahren nach dem Tumultschädengesetz.

Alter und neuer Vorstandsvorsitzender

Die zweiten Sozialwahlen in der Geschichte der AOK Würzburg-Stadt fanden am 9. Oktober 1921 statt. Ohne Probleme verlief die Wahl für die 45 Mitglieder des Ausschusses, 30 auf Versicherten- und 15 auf Arbeitgeber-Seite. Nachdem auch auf den drei Vorschlagslisten für die Vorstandswahl nur so viele Bewerber benannt waren, wie Vertreter zu wählen waren, nämlich vier auf Arbeitgeber- und acht auf Versicherten-Seite, galten die Vorgeschlagenen automatisch als gewählt. Schon damals wurde dem Prinzip der »Friedenswahl« der Vorzug gegeben. Alter und neuer Vorstandsvorsitzender blieb der Buchdruckerei-Besitzer Thomas Memminger. Er hatte sich durch sein gerechtes, unparteiisches und zielbewusstes Auftreten große Verdienste um die Krankenkasse erworben. Seine Wiederwahl sorgte auch für eine kontinuierliche Arbeit innerhalb des Vorstandes.

Schon am 3. Januar 1921 hatte der Vorstand Dr. Alfred Lagemann als Vertrauenszahnarzt im Nebenamt angestellt. Zu seinen Aufgaben gehörten die Untersuchung von Versicherten, bei denen die Kosten einer einfachen Zahnbehandlung den Betrag von 50 Mark überschritten, wie auch die Prüfung der Quartalsrechnungen der Zahnärzte und Dentisten. Die Aufwendungen für die Behandlung der Kassenmitglieder durch Zahnärzte, Zahntechniker und Heilgehilfen beliefen sich 1919 und 1920 im Jahresdurchschnitt auf 1,62 bzw. 3,34 Mark je Mitglied. Verträge mit den Zahnärzten bestanden bereits seit 1914. Nach dem Krieg war ein 20-prozentiger Teuerungszuschlag auf die Bezahlung nach Einzelleistungen erfolgt. Die Universitäts-Zahnklinik erhielt Pauschal-Abfindungen. Die Zulassung der Mitglieder des Zahnärztlichen Kreisvereins als Kassenzahnärzte erfolgte allerdings erst nach einer zweijährigen Karenzzeit. So lange mussten sich junge Zahnärzte damals »über Wasser halten«

Belieferung der Kassenmitglieder mit Arzneimitteln

Nicht nur mit Ärzten, Zahnärzten und Krankenanstalten hatte die AOK Verträge geschlossen. Auch mit Apothekern, Bandagisten, Optikern und Badeanstalten gab es vertragliche Regelungen. Der Vertrag mit den Würzburger Apothekern datiert vom 30. Dezember 1913. Für die Belieferung der Kassenmitglieder mit Arzneimitteln waren in Würzburg und Umgebung 13 Apotheken zugelassen. Zur Vermeidung einer Überrezeptur nahm ein vom Landesverband bayerischer Ortskrankenkassen angestellter Revisor, der seinen Sitz in Bamberg hatte, Revisionen vor. Weil sich die Arznei- und Heilmittel ständig verteuerten, erhöhten sich durch Teuerungszuschläge auch die Vertragspreise. So erreichten sie 1920 das Fünf- bis Zwanzigfache der alten Sätze. Im Geschäftsbericht 1920 führt die AOK auch Klage über zu viele Kassenärzte:
Bei einer durchschnittlichen Versichertenzahl von 21 153 trifft auf 160 Versicherte je ein Kassenarzt. Gewiß ein schauriges Bild von der Überfüllung des ärztlichen Berufes! Es ist dies aber eine Folge der hauptsächlich von den jüngeren Aerzten so energisch geforderten freien Arztwahl. Die Allgemeine Ortskrankenkasse Würzburg-Stadt braucht in Wirklichkeit nur den dritten

Teil der vorhandenen Kassenärzte, weil eben die Universitätskliniken vorhanden sind. Daher kommt es, daß manche Kassenärzte bei der Ortskrankenkasse nicht so viel verdienen, was sie zu ihrem Lebensunterhalt brauchen. Trotz der vielen Warnungen stürzt sich alles auf das Medizinstudium und glaubt dann als Kassenarzt sein Auskommen zu finden. Aber welche bittere Enttäuschung!

Wohnungsnot in Würzburg fast unvorstellbar

Zur Illustration der Wohnungsnot in Würzburg im Jahre 1921 enthält der Geschäftsbericht 1920 einen tragischen Fall. Die AOK Würzburg-Stadt richtete am 12. Februar 1921 nachstehendes Schreiben an das Städtische Wohnungsamt:

Unser Kassenmitglied X.X. ist zur Zeit an einem schweren Nervenleiden erkrankt. Unser Krankenkontrolleur, dem die Aufgabe zusteht, sich umzuschauen nach den Verhältnissen der Kranken, berichtet uns von den familiären bzw. wohnlichen Verhältnissen folgendes: Die Familie X. wohnt mit vier Kindern in zwei ganz kleinen, höchstens insgesamt 10 qm großen Zimmerchen, in denen außerdem noch überschüssige Möbel aufbewahrt werden müssen. Ein 10jähriges Mädchen schläft mit einem 13jährigen Knaben in einem Bette; ein weiterer Junge und ein kleines Kind mit ½ Jahre schlafen mit der Mutter in einem schmalen Bettchen; der schwer nervenkranke Mann direkt anschließend daran. Unser Krankenbesucher bezeichnet die Wohnverhältnisse als geradezu erschreckend. Unter den gegebenen Verhältnissen ist an eine Gesundung des Mannes nicht zu denken und bei Fortdauer derartiger Zusammenpferchung die Erkrankung der Familie wohl unausweichlich.

Die lakonische Antwort des städtischen Wohnungsamtes lautete:

Die Prüfung der X.schen Verhältnisse seitens unseres technischen Beamten ergab die Richtigkeit Ihrer Schilderung. X. ist auch seit längerer Zeit als Wohnungssuchender unter der Nummer ..., hat aber bis jetzt erst fünf Anträge auf Wohnungen gestellt. Wir empfehlen Ihnen, dem X nahezulegen, des öfteren Anträge auf geeignete freie Wohnungen zu stellen unter Hinweis auf das von Ihnen eingereichte Schreiben. Die Wohnungen, welche frei sind oder werden, sind jeweils beim amtlichen Wohnungsnachweis Marktplatz 9 gemeldet.

Eröffnung des Luitpold-Krankenhauses in Grombühl

647 Erwerbslose waren am 1. Mai 1921 bei der AOK Würzburg-Stadt versichert. Ihnen standen 13 bei Ersatzkassen versicherte Erwerbslose gegenüber. Ein besonderes Ereignis bestimmte das örtliche Geschehen im Jahre 1921, nämlich die Eröffnung des neu gebauten Luitpold-Krankenhauses im Stadtteil Grombühl, dessen Planungen schon in die Vorkriegszeit zurückgingen. Bereits 1912 war der erste Spatenstich erfolgt. Ab Mai 1921 konnten die einzelnen Abteilungen schrittweise bezogen werden. Eine »kleine Stadt« mit eigenen Straßen, eigener Heiz- und Wasseraufbereitungsanlage. Das Prunkstück bildete die 165 Meter lange Front der Chirurgie; das Wahrzeichen aber war der Wasserturm. 1923 hatte das Staatliche Luitpold-Krankenhaus eine Kapazität von 650 Betten. Es diente nebeneinander der Pflege und Heilung der Kranken und gleichzeitig der medizinischen Forschung und dem medizinischen Unterricht. Erst in den Jahren von 1932 bis 1934 konnte die Frauenklinik gebaut werden, und nach dem Zweiten Weltkrieg folgten 1962 die Kinderklinik und zahlreiche weitere Kliniken wie beispielsweise 1974 das erste Kopfklinikum in der Bundesrepublik.
Ein Vergleich der Jahre 1914 und 1921 macht deutlich: Die Mitgliederzahl bei der AOK Würzburg-Stadt stieg von 19200 auf 21150, die Einnahmen gingen von 650000 auf 7.2 Millionen Mark und die Ausgaben von 600000 auf 7,4 Millionen Mark nach oben.

Unaufhaltsame Inflation mit nachhaltigen Wirkungen

Ganz im Zeichen der Geldentwertung stand das Geschäftsjahr 1922. Aufstellung und Einhaltung eines Haushaltsplanes waren nicht mehr möglich. Einnahmen und Ausgaben erreichten Schwindel erregende Höhen. Die Bevölkerung musste mit Zahlen und Beträgen rechnen, die ihr nicht geläufig waren. Trotz allergrößter Anstrengungen konnte die AOK Würzburg-Stadt den Wettlauf auf Dauer nicht gewinnen. Dass im Sommer 1922, am 16. August, auch die Preise für Lebensmittel unerschwinglich wurden, verrät Adalbert Grümpel in seinem Tagebuch den Lesern der »Main-Post« in der Ausgabe vom 1. April 2000:

Zum Beispiel ein Pfund Rindfleisch 80 Mark, ein Pfund Schweinefleisch 150 Mark. Die Preise für Stoffe sind fabelhaft, Schuhe kosten 2 000 bis 3 000 Mark pro Paar. Wer arbeiten kann, arbeitet gleich einem Sklaven für kaum das tägliche Brot, geschweige denn die notwendigsten Bedürfnisse. Wer aber nicht arbeiten kann oder keine Arbeit hat, sieht dem Hungertod bzw. tückischen Krankheiten entgegen.

Wenn auch die Bezahlung der Kassenärzte nach Einzelleistungen erfolgte, so rechnete die AOK damals nicht mit den einzelnen Kassenärzten, sondern mit der Kassenärztevereinigung Würzburg ab. Insgesamt behandelten die Kassenärzte 47 017 Krankheitsfälle im Jahr 1922. Ebenfalls zur Kassenpraxis zugelassen waren die Universitäts-Polikliniken. Sie erhielten wie die Kassenärzte eine vertragsmäßige Bezahlung ihrer Leistungen und gewährten verschiedentlich Nachlässe von 25 bis 50 Prozent. Allerdings führte die Krankenkasse Klage darüber, dass ihre Mitglieder viel zu wenig die Polikliniken besuchten, obwohl die Behandlung dort sehr gut war und alle modernen Hilfsmittel und Apparate zur Verfügung standen.

Ortskrankenkassentag mit fast 900 Delegierten

Am Sonntag und Montag, dem 19./20. August 1923, fand in Würzburg der 27. deutsche Ortskrankenkassentag statt. Fast 900 Teilnehmer aus dem gesamten Deutschen Reich trafen sich im Hutten'schen Garten zu ihren Beratungen. Die Anwesenheitsliste wies 129 Arbeitgebervertreter, 308 Versichertenvertreter sowie 444 Angestellte, überwiegend Geschäftsführer, aus. Die Teilnehmerzahl war geringer als bei früheren Tagungen. Kein Wunder, fand der Ortskrankenkassentag doch wenige Wochen vor dem Höhepunkt der Inflation statt. So konnten manche Ortskrankenkassen aus Mangel an finanziellen Mitteln keine Vertreter schicken, andere mussten die Teilnehmerzahl erheblich beschränken. Für die abendliche Unterhaltung der Tagungsteilnehmer hatte die AOK durch ein Konzert im Hutten'schen Garten und ein Kellerfest im Brauhauskeller gesorgt. Alles in allem
    eine bemerkenswerte Leistung der Stadt Würzburg bei den damals schwierigen Verpflegungsverhältnissen,

wie der AOK-Geschäftsbericht 1938 anerkennend vermerkt. Das Inflationsjahr 1923 hinterließ nachhaltigste Spuren. So ging die AOK von der monatlichen zur wöchentlichen Beitragszahlung über. Ausgelöst wurde diese Maßnahme durch Forderungen der Ärzte, Zahnärzte, Apotheker und Krankenhäuser, die Rechnungen ab sofort nicht mehr monatlich, sondern wöchentlich zu begleichen. Im Oktober 1923 gingen die Betriebe in Würzburg sogar zur täglichen Lohnzahlung über, wozu das Geld in Waschkörben transportiert werden musste. In vielen Betrieben wurde nach der Lohnzahlung der Arbeitsprozess unterbrochen. Mit Bündeln von Banknoten bepackt, stürzte die Belegschaft in die umliegenden Geschäfte, um Waren zu kaufen, bevor der nächste Preisschub den Lohn wertlos machte.

Heute unvorstellbare Zahlen enthält der Geschäftsbericht 1923 der damals viertgrößten bayerischen Ortskrankenkasse: Der Rechnungsabschluss beinhaltete Reineinnahmen in Höhe von über 183 Trillionen Papiermark, denen Ausgaben von mehr als 97 Trillionen Papiermark gegenüberstanden. Eine Trillion ist übrigens eine Zahl mit einer Eins und 15 Nullen. Die Stadt Würzburg war gezwungen, »Notgeld« auszugeben. Darauf hieß es beispielsweise:

Fünfzig Milliarden Mark zahlen die städtischen Kassen in Würzburg gegen Einlieferung dieses Scheines.

Die nummerierten Scheine trugen die Unterschrift des damaligen Oberbürgermeisters Dr. h.c. Hans Löffler.

Das Ende der Hyperinflation in Sicht

Die Hyperinflation, bei der zuletzt ein Dollar 4,2 Billionen Papiermark wert war, endete am 15. November 1923. Die Stabilisierung der Währung setzte mit einer Relation von einer Billion Papiermark gleich einer Rentenmark ein. Die Reichsmark wurde ab 1. September 1924 die neue Währung im Deutschen Reich. Die Inflation vernichtete damals mehr an materiellen Werten als der vorangegangene Weltkrieg. Die Geldleistungen der AOK Würzburg-Stadt waren angesichts der Inflation zur Bedeutungslosigkeit herabgesunken. Die Versicherungspflichtgrenze war zum Ende der Inflation auf sagenhafte 15 Billionen Mark festge-

setzt worden. Bis Mitte September 1923 hatte der Beitragssatz der AOK Würzburg-Stadt bei 7,5 Prozentpunkten gelegen und musste dann auf 9 Prozentpunkte angehoben werden. Durch den sofortigen Beitragseingang hatte die Krankenkasse stets flüssige Gelder und konnte die Forderungen ihrer Vertragspartner rasch befriedigen. So brauchte sie bei einem vergleichsweise noch relativ günstigen Beitragssatz keinen Reichszuschuss oder Bankkredit. Bei ihrem Bemühen um finanzielle Stabilität kam, soweit man diesen Begriff für eine Inflationszeit überhaupt verwenden kann, der Krankenkasse die Kassenärzte-Vereinigung Würzburg-Stadt entgegen und signalisierte Hilfe. Sie gewährte freiwillig zehn Prozent Nachlass bei ärztlichen Gebühren für Familienhilfe.
Ab 1. Januar 1924 ging die AOK Würzburg-Stadt mit ihrem Beitragssatz wieder auf 7,5 Prozentpunkte und ab 1. April 1924 sogar auf 6,0 Prozentpunkte zurück. Die Zeiten hatten sich normalisiert und die Krankenkasse erholte sich verhältnismäßig rasch von der kritischsten Phase seit ihrem Bestehen. Die Versicherungspflichtgrenze lag 1924 bei 1 800 Mark Jahreseinkommen und wurde 1925 auf 2 700 RM und 2¾ Jahre später auf 3 700 RM erhöht.

Eine Volksseuche unaufhaltsam auf dem Vormarsch

Damals stark um sich griffen in Würzburg Tuberkulose-Erkrankungen. Krankenhäuser, Heilstätten und Genesungsheime waren mit Patienten überfüllt. Die riesige Wohnungsnot in der Stadt begünstigte eine schnelle Ausbreitung dieser Volksseuche. Weil Krankheitsverhütung damals mindestens ebenso wichtig wie Krankheitsbehebung war, wurde eine Tuberkulose-Arbeitsgemeinschaft gegründet. In der Arbeitsgemeinschaft waren fast alle örtlichen Stellen und Korporationen vertreten, auch der »Verein zur Bekämpfung der Tuberkulose in Würzburg«. Die von ihm unterhaltene, im Jahre 1919 gegründete Tuberkulose-Fürsorgestelle im alten Bahnhof wurde 1924 von 1 217 Personen in Anspruch genommen, bei lediglich zwei Sprechtagen wöchentlich. Sie befasste sich allerdings nur mit Beratung und Hausfürsorge, nicht hingegen mit der Behandlung von Patienten.

Um die große Wohnungsnot in der Stadt zu lindern, neue Arbeitsplätze zu schaffen und eine sichere Geldanlage zu gewährleisten, erwarb die AOK Würzburg-Stadt 1924 ein 14 000 Quadratmeter großes Grundstück an der damaligen Heidingsfelder Straße, heute die Friedrich-Spee-Straße. Die Krankenkasse veranstaltete einen »Wettbewerb zur Erlangung von Vorentwürfen zur Bebauung des Grundstücks mit Wohnhäusern bei bestmöglicher Ausnützung des Geländes«. Das Ergebnis dieser Ausschreibung: Auf dem Grundstück können gut 150 Wohnungen mit geräumigen Höfen und schönen Anlagen gebaut werden. Zunächst wurde ins Auge gefasst, diesen Wohnungsbau etappenweise in ungefähr zehn Jahren auszuführen. Doch die ursprünglichen Pläne ließen sich nicht verwirklichen.

Damals 16 Krankenhäuser mit 1 558 Betten

Am 31. Dezember 1924 waren für die Ortskrankenkasse in der Stadt 79 und auf dem Land 18 Kassenärzte tätig. Dazu kamen noch die Ärzte in den Universitäts-Polikliniken. Der Geschäftsbericht 1924 beschreibt die Situation so:

Nach der Rechtsverordnung über Krankenhilfe bei den Krankenkassen vom 20. Oktober 1923 kann der Kassenvorstand die Neuzulassung von Ärzten zur Tätigkeit bei der Kasse versagen, wenn auf je 1 000 Versicherte mehr als ein Arzt entfällt. Die Ortskrankenkasse Würzburg hatte im Geschäftsjahr 1924 22 493 Kassenmitglieder durchschnittlich. Demnach bräuchten nur 23 Ärzte zugelassen werden.

Wie stellte sich damals der stationäre Bereich in der Stadt am Main dar? Es gab insgesamt 16 Krankenhäuser mit 1 558 Betten. Die meisten Betten wies das Luitpold-Krankenhaus mit 650 auf, gefolgt vom Juliusspital (250), der Frauenklinik (140) und dem König-Ludwig-Haus (120). Die Opetz-Klinik hatte 14 und die Marienanstalt fünf Krankenhausbetten. Auf ein stationär behandeltes AOK-Mitglied trafen 1924 im Durchschnitt 22 Verpflegstage und 97 Mark Verpflegungskosten. Bei der Auswahl des Krankenhauses übte die Krankenkasse im allgemeinen keinen Einfluss auf ihre Versicherten aus. Eine freie Vereinbarung mit dem Luitpold-Krankenhaus und dem Juliusspital beinhaltete lediglich

139

eine Belegung dieser beiden Krankenanstalten zu den übrigen Krankenhäusern im Verhältnis 2:1.

Nachdem am 1. Januar 1924 noch 42 Angestellte bei der AOK Würzburg-Stadt beschäftigt waren, beschloss das Oberversicherungsamt am 17. Februar 1924 einen Personalabbau. Er betraf 13 Angestellte; zwei Angestellte schieden freiwillig aus, so dass am Schluss des Jahres 1924 noch 24 Angestellte im Innen- und drei im Außendienst tätig waren.

Am 1. Juli 1925, Würzburg zählte fast 90 000 Einwohner, erfolgte in der Heidingsfelder Straße der erste Spatenstich zu einem Gebäude mit 28 Wohnungen, das bereits ein Jahr später bezogen werden konnte. An diesem Bau waren zeitweise 168 Würzburger Firmen tätig und über 1 000 Arbeiter beschäftigt. Architekt war Fritz Saalfrank, der im Rahmen des Wettbewerbs vom Preisrichteramt auserwählt worden war und als Honorar einen Betrag von fast 34 000 Mark erhielt. Hermann Beierstorf, geboren im Jahre 1906, Verwaltungsoberamtmann a.D. und seit 1936 bis zu seiner Pensionierung im Dienst der Würzburger AOK, erinnert sich noch an Einzelheiten:

Mitte der 20-er Jahre hatte die Reichsregierung eine Verordnung erlassen. Danach sollten Gelder zu Wohnungsbauzwecken ausschließlich nach Berlin überwiesen werden. Auch aus Würzburg. Anton Westermeir war dies ein Dorn im Auge. Er wollte sich damit nicht zufrieden geben. Es gelang ihm schließlich, dass die finanziellen Mittel in Würzburg verblieben und für den Wohnungsbau in der Stadt, auch für das AOK-Wohnhaus in der damaligen Heidingsfelder Straße, zur Verfügung gestellt wurden.

In seiner Sitzung am 27. Mai 1925 beschloss der Ausschuss der AOK, den Vorstand der Krankenkasse ab 1926 von zwölf auf neun und gleichzeitig den Ausschuss von 45 auf 18 Mitglieder zu reduzieren. Dadurch sollte die Effektivität der beiden Selbstverwaltungsorgane gestärkt werden. So einfach war Verwaltungsvereinfachung damals.

Weitere Beitragssatzerhöhungen unumgänglich

Bleiben wir beim Jahr 1925, über dessen negativen Verlauf und die ungünstige wirtschaftliche Entwicklung die AOK Würzburg-Stadt im Geschäftsbericht feststellt:

Im ersten Halbjahr 1925 war die Bautätigkeit in Würzburg gleich Null. Das Handwerk hatte nichts zu tun und meldete deshalb fortgesetzt bei der Krankenkasse ab. Die abgemeldeten Versicherten aber hingen sich fest an die Ortskrankenkasse und belasteten das Konto ‚Krankengeld' ganz erheblich. Daß die Wintermonate mit einem Defizit abschlossen, war daher verständlich. Daß sich aber auch im Monat Juli ein Defizit von 14 399 Mark ergab, das war für die Ortskrankenkasse ein Ereignis, das seit ihrem Bestehen noch nicht da war.

Zwangsläufige Folge dieser Entwicklung waren Beitragssatzerhöhungen auf 6,5 Prozentpunkte ab 4. Januar 1926 und 7 Prozentpunkte ab 1. März 1926, erforderlich vor allem wegen einer ständig wachsenden Zahl von Erwerbslosen und wegen des sprunghaften Anstiegs der Krankengeld-Ausgaben bis zum Dreifachen der bisherigen Beträge. In diesem Zusammenhang beklagt die Krankenkasse vor allem den Umstand, dass sich viele Mitglieder aus Mangel an Arbeit krank meldeten, um so in den Genuss von Krankengeld zu kommen:

Ein großer Teil der Versicherten verstand es aber prächtig, kassenärztliche Bescheinigungen über Arbeitsunfähigkeit beizubringen. Sie wiesen lauter Krankheiten wie Rheumatismus, Muskelzerrung, Magenschmerzen, Seitenstechen usw. nach, die der Kassenarzt nicht immer einwandfrei feststellen konnte.

Beitragseinzug sehr schwierig und zeitaufwändig

Sorgen bereitete der Krankenkasse damals auch der Beitragseinzug. Er erforderte nämlich das Dreifache an Arbeit wie in normalen Zeiten. Während früher eine Zahlungsaufforderung gereicht hatte, musste jetzt der Kassenbote oft vier- bis fünfmal in die säumigen Betriebe geschickt werden, um Geld einzutreiben. Und dann wurden nur kleine Ratenzahlungen geleistet.

1925 verzeichnete die AOK bei 5 012 Arbeitgebern im Durchschnitt 23 938 Kassenmitglieder, während auf die übrigen Krankenkassen im Stadtbezirk etwa 6 000 Kassenmitglieder entfielen. Auf vier AOK-Mitglieder kam also ein Mitglied anderer Krankenkassen. Für die AOK Würzburg-Stadt waren zum Jahreswechsel 1925/26

76 Kassenärzte in der Stadt, 18 Kassenärzte auf dem Land, 20 Zahnärzte in der Stadt, acht Zahnärzte auf dem Land, 17 Zahntechniker in der Stadt sowie zwei Zahntechniker auf dem Land tätig. Mit 13 Apotheken in Würzburg stand die Krankenkasse in vertraglichen Beziehungen, ebenso mit drei Badeanstalten. Mit den Hebammen bestand kein Vertragsverhältnis, ebenso wenig mit den Bandagisten. Auch war bei der Krankenkasse, nachdem die Kassenärzte weniger Massagen in ihren Praxen verabreichen ließen, ein Masseur angestellt.

Ein Blick auf die Pflegesätze in den Krankenhäusern mutet, im Vergleich zu heute, bescheiden an, wenngleich die stationäre Versorgung damals nicht den heutigen Standard aufwies. So betrug der tägliche Satz in den Würzburger Krankenhäusern ab 1. Januar 1925 pro Tag 3 RM und ab 16. Juli 1925 40 Pfennig mehr. In diesen Sätzen war alles inbegriffen, Arzt, Arzneimittel, Verköstigung usw. Nur außerordentlich teure Medikamente und Verbandstoffe stellten die Kliniken extra in Rechnung. So musste die Krankenkasse einen Winter-Heizzuschlag von 40 Pfennig pro Patient und Tag zahlen.

Wohnungsbau die beste produktive Erwerbslosenfürsorge

Am 1. Juli 1926 konnte der Wohnungsneubau in der Heidingsfelder Straße 56 bezogen werden, überwiegend bewohnt von Mitarbeitern der AOK. Die Krankenkasse sah in dieser Baumaßnahme »die beste produktive Erwerbslosenfürsorge«, um der hohen Zahl von Arbeitslosen Herr zu werden. Insgesamt kostete das Bauvorhaben 737 510 RM. Darlehen gaben der bayerische Staat, die Stadt Würzburg, die Landesversicherungsanstalt Unterfranken und die Versicherungskammer München. Einen Betrag von 438 035 RM entnahm die Krankenkasse aus der Rücklage für die Jahre 1924 bis 1927. Tilgung und Verzinsung des Baukapitals gingen nicht zu Lasten der Versicherten und ihrer Arbeitgeber, sondern einzig und allein zu Lasten der Mieter.

Gleichwohl hatte es kritische Stimmen über den Wohnungs-Neubau der AOK gegeben. Hier der Anfang eines Auszugs aus »Zeitungsstimmen über den Wohnungs-Neubau der Allgem. Ortskrankenkasse Würzburg-Stadt«:

Es gibt kaum jemand in Deutschland, der nicht über Geld- und Kapitalmangel zu klagen hat. Da muß es denn überraschen, wenn man hört, daß die AOK Würzburg-Stadt über Gelder verfügt, die nächstens dazu ausreichen werden, die ganze Stadt Würzburg in das Eigentum dieses Instituts überzuführen. Wie uns glaubhaft versichert wird, soll man sich bei der AOK Würzburg mit dem Gedanken tragen, das aufgespeicherte Vermögen von rund 50 000 Goldmark in Grundstücken anzulegen, damit das sauer erarbeitete Geld der Versicherungspflichtigen nicht verschimmelt ...

Der Erfolg ist natürlich der, daß die Mäuse mit verheulten Augen an den Brotschubladen der Beitragspflichtigen Klimmzüge vorführen, während auf der anderen Seite das Institut mit dem einnehmenden Wesen sich den Kopf darüber zerbricht, wie man möglichst schnell die schweißbetropften Gelder in Sachwerte umsetzt.

Alles, was der Gesundheit dienlich ist

Die Errichtung des Wohngebäudes, das sich auch heute noch als Schmuckstück in der Sanderau darstellt, war vor allem der unermüdlichen Initiative des Kassenleiters Anton Westermeir zu verdanken. Mehrmals musste er zum Staatsministerium für soziale Fürsorge nach München fahren, um dort Gespräche zu führen und die Baumaßnahme genehmigt zu erhalten. Auch heute ist die AOK noch Eigentümerin dieses Gebäudes, nachdem in den 80-er Jahren des vergangenen Jahrhunderts Bemühungen, den Komplex an die Stadtwerke Würzburg zu veräußern, wegen unterschiedlicher Preisvorstellungen gescheitert waren. Den Angaben in ihren Geschäftsberichten zufolge war die AOK Würzburg-Stadt damals und die folgenden Zeilen erinnern unwillkürlich an die Gegenwart

bestrebt, ihren Versicherten alles zu bieten, was der Gesundheit dienlich ist. Die beschränkten Mittel setzen natürlich Grenzen. Die Versicherten sind heute schon verwöhnt. Wenn die Ortskrankenkasse ihren Wunsch einmal nicht ganz erfüllen kann, so wird nicht selten mit dem Austritt aus der Kasse gedroht. Wir lassen sie ruhig ziehen, weil wir wissen, daß auch die anderen Krankenkassen nur mit Wasser kochen. Die Ortskrankenkasse macht keine Reklame und schickt auch keine Werber von Haus zu Haus.

Erstmals eine durchgreifende Betriebskontrolle

Mit einer Grippe-Epidemie begann das Geschäftsjahr 1927 nicht gerade erfreulich. Die Grippewelle hatte im November 1926 eingesetzt, erreichte im Februar 1927 ihren Höhepunkt und klang im Sommer 1927 aus:
Die Ärzte hatten Tag und Nacht zu tun, die Krankenhäuser waren überfüllt, die Apotheken wurden überlaufen, das Krankengeld stieg enorm. Die Ausgaben konnten aus laufenden Einnahmen nicht mehr gedeckt werden. Es mußte vorübergehend Bankkredit bei der Bayerischen Vereinsbank Würzburg in Anspruch genommen werden. Damit wurde eine Beitragserhöhung vermieden.
Erstmals griff die Krankenkasse 1927 zum Mittel einer »durchgreifenden Betriebskontrolle«. Diese Maßnahmen brachten eine monatliche Mehreinnahme von rund 6500 RM. Die Krankenkasse zog deshalb damals die Anstellung eines ständigen Betriebskontrolleurs in Erwägung, zumal, wenn die 1928 eingeführte Arbeitslosenversicherung, die mit drei Zehntel an den Beitragseinnahmen beteiligt war, einen Teil der Betriebskontroll-Kosten übernehmen würde.
Mit dem 30. September 1928 schied nämlich das Arbeitsamt Würzburg aus dem Zuständigkeitsbereich des Würzburger Stadtrats aus und musste »nolens volens« eine 30-jährige erfolgreiche Tätigkeit beenden. An seine Stelle trat als neuer Versicherungsträger das Arbeitsamt Würzburg als Unterbau der neuen Reichsanstalt für Arbeitsvermittlung und Arbeitslosenversicherung. Das Arbeitsamt zog die Beiträge der arbeitslosenversicherungspflichtigen Mitglieder nicht selbst von den Betrieben ein. Es bediente sich dazu der »Einzugsstellen«, zu denen auch die AOK Würzburg-Stadt gehörte. Diese hatte die Arbeitslosenversicherungsbeiträge dann an das ebenfalls neu geschaffene Landesarbeitsamt weiterzuleiten.

»Kälte tut weh und macht krank«

Bei den Sozialwahlen 1928 wurden ein neuer Ausschuss und ein neuer Vorstand gewählt. Vorstandsvorsitzender wurde erstmals ein Versi-

cherten-Vertreter, und zwar Gewerkschafts-Sekretär Franz Wirsching. Er bekleidete dieses Amt bis 1931 und war bereits seit Gründung der AOK Würzburg-Stadt im Vorstand tätig. Der bisherige Vorstandsvorsitzende Thomas Memminger, seit 1. Januar 1914 in dieser Funktion, wurde stellvertretender Vorstandsvorsitzender. Das Ziel des neuen Vorsitzenden: Sparsame Verwaltung und Verbesserung der Leistungen. Deshalb nahm die AOK Würzburg-Stadt 1928 an keiner Tagung der Krankenkassen-Verbände teil. Am 29. Oktober bzw. 23. November 1929 hatten Kursstürze an der New Yorker Börse eine tiefe Weltwirtschaftskrise ausgelöst. Sie dauerte etwa bis 1933 und hatte auch für die soziale Entwicklung in Deutschland verheerende Folgen.
Der Winter 1929 überraschte die Domstadt mit besonderer Kälte. So beginnt der Geschäftsbericht 1929 mit dem Satz: »Kälte tut weh und macht krank«. In Würzburg konnte man damals auf dem Eis über den Main gehen, ein Ereignis, das seit vielen Jahren nicht mehr vorgekommen war. Die Arbeiter-Bevölkerung war kaum mehr in der Lage, sich das notwendigste Brennmaterial zu beschaffen. Dazu kam vielfach Wassernot, weil Brunnen und Wasserleitungen einfroren. Dies führte zu Unreinlichkeit. Man konnte von Glück reden, dass nicht eine Volksseuche, etwa Typhus oder Grippe, ausbrach. Krankenstand und Krankengeldzahlungen stiegen stark an, was den Ausschuss der Krankenkasse am 8. März 1929 veranlasste, vom 1. März bis 30. April 1929 das Krankengeld zu reduzieren.

Ein kasseneigenes Kindererholungsheim

Im Frühjahr 1929 fassten die beiden Selbstverwaltungsorgane der Krankenkasse den Beschluss, ein kasseneigenes Kindererholungsheim zu errichten. Die Gemeinde Waischenfeld in der Fränkischen Schweiz stellte dazu kostenfrei einen geeigneten Bauplatz von 0,628 Hektar Größe zur Verfügung. Wesentlich dazu beigetragen, dass dieses Kindererholungsheim in Waischenfeld errichtet wurde, hat der Umstand, dass die Gattin von Verwaltungsdirektor Anton Westermeir aus Waischenfeld stammte und ihr Vater dort das Amt des Bürgermeisters bekleidete. Mit dem Bauvorhaben begann die Krankenkasse noch im August 1929. Die

Eröffnung fand am Sonntag, dem 1. Juni 1930, statt. Insgesamt kostete das Heim 187 814 RM und bot Platz für 32 Kinder und sechs Erwachsene. Alle vier Wochen wurde gewechselt. Ordensschwestern von der Kongregation der Dienerinnen der heiligen Kindheit Jesu in Oberzell leiteten und versorgten das Heim mustergültig. Die AOK Würzburg-Stadt sah sich dabei mit einem Problem konfrontiert. Waren die Kinder während des Erholungsaufenthalts in der Fränkischen Schweiz krank oder nur erholungsbedürftig? Davon hing es ab, ob sie in Waischenfeld die Volksschule zu besuchen hatten oder nicht. Schließlich klärte die Krankenkasse mit der Stadtschulbehörde Würzburg unter Stadtschulrat Gustav Walle ab, dass ein Schulbesuch in Waischenfeld unterblieb und Stadtmedizinalrat Dr. Hans Lill die Kinder zuvor untersuchte und ihnen Erholungsbedürftigkeit attestierte.

Ursprünglich hatte der Vorstand der AOK zwar die Errichtung einer eigenen Zahnklinik für vordringlicher gehalten. Dieser Plan wurde jedoch wegen der dadurch bedingten möglichen »Lahmlegung« der Universitäts-Zahnklinik und einer befürchteten Einkommensminderung der Würzburger Kassenzahnärzte, mit denen die Krankenkasse gut zusammenarbeitete, wieder aufgegeben.

Notverordnungen als neues Element

Erneut prekär gestaltete sich im Jahr 1930 die finanzielle Lage der AOK Würzburg-Stadt. Zum 1. Januar des Jahres hatte Würzburg die Stadt Heidingsfeld eingemeindet, was der Krankenkasse neue Mitglieder brachte. Aber die Zeit der Notverordnungen, vom Reichspräsidenten erlassen, brachte vielfach negative Auswirkungen für einen Großteil der Bevölkerung. In das Gesetz wurde damals der Passus eingefügt, dass die Krankenpflege ausreichend und zweckmäßig sein muss und das Maß des Notwendigen nicht überschreiten darf. Dieser Grundsatz gilt bis heute unverändert fort. Auch mussten zum 27. Oktober 1930 die Beiträge der AOK Würzburg-Stadt auf Grund einer Notverordnung vom 26. Juli 1930 von sieben auf sechs Prozentpunkte herabgesetzt werden. Durch die gleiche Notverordnung wurden nicht nur der Vertrauensärztliche Dienst mit verstärkten Kontrollen, sondern auch eine

Krankenscheingebühr in Höhe von 50 Reichspfennig sowie die Beteiligung der Versicherten an den Kosten für Arznei- und Heilmittel, 50 Pfennig pro Verordnung, eingeführt. Die Karenzzeit für Krankengeld wurde einheitlich auf drei Tage festgesetzt. Kranken- bzw. Hausgeld ruhten, solange Arbeitsentgelt weitergezahlt wurde. Andererseits wurde die kostenfreie Familienhilfe jetzt eine obligatorische Leistung der gesetzlichen Krankenversicherung.

Den Krankenkassen standen seit 1931 auf Ärzteseite Kassenärztliche Vereinigungen als öffentlich-rechtliche Körperschaften gegenüber. In ihnen waren die Kassenärzte eines Bezirks zusammengeschlossen. Die Kassenärztlichen Vereinigungen verpflichteten sich zur Sicherstellung der ärztlichen Versorgung der Krankenkassen-Mitglieder. Dafür zahlte ihnen die Krankenkasse eine Gesamtpauschale, die sie von den Ansprüchen des einzelnen Kassenarztes befreite. Die Kassenärztliche Vereinigung übernahm die Verteilung der Gelder auf die ihr angeschlossenen Ärzte. Allerdings war der neu geschaffenen Selbstverwaltung der Kassenärzte kein langes Leben beschieden. Schon am 2. August 1933 wurde an die Stelle der demokratischen Selbstverwaltung das »Führerprinzip« gesetzt und die Kassenärztliche Vereinigung Deutschlands gebildet. In der Folgezeit konnte eine kassenärztliche Versorgung nur mühsam aufrecht erhalten werden, zumal die im Jahre 1935 erlassene Reichsärzteordnung die ärztlichen Organisationen der NSDAP unterstellte.

Eine Aufsehen erregende Unterschlagung

Aufsehen erregte damals ein Unterschlagungs-Prozess, der Lücken bei der Revision der AOK Würzburg-Stadt deutlich machte. Der Verwaltungs-Sekretär Rudolf Stöckhert hatte vom 29. September bis 31. Dezember 1931 an der Barleistungskasse 25 820 RM unterschlagen. Obwohl er zugab, das Geld für seine Ehescheidung, eine von ihm betriebene Autovermietung und eine Fahrt in die Berge verbraucht zu haben, machte sein Verteidiger die Republik und das »System« dafür verantwortlich. Der NS-Mitläufer wurde von Justizrat Friedrich Goller zu drei Jahren Gefängnis und fünf Jahren Ehrverlust verurteilt. Ob er anschließend den Schaden wieder gut gemacht hat, wissen wir nicht. Der Geschäftsbericht 1931 der AOK Würzburg-Stadt berichtet über dieses unliebsame Ereignis jedenfalls nichts, dafür Werner Dettelbacher in seinen Bilddokumenten 1914 bis 1945.

1931, als die AOK Würzburg-Stadt ein Defizit von 127 642 RM hatte, half ihr die AOK Schweinfurt mit einem Vorschuss von 30 000 RM, der schon in den folgenden Jahren wieder zurückgezahlt werden konnte, aus. Vorstandsvorsitzender war 1932 Hermann Schönrogg, von Beruf Schriftsetzer. Das Jahr zeichnete sich durch einen geringen Krankenstand aus. Wer noch Arbeit hatte, getraute sich nicht krank zu machen. Das kam der finanziellen Entwicklung der AOK zugute.

Der Hauptverband deutscher Krankenkassen e.V. hielt seine Vertreterversammlung am Sonntag, dem 7. August 1932, im Hutten'schen Garten ab. Ministerialrat Maximilian Sauerborn vom Reichsarbeitsministerium bezeichnete es als Hauptaufgabe der Tagung, den noch gesunden Kern der gesetzlichen Krankenversicherung »hinüber zu retten in eine hoffentlich nahe bessere Zukunft«. Die Verbands-Zeitschrift bemerkt in ihrer Ausgabe Nr. 32/1932 zur Veranstaltung:

Der Gesamtvorstand hatte Würzburg als Tagungsort bestimmt; ein glücklicher Gedanke, wie sich erweisen sollte. Die wohltuende Ruhe, die Frankens Hauptstadt trotz der aufgeregten Zeitläufte atmet, hat sicher ihr gut Teil dazu beigetragen, die Arbeiten der Versammlung zu fördern. Als reine Arbeitstagung gedacht, wurde die Versammlung auch als solche durchgeführt. Keinerlei festliche Veranstaltungen – obwohl die weinfrohe Stadt am Main dazu hätten reizen können.

Beginn der nationalsozialistischen Ära

Auf den Staatsstreich in Preußen am 20. Juli 1932 folgten 1933 die Beseitigung der Weimarer Republik, die Errichtung eines nationalsozialistischen Einheitsstaates, die Auflösung aller politischen Parteien und das »Ermächtigungsgesetz« vom 24. März 1933, das eigentlich »Gesetz zur Behebung der Not von Volk und Reich« hieß. Schon bald sollten braune Uniformen, Lederkoppel mit Schulterriemen, Schaftstiefel oder Gamaschen das Straßenbild in Würzburg beherrschen. Konkrete sozi-

alpolitische Zielsetzungen in Bezug auf die gesetzliche Krankenversicherung hatte die NSDAP bei der Machtübernahme noch nicht, zumal es ihren Vertretern auf diesem Gebiet an einschlägigen Erfahrungen fehlte. Die Machtergreifung durch die Nationalsozialisten und die Wahl Adolf Hitlers zum Reichskanzler am 30. Januar 1933 wirkten sich allerdings auf die Krankenkassen in organisatorischer Hinsicht aus.
So verfügte der Sonderkommissar bei der Regierung von Unterfranken und Aschaffenburg bereits Anfang Mai 1933 die Zusammenlegung der AOK Würzburg-Stadt (20 625 Mitglieder) mit der AOK Würzburg-Land (3 429 Mitglieder). Diese Fusion wurde mit Beschluss des Oberversicherungsamtes Würzburg vom 31. Mai 1933 zum 1. Januar 1934 rechtsgültig angeordnet. Die Zusammenlegung war vor allem auch vor dem Hintergrund zu sehen Geld und Personal einzusparen. Das Geschäftsjahr 1933 schloss mit einem Aktivrest von 102 354 RM (AOK Würzburg-Stadt) und 1 537 RM (AOK Würzburg Land) ab.

AOK nunmehr einem Reichskommissar unterstellt

Als gemeinschaftlicher Geschäftsleiter wurde Verwaltungsdirektor Anton Westermeir bestellt. Vorstandsvorsitzender nach der Machtergreifung wurde der Gauamtsleiter Michael Langguth. Die Vereinigung der beiden Ortskrankenkassen brachte, so der Geschäftsbericht 1933, nur Nutzen für den Landbezirk, ohne dass die Stadt dabei finanziell belastet wurde. Die Schuldenregulierung bei der AOK Würzburg-Land klappte »mit Hilfe der Gauleitung der NSDAP von Unterfranken so gut«, dass zum Jahresschluss 1933 keine Schulden mehr vorhanden waren. »Seine Hand im Spiel« hatte dabei Gauleiter Dr. Otto Hellmuth. Ihm wurde im AOK-Geschäftsbericht ausdrücklich »herzlichster Dank für sein energisches, zielbewußtes Eingreifen« gesagt.
Nicht nur eine »uniformierte Gaupresse« kennzeichnete ab 1933 die Situation bei den Zeitungen. Auch in allen offiziellen Mitteilungen der öffentlich-rechtlichen Körperschaften und Anstalten war der gleiche »Zungenschlag« zu vernehmen. So auch im AOK-Geschäftsbericht:
Das glücklichste Jahr für die AOK Würzburg war das Jahr 1933. Der Ruf Dietrich Eckarts ‚Deutschland erwache' ist Wirklichkeit geworden. Die

1. Mai-Feier 1933 war wohl die schönste Maifeier, die Deutschland bis dahin erlebte. Jung und Alt, Arm und Reich, Arbeiter der Faust und der Stirn marschierten zum 1. Mai miteinander. Es war eine Feststimmung wie nie zuvor. Ein unvergeßlicher Frühling des deutschen Reiches und Volkes.
Gleich zu Beginn der NS-Ära waren alle Ortskrankenkassen im Deutschen Reich und damit auch die Würzburger AOK jeweils einem Reichskommissar unterstellt worden. Dabei wurde die Aufsicht über die AOK Würzburg Oberregierungsrat Dr. Karl Eller von der LBG Unterfranken übertragen. Auch traten die bisherigen Mitglieder des Vorstandes und des Ausschusses der AOK Würzburg am 22. Juni 1933 »freiwillig« zurück. Der Reichskommissar berief mit Wirkung vom 1. Juli 1933 neue Vorstands- und Ausschussmitglieder, und zwar für den Vorstand einen Vertreter der Arbeitgeber und zwei Vertreter der Versicherten, für den Ausschuss drei Arbeitgeber- und sechs Versichertenvertreter sowie eine gleiche Anzahl von Stellvertretern.
Am 2. Februar 1934 konnte die AOK noch die 300. Vorstandssitzung seit ihrer Gründung im Jahre 1914 abhalten. Doch bald sollte es mit der Selbstverwaltung zu Ende sein. Am 1. April 1934 senkte die AOK ihren Beitragssatz von 6 auf 5,5 Prozentpunkte. Auf Grund des Gesetzes über den Aufbau der Sozialversicherung vom 5. Juli 1934 wurde sie jetzt nicht mehr von den beiden Selbstverwaltungsorganen Ausschuss und Vorstand verwaltet, sondern von einem Leiter in der Person von Verwaltungsdirektor Anton Westermeir.
Dem Leiter war später ein »Beirat« unterstützend zur Seite gestellt. Seine Mitglieder mussten arischer Abstammung sein und darüber hinaus rückhaltlos für den nationalsozialistischen Staat eintreten. In diesem Beirat waren zwei Gefolgschaftsmitglieder, zwei Betriebsführer, ein Vertreter der Gebietskörperschaft Würzburg und ein Arzt, insgesamt sechs Mitglieder, vertreten. Entsprechend ihrer Stärke im Beirat hatten Arbeitgeber und Arbeitnehmer jeweils die Hälfte der Krankenversicherungsbeiträge zu zahlen.
Vermehrt ging es jetzt auch darum, das Zulassungsrecht neu zu regeln, d.h. »nicht arische« und »politisch unzuverlässige« Ärzte von der Kassenarzt-Tätigkeit auszuschließen. Jüdische Ärzte waren zur Behandlung von Kassenmitgliedern weitgehend nicht mehr zugelassen.

Vorbereitungen für eine Krankenkassen-Zusammenlegung

Der Vereinigung der AOK Würzburg mit den AOKn Lohr, Marktheidenfeld, Gemünden, Karlstadt, Kitzingen und Ochsenfurt versagte die Stadtverwaltung Würzburg 1934 und 1936 die nach dem Gesetz erforderliche Zustimmung. Gleichwohl traf die AOK schon 1935 erste Vorbereitungen für eine Zusammenlegung, die dann acht Jahre später erfolgen sollte.

Das Geschäftsjahr 1935 begann gleich mit einer Grippe-Epidemie, welche die AOK Würzburg 100 000 RM kostete. Es musste ausnahmsweise die Rücklage angegriffen werden. Gut, dass die AOK Würzburg über ein ansehnliches Vermögen verfügte. Im Geschäftsbericht 1935 heißt es dazu:

Die Hebung der allgemeinen Wirtschaft, insbesondere die Beseitigung der Arbeitslosigkeit im Dritten Reich, brachte zwangsläufig für die Allg. Ortskrankenkasse Würzburg eine rapide Steigerung der Mitgliederzahl und der Frequenz, sodaß der Personalstand vergrößert und die Geschäftsräume vermehrt werden mußten. Die Allg. Ortskrankenkasse Würzburg hat sich verwaltungstechnisch rasch auf die neue Zeit eingestellt.

Die Schulden der Krankenkasse beim bayerischen Staat und der Stadt Würzburg beliefen sich zum 31. Dezember 1935 noch auf 219 626 RM. Inzwischen verzeichnete die Krankenkasse 29 693 Mitglieder. 1935 führte sie die maschinelle Beitragsbuchführung, Mercedes Addelektra Buchungsverfahren, ein. »Schönheit der Arbeit, wo es nur geht«, wie es damals hieß. Auch wurden neue Schalter eingerichtet. Fred Schultheiß und Josef Deckert begannen ihre Lehrzeit bei der AOK Würzburg gemeinsam am 16. November 1935. Ihre Erinnerungen an die damalige Zeit sind auch heute noch lebendig:

Als Anwärter für den mittleren Dienst haben wir innerhalb von drei Jahren alle Abteilungen des Hauses durchlaufen. Was uns im Umgang mit den Versicherten besonders auffiel, war, dass die Mitglieder damals größten Wert darauf legten, ihre Krankenkasse nicht ‚auszunutzen'. Und: Vor dem Inkrafttreten eines neuen Gesetzes kamen rechtzeitig Erläuterungen bzw. Ausführungsbestimmungen darüber, wie die neuen Vorschriften anzuwenden sind. Auch waren die Gesetze klar formuliert und für jedermann verständlich.

Das Geschäftsjahr 1936 stand ganz im Zeichen der Arbeit, wie der Geschäftsbericht ausführt:
Wo gearbeitet wird, da gibt es Leben. Es leben wieder Landwirtschaft, Handwerk und Industrie. Würzburg ist zwar keine Industriestadt, marschiert aber tapfer und unentwegt mit den großen Städten im neuen Reich und verpaßt – nicht wie in der Systemzeit – keine Gelegenheit mehr, erstklassig nach jeder Richtung zu sein. Das wirkt sich natürlich auch auf die AOK Würzburg aus. Mit dem Gau Mainfranken will sich auch die AOK Würzburg in die vorderste Reihe stellen.

Neue Aufgabenfelder für die AOK Würzburg

Im Dienst der Sparpolitik, aber auch um die vermeintlich weitverbreitete »Missbrauchspraxis« bei den Krankenkassen soweit wie möglich einzudämmen, wurden in der nationalsozialistischen Ära sowohl die Krankenkontrollen als auch die Betriebsprüfungen verschärft. Orientiert an den Schwerpunkten der »braunen« Ideologie, führte die Krankenkasse finanzielle Mittel neuen Aufgabenfeldern zu: »An Kraft durch Freude«, eine nationalsozialistische Gemeinschaft zur Gestaltung von Urlaub und Reisen oder an das »Winterhilfswerk«, gegründet zur Beschaffung von Kleidung, Heizmaterial und Nahrung für Bedürftige im Winter. Zentrales Anliegen der damaligen Politik war auch die Unterstützung bevölkerungspolitischer Maßnahmen , d.h. die Förderung der Geburtenfreudigkeit. Zu diesem Zweck zahlte die AOK Zuschüsse an den »Mütterdienst der Deutschen Nation«, den »Müttergroschen«.
Einige Zahlen aus dem Jahre 1938: Das Beitragsaufkommen je Mitglied belief sich auf 73,17 RM. Die Arbeitgeberzahl lag bei 5 720. Der Krankenstand erreichte am 31. Dezember 1938 mit 3,46 Prozent (1 009 Arbeitsunfähige) seinen höchsten Stand und war am 30. April 1938 mit 2,01 Prozent (597 Kranke) am niedrigsten. Von der Gründung der Krankenkasse ab standen 1938, also über ein Vierteljahrhundert hinweg, noch Verwaltungsdirektor Anton Westermeir, Verwaltungsamtmann Georg Parr, Verwaltungsinspektor Adam Böshaar, Verwaltungsinspektor Joseph Schulz, Verwaltungssekretär Joseph Mauder und Kassenbote Heinrich Ebert im Dienst der AOK Würzburg.

»Den neuen Geist des Dritten Reiches verspüren«

Zur Feier des 25-jährigen Jubiläums wurde das Verwaltungsgebäude innen und außen erneuert, »damit die Arbeiter auch in ihrer Krankenkasse den neuen Geist des Dritten Reiches verspüren«, wie der Geschäftsbericht 1938 anmerkt. Für die AOK Würzburg war es eine Ehre, dass Anton Westermeir als Beauftragter zur Einführung der Sozialversicherung im Sudetenland und in Österreich bestellt wurde.
Im Verwaltungsgebäude der AOK in der Maxstraße war von 1936 bis 1938 ein Luftschutzraum für 100 Personen mit einem Kostenaufwand von 5744 RM errichtet worden. Er besaß ein doppeltes Gewölbe und bot durch seine solide Bauweise und gediegene Ausstattung größtmöglichen Schutz. Der Schutzraum galt als Musteranlage und wurde häufig für Unterrichtszwecke benützt. Gleichwohl suchten während des Krieges bei Alarm Bedienstete der AOK den nahe gelegenen Luftschutzkeller im Stadttheater auf.
1938 wurde die Krankenversicherungspflicht auch auf Artisten, selbstständige Hausgewerbetreibende, selbstständige Lehrer und Erzieher sowie auf Hebammen ausgedehnt. Dies brachte der AOK Würzburg einen bescheidenen Zuwachs an Mitgliedern. Und noch etwas: Mehr und mehr wurden jetzt auch Frauen eingestellt, nachdem die Krankenkasse zuvor »eine Domäne der Männer« gewesen war.

Der Zweite Weltkrieg und seine Auswirkungen

Verhältnismäßig spärlich sind die überlieferten Informationen für die Jahre von 1939 bis 1945. Wie im Jahre 1914 wurden auch 1939 wieder zahlreiche Angestellte, bewährte Fachkräfte, zur Wehrmacht einberufen. Viele von ihnen sind gefallen, viele vermisst und nicht mehr in die Heimat zurückgekehrt. Die äußerst prekäre Personalsituation konnte durch Verwaltungsvereinfachungen, etwa die Verlängerung des Turnus des Beitragseinzugs und durch die Anstellung schnell ausgebildeter »Kriegsaushilfskräfte« nur notdürftig ausgeglichen werden.
Die am Arbeitsplatz verbliebenen Angestellten erledigten in den Kriegsjahren ihre Arbeit unter größten Opfern und Entbehrungen. Die tägli-

che Arbeit, das Anstehen in der Schlange um Nahrung und Kleidung, die Sorge um den Mann an der Front und um die Familie zuhause, die durch Zerstörungen erschwerten Verkehrsbedingungen, aber auch die häufigen Fliegeralarme und Luftangriffe bei Tag und Nacht machten die Bediensteten der Krankenkasse, wie alle Menschen in Würzburg, mürbe. Auch wurden die beruflichen Anforderungen immer größer. Zunehmend beschäftigten die Betriebe Fremdarbeiter. Später kamen Arbeiter aus dem Osten Europas und Kriegsgefangene hinzu. Die Abwicklung der Versicherungsgeschäfte mit Angehörigen zahlreicher Nationen und verschiedener Sprachen erschwerte die Arbeit zusätzlich.

Krankenversicherungsschutz auch für Rentner

Seit 1. August 1941 waren durch das »Gesetz über die Verbesserung der Leistungen in der Rentenversicherung« vom 24. Juli 1941 alle Rentenbezieher der Invaliden- und Angestelltenversicherung in den Schutz der gesetzlichen Krankenversicherung einbezogen. Die traditionelle Arbeiterversicherung öffnete sich erstmals anderen Sparten als den lohnabhängigen Bevölkerungsgruppen. Für die Leistungsgewährung an die Rentner waren grds. die Ortskrankenkassen, mithin auch die AOK Würzburg, zuständig. Ein Wahlrecht für eine bestimmte Krankenkasse sah das Gesetz damals, im Gegensatz zu heute, nicht vor. Deshalb setzte mancher Rentner seine Mitgliedschaft freiwillig bei der Krankenkasse fort, bei der er vor seinem Rentenantrag pflicht- oder freiwillig versichert gewesen war. Deshalb existieren keine Zahlen, wie viele Mitglieder die AOK Würzburg ab 1941 aus dem Kreis der Rentner hinzu gewann.
Auch während des Zweiten Weltkrieges führte die AOK Würzburg ihr Kindererholungsheim in Waischenfeld weiter. So wurden 1941 insgesamt 294 Kinder in die Fränkische Schweiz verschickt. Auch sechs Kassenangestellte vom Lehrling bis zum Inspektor kamen in den Genuss eines Erholungsaufenthalts. In beschränkter Zahl wurden auch Frauen aufgenommen. Oberin war damals Schwester Maria Cassiana (Theresa Müller), der zwei weitere Schwestern der Oberzeller Schwestern assistierten. Ferner waren fünf Hausgehilfinnen in Waischenfeld

tätig. Im Jahre 1941 wurden auch 30 bei der Vereinigten Innungskrankenkasse Würzburg versicherte Kinder zur Erholung nach Waischenfeld geschickt.

Einführung des Gesamtsozialversicherungsbeitrages

Die Zweite Lohnabzugsverordnung übertrug der AOK Würzburg ab 29. Juni 1942 den Einzug der Invaliden- und Angestelltenversicherungsbeiträge und brachte so eine wesentliche Aufgabenerweiterung. Die Beitragserhebung wurde nun nach einem Beitrags-Barverfahren, ähnlich dem Lohnsteuer-Abzugsverfahren, durchgeführt. Lassen wir noch einmal Josef Deckert und Fred Schultheiß zu Wort kommen:
Der Vorteil lässt sich daran messen, dass in der Rentenversicherung die bisherige Regelung der Entrichtung von Beiträgen durch Beitragsmarken entfiel und das erzielte beitragspflichtige Jahresentgelt in der Invaliden- bzw. Angestelltenversicherungskarte dokumentiert wurde. Auch ging die Prüfung der Betriebe von der Landesversicherungsanstalt Mainfranken auf die AOK Würzburg über.
Das Gesetz zum Schutz der erwerbstätigen Mutter vom 17. Mai 1942 räumte den in der gesetzlichen Krankenversicherung versicherten Frauen während der ersten sechs Wochen vor und nach der Niederkunft einen Anspruch auf Wochengeld in Höhe des Durchschnittsverdienstes der letzten 13 Wochen, mindestens jedoch zwei RM täglich, ein. Die der AOK Würzburg erwachsenden Mehrausgaben übernahm, weil es sich um versicherungsfremde Leistungen handelte, das Reich.

Vereinigung von sieben mainfränkischen Ortskrankenkassen

Nach fast 30-jähriger Tätigkeit bei der AOK Würzburg ging Verwaltungsdirektor Anton Westermeir am 30. April 1943 in den Ruhestand. Sein Nachfolger wurde Georg Wagner, der zuvor AOK-Kassenleiter in Aschaffenburg gewesen war. Ironie des Schicksals: Georg Wagner hatte in seiner Aschaffenburger Zeit dafür plädiert, die AOK Lohr/Main zu Aschaffenburg zu schlagen, profitierte letztlich aber davon, dass Lohr dann AOK-mäßig zu Würzburg kam.

Apropos Vereinigung: Am 1. Mai 1943 gewann die AOK Würzburg durch diesen Zusammenschluss mit sechs anderen mainfränkischen Ortskrankenkassen (Gemünden, Karlstadt, Kitzingen, Lohr, Marktheidenfeld und Ochsenfurt) beträchtlich an Größe und Leistungsfähigkeit. Sie hatte jetzt 68 793 Mitglieder und gehörte damit zu den größten Ortskrankenkassen in Bayern.

Nochmals eine Erweiterung der Leistungen in der gesetzlichen Krankenversicherung brachte ein Erlass des Reichsarbeitsministers vom 2. November 1943. Krankenpflege, also ärztliche bzw. zahnärztliche Behandlung oder die Versorgung mit Arzneimitteln, war nunmehr ohne zeitliche Begrenzung zu gewähren. Das leicht »verkohlte« Hauptbuch der AOK Würzburg offenbart den Geschäftsabschluss für das Jahr 1943: Der allgemeine Beitragssatz lag ab 1. Mai 1943 bei 5,25 Prozentpunkten. Die Einnahmen beliefen sich auf 23,6 Millionen RM, die Ausgaben betrugen 22,8 Millionen RM. Vor dem »großen« Zusammenschluss hatte die AOK Würzburg 1942 Einnahmen von 8,4 Millionen RM und Ausgaben von 8,1 Millionen RM.

Die Stadt beherbergte im ausgehenden Zweiten Weltkrieg 42 Lazarette mit über 4 000 Verwundeten. Die Krankenhausbehandlung von AOK-Mitgliedern wie auch von Versicherten anderer Krankenkassen gestaltete sich dadurch nicht nur in Einzelfällen problematisch.

Abendliches Bomben-Inferno über Würzburg

Wenige Wochen vor Kriegsende, am 16. März 1945, versank nach einem abendlichen Bomben-Inferno praktisch ganz Würzburg in Schutt und Asche. Auch das Hauptverwaltungsgebäude der AOK wurde mit fast allen Unterlagen ein Raub der Flammen. Glücklicherweise war ein Teil der Akten nach Kleinrinderfeld ausgelagert worden. Im Bombenhagel fanden auch der damalige Kassenleiter Georg Wagner zusammen mit seiner Schwiegertochter und seinem Enkelkind und die Kassenangestellte Margarete Holzmann durch Rauchgiftgase den Tod.

Eine Verordnung zur Vereinfachung des Leistungs- und Beitragsrechts in der Sozialversicherung vom 17. März 1945, die den Wegfall der Krankenscheingebühr und die Erhöhung des Arzneikostenanteils von 0,25 auf 0,50 RM beinhaltete, kam für die Würzburger Krankenkassen zu spät und wurde damals nicht mehr in die Praxis umgesetzt, wohl aber kurioserweise im Jahre 1957 anerkannt, was letztendlich für Mitglieder und Familienangehörige eine höhere Verordnungsblattgebühr, nämlich 0,50 DM, beinhaltete.

Das »Dritte Reich« war mit der Kapitulation am 8. Mai 1945 zerschlagen. Anders als nach dem Ersten Weltkrieg war das Hauptverwaltungsgebäude der AOK Würzburg völlig zerstört. Ab 17. März 1945 musste die Krankenkasse deshalb all ihre Geschäfte für einige Wochen einstellen.

2. Allgemeine Ortskrankenkasse Würzburg-Land

In der Zeit zwischen dem Ersten und Zweiten Weltkrieg begnügte sich Würzburg nicht mit einer Ortskrankenkasse. Neben der AOK Würzburg-Stadt war am 1. Januar 1914 im Einklang mit den gesetzlichen Vorschriften auch die AOK Würzburg-Land errichtet worden und an die Stelle der bisher im königlichen Bezirksamt Würzburg bestehenden Gemeinde-Krankenversicherungen getreten. Der Zuständigkeitsbereich erstreckte sich auf die damals 46 Gemeinden des königlichen Bezirksamtes Würzburg bzw. die Distrikte Würzburg rechts und links des Mains. Warum es in Stadt und Land 1914 nicht zur Gründung nur einer AOK gekommen ist, lässt sich nur so erklären, dass jede Gebietskörperschaft eine eigene Ortskrankenkasse »ihr Eigen« nennen wollte. Untergebracht war die Krankenkasse zuerst im Erdgeschoß des königlichen Bezirksamtes in der Tiepolostraße 6 und ab 10. Januar 1914 in der Friedenstraße 35 im Erdgeschoss. Da Zahl- und Meldestellen nicht errichtet wurden, hatten sich die Kassenmitglieder und deren Arbeitgeber unmittelbar an die Geschäftsstelle der Krankenkasse in Würzburg zu wenden. Es war, so das Amtsblatt des königlichen Bezirksamtes Würzburg, damals

erwünscht, daß die Gemeindebehörden den Beteiligten bei An- und Abmeldungen sowie im sonstigen schriftlichen Verkehr mit der Krankenkasse an die Hand gehen.

Die Auszahlung des Kranken-, Haus- und Wochengeldes erfolgte jeweils am Samstag von acht Uhr vormittags bis drei Uhr nachmittags. Da nach den anfangs gemachten Erfahrungen noch nicht allgemein bekannt war, dass die AOK Würzburg-Land eigene Geschäftsräume in der Friedenstraße hatte, sprachen die Mitglieder der Krankenkasse vielfach bei der LVA oder beim königlichen Bezirksamt vor. Mit sämtlichen Apotheken in der Stadt sowie den Apotheken in den Gemeinden des Bezirksamtes Würzburg hatte die AOK Würzburg-Land wegen der Lieferung von Arzneimitteln, Verbandstoffen usw. Verträge abgeschlossen, ebenso mit allen Ärzten, 17 Zahnärzten, fünf Zahntechnikern und fünf Badern.

Jährliche Einnahmen und Ausgaben zunächst im Lot

Wie die AOK Würzburg-Stadt beschäftigte auch die AOK Würzburg-Land einen Krankenkontrolleur. Dessen wichtigste Aufgabe war
die Ueberwachung der Kranken in Bezug auf Einhaltung der ärztlichen Anordnungen und der Krankenordnung sowie die Nachforschung, ob alle versicherungspflichtigen Arbeiter und sonstigen Personen, die im Kassenbezirk wohnen und beschäftigt sind, auch bei der Kasse angemeldet sind. Die Tätigkeit des Krankenbesuchers ist für die Leistungsfähigkeit der Kasse von besonderer Wichtigkeit.
In den ersten Jahren ihres Bestehens hatte die Krankenkasse keinen Grund zur Klage. Die jährlichen Einnahmen und Ausgaben bewegten sich in einer Größenordnung von 160000 bis 170000 RM. Zum 31. Dezember 1916 war die Rücklage auf fast 18000 RM angewachsen. Als erster Verwalter fungierte Franz Fiedler. Ihn löste 1922 Philipp Schönenberger ab. Wahrscheinlich 1928/29 zog die Krankenkasse in die Hindenburgstraße 32 (heute: Friedrich-Ebert-Ring) um. Personelle Veränderungen in der Selbstverwaltung hatte es 1924 gegeben, als Lebrecht Tanneberger Vorstandsvorsitzender wurde und 1928, als an dessen Stelle Vinzenz Hemmkeppler trat.

Vor der Vereinigung mit der AOK Würzburg-Stadt erhob die AOK Würzburg-Land einen Beitragssatz von 7,25 Prozentpunkten und lag damit deutlich über dem Satz der aufnehmenden Krankenkasse. Den

Gesamteinnahmen von 326 000 RM standen im Jahr vor der Vereinigung Gesamtausgaben von 303 000 RM gegenüber. Pro Mitglied fielen 1933 Verwaltungskosten von 13 RM an.

Vereinigung mit der AOK-Würzburg Stadt

Bereits am 9. Mai 1933 war die Geschäftsstelle der AOK Würzburg-Land von der Hindenburgstraße 32 in die Maxstraße 9 zur AOK Würzburg-Stadt verlegt worden. Nach der Verfügung des Sonderkommissars bei der Regierung von Unterfranken und Aschaffenburg blieben beide Institutionen vorerst rechtlich nebeneinander bestehen. Die Buch- und Kassenführung geschah ebenfalls getrennt. Es gab allerdings eine gemeinschaftliche Geschäftsleitung. Das »letzte Stündchen« für die AOK Würzburg-Land schlug am 31. Dezember 1933. Das Verwaltungsgebäude in der Hindenburgstraße konnte die Krankenkasse zwar für 28 000 RM verkaufen. Den Erlös musste sie allerdings zur teilweisen Deckung ihrer Schulden in Höhe von rund 80 000 RM verwenden. Mehrere Mitarbeiter der AOK Würzburg-Land traten nach dem Zusammenschluss in die Dienste der aufnehmenden Ortskrankenkasse.

3. Innungskrankenkassen im Bereich des Handwerks

Weil Kollegium der Gemeindebevollmächtigten und Stadtmagistrat 1884 eine Gemeinde-KV in Würzburg errichteten, zu deren Mitgliedern auch im Handwerk beschäftigte Gesellen und Lehrlinge gehörten, kam es in der Unterfranken-Metropole nicht, wie in anderen deutschen Städten, zur Gründung von Krankenkassen des Handwerks. Von Gesetzes wegen wäre dies durchaus möglich gewesen. Es fehlte damals im Handwerker-Bereich wohl an Persönlichkeiten, die sich für eine Innungskrankenkasse (IKK) in der Stadt am Main stark machten. Die beiden städtischen Gremien hatten, wie im AOK-Bereich auch, kein Interesse an selbstständigen IKKn mit Selbstverwaltung. Erst mit der Reichsversicherungsordnung änderte sich 1914 die Situation im Bereich der IKKn zu deren Gunsten.

Einzelne Innungskrankenkassen am Anfang

Die Geschichte der IKKn in Würzburg beginnt ebenfalls mit dem Jahr 1914, allerdings einige Monate später als bei den beiden Ortskrankenkassen. Darin lag auch der Grund, warum die IKKn aus dem Vermögen der Gemeinde-KV Würzburg, im Gegensatz zur AOK Würzburg-Stadt, kein Geld erhielten; denn diese war am 1. Januar 1914 alleinige Rechtsnachfolgerin der gemeindlichen Einrichtung.
Am 1. Juni 1914, genau zwei Monate vor der Mobilmachung, wurden mehrere IKKn in der Domstadt gegründet. Das königliche Oberversicherungsamt Würzburg hatte am 6. März 1914 die Genehmigung zur Errichtung der IKK der Bäckerinnung Würzburg-Stadt und Land, der IKK der Bader, Friseure und Perückenmacher Würzburg sowie der IKK der Metzger-Innung Würzburg beschlossen. Die Errichtung der IKK der Schuhmacher-Innung Würzburg, ebenfalls zum 1. Juni 1914, war am 27. März 1914 genehmigt worden. Rückwirkend zum gleichen Zeitpunkt genehmigte die Aufsichtsbehörde am 19. Juni 1914 die Errichtung der IKK der freien Innung der Herren- und Damenschneider. 1914 entstand auch eine IKK der Schreiner. Geplant war auch die Errichtung einer IKK für das Glasergewerbe, die allerdings nicht zustande kam und lediglich 45 Mitglieder vereint hätte.

Unterschiedlich hohe Mitgliederzahlen und Beitragssätze

Von 1914 bis 1921 bewegte sich die Mitgliederzahl bei den sechs IKKn zwischen 43 und 460. Steigende Tendenz war bei den Friseuren, den Schuhmachern und den Schreinern zu verzeichnen. Gleichbleibend war sie bei Metzgern und Schneidern und abnehmend bei den Bäckern. Die Beiträge beliefen sich anfangs bei der IKK der Friseure auf drei Prozentpunkte, bei den übrigen IKKn auf vier Prozentpunkte des Grundlohns. Vom Recht, die Beitragszahlung den Versicherten und ihren Arbeitgebern zu gleichen Teilen aufzuerlegen, machten drei IKKn Gebrauch: Die Mitglieder der Bäcker-, Metzger- und Schuhmacher-IKK hatten daher nur die Hälfte, statt zwei Drittel, der Beiträge zu zahlen, ihre Arbeitgeber die andere Hälfte, statt ein Drittel.

Die Leistungen der verschiedenen IKKn wiesen kaum Abweichungen zu denen der AOK Würzburg-Stadt auf, ebenso wenig der Grundlohn, welcher der Berechnung der Beiträge und der Gewährung von Leistungen zu Grunde gelegt wurde. Alle IKKn zahlten in der Anfangszeit das tägliche Krankengeld vom dritten Krankheitstag ab, ebenso ein etwas geringeres Hausgeld bei stationärer Unterbringung und ein Sterbegeld in Höhe des 25-fachen Grundlohnes. Der von der AOK Würzburg-Stadt geschlossene Arztvertrag galt mit geringen Abweichungen auch für die Mitglieder der verschiedenen IKKn.

Beschränkung auf die Regelleistungen zwangsläufig

Im Ersten Weltkrieg hatten die sechs Würzburger IKKn mit den gleichen Schwierigkeiten wie die übrigen Krankenkassen zu kämpfen. Sie konnten ihren Mitgliedern nur noch Regelleistungen gewähren, d.h. solche Leistungen, die vom Gesetz zwingend vorgeschrieben waren. Die IKKn der Bäcker und Schneider führten noch vor 1918 alle Mehrleistungen nach der Satzung, wie sie 1914 bestanden hatten, wieder ein.
Am 24. Februar 1922 beschloss das Oberversicherungsamt Würzburg eine IKK für die Gastwirte-Innung Würzburg-Stadt zu errichten. Ins Leben gerufen wurde sie jedoch erst zum 1. Januar 1923. Die IKK der Schreiner wurde am 31. Dezember 1923 wieder geschlossen und ihre Mitglieder der AOK Würzburg-Stadt zugeführt.
Spätestens zum 1. Oktober 1927, wahrscheinlich aber schon früher, gründeten die IKKn in Würzburg eine Verwaltungsgemeinschaft und stellten auch eine gemeinsame Krankenordnung auf. Untergebracht war die Verwaltungsgemeinschaft im Gebäude der Handwerkskammer für Unterfranken am Rennweger Ring 3. Aus dieser Gemeinschaft trat die IKK der Metzger zum 1. Januar 1933 wieder aus.

Zusammenschluss in der Vereinigten Innungskrankenkasse

Einen folgenschweren Einschnitt brachte die Übernahme der Staatsgewalt durch die Machthaber des »Dritten Reiches«. Die Neuerrichtung von IKKn wurde fortan verboten. Die noch in der Verwaltungsgemeinschaft verbliebenen vier IKKn der Gastwirte, Schneider, Schuhmacher und Friseure beschlossen am 31. Oktober 1933, sich zur Vereinigten Innungskrankenkasse Würzburg (VIKK) zusammenzuschließen. Die vier Krankenkassen hatten 1933 infolge schlechter Verwaltung und Unterschlagung – so berichtet die Stadt in ihrem Verwaltungsbericht 1933/1938 – »vor dem Ruin« gestanden. Zur Sanierung der Krankenkassen betraute der Reichsarbeitsminister das Städtische Versicherungsamt Würzburg mit der kommissarischen Leitung. Nachdem die vier Krankenkassen ab 1. Januar 1934 vereinigt und in der Folgezeit »wieder in die Bahn einer gesunden Weiterentwicklung gebracht worden waren«, konnte die Leitung der Krankenkasse an Geschäftsführer Konrad Vollrath, der seine berufliche Laufbahn 1920 als Inspizient bei der AOK Würzburg-Stadt begonnen hatte, übergeben werden.

Bereits mit Ablauf des Jahres 1934 war die bisherige Selbstverwaltung, repräsentiert durch Versicherte und Arbeitgeber, aufgehoben und die Bäcker- und Metzger-IKK zum 1. Oktober 1935 zwangsweise der VIKK zugeführt worden. Zu diesem Zeitpunkt musste die Krankenkasse ihren allgemeinen Beitragssatz auf sechs Prozentpunkte anheben, um den gesetzlichen und satzungsmäßigen Verpflichtungen weiterhin nachkommen zu können. Die durchschnittliche Grundlohnsumme lag 1938 bei 1101 RM. Im Jahresdurchschnitt 1939 verzeichnete die VIKK bei sieben Trägerinnungen rund 4300 Mitglieder. Die Einnahmen beliefen sich auf 311500, die Ausgaben auf 292800 RM.

Der Zweite Weltkrieg zeigte auch bei der VIKK Würzburg nachhaltige Auswirkungen. Schon im Januar 1940 musste kurzfristig kriegsdienstverpflichtetes Personal ersetzt werden. Gleichwohl stieg die Mitgliederzahl weiter an und erreichte 1944 im Durchschnitt 5758 Mitglieder. Die Leitung der Krankenkasse lag nun bei Martin Lorenz, dem Obermeister der Bäcker-Innung. Ab 1. Juli 1942 wurde ein Beitragssatz von fünf Prozentpunkten erhoben. Schalterstunden waren montags bis freitags von 8 bis 13 Uhr und samstags von 8 bis 12 Uhr.

Beim Luftangriff auf Würzburg am 16. März 1945 wurde das Gebäude der VIKK Würzburg, im Zentrum der Stadt gelegen, völlig ausgebombt. Die Krankenkasse verlor bis auf eine unvollständige Luftschutzkartei im Umfang von einem Ordner alle ihre Geschäftsunterlagen.

4. Betriebskrankenkassen mit langer Tradition

Die Reichsversicherungsordnung sah als Träger der gesetzlichen Krankenversicherung weiterhin BKKn vor. Die bestehenden betrieblichen Krankenkassen in Würzburg hatten Ende 1913 einen Antrag auf Weiterzulassung zu stellen. Dazu äußerte sich die Gemeinde-KV Würzburg am 27. Dezember 1913 positiv:
Bei dem bisherigen in der Tat segensreichen sozialen Wirken dieser Kassen, die bei verhältnismäßig niedrigen Beiträgen höhere Leistungen gewährten als dies die Gemeinde-KV getan hat und die künftige Allgemeine Ortskrankenkasse vorerst wird tun können, ist der Weiterbestand dieser Kassen nur wünschenswert.
Von den drei BKKn in Würzburg sollte allerdings nur eine die schwierigen Zeiten zwischen dem Ersten und dem Zweiten Weltkrieg überdauern. Zur Neugründung betrieblicher Krankenkassen kam es in dieser Zeitspanne nicht. Würzburger Bürger waren darüber hinaus auch bei auswärtigen BKKn wie z.B. für die Bahn oder die Post versichert.

Schnellpressenfabrik Koenig & Bauer

Dem Inkrafttreten des neuen Gesetzes am 1. Januar 1914 trug die BKK Koenig & Bauer mit einer zeitgemäßen Satzung umgehend Rechnung. Alle im Betrieb der Firma beschäftigten versicherungspflichtigen Arbeitnehmer waren Mitglieder der BKK. Ebenso wie bei der AOK Würzburg-Stadt ruhten auch bei dieser Krankenkasse auf Antrag die Rechte und Pflichten von Ersatzkassen-Mitgliedern. Vor dem Ersten Weltkrieg verzeichnete die BKK 30 Personen, die ihr wegen Zugehörigkeit zu einer Ersatzkasse als versicherungspflichtige zahlende Mitglieder nicht verloren gingen. Für freiwillig beitretende Mitglieder galt ein Höchst-Eintrittsalter von 60 Jahren.
Die Arbeitsordnung aus dem Jahre 1914 – inzwischen hatte die Firma über 1 000 Beschäftigte – widmete den Ordnungsstrafen, die nun von den Werkmeistern festgesetzt wurden, einen eigenen Abschnitt. Wie in der Vergangenheit flossen die Strafgelder weiterhin der BKK zu. Der hohe Stand von 1 705 Mitgliedern zum Kriegsende hin war darauf

zurückzuführen, dass die Firma durch Heereslieferungen besonders beansprucht war und so einen erhöhten Personalbedarf hatte. Dieser ging nach dem Ende des Krieges allerdings wieder auf Normalmaß zurück. Auch machte sich ab 1920 die Geldentwertung bei der BKK deutlich bemerkbar.

Höheres Krankengeld und niedrige Verwaltungskosten

Die Leistungen der BKK Koenig & Bauer entsprachen weitgehend denen der AOK Würzburg-Stadt. Jedoch zahlte die Krankenkasse Krankengeld für alle Tage, ausgenommen den Sonntag, bereits ab dem zweiten Tag nach Eintritt der Arbeitsunfähigkeit, Sterbegeld lediglich in Höhe des 20-fachen Grundlohns und Hausgeld nur in Höhe des halben Krankengeldes. 1920 gewährte die BKK bereits vom ersten Tag nach Eintritt der Arbeitsunfähigkeit Krankengeld und führte als neue Leistung Wochenhilfe ein.
Der Beitragssatz hatte bis 1918 bei 3,25 Prozentpunkten gelegen. Am 1. Januar 1919 erfuhr er eine Anhebung auf 4,125 Prozentpunkte des Grundlohns. Weil die Firma das Personal der BKK stellte und auch bezahlte, konnten die Verwaltungskosten vernachlässigt werden. Sie lagen beispielsweise im ganzen Jahr 1914 nur bei 111,20 Mark. Auf Grund des Ärztevertrages zahlte die BKK Koenig & Bauer für die ärztliche Behandlung ihrer über 1 100 Mitglieder eine jährliche Pauschale von 9 000 Mark. Nachdem sich im Laufe der Jahre durch Änderungen die Mitgliederzahl erhöht hatte, wurden als Ausgleich dafür acht Prozent pro Mitglied und Jahr angenommen und die Pauschalsumme entsprechend erhöht. Ärztliche Sonderleistungen, die mit 10 Mark und mehr in der Gebührenordnung bewertet waren, wurden gesondert vergütet.
Inflation, Weltwirtschaftskrise und die weitere wirtschaftliche Entwicklung im Deutschen Reich machten sich in dem stark exportorientierten Unternehmen, bei dem der Rotationsdruck im Vordergrund stand, besonders bemerkbar und sorgten für starke Schwankungen in den Beschäftigtenzahlen der Firma wie auch der BKK. Kurzarbeit und erstmals auch Entlassungen bestimmten auf Jahre hinaus das Bild.

Umfassende Regelung der kassenärztlichen Versorgung

Ein »Kassenärztlicher Gesamtvertrag« vom 1. April 1933, abgeschlossen zwischen der Kassenärztlichen Vereinigung Würzburg-Land und Ochsenfurt sowie dem Vorstand der BKK, regelte nicht nur die kassenärztliche Versorgung der Mitglieder der Krankenkasse. Der Vertrag enthielt auch einige interessante Einzelheiten: An Arztsitzen wurden Bergtheim, Estenfeld, Höchberg, Kleinrinderfeld, Randersacker, Rimpar, Rottendorf, Veitshöchheim und Zell/Main bestimmt.
Die Ausgangs-Kopfpauschale, nach der damals die Honorierung der Kassenärzte erfolgte, wurde auf vierteljährlich 5,065 RM festgesetzt. Als Regelbetrag für einen wirtschaftlichen Verbrauch von Arznei- und Heilmitteln galt ein Betrag, der um zehn Prozent höher lag als der für die AOK Würzburg-Stadt. Nach einem Vertragsnachtrag vom 26. Juni 1933 waren von der Gesamtvergütung Beratungen, Besuchen und Sonderleistungen 56 Prozent, kassenärztlichen Sachleistungen 31 Prozent, Wegegebühren acht Prozent und Verwaltungskosten fünf Prozent vorbehalten.
Nach einem Aufschwung in den Jahren 1934/35 und dem Kauf der auf Flachdruck spezialisierten Schnellpressenfabrik Bohn & Herber im Jahre 1937 brachte der Zweite Weltkrieg einschneidende Folgen für Produktion und Beschäftigtenzahl. Wie auch von 1914 bis 1918 musste die Firma den Bau von Druckmaschinen einstellen. Neben Rüstungsarbeiten wurde die Herstellung von Schleifmaschinen stark forciert. Auf die BKK der Firma hatte dies allerdings keinen Einfluss.
Am 16. März 1945 vernichtete der Luftangriff englischer Bomber das in Grombühl gelegene Werk II von Koenig & Bauer. Nur wenige Tage später zerstörten amerikanische Bomben und Artilleriegranaten auch das Hauptwerk und damit die BKK Koenig & Bauer nahezu vollständig. Der Betrieb kam zum Erliegen.

Maschinenfabrik Bohn & Herber

Auch die BKK der Maschinenfabrik Bohn & Herber hatte mit dem Inkrafttreten der Reichsversicherungsordnung am 1. Januar 1914 beantragt, weiterhin als betriebliche Krankenkasse für die Beschäftigten des Unternehmens zugelassen zu werden. Doch die Wirren des bald einsetzenden Krieges wiesen in eine andere Richtung: Die BKK Bohn & Herber wurde auf Antrag des Unternehmens zum 31. März 1915 aufgelöst. Alle Mitglieder übernahm die AOK Würzburg-Stadt. Eine Vermögensauseinandersetzung, wie sie nach dem Gesetz möglich gewesen wäre, fand nicht statt. Während die Zahl der Mitglieder der BKK 1914 noch bei 161 gelegen hatte, waren es bei der Schließung zehn Mitglieder. Am 10. Oktober 1923 beantragte die Firma Bohn & Herber erneut die Errichtung einer BKK für ihr Unternehmen. Dem Antrag wurde nicht sofort stattgegeben. Allerdings findet sich ab 1926 wieder ein Hinweis auf das Bestehen einer BKK der Maschinenfabrik Bohn & Herber. Im Jahre 1932 verlieren sich ihre Spuren wieder.

Tabakfabrik Joseph Schürer

Versicherter Personenkreis und Leistungen bei der BKK Joseph Schürer entsprachen im wesentlichen denen der AOK Würzburg-Stadt, allerdings mit einigen Abweichungen. So betrug das Höchstalter für freiwillig beitretende Mitglieder 50 Jahre. Bei den Leistungen kamen ab 1914 Familien- und Wochenhilfe sowie Krankengeldzahlung nach einem Karenztag und Sterbegeld in Höhe des 25-fachen Grundlohns hinzu. Diese Mehrleistungen wurden, abgesehen von der Geburtshilfe, während des Krieges nicht gewährt. Nach Kriegsende wurden sie nicht mehr alle eingeführt. Bei der Krankengeldzahlung galten nun drei Karenztage. Das Sterbegeld lag beim 20-fachen Betrag des Grundlohns. Eine eventuelle Doppelversicherung mussten die Mitglieder ihrer BKK melden. Dies führte, je nach Höhe der tatsächlich bezogenen Krankenunterstützung, zu Abzügen bei den Geldleistungen.
Die Familienhilfe bestand in freier ärztlicher Behandlung, Arznei- und sonstigen Heilmitteln für die Ehefrauen der in der Fabrik beschäftigten Mitglieder. Beim Tod seiner Ehefrau erhielt das Mitglied zwei Drittel des Sterbegeldes, das ihm selbst zugestanden hätte. 1920 wurde die Familienhilfe auch auf Kinder unter 15 Jahren ausgedehnt, entsprechend der Regelung, wie sie im gleichen Jahr auch die AOK Würzburg-Stadt als

Mehrleistung eingeführt hatte. Ein deutlich höherer Mitgliederstand bei der BKK Schürer in den Jahren 1916 und auch 1917 ist relativ einfach zu erklären: In den unzähligen Feldpostpäckchen, auch »Liebesgaben« genannt, die deutsche Soldaten an der Front von ihren Familienangehörigen erhielten, befand sich vielfach Tabak. Dies erhöhte natürlich den Umsatz und die Mitgliederzahlen der Firma und damit der BKK spürbar.

Das Aus nach 87-jährigem Bestehen

Bis 31. Dezember 1920 erhob die BKK Schürer an Beiträgen 4,5 Prozentpunkte, um den Beitragssatz dann auf 5,5 Prozentpunkte zu erhöhen. Schuld an den Beitragsunterschieden zwischen den beiden Würzburger BKKn war, dass die besser bezahlten und fast ausschließlich männlichen Arbeiter der Schnellpressenfabrik Koenig & Bauer infolge höherer Löhne auch höhere Beiträge entrichteten und damit umfangreichere Krankenhilfe erhalten konnten als die in der Mehrzahl weiblichen Tabakarbeiter bei Schürer.

Sehr geringe Kosten verursachte auch bei der Schürer'schen BKK die Verwaltung, deren Arbeit die Angestellten der Fabrik leisteten. Dieser Ausgabeposten betrug im ganzen Jahr 1914 nur 115,20 Mark. Die BKK Schürer zahlte an die Kassenärzte-Vereinigung Würzburg eine jährliche Kopfpauschale von je fünf Mark für Mitglieder, die an einem Arztsitz wohnten und für die auswärts wohnenden Krankenkassen-Mitglieder neben dieser Kopfpauschale einen Zuschlag von einer Mark für jeden angefangenen Kilometer Entfernung, vom nächsten Arztsitz aus gerechnet.

Einzelleistungen, die in der Gebührenordnung mit einer Mindesttaxe von drei Mark und mehr bewertet wurden, Nachtbesuche, Nachtberatungen, Kilometergeld usw. wurden gesondert gezahlt. Nach dem Ersten Weltkrieg hatten die zwischen der AOK Würzburg-Stadt und der Kassenärzte-Vereinigung Würzburg geschlossenen Verträge auch für die BKK Schürer Gültigkeit. Mit der Schließung der Tabakfabrik Joseph Schürer zur Jahresmitte 1928 – das Unternehmen betrieb daraufhin Garagen und eine Tankstelle – kam auch für die firmeneigene

BKK nach 87-jährigem Bestehen das Aus. Wie viele ihrer Mitglieder kraft Gesetzes auf die AOK Würzburg-Stadt übergingen, geht aus den Annalen der beiden Krankenkassen nicht hervor.

5. Freiheiten und Privilegien für die Ersatzkassen

Auch die eingeschriebenen freien Hilfskassen bezog die Reichsversicherungsordnung unter der neuen Bezeichnung »Ersatzkassen« in das System der gesetzlichen Krankenversicherung ein. Zunächst besaßen sie allerdings eine »Zwitterstellung«: Ihrem Rechtscharakter nach waren sie Versicherungsvereine auf Gegenseitigkeit und wurden der Privatversicherung zugerechnet. Andererseits erfüllten sie auf Grund ihrer Funktion öffentlich-rechtliche Aufgaben; denn sie führten für ihre versicherungspflichtigen Mitglieder anstelle der jeweiligen gesetzlichen Krankenkasse – z.B. AOK, BKK oder IKK – die Krankenversicherung durch.

Weiterhin behielten die Ersatzkassen besondere Freiheiten in der Gestaltung ihres Beitrags- und Leistungsrechts; denn auf »freie Verträge«, ein unbestreitbarer Vorteil im Vergleich mit der Konkurrenz, waren ihre Rechtsbeziehungen zu Ärzten und Zahnärzten gegründet.

Viele Ersatzkassen-Geschäftsstellen in der Stadt am Main

In Würzburg waren 1914 insgesamt 17 Ersatzkassen vertreten. Sie hatten ihre Hauptverwaltung auswärts und unterhielten hier lediglich eine nebenamtliche Geschäfts- oder Verwaltungsstelle.

Von 271 Ersatzkassen-Mitgliedern am 1. Januar 1915 sank die Zahl zum Jahresende 1915 auf 77. Im Verlauf des Jahres 1916 nahmen die Ersatzkassen-Mitglieder in Würzburg weiter ab, und zwar auf 47 am 31. Dezember 1916. Der niedrigste Stand war am 1. Dezember 1918 mit 25 erreicht. Mit der Demobilisierung ging eine Aufwärtsbewegung einher, auf 50 Mitglieder am 31. Dezember 1918 und 129 am 23. April 1919. Neben den Beiträgen, die die Ersatzkassen-Mitglieder selbst aufbringen mussten, zahlten die Betriebe ihr »Arbeitgeber-Drittel« nach den Beitragssätzen, die sie für ihre versicherungspflichtigen Arbeitnehmer bei den gesetzlichen Krankenkassen entrichteten, bis 1919 an die jeweilige gesetzliche Krankenkasse. Diese hatte von dem Arbeitgeber-Beitragsanteil vier Fünftel an die Ersatzkasse weiterzuleiten. In der Folgezeit mussten die Arbeitgeber eines versicherungspflichtigen Ersatzkassen-Mitglieds ihren Arbeitgeberanteil zusammen mit dem Arbeitsentgelt an den Arbeitnehmer auszahlen. Beitragsschuldner gegenüber der Ersatzkasse war somit allein das Ersatzkassen-Mitglied.

Für krankenversicherungspflichtige Mitglieder, die einer Ersatzkasse angehörten, bestand formell immer noch die Versicherung bei der zuständigen gesetzlichen Krankenkasse weiter. Erst eine Verordnung über die Ersatzkassen-Mitgliedschaft hob dieses Fortbestehen der Mitgliedschaft im Jahre 1923 auf: Bei einer Ersatzkasse krankenversicherungspflichtige Personen wurden fortan von der Mitgliedschaft in der gesetzlichen Krankenkasse befreit. Ein Gesetz vom 27. März 1923 nahm den Ersatzkassen das Recht der Risikoauswahl bei der Aufnahme neuer Mitglieder. Sie hatten fortan jedes sich anmeldende versicherungspflichtige Mitglied, das die satzungsmäßigen Voraussetzungen erfüllte, aufzunehmen.

Nunmehr Körperschaften des öffentlichen Rechts

Dunkle Wolken, die am politischen Himmel 1933 aufzogen, hatten Auswirkungen auf alle Ersatzkassen. Nur durch erhebliche Umstrukturierungen konnten die um ihre Existenz bangenden Krankenkassen überleben. So wurde zum 1. Januar 1936 ihr Mitgliederkreis neu geordnet. Ersatzkassen, deren Mitglieder ausschließlich Angestellte waren, wurden Ersatzkassen für Angestellte. Die übrigen Ersatzkassen wurden Arbeiter-Ersatzkassen. 1936 unterstanden zehn örtliche Ersatzkassen-Geschäftsstellen im Stadtbezirk dem Städtischen Versicherungsamt. Dieses schaltete sich ein, wenn es etwa um Beitragsstreitigkeiten zwischen den Ersatzkassen und ihren Mitgliedern ging.

Die Mitgliedschaft zu einer Ersatzkasse kam weiterhin durch den eigenen Entschluss des beitretenden Mitglieds zustande. Eine Zuweisung kraft Gesetzes wie bei den gesetzlichen Krankenkassen war ausge-

schlossen. Auch durften die Ersatzkassen nurmehr solche Personen aufnehmen, die versicherungspflichtig oder versicherungsberechtigt waren. Diese mussten darüber hinaus dem Mitgliederkreis angehören, für den die Ersatzkasse zugelassen war.
Mit der 15. Aufbau-Verordnung vom 1. April 1937 wurden die Ersatzkassen als Träger der gesetzlichen Krankenversicherung Körperschaften des öffentlichen Rechts und damit in der Rechtsform den gesetzlichen Krankenkassen gleichgestellt. Dadurch änderten sich auch ihre Rechtsbeziehungen gegenüber diesen: Für Personen, die einer Ersatzkasse als versicherungspflichtige Mitglieder beitraten, galt das Befreiungsrecht. Durch eine Mitgliedsbescheinigung der Ersatzkasse war das Mitglied von der Pflichtmitgliedschaft in der gesetzlichen Krankenkasse befreit. 1941 wurde den Ersatzkassen jegliche Werbung verboten, um damit nicht unnötig Personal zu binden. Ein Gesetz vom 4. März 1943 machte den NSDAP-Angestellten die weitere Mitgliedschaft in einer Ersatzkasse unmöglich.

Deutschnationale Krankenkasse dominierend

Zur wichtigsten Ersatzkasse in Würzburg entwickelte sich 1914 die Deutschnationale Kranken- und Begräbniskasse Hamburg. Sie zählte vor dem Krieg bereits über 100 Mitglieder in der Domstadt. Ansprechpartner war Ernst Kaeppel in der Harfenstraße 3a. Im Krieg sank die Mitgliederzahl zwar auf 19, begann dann aber wieder schnell zu steigen, so dass am 1. Januar 1922 insgesamt 622 Stammversicherungen und 174 Familienversicherungen erreicht waren. Bedingt durch die ständig zunehmende Mitgliederzahl errichtete die Ersatzkasse am 1. Januar 1921 in der Maulhardgasse 6 eine Verwaltungsstelle. Geschäftsstunden für das Publikum waren von 10 bis 14 Uhr. Fast zwei Drittel aller hiesigen Ersatzkassen-Mitglieder entschieden sich für diese Krankenkasse. Sie nannte sich fortan »Deutschnationale Krankenkasse« und warb mit »Freizügigkeit in ganz Europa«.
Die im Jahre 1914 gültigen Beitragssätze wurden in den folgenden Jahren um rund 100 Prozent angehoben und betrugen 1920 in sieben Beitragsklassen für versicherungspflichtige Mitglieder monatlich, je

nach Alter, zwischen 5 und 27 Mark, für freiwillige Mitglieder altersbedingt zwischen 6,50 und 34,50 Mark im Monat. Mitglieder gesetzlicher Krankenkassen mit einer Zusatzversicherung bei der Deutschnationalen Krankenkasse hatten dafür monatliche Beiträge zwischen 5 und 11 Mark zu entrichten. Ersatzkassen-Mitglieder, die ihre Familienangehörigen mitversichern ließen, zahlten zu ihrem Beitrag einen Zuschlag von 6 bis 8 Mark.

Die ärztliche Behandlung für die Mitglieder der Ersatzkassen und damit auch der »Deutschnationalen« erbrachten die Kassenärzte auf Grund freier Verträge. Dazu hatte die Kassenärzte-Vereinigung Würzburg mit den kaufmännischen Ersatzkassen ab 1. Januar 1914 einen »Tarifvertrag« abgeschlossen. Das Honorar für die versicherungspflichtigen Mitgliedern und ihren Familienangehörigen geleistete ärztliche Hilfe betrug für eine Beratung im Hause des Arztes bei Tag 1,25 und bei Nacht 2,50 Mark. Für einen Arztbesuch im Hause des Kranken fielen am Tag 1,75 und in der Nacht 5 Mark an. Bei der Berechnung von Sonderleistungen galt einschränkend, dass im Rahmen einer über einen längeren Zeitraum hinweg dauernden Wiederholungsbehandlung die Beratungsgebühr ab dem vierten Mal nicht mehr berechnet werden durfte. Die freiwilligen Mitglieder mussten das Honorar unmittelbar an ihren behandelnden Arzt zahlen, und zwar zu den ortsüblichen Sätzen der Privatpraxis, falls nicht die wirtschaftlichen Verhältnisse des Mitglieds dieselbe Berechnung wie bei versicherungspflichtigen Mitgliedern angezeigt erscheinen ließen. Die Honorare betrugen nach einer Erhöhung ab 1. Januar 1921 für eine Beratung 6 bzw. 12 Mark und für einen Besuch 9,50 bzw. 19 Mark. Auch die Sonderleistungen waren besser vergütet als bei den gesetzlichen Krankenkassen in Würzburg.

Honorierung bei Zahnärzten nach Einzelleistungen

Eine umfassende Zahnbehandlung ihrer Mitglieder sicherte sich die Deutschnationale Krankenkasse bei den Vertragszahnärzten durch eine verhältnismäßig hohe Honorierung nach Einzelleistungen. Zur Erhaltung oder Wiederherstellung der Kaufähigkeit leistete die Ersatzkasse für Zahnersatz bis zu 100 Mark im Einzelfall. Die Höchstgrenze bei Aufwendungen für größere Heilmittel belief sich ebenfalls auf 100 Mark. An Krankengeld zahlte die Ersatzkasse für jeden Tag der Arbeitsunfähigkeit nach drei Karenztagen wöchentliche Beträge zwischen 14 und 140 Mark, je nach Beitragsklasse. Die Dauer des Krankengeldbezuges war nach der Mitgliedschaft gestaffelt. Bei Krankenhauspflege wurden die tatsächlich entstandenen Kosten bis zur Höhe des 1½-fachen Krankengeldbetrages vergütet. Bei besonderer Berechnung von Operationen im Krankenhaus vergütete die Ersatzkasse außerdem den 1½-fachen Satz der Mindestgebühr der Ärztlichen Gebührenordnung. Das Sterbegeld machte beim Tod eines Versicherten, je nach Beitragsklasse und Mitgliedschaft, zwischen 80 und 1 200 Mark aus.

Bei Wochenhilfe erhielten die Mitglieder für ihre nicht krankenversicherte Ehefrau, ihre Kinder und Stiefkinder, die mit ihnen in häuslicher Gemeinschaft lebten, die gesetzlichen Regelleistungen, wenn sie ihre Familie nicht besonders mitversichert hatten. Die Deutschnationale gewährte der mitversicherten Familie des Mitglieds nach sechs Jahren Wartezeit für die Dauer von 26 Wochen freie ärztliche Behandlung, Arznei- und Heilmittel, Zahnbehandlung bis zum Höchstbetrag von 60 Mark für jeden abgeschlossenen Fall, Krankenhauspflege bis zu 8 Mark täglich, Wochenhilfe und Sterbegeld.

Organisatorische Veränderungen und Mitgliederaustausch

In der Folgezeit kam es zu zahlreichen organisatorischen Veränderungen und auch zu einem Austausch der Mitglieder der Krankenkasse, die in den 30-er Jahren ihren Namen in Berufskrankenkasse der Kaufmannsgehilfen änderte und sich zum 1. Januar 1940 mit der Berufskrankenkasse der weiblichen Angestellten, seit 1. Januar 1930 die Deutsche Angestellten-Krankenkasse, zusammenschloss. Bereits im Frühjahr 1939 war eine regionale Aufteilung der Ersatzkasse in Nord- und Südbayern erfolgt. Damit unterstand die Würzburger Geschäftsstelle fortan der Landesgeschäftsstelle in der Dürerstadt.

Die Ersatzkasse firmierte bis Kriegsende unter der Bezeichnung »Berufskrankenkasse der Kaufmannsgehilfen und weiblichen Angestellten. Ersatzkasse – Körperschaft des öffentlichen Rechts«. Untergebracht war sie vor dem Krieg in der Wallgasse bzw. in der Domstraße 23 (heute: Nordsee). Geschäftsführer und Chef von fünf Angestellten war seit 1938 Hans Kukel.

Krankenkasse für Kaufleute und Privatbeamte

Die Kranken- und Begräbniskasse des Vereins junger Kaufleute in Görlitz und die Krankenkasse für Handelsangestellte in Barmen verschmolzen 1913/14 zur »Krankenkasse für Kaufleute und Privatbeamte in Deutschland«. Ausschlaggebend für diese Fusion war letztlich, dass die Görlitzer Kasse die Berechtigung und den Vorteil besaß, über das ganze Reichsgebiet hinweg arbeiten zu können. Damit konnten in die neue Ersatzkasse selbstständige Kaufleute, Prokuristen, Bankbeamte, Handlungsgehilfen und Lehrlinge, Volontäre, Techniker, Chemiker, Apotheker und Privatbeamte aufgenommen werden. Schon am 1. September 1922 änderte sie ihren Namen in »Barmer Ersatzkasse«.
1926 ist im Rahmen des allgemeinen Mitgliederanstiegs und einer Vergrößerung des Geschäftsstellennetzes erstmals von einer nebenamtlichen Zahlstelle der Barmer die Rede. Der Drogist Paul Pröse war zunächst ehrenamtlicher Zweigstellenleiter. Die Zweigstelle befand sich in der Auverastraße 18. Schon am 1. April 1928 wurde in der Schönbornstraße 2 eine hauptamtliche Verwaltungsstelle in Form einer Bezirksverwaltung mit drei Mitarbeitern unter Leitung von Paul Pröse im Hauptberuf etabliert. 1929 war die Versichertenzahl auf etwa 400 angestiegen. Ab 1931 war die Bezirksverwaltung am Dominikanerplatz 4 untergebracht. Sie leitete von 1934 bis 1937 Willy Thiemicke und ab 10. Januar 1938 Michael Götz. Im Rahmen der Aufbaugesetzgebung des Dritten Reiches wurde auch die Barmer eine Körperschaft des öffentlichen Rechts und damit Träger der gesetzlichen Krankenversicherung. Ihre Leistungen entsprachen im wesentlichen denen der Deutschnationalen Krankenkasse.
Im Januar 1939 betreute die Ersatzkasse, die zwischen 1933 und 1936 den Namen »Krankenkasse der deutschen Angestellten« mit dem Untertitel »Barmer Ersatzkasse« angenommen hatte, von Würzburg aus rund 7000 Versicherte. Die hiesige Bezirksverwaltung war zunächst

auch für die Regionen Aschaffenburg, Schweinfurt, Coburg, Bad Kissingen, Windsheim und Bamberg zuständig. Von 1931 bis 1939 wurden dann vier selbstständige Bezirksgeschäftsstellen in Schweinfurt, Aschaffenburg, Coburg und Bamberg errichtet. Damit verkleinerte sich der Geschäftsbezirk der Würzburger Bezirksverwaltung erheblich. Im Verlauf des Jahres 1943 wurde die Ersatzkasse kriegsbedingt nach Karlburg ausgelagert und blieb dort bis Kriegsende.

Kaufmännische Krankenkasse Halle

Die 1890 in Halle/Saale gegründete Kaufmännische Krankenkasse fasste in den 20-er Jahren, auf Anregung der Verwaltungsstelle in Nürnberg, auch in Würzburg Fuß. Schon am 1. Januar 1928 befand sich eine Geschäftsstelle in der Domstadt, in der Schönbornstraße 8 im damaligen Kontorhaus »Zentral« (heute H & M). Gegen Kriegsende betreute die Ersatzkasse rund 3 000 Mitglieder in und um Würzburg.

II. Unfallversicherung

Für den Bereich der gesetzlichen Unfallversicherung war die Reichsversicherungsordnung bereits am 1. Januar 1913 in Kraft getreten. Sie regelte diesen Bereich der Sozialversicherung in ihrem dritten Buch. Im wesentlichen hielt das neue Gesetz am bisherigen Recht fest, wenngleich es formelle und materielle Änderungen brachte. Als Leistungen der Unfallversicherung legte das Gesetz die Krankenbehandlung und die Gewährung einer Rente für die Dauer der Erwerbsunfähigkeit fest. Schwerwiegende Eingriffe in die Befugnisse der Selbstverwaltung konnten bereits zuvor im Gesetzgebungsverfahren abgewendet werden. Befürchtungen, dass die Selbstständigkeit der Berufsgenossenschaften stark beeinträchtigt würde, sollten sich in der Folgezeit nicht bestätigen. Auch in der Zeit zwischen den beiden Weltkriegen führte das Städtische Versicherungsamt genau Buch über die im Stadtgebiet gemeldeten Arbeitsunfälle. Ihre Zahl stieg beispielsweise von 988 im Jahre 1933 auf 1 740 zwei Jahre später.

1. Landwirte-Berufsgenossenschaft im Strudel der Entwicklung

Mehr und mehr entwickelte sich die 1889 gegründete Landwirtschaftliche Berufsgenossenschaft (LBG) zu einer Einrichtung genossenschaftlicher Selbsthilfe, in der neben den Arbeitnehmern Unternehmer, ihre Ehegatten und die Familienangehörigen gegen die Folgen von Arbeits- und Wegeunfällen sowie Berufskrankheiten versichert waren.
Der Erste Weltkrieg stoppte bei der LBG Unterfranken die im ersten Vierteljahrhundert ihres Bestehens beinahe »explosionsartig« erfolgte Entwicklung, auch wenn die Kriegsbegeisterung zunächst keine Grenzen kannte. Bald sollte sich das aktuelle Geschehen auch und vor allem auf die Landwirtschaft und die Bauern auswirken. Immerhin hatte die Berufsgenossenschaft 1914 in Unterfranken 97026 Haupt- und 4050 Nebenbetriebe betreut.
Landwirtschaftliche Unfälle hatten zu fünf Sechstel Betriebsunternehmer und ihre Angehörigen sowie zu einem Sechstel landwirtschaftliche Arbeiter und Dienstboten erlitten. Aus den Barbeständen zeichnete die Berufsgenossenschaft zu Kriegsbeginn, der allgemeinen Euphorie folgend, eine Kriegsanleihe über 150000 Mark. Mittlerweile hatte sich die Zahl der Unfallanzeigen auf 2730 erhöht. Die Verwaltungskosten waren auf 34510 Mark gestiegen.
Deutliche Fortschritte hatte unmittelbar vor dem Ersten Weltkrieg die Unfallverhütung gezeigt: So revidierte der Technische Aufsichtsbeamte Gustav Friedrich 1711 Haupt- und Nebenbetriebe. Von seinem Technischen Assistenten Ludwig Kragler wurde in 1858 Betrieben Nachschau gehalten. Alle Gemeinden im Genossenschaftsbezirk galten 1914 als wiederholt »bereist«, wobei jeder Betrieb mindestens einmal besichtigt worden war. Zu den aufgetretenen Mängeln zählten fehlende oder schadhafte Geländer und Sicherheitsvorrichtungen an Leitern. Oft beanstandet wurden nicht vorhandene Verkleidungen an Maschinen. Der Technische Aufsichtsdienst monierte auch das fehlende Plakat »Zutritt verboten« am Eingang zu Motorräumen, ebenso bei mehr als einjährigen Bullen das Fehlen des Nasenrings. Neben der Kontrolltätigkeit standen Beratungen und Vorträge zu verschiedenen Maschinenmodellen durch den Technischen Aufsichtsdienst auf dem Programm.

Sichtbare Auswirkungen in der Kriegszeit

Der Erste Weltkrieg ließ Kontrolle und Unfallverhütung nahezu vollständig zum Erliegen kommen, zumal Gustav Friedrich mit Genehmigung des Genossenschaftsvorstandes beim Roten Kreuz die Bauleitung von drei Lazaretten übernahm und später als Verwalter von Rotkreuz-Lazaretten Verwendung fand. Als der königliche Regierungsrat Gustav Haack den Verwaltungsbericht 1914 abschloss, war die emotionale Euphorie und Begeisterung der ersten Kriegstage und -wochen einer nüchternen Stimmung und pragmatischen Beurteilung der Lage gewichen. Von den zehn männlichen Beamten der Berufsgenossenschaft leistete bereits die Hälfte Heeresdienst. Ein weiterer Mitarbeiter wurde bald darauf eingezogen und ein weiterer »harrte seiner Einberufung«. Nach Kriegsausbruch unterblieben die Kontrolluntersuchungen der Rentner, die zum Heeresdienst eingezogen worden waren. Kapitalabfindungen zahlte die LBG nicht mehr. Ebenso gab es in der Kriegszeit keine Geldstrafen gegenüber den Betrieben, die ihre Pflichten verletzt hatten.
Unter schwierigen personellen und organisatorischen Umständen führte die Berufsgenossenschaft ihre vielfältigen Aufgaben weiter und erlebte das Kriegsende als zwar geschrumpfter, aber noch intakter Versicherungsträger. Nach dem Waffenstillstand am 11. November 1918 ging das Leben in Deutschland, Unterfranken und Würzburg weiter, aber mehr bergab als bergauf. Von der allgemeinen Entwicklung blieben die landwirtschaftliche Bevölkerung und ihre Berufsgenossenschaft in der Folgezeit nicht verschont. Geldentwertung und Inflation trafen vor allem die Bezieher kleinerer Einkommen am härtesten. Trotz des Verlustes ihrer Kapitalreserven bemühte sich der Unfallversicherungsträger, die größten Härten durch Gewährung verschiedener Zulagen zu den Grundbeträgen zu vermeiden.

Beitritt zum neu gegründeten Verband

Auf dem konstituierenden Verbandstag am 14. Oktober 1919 in Goslar war die LBG Unterfranken dem neu gegründeten »Verband der land-

wirtschaftlichen Berufsgenossenschaften« mit Sitz in Kassel beigetreten. Ziel des Verbandes war es,
die wirtschaftliche Lage der in den Berufsgenossenschaften zusammengeschlossenen Unternehmer sowie der gegen Unfall versicherten Personen im Rahmen der gesetzlich gezogenen Grenzen zu fördern.
Durch ein bayerisches Gesetz vom 10. August 1921 wurden die Personal- und Sachkosten vom Staat auf die LBG abgewälzt und 1940 vom Verordnungsgeber auch verfügt, dass die Berufsgenossenschaft die Besoldungskosten für ihren »Leiter« selbst zu tragen hatte. Zum Jahreswechsel 1923/24 hatte sich die Situation wieder einigermaßen stabilisiert, und die wirtschaftlichen Verhältnisse wurden besser. Nachdem mit dem Provisorium der Rentenmark die Währung gefestigt war, wurde durch das Münzgesetz vom 30. August 1924 die Reichsmark als Währungseinheit im Deutschen Reich eingeführt. Für die LBG waren die zehn Jahre des Krieges, der Inflation und der Stabilisierung eine ständige Bewährungsprobe.

Berufskrankheiten den Arbeitsunfällen gleichgestellt

Der Genossenschaftscharakter prägte auch weiterhin die Verwaltung der Berufsgenossenschaft. Die beiden Selbstverwaltungsorgane Genossenschaftsversammlung und Genossenschaftsvorstand setzten sich aus Vertretern der Unternehmer zusammen. Die Genossenschaftsversammlung bestand aus 27 Mitgliedern, die von den jeweiligen Kreisbauernschaften vorgeschlagen wurden und zu je einem Drittel dem kleineren, mittleren und größeren Grundbesitz angehörten. Dem Genossenschaftsvorstand unter Leitung zunächst von Oberregierungsrat Georg Scherer, dann Valentin Wagner und schließlich Ludwig Vocke gehörten auch vier von der Genossenschaftsversammlung zu wählende ehrenamtlich tätige Mitglieder an.
Die Berufskrankheiten-Verordnung vom 12. Mai 1925 bezog erstmals auch Berufskrankheiten, d.h. Erkrankungen infolge schädigender Einwirkung der beruflichen Tätigkeit, in den gesetzlichen Unfallversicherungsschutz mit ein. Sie wurden Arbeitsunfällen gleichgestellt und wie diese entschädigt. Dem Unfallversicherungsschutz waren zunächst elf

Gruppen von Berufskrankheiten unterstellt. Vier Jahre später erfolgte eine Ausdehnung auf 22 Berufskrankheiten.

Das Zweite Gesetz über Änderungen in der Unfallversicherung vom 14. Juli 1925 brachte eine lange geforderte Ausdehnung des Versicherungsschutzes. Nun waren auch Unfälle, die sich auf dem Weg zur und von der Arbeitsstelle (Wegeunfälle) sowie bei der Verwahrung, Instandhaltung und Beförderung des Arbeitsgeräts ereigneten, unfallversichert. Allerdings wirkte sich die Einbeziehung der Wegeunfälle im Gesamtgefüge damals noch nicht so stark aus. Es fehlte noch an der Mobilität der Arbeitnehmer, insbesondere in der Landwirtschaft. Eine Verordnung vom 24. Juni 1931 bestimmte, dass die Deutsche Reichspost für jede durch sie vorgenommene Auszahlung von Unfallrenten – gleiches galt auch für Alters- und Invalidenrenten der LVA – ab 1. August 1930 von der Berufsgenossenschaft eine Vergütung von 22,5 Reichspfennig erhielt. Heute sind es übrigens 15 Cent, die der Renten-Service der Deutschen Post AG erhält. Die gesetzgeberischen Maßnahmen der Jahre 1931 und 1932, inzwischen war Franz Röder Vorstandsvorsitzender, spiegeln vor allem die wirtschaftliche Notlage der damaligen Zeit wider und sind Ausdruck des unumgänglichen Zwangs zum Sparen.

Beseitigung der Selbstverwaltung zwangsläufig

Mit dem Gesetz zum Aufbau der Sozialversicherung vom 5. Juli 1934 und den hierzu ergangenen Durchführungs-Verordnungen wurde auch die Selbstverwaltung der LBG Unterfranken aufgehoben. Zunächst wurde noch 1934 die Genossenschaftsversammlung aufgelöst. Ihre Aufgaben übernahm der Vorstand, der kurze Zeit später ebenfalls abgeschafft wurde. Mit der Wahrnehmung der laufenden Verwaltungsgeschäfte wurde ein »Leiter« in der Person von Dr. Karl Eller betraut, der bereits seit 1. November 1933 das Amt des Vorstandsvorsitzenden bekleidet hatte. Ihm stand mit beratender Funktion ein »Beirat« zur Seite, bestehend aus einer gleichen Zahl von Betriebsführern und Versicherten. Seine Aufgabe bestand darin, die Jahresrechnung abzunehmen, dem Leiter Entlastung zu erteilen und bei der Festsetzung des

Haushaltsplanes mitzuwirken. Trotz des Wegfalls der Selbstverwaltung und ihrer Organe behauptete sich die LBG weiterhin als selbstständiger Träger der gesetzlichen Unfallversicherung, zumal 1935 in etwa wieder der Leistungsstandard wie vor Beginn der Weltwirtschaftskrise erreicht werden konnte.

Auch im »Dritten Reich« blieb die enge Anlehnung der Berufsgenossenschaft an die Staatsverwaltung erhalten. So besorgte die Kreiskasse der staatlichen Finanzverwaltung bis 1937 die Kassen- und Rechnungsführung, ehe diese Aufgabe die Berufsgenossenschaft selbst übernahm.

Ein neuer Name für die Berufsgenossenschaft

1938 änderte sich im Rahmen der nationalsozialistischen Aufbau-Gesetzgebung der Name des Unfallversicherungsträgers in »Landwirtschaftliche Berufsgenossenschaft Mainfranken«. Auch konnte die LBG ein eigenes Haus in der Hindenburgstraße 32 (heute: Friedrich-Ebert-Ring) erwerben. Zuvor war dort die zum 31. Dezember 1933 aufgelöste AOK Würzburg-Land untergebracht. Damit verfügte die Berufsgenossenschaft, die zuvor Jahrzehnte lang im Regierungsgebäude am Peterplatz beheimatet war, erstmals über eine eigene »Bleibe«.

Neuer nebenamtlicher Leiter wurde ab 8. Oktober 1936 Regierungsrat I. Klasse Lorenz Zierl. Durch das Gesetz vom 17. Februar 1939 erfolgte eine gesetzliche Festlegung der Zwangsversicherung für landwirtschaftliche Unternehmer und ihre Ehegatten. Der räumliche Schutzbereich der landwirtschaftlichen Unfallversicherung wurde ebenfalls erweitert. Als Teil des landwirtschaftlichen Betriebs galt fortan die Haushaltung des Unternehmens, wenn sie mit dem Betrieb örtlich verbunden war und ihm wesentlich diente.

Unter dem Einfluss heftiger Luftangriffe

Eine einschneidende Änderung für die LBG ergab sich durch das Gesetz vom 9. März 1942. Es brachte den Übergang von der Betriebs- zur Personenversicherung und damit die Ausweitung des Versicherungsschutzes auf praktisch alle in der Landwirtschaft Beschäftigten.

Auch erweiterte das Gesetz den Umfang der freiwilligen Versicherung. Anstelle des Begriffs »Betriebsunfall« trat nun die Bezeichnung »Arbeitsunfall«. Im Zuge der Einschränkung von Verwaltungsarbeiten verzichtete das Reichsversicherungsamt im März 1943 für die Dauer des Krieges auf die Erstattung von Verwaltungsberichten. Dementsprechend berichtete die LBG für 1942 und die folgenden Jahre nicht mehr über den Geschäftsstand.

Vorsorglich lagerte die damalige Rentenabteilung 1944 Unterlagen der letzten ärztlichen Gutachten aller Unfallakten und die Rentenkartei aus. Vor dem Hintergrund immer heftiger werdender Luftangriffe traf die Beitragsabteilung ebenfalls Vorsorge und verlagerte die bis 1943 geführten Karten der Beitragskartei aus gutem Grund in eine Landgemeinde.

Beim »Inferno« am 16. März 1945 ging das Dienstgebäude mit der gesamten Einrichtung verloren, darunter wertvolle Buchungsmaschinen und zwei Adrema-Anlagen. Auch die laufenden Unfallakten, ein großer Teil der Generalakten, die Satzung mit allen Vorgängen, die Dienstordnung und weitere unersetzliche Dokumente gingen in den Flammen auf. Erhalten blieben lediglich die im feuerfesten Kassenschrank aufbewahrten Jahresrechnungen 1939 bis 1944, die letzten Kassenbücher und einige Gehaltsakten.

Bis kurz nach Kriegsende leitete Oberregierungsrat Lorenz Zierl in Doppelfunktion neben der Abteilung K bei der LVA Mainfranken auch nebenamtlich die LBG Mainfranken. Sein Gehalt zahlten zu gleichen Teilen beide Versicherungsträger.

2. Gewerbliche Berufsgenossenschaften noch nicht präsent

Zwischen dem Ersten und Zweiten Weltkrieg war in Würzburg keine gewerbliche BG angesiedelt, ebenso wenig Geschäfts- oder Verwaltungsstellen. Anlauf- und Auskunftsstelle für die Versicherten war weiterhin das Städtische Versicherungsamt. Es war im Bereich der gesetzlichen Unfallversicherung allerdings auf eine vermittelnde und begutachtende Mitwirkung beschränkt. Während für die Invaliden-

und Krankenversicherung jeweils zwei städtische Mitarbeiter tätig waren, erledigte ein Bediensteter die anfallenden Arbeiten in der Unfallversicherung. Dies waren vor allem die Bearbeitung von Unfallanzeigen, die 1914 bei 490, 1923/24 bei 453 Betriebsunfällen lagen. In den folgenden Jahren stieg die Zahl der Betriebsunfälle weiter an. Das Jahr 1942 brachte auch im Bereich der gewerblichen Berufsgenossenschaften einen umfassenden Versicherungsschutz für alle Personen, die in einem Arbeits-, Dienst- oder Lehrverhältnis standen. Dadurch wurden in Würzburg auch Angestellte in öffentlichen Verwaltungen, bei Banken, Versicherungen und sonstigen Einrichtungen vom Unfallversicherungsschutz erfasst.

III. Invaliden- und Angestelltenversicherung

Mit der Reichsversicherungsordnung – 4. Buch – und dem Versicherungsgesetz für Angestellte, jeweils im Jahre 1911 erlassen, erweiterte der Gesetzgeber den Kreis der versicherungspflichtigen Personen und führte auch Hinterbliebenenrenten für Witwen und Waisen ein. Während die LVA Unterfranken weiterhin für die Invalidenversicherung zuständig war, schuf der Gesetzgeber für die Angestelltenversicherung einen neuen, zentral ausgerichteten Versicherungsträger, nämlich die Reichsversicherungsanstalt für Angestellte.

1. Landesversicherungsanstalt mit ständig neuen Aufgaben

Nachhaltige Auswirkungen auf die LVA Unterfranken hatte der Erste Weltkrieg. Dadurch ging der Umfang der Geschäfte gegenüber der unmittelbaren Vorkriegszeit um ungefähr ein Achtel zurück, die Zahl der Versicherten nahm etwa um ein Fünftel ab. Der Kontrolle der Rentenbewerber wendet die LVA – so der Geschäftsbericht 1914 – nun besondere Aufmerksamkeit zu:

Im Interesse einer sorgfältigen Prüfung der Voraussetzungen zur Gewährung einer Rente erschien es veranlaßt, die Nachuntersuchung der Renten-

bewerber durch einen zweiten Arzt in häufigeren Fällen eintreten zu lassen. 508 Rentenbewerber wurden einer zweiten ärztlichen Untersuchung durch einen amtlichen Arzt, zwölf einer weiteren Begutachtung durch einen Spezialarzt, 33 einer klinischen Beobachtung unterstellt. In einer Mehrzahl von Fällen vermochten die Erstgutachten den amtsärztlichen Gutachten gegenüber nicht standzuhalten. Insbesondere zeigte sich in ersteren vielfach eine Überschätzung der natürlichen Alterserscheinungen.

Ebenso widmete die Anstalt in Kriegszeiten der Kontrolle der Rentenempfänger ein »fortgesetztes Augenmerk«. So wurde in 112 Fällen nach erfolgter Untersuchung die Rente entzogen. Angesichts der aktuellen Situation bewilligte die Selbstverwaltung einen Pauschbetrag von 50 000 Mark für die sonstige Kriegswohlfahrtspflege. Auf die erste Kriegsanleihe setzte die LVA 500 000 Mark. Bis zum Kriegsende waren es insgesamt acht Millionen Mark. Die Anstalt befand sich dabei in guter Gesellschaft: Insgesamt wurden bis 1918 Kriegsanleihen in Höhe von 98 Milliarden Mark gezeichnet.

Im Jahre 1914 gewährte die LVA 63 AOK-Mitgliedern, überwiegend aus Würzburg, ein Heilverfahren. In 55 Fällen lagen Erkrankungen der Atmungsorgane, vor allem Tbc, zu Grunde. Die Patienten waren meist in den Spessart-Sanatorien (Luitpold- und Maria-Theresia-Heim) untergebracht. Schon 1915 wurden in verstärktem Maße lungenkranke Heeresangehörige gegen Bezahlung eines täglichen Verpflegssatzes von 3,50 Mark durch die Militärverwaltung in den Lohrer Sanatorien aufgenommen.

Alkoholkrankheiten vorerst noch kein Thema

An anderen Krankheiten als Tbc wurden 1914 insgesamt 238 Versicherte behandelt. Positiv vermerkt die LVA, dass eine Heilbehandlung Alkoholkranker in einer Trinkerheilstätte 1914 nicht veranlasst war und es Trinkerfürsorgestellen im Anstaltsbezirk nicht gab. Ein Anlass zur Übernahme der Heilbehandlung geschlechtskranker Personen war bei Kriegsausbruch noch nicht gegeben. Doch mit Fortdauer der kriegerischen Auseinandersetzungen sollte sich dies nachhaltig ändern. Und noch etwas: Die LVA Unterfranken gewährte dem Stadtmagistrat

Würzburg 1914 einen Zuschuss von 250 Mark zur Zahlung von Stillprämien unter der Bedingung, diesen Zuschuss in erster Linie versicherten Müttern zugute kommen zu lassen. Auch wurde dem vom Zweigverein des bayerischen Frauenvereins vom Roten Kreuz in Würzburg neu errichteten Wöchnerinnenheim ein Zuschuss von 800 Mark bewilligt. Nur sieben Alters- und 180 Invaliden- bzw. Krankenrenten erhielten Würzburger Bürger 1914 von der LVA neu zugebilligt. Auch nach Ausbruch des Krieges wurde die Durchführung von Heilverfahren nicht gänzlich eingestellt. So erhielten 31 AOK-Mitglieder aus Würzburg 1915 eine Kur. In 27 Fällen waren Lungenleiden Anlass für die Heilbehandlung.

Ursachen von Invalidität vermehrt kriegsbedingt

Bereits deutlich auf die Folgen des Krieges weist eine Übersicht über die Ursachen von Invalidität im Laufe des Jahres 1915 hin. An der Spitze standen mechanische und Kriegsverletzungen mit 27 Prozent vor der Lungentuberkulose mit 18 und Rheuma mit neun Prozent der Fälle. Krebserkrankungen machten in der Statistik damals erst zwei Prozent aus. Eine tiefgreifende Neuerung brachte das Jahr 1916. Die außergewöhnliche Zunahme der Altersrenten-Gesuche von 70 auf 576 hatte ihre Ursache in einem Reichsgesetz vom 12. Juni 1916. Mit ihm wurde die Altersgrenze für eine Altersrente rückwirkend zum 1. Januar 1916 vom 70. auf das 65. Lebensjahr herabgesetzt.

Das gesamte Anstaltsvermögen belief sich zum Jahresende 1916 auf über 14,6 Millionen Mark. Damit ließen sich, trotz mancher Befürchtungen, auch die Altersrenten für 65-Jährige finanzieren. Nachdem Regierungsassessor Johannes Petri am 1. Dezember 1917 zum königlichen Bezirksamtmann in Lichtenfels ernannt worden war, wurden mit Ministerialentschließung vom 9. April 1918 die Regierungsräte Georg Scherer und Dr. August Hofmann, hauptberuflich bei der Regierung von Unterfranken und Aschaffenburg, Kammer des Innern, im Nebenamt als beamtete Vorstandsmitglieder der LVA Unterfranken bestellt. Das nahende Kriegsende wirkte sich bei dem Versicherungsträger insofern aus, als in den Verwaltungsberichten nur noch die nötigsten Angaben zum Verwaltungsablauf gemacht wurden. Zum Ende des Ersten Weltkrieges war ein Anwachsen der jährlichen Rentenlast von 900 000 auf 2,3 Millionen Mark zu verzeichnen.

Geschlechtskrankheiten im Aufwärtstrend

Eine deutliche Zunahme während des Krieges erfuhren die Geschlechtskrankheiten. Über die auslösenden Faktoren bedarf es keiner besonders tiefschürfenden Vermutungen. Bereits im LVA-Verwaltungsbericht 1916 ist vermerkt, dass eine an Syphilis erkrankte »Frauensperson« in die ambulante Behandlung der königlichen Universitäts-Poliklinik für Haut- und Geschlechtskrankheiten aufgenommen wurde. Der königliche Bezirksarzt, Medizinalrat Dr. Franz Eduard Hofmann, nannte über die Entwicklung allein in Würzburg im Zeitraum von 1914 bis 1918 folgende Zahlen der in ärztlicher Behandlung stehenden geschlechtskranken Personen: 674 Fälle 1914, 1 268 Fälle 1917 und 2 716 Fälle im letzten Kriegsjahr. Es wurde deshalb allgemein begrüßt, dass die LVA Unterfranken mit Beginn des Jahres 1919 am Paradeplatz 2 eine Beratungsstelle für Geschlechtskrankheiten unter Leitung von Prof. Dr. Karl Ziegler einrichtete. Ihr Zweck lag in einer kostenfreien, verschwiegenen Beratung, nicht jedoch in der Behandlung geschlechtskranker Personen. 1919 wurden 310 Geschlechtskranke in Fürsorge genommen. 1921 waren es sogar 683 Personen.

Mitgliedschaft im neuen Dachverband

Im letzten Kriegsjahr hatte der Gesetzgeber die Renten um vier bis acht Mark monatlich erhöht. Altersrentner erhielten ab 1. Januar 1919 ebenfalls eine monatliche Zulage von acht Mark. Ab 1. Oktober 1919 erfolgte eine deutliche Erhöhung dieser Zulagen auf 20 (Invaliden- oder Altersrentner) bzw. zehn Mark (Witwen- oder Witwerrentner). Und der Vorstand der LVA beurteilt diese Verbesserung mit den Worten:
Diese Zulagen, welche nunmehr zum Teil höher sind als die Renten selbst, bilden eine schwere finanzielle Belastung der Landesversicherungsanstalten. Wenn nicht in allernächster Zeit reichsgesetzlich der erforderliche Ausgleich

durch ergiebige Erhöhung der Beiträge erfolgt, wird durch die Zulagenmaßnahmen die Leistungsfähigkeit der Landesversicherungsanstalten ernstlich in Frage gestellt werden.
1919 wurde die LVA Unterfranken Mitglied im neu gegründeten Verband Deutscher Landesversicherungsanstalten. Die Verbandszugehörigkeit nahm auch in diesem Bereich ihren Anfang, um in der Folgezeit mehr und mehr zuzunehmen.

Altersrenten an die Invalidenrenten angegliedert

Als selbstständige Leistungen wurden die Altersrenten durch Gesetz vom 10. November 1922 beseitigt und ab 1. Januar 1923 an die Invalidenrenten angegliedert. Mehr und mehr machte sich nach Kriegsende die Inflation bemerkbar. So betrug der Reinerlös der LVA durch Beitragsmarken 1923 die unvorstellbare Summe von über 1,86 Trillionen Mark. Die Rentenleistungen mussten laufend an die Inflation angepasst werden.
Der Verwaltungsbericht konnte zusammengefasst für die Jahre 1922 und 1923 nur noch handschriftlich auf wenigen Seiten veröffentlicht werden. Dabei hielt sich der Vorstand für 1923 mit der Auflistung von Zahlen sehr zurück. Für die Behandlung von Geschlechtskranken wurden 430 146 896 Mark und für den Betrieb der entsprechenden Beratungsstelle, der im November 1923 eingestellt werden musste, 199 548 410 976 Mark aufgewendet. Durch eine allmähliche Rückkehr zu einigermaßen geordneten und stabilen Verhältnissen war die Zeit nach dem Ende der Inflation (15. November 1923) geprägt. An die Stelle der völlig entwerteten Renten traten wieder wertbeständige Renten. Zahlreiche Gesetzesänderungen stellten in der Folgezeit an die LVA erhöhte Anforderungen. Die Entwertung des Anstaltsvermögens hatte es bedingt, dass Heilverfahren nur noch im Rahmen der von der Reichspostverwaltung aus den Beitragseinnahmen vorgeschossenen Beiträge durchgeführt werden konnten. Lediglich den Betrieb der Heilstätte Luitpoldheim in Lohr erhielt die Anstalt noch aufrecht. Erst gegen Ende des Jahres 1924 wurden auch die Heilstätte Maria-Theresia-Heim in Lohr-Sackenbach und andere Heilanstalten wieder beschickt.

Eine eindrucksvolle Bilanz der bisher gewährten Leistungen

Im Verwaltungsbericht 1924 zieht die LVA Unterfranken eine beachtliche Bilanz. So bewilligte sie seit der Gründung im Jahre 1891 bis 1923 insgesamt 55759 Renten verschiedenster Art. Zum 31. Juli 1925 trat der Vorstandsvorsitzende, Geheimer Rat Otto Giesel, in den Ruhestand. 16 Jahre lang hatte er die Anstalt geleitet. Sein Nachfolger wurde Oberregierungsrat Wilhelm Wüst, zuvor Mitglied des Oberversicherungsamtes Würzburg.
Zum Jahresende 1925 war infolge der wirtschaftlichen Verhältnisse sowie zahlreicher Entlassungen und Betriebseinstellungen ein Rückgang der Invalidenversicherungsbeiträge zu verzeichnen. Dagegen nahmen die Versicherten Leistungen, wie immer in Notzeiten, verstärkt in Anspruch. Gleichwohl ermöglichte es die Finanzlage der Anstalt, Heilverfahren wieder in größerem Umfang aufzunehmen, ebenso wie die Beratung und Behandlung geschlechtskranker Personen und die Gewährung von Zuschüssen zu Zahnersatz und künstlichen Gliedmaßen. Im Laufe des Jahres 1926 machte die wirtschaftliche Krise einer fortschreitenden Besserung Platz.

Großer Rückfluss von Quittungskarten zur Rangierung

Durch Reichsgesetz vom 25. Juni 1926 verkürzte sich die Bezugsdauer der Waisenrenten und der Kinderzuschüsse zu den Invalidenrenten grds. wieder auf das vollendete 15. Lebensjahr, nachdem sie erst 1923 bis zum 18. Lebensjahr ausgedehnt worden war. Ab 1. April 1927 erhielten Witwenrente auch die 65 Jahre alten, aber noch nicht selbst invaliden Witwen zugebilligt.
Die wöchentlichen Beiträge zur Invalidenversicherung lagen ab 1. Januar 1928, je nach Verdienst, zwischen 30 Reichspfennig und zwei RM. 1928 stellten 631 Würzburger Bürger einen Heilverfahrensantrag. Eine Gesetzesänderung vom 12. Juli 1929 führte dazu, dass die LVA rund 23 000 Renten umrechnen musste. Dem zu Grunde lagen eine Beitragsaufwertung und eine Änderung der Steigerungsbeträge. Am Jahresende 1929 belief sich das LVA-Vermögen gleichwohl auf 11,1

Millionen RM. Inzwischen hatte die New Yorker Börse am 25. Oktober 1929 den »Schwarzen Freitag« erlebt. Er markierte den Beginn einer Weltwirtschaftskrise.

Deutlich weniger Beitragseinnahmen

Infolge der schwieriger werdenden wirtschaftlichen Verhältnisse und der auch während der warmen Jahreszeit zunehmenden Arbeitslosigkeit brachten die folgenden Jahre einen deutlichen Rückgang der Beitragseinnahmen. Die Rentenleistungen stiegen dagegen 1931 an. Zur Deckung des Fehlbetrages musste die LVA ihr Vermögen heranziehen. Auch wurden freiwillige Leistungen, Heilverfahren und allgemeine Fürsorgemaßnahmen entsprechend eingeschränkt.
Um festzustellen, ob die Voraussetzungen für den Bezug einer Invalidenrente noch gegeben sind, führte die Versicherungsanstalt bei 2 825 Rentenempfängern entsprechende Erhebungen durch. Davon wurden 1 154 Personen auch vertrauensärztlich oder klinisch untersucht. Das Ergebnis: In 265 Fällen wurde den Versicherten ihre Rente wegen nicht mehr vorliegender Invalidität wieder entzogen. Das Jahr 1933 war von den zwischenzeitlich eingetretenen politischen Verhältnissen geprägt, wie dem Verwaltungsbericht unschwer zu entnehmen ist:
Der Beginn des Jahres 1933 brachte das historische Ereignis der Machtübernahme der nationalsozialistischen Regierung unter Führung Adolf Hitlers. Infolge der kraftvollen Maßnahmen dieser Regierung war eine wesentliche Besserung der wirtschaftlichen Lage, insbesondere des Arbeitsmarktes, zu verzeichnen, die auch für die Invalidenversicherung von der erfreulichen Wirkung begleitet war.
Wegen Erreichens der Altersgrenze wurde der Vorstandsvorsitzende Wilhelm Wüst nach mehr als neunjähriger Tätigkeit ab 1. Dezember 1933 in den dauernden Ruhestand versetzt. Ihn löste der bisher am Landesversicherungsamt in München »verwendete« Oberregierungsrat Rudolf Ehrlich ab. Nach wie vor komplettierten Geheimer Kommerzienrat Philipp Seißer und Verbandskreisleiter Heinrich Thoma, beide aus Würzburg, den Vorstand. Nach wie vor mussten 20 Versicherte wegen einer Geschlechtskrankheit behandelt werden.

Leiter und Beirat anstelle der Selbstverwaltung

Das nationalsozialistische System beseitigte auch bei der LVA den Gedanken einer von den ehrenamtlichen Kräften verantwortlich getragenen Selbstverwaltung. An ihre Stelle trat ab 1. Januar 1935 das »Führerprinzip« mit einem »Leiter« an der Spitze, dem ein »Beirat« unterstützend und beratend zur Seite stand. Dieser besaß jedoch keineswegs mehr die echten Entscheidungsbefugnisse früherer Selbstverwaltungsorgane. Auch wurde er nicht gewählt, sondern von den staatlichen Behörden ernannt, wie übrigens der Leiter auch. Dem Beirat gehörten jeweils drei Vertreter der Versicherten und der Betriebsführer sowie je ein Vertreter der Ärzte und der Gebietskörperschaft an. Vom 1. Januar 1935 bis 30. September 1936 war Regierungsdirektor Rudolf Ehrlich »Leiter« der LVA Unterfranken. Seine Stellvertreter waren Bezirksoberamtmann Walther Beckenkamp und Regierungsrat I. Klasse Lorenz Zierl. Außerdem standen zum Jahreswechsel 1935/36 40 Beamte und elf Angestellte im Dienste der LVA.

Gemeinschaftsaufgaben der Krankenkassen

Noch eine beachtliche Neuerung hatte die nationalsozialistische Aufbaugesetzgebung zum 1. Mai 1935 gebracht, nämlich die Übertragung von »Gemeinschaftsaufgaben« der gesetzlichen Krankenversicherung auf die LVAen. Dazu wurde eine eigene Abteilung für Krankenversicherung mit einem so genannten »K-Ausschuss« unter der Leitung von Regierungsrat I. Klasse Lorenz Zierl installiert. Unter die Gemeinschaftsaufgaben fielen die Durchführung der vorbeugenden Gesundheitsfürsorge sowie die Beteiligung an den Aufgaben der Bevölkerungs- und Gesundheitspolitik, die Regelung des Vertrauensärztlichen Dienstes, der Betrieb von Heilanstalten, Erholungs- und Genesungsheimen oder ähnlichen Einrichtungen, die gemeinschaftliche Verwaltung von Rücklagen der Krankenkassen sowie die Prüfung der Geschäfts-, Rechnungs- und Betriebsführung der Krankenkassen. Für die LVA Unterfranken bedeutete dieser K-Ausschuss eine Aufwertung bzw. Bereicherung ihrer Aufgaben. Andererseits waren diese Bereiche dem

Aufgabenkatalog der Krankenkassen entzogen. Die Zahl der laufenden Renten lag am 1. Januar 1937 bei insgesamt 26 851. Wie viele Renten davon auf Würzburger Bürger entfielen, ist nicht festgehalten.

Baumaßnahmen bei der Anstalt im Vordergrund

Der Umbau des Verwaltungsgebäudes in der Friedenstraße 14 und die damit verbundenen Arbeiten, so die Erneuerung der Zentralheizung, standen 1937 im Vordergrund. In Angriff genommen wurden auch die Neuorganisation der Quittungskarten-Abteilung, die Neueinrichtung des Vertrauensärztlichen Dienstes sowie der Vertrauensärztlichen Dienststelle für Würzburg und Umgebung im Verwaltungsgebäude in der Friedenstraße und der Umbau der Dienstwohnung des »Leiters«, die wesentlich verkleinert wurde.

Am 1. Juli 1937 übernahm Regierungsdirektor Dr. Albert Quarck, zuvor als Oberregierungsrat bei der LVA Oberbayern tätig, die Leitung der LVA Unterfranken. Landesvertrauensarzt für die »Abteilung K« und zugleich Gutachter für die Invalidenversicherungs-Abteilung war ab 1. März 1937 der bisherige Vertrauensarzt der AOK Aschaffenburg, Dr. med. Wolfgang Schmidt. Ihm oblag vor allem die Organisation des Vertrauensärztlichen Dienstes.

Weiterhin widmete die Anstalt dem Ausbau der freiwilligen Leistungen, insbesondere der Bekämpfung der Volksseuchen Tuberkulose und Geschlechtskrankheiten, mit besonderen Sprechtagen, Herausgabe von Merkblättern und der Anschaffung eines transportablen Röntgenapparates besonderes Augenmerk und bereitete neue Heilverfahrensgrundsätze vor. Der Versicherungsträger nannte sich nunmehr »Landesversicherungsanstalt Mainfranken«. Der weitere Ausbau des Dienstgebäudes in der Friedenstraße 14 bestimmte auch das Jahr 1938:

In Fortsetzung der bisherigen Arbeiten wurde nach endlicher Erlangung der erforderlichen Kennziffer für Eisen die neue Zentralheizung im Altbau bzw. Zwischenbau gerade noch vor Einbruch der Kälte fertig eingebaut, sowie der Neubau für die Kartei- und die Beitragsüberwachungs-Abteilung im Rohbau erstellt und mit einem schlichten Richtfest kurz vor Weihnachten eingeweiht. Die Arbeiten waren naturgemäß in der Planung und Ausführung

durch den Mangel an Eisen, Holz und Zement, später aber vor allem auch durch den anderweitigen Bedarf der gelernten Arbeiter wesentlich beeinflußt und aufgehalten worden.
Zum Jahresschluss 1938 waren insgesamt 92 »Gefolgschaftsmitglieder« außer dem Heilstättenpersonal bei der LVA tätig. Auch wurden ein Jahr vor Beginn des Zweiten Weltkriegs bei der LVA 980 Anträge auf Rückerstattung von Beiträgen gestellt. Die Anstalt zahlte dafür 155 000 RM.

Wissenswertes aus den Kriegsjahren

Wenngleich für die Jahre 1939 bis 1945 keine Verwaltungsberichte der LVA Mainfranken vorhanden sind, kann aus diesem Zeitraum festgehalten werden: Die Gesamtzahl der für die Rentenberechnung unentbehrlichen Quittungskarten, die in der Friedenstraße lagerten, belief sich auf etwa 3,5 Millionen Stück. Bei den zurückgekommenen Quittungskarten musste eine ständige Innenkontrolle vorgenommen werden, die zur Nachholung und Berichtigung von Beitragsmarken führte.

Das Leistungsrecht der Invalidenversicherung erfuhr kriegsbedingt zahlreiche Änderungen. So wurde durch Gesetz vom 15. Januar 1941 für verwundete und gestorbene Soldaten, die zur Zeit der Einberufung invalidenversichert waren, auf die Erfüllung der Wartezeit verzichtet. Auch wurden die Renten und die Kinderzuschüsse erhöht und die Witwenrente für geschiedene Frauen eingeführt. Für die zum 1. August 1941 eingeführte Krankenversicherung der Rentner zahlte die LVA Mainfranken an die jeweilige Krankenkasse einen monatlichen Pauschalbetrag je Rentner, der sich zunächst auf 3,30 RM belief.

Nach den Angaben in den Würzburger Adressbüchern von 1939 bis 1943 war Regierungsdirektor Dr. Albert Quarck weiterhin Leiter der LVA Mainfranken. Wahrscheinlich bekleidete er dieses Amt bis Kriegsende.

Die Zweite Verordnung über die Vereinfachung des Lohnabzugs vom 24. April 1942 fasste den Beitragseinzug der Kranken-, Renten- und Arbeitslosenversicherung im »Gesamtsozialversicherungsbeitrag« zusammen. An die Stelle des bisherigen Beitragsmarkenverfahrens der

Rentenversicherung (Einkleben der Beitragsmarken in die Quittungskarte) galt ab 29. Juni 1942 für versicherungspflichtige Mitglieder ein neues Verfahren: Der Arbeitgeber hatte den während des Beschäftigungsverhältnisses erzielten Verdienst, getrennt nach Kalenderjahren, in die Rentenversicherungskarte einzutragen. Das Markenverfahren blieb auf die freiwillig Versicherten und die versicherungspflichtigen Selbstständigen beschränkt.

Der Luftangriff auf Würzburg am 16. März 1945 – damals standen insgesamt 84 Bedienstete, nämlich 49 Beamte und 35 Angestellte, im Dienst der Anstalt – traf die LVA Mainfranken auf das härteste. Das Dienstgebäude verbrannte fast vollständig, alle Einrichtungsgegenstände wurden vernichtet, ebenso Rentenakten, Rentnerkartei, Terminkartei sowie 80 Prozent der Versicherungskarten. Lediglich die Legezettel, die Angaben über den Inhalt der Versicherungskarten enthielten, waren nach Marktbreit ausgelagert worden.

2. Berlin-geprägte Reichsversicherungsanstalt für Angestellte

Auch nach dem Ersten Weltkrieg sollte sich an der zentralistischen Struktur der Angestelltenversicherung nichts ändern. Vertrauensmänner als Zugeständnis an die versicherte Bevölkerung waren weiterhin Anlaufstellen für Angestellte in Würzburg, wenn es um Fragen ihrer gesetzlichen Alterssicherung ging. In die Angestelltenversicherung war auch das Städtische Versicherungsamt Würzburg im Rahmen seiner Aufgaben einbezogen, insbesondere bei der Ausstellung und beim Umtausch von Versicherungskarten. So stellte es 1917 allein 1 003 Versicherungskarten neu aus und tauschte 426 Karten um.

Außer dem »Kartengeschäft« gingen auch viele Anträge auf Befreiung von der eigenen Beitragsleistung beim Versicherungsamt ein. Und in erheblichem Umfang hatte es Rechtsauskünfte, insbesondere zu den komplizierten Rechtsverhältnissen der »Wanderversicherten«, aber auch zu Fragen der Versicherungspflicht, zum Recht der freiwilligen Versicherung sowie zu Leistungsansprüchen und ihren Voraussetzungen zu erteilen. Erhöhtes Interesse an der Versicherung bekundeten vor allem

Kriegsteilnehmer nach ihrer Rückkehr »aus dem Feld«. Die Novelle zum Versicherungsgesetz für Angestellte vom 10. November 1922 vollzog eine klare Trennung im versicherten Personenkreis zwischen Angestellten und Arbeitern. In der Rentenversicherung der Angestellten wurden fortan nur noch Angestellte versichert. Die Doppelversicherungen hatten damit ein Ende.

Neue Quittungskarten für Angestellte

Auch führte der Gesetzgeber ab 1. Januar 1923 an Stelle des Postscheckverfahrens das Markenklebeverfahren ein und gestaltete es nach dem Vorbild der Invalidenversicherung. So musste für alle versicherten Angestellten eine »Quittungskarte Nr. 1« neu ausgestellt werden. Dies bedeutete »Schwerstarbeit« für die Mitarbeiter des Versicherungsamtes, vor allem im Januar und Februar 1923. So wurden damals in kurzer Zeit 6 122 neue Versicherungskarten ausgestellt. Aus der Zahl der im ersten Vierteljahr 1923 ausgestellten »Einserkarten« schloss das Versicherungsamt, dass zu Beginn des Jahres 1923 etwa 2 900 männliche und 2 000 weibliche versicherungspflichtige Angestellte in Würzburg arbeiteten. Die Aufnahme von Rentenanträgen aus dem Kreis der Angestellten oblag zwar nicht dem Städtischen Versicherungsamt. Gleichwohl entzog es sich nicht der Annahme von Rentenanträgen, wenn die Antragsteller das Versicherungsamt statt der dafür zuständigen Stellen – Reichsversicherungsanstalt für Angestellte, Vertrauensmänner oder Städtisches Versicherungsamt Nürnberg – angingen. So nahm das Würzburger Versicherungsamt zwischen 1921 und 1924 insgesamt 45 verschiedene Rentenanträge entgegen, um sie den Vorgaben entsprechend nach Nürnberg weiterzuleiten.
Zwischenzeitlich hatte die Reichsversicherungsanstalt für Angestellte in Würzburg eine Revisions- und Auskunftsstelle errichtet. Sie wurde von Verw.-Oberinspektor Robert Reinecke geleitet und befand sich im Alten Bahnhof in der Theaterstraße 21. Die Ergebnisse der Sozialwahlen 1927/28 weisen drei Vertrauensmänner und sechs Ersatzmänner für den Wahlbezirk Würzburg-Stadt aus. Von den rund 5 000 versicherten Angestellten in Würzburg beteiligten sich 2 005 an der Sozialwahl.

Keine Verschmelzung mit der Invalidenversicherung

Die im Jahre 1927 wie auch schon zuvor geführte Debatte, Invaliden- und Angestelltenversicherung zu »verschmelzen«, verlief letztlich »im Sande«. Bis heute hat sich an der Organisation der gesetzlichen Rentenversicherung nichts geändert. Auch im Jahre 1933 nahm das Städtische Versicherungsamt zahlreiche Aufgaben für die Angestelltenversicherung wahr. So wurden 55 Anträge auf Ruhegeld, 16 Anträge auf Hinterbliebenenrente, 38 Anträge auf Heilverfahren und 103 Anträge auf Beitragserstattung bei Heirat entgegengenommen sowie 629 Versicherungskarten Nr. 1 und 3 998 Umtauschkarten ausgestellt.
Nach der Machtergreifung blieb, im Gegensatz zu den sonst rigorosen Maßnahmen der nationalsozialistischen Machthaber im Bereich der sozialen Selbstverwaltung, die Einrichtung von Vertrauensmännern der Angestelltenversicherung in Würzburg erhalten. Dies verdeutlicht ein Eintrag im »Würzburger Wohnungsbuch 1935« unter Reichsbehörden – Geschäftsbereich des Reichsarbeitsministeriums:
Reichsversicherungsanstalt für Angestellte
Überwachungs- und Auskunftsstelle: Sprechstunden (auch für Nachkontrollen) und Anruf 46 59 nur Samstag von 10 - 12 Uhr im Photohaus Bauer & Co, Paradeplatz 2, Erdgeschoß.
Privatanschrift für schriftlichen Verkehr: Verw.-Inspektor Karl Schirmer, Valentin-Becker-Straße 10 a, Tel. 56 52.
Ortsausschuß Würzburg der Vertrauensmänner der Angestelltenversicherung, Schriftführer: Kaspar Reutter, Würzburg, Heinestraße 2 ½ Rückgeb. II. Sprechstunden täglich von 5 - 6 Uhr außer Samstags.
Auch Annahme von Anträgen auf Rente und Heilverfahren.
Von 1936 bis 1943 finden sich ebenfalls derartige Einträge im Würzburger Wohnungsbuch, auch wenn durch Reichsgesetz vom 23. Dezember 1936 die Rechtsberatungsstellen der Deutschen Arbeitsfront, die in der Wilhelmstraße 5 ihre Dienststelle hatte, als Annahmestelle für Rentenanträge zugelassen worden waren. Vielfach traten sie im Reich an die Stelle der Vertrauensmänner, nicht jedoch in Würzburg. Warum, lässt sich heute aufgrund der im Zweiten Weltkrieg zerstörten Unterlagen nicht mehr feststellen.

Angestelltenversicherungspflicht für Handwerker

Das Gesetz über die Altersversorgung für das Deutsche Handwerk vom 12. Dezember 1938 unterstellte die selbstständigen Handwerker, die in die Handwerksrolle eingetragen waren, der Angestelltenversicherungspflicht. Damit sollte den Handwerkern, die zuvor nur ihren Gesellen und Lehrlingen, nicht aber sich selbst, die Zukunft mit Beiträgen finanziert hatten, eine bessere Altersvorsorge ermöglicht werden. Von dem Gesetz waren auch in Würzburg zahlreiche Handwerker betroffen.
Mit dem Zusammenbruch des »Dritten Reiches« mussten alle Reichsbehörden, so auch die Reichsversicherungsanstalt für Angestellte, im Gegensatz zu den Landesbehörden wie die LVAen, ihre Tätigkeit einstellen. Für die Rentenzahlungen an die Angestellten brachte dies allerdings keine Nachteile mit sich. Die LVA Unterfranken sprang nämlich fast ein Jahrzehnt lang »in die Bresche«.

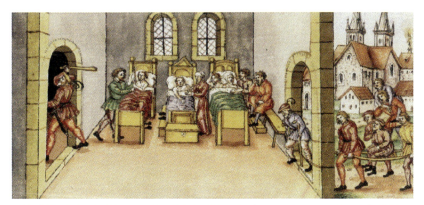

Abb. 1: Das Spital für Arme und Kranke beim Kloster St. Stephan, damals noch außerhalb der Stadt gegen Süden zu gelegen. Trotz Krankheit hatte im Mittelalter nicht jeder Patient Anspruch auf ein eigenes Bett

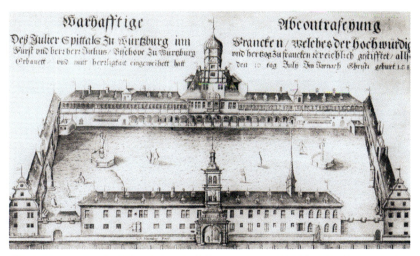

Abb. 2: Der erste Bau des Juliusspitals zu Würzburg, für das am 12. März 1576 der Grundstein gelegt worden war, in einem Kupferstich ein Vierteljahrhundert später.

Abb. 3: *Grabstein des Ecko von Steren, Bruder des Begründers des Bürgerspitals.*

Abb. 4: *Wilhelm Conrad Röntgen entdeckte am 8. November 1895 in Würzburg die später nach ihm benannten X-Strahlen.*

Abb. 5: *Friedrich Koenig (1774 - 1833)*

Abb. 6: *Andreas Bauer (1783 - 1860)*

Abb. 7: *Die erhalten gebliebene Apotheke des Juliusspitals mit einer kunsthistorisch interessanten Rokoko-Offizin. Diese Apotheke versorgt seit über 300 Jahren das Krankenhaus mit Arznei.*

Abb. 8: *Das Bürgerspital zum Heiligen Geist (rechts) zu Beginn des 20. Jahrhunderts, mit dem das Bürgertum erstmals in Konkurrenz zur kirchlichen Sozialfürsorge getreten war.*

Wir Wilhelm,
von Gottes Gnaden
Deutscher Kaiser, König von Preußen,
etc. etc. etc.

thun kund und fügen hiermit zu wissen:
Wir haben den im vorigen Reichstag kundgegebenen Wünschen entsprechend, dem früheren Brauche entgegen, den Reichstag noch im laufenden Jahre berufen, um seine Thätigkeit zunächst für die Feststellung des Reichshaushalts-Etats in Anspruch zu nehmen. Der Entwurf wird dem Reichstag unverzüglich zugehen.

Urkundlich unter Unserer Höchsteigenhändigen Unterschrift und beigedrucktem Kaiserlichen Insiegel.
Gegeben Berlin, den 17. November 1881.

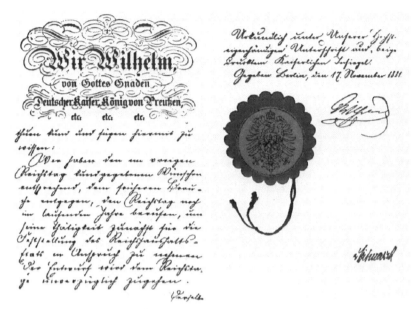

Abb. 9: *Die Kaiserliche Botschaft Wilhelms I. vom 17. November 1881 verhieß eine für die damaligen Verhältnisse moderne dreigliedrige Sozialversicherung.*

Anmeldung zur Gemeinde-Krankenversicherung Würzburg. Formular I.

Vor- und Zuname der versicherungspflichtiges. Person	Heimat (bzw. Zuständigkeit)	Alter (Geburtszeit)			Art der Beschäftigung	Tag des Eintritts in die Beschäftigung		
		Tag	Monat	Jahr		Tag	Monat	Jahr

Legitimation ist beizulegen.

Würzburg, den 190

Vor- und Zuname des Arbeitgebers: ....

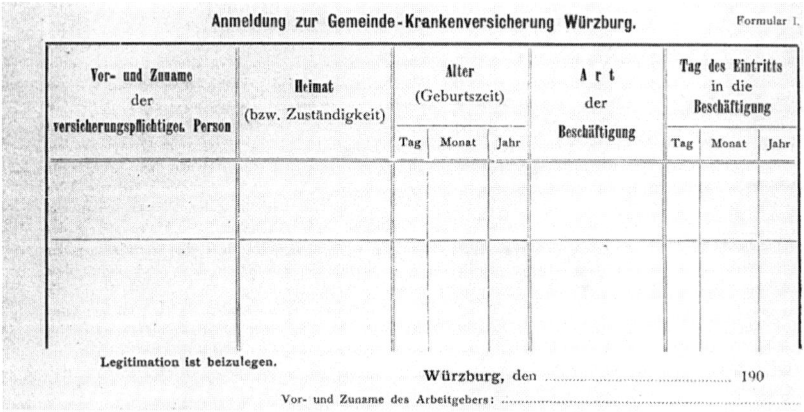

Abb. 10: *Anmelde-Formular zur Gemeinde-Krankenversicherung Würzburg, die am 1. Dezember 1984 gegründet worden war.*

Abb. 11: *In diesem Gebäude der Schnellpressenfabrik Koenig & Bauer war die im Jahre 1855 gegründete Betriebskrankenkasse des Unternehmens untergebracht – heute die einzige noch selbstständige Krankenkasse in Würzburg.*

Abb. 12: *Gesamtansicht der im Jahre 1811 errichteten Tabakfabrik Joseph Schürer, die bis 1928 über eine eigene Betriebskrankenkasse verfügte. Das Unternehmen war auf die Fertigung von Schnupf- und Rauchtabak sowie Zigarren spezialisiert.*

Abb. 13: *Erste Unterbringung der AOK Würzburg-Stadt in der Sanderstraße 4a (1914 - 1920)*

Abb. 14: *Statuten der »Kranken-Kassa« für die Maschinenfabriken Koenig & Bauer.*

Abb. 15: *Beschluss über die Errichtung der Innungskrankenkasse der Schuhmacher.*

Abb. 16: Dr. Franz Eichelsbacher   **Abb. 17:** Anton Westermeir

Abb. 18: Der Vorstand der AOK Würzburg-Stadt zum Ende der 20-er Jahre vor dem Wohnungsneubau in der damaligen Heidingsfelder Straße 56 (heute Friedrich-Spee-Straße).

Abb. 19: Notgeld der Stadt Würzburg mit einem Geldschein von 50 Milliarden Mark, ausgegeben im Jahre 1923 und unterzeichnet von Oberbürgermeister Dr. h.c. Hans Löffler.

Abb. 20: Das erste kasseneigene Verwaltungsgebäude der AOK Würzburg-Stadt in der Maxstraße 9, das die Krankenkasse im Jahre 1920 bezog.

Zeitungsstimmen

über den
Wohnungs-Neubau der Allgem. Ortskrankenkasse Würzburg-Stadt.

Eine Groteske.

Es gibt kaum jemand in Deutschland, der nicht über Kapital- und Geldmangel zu klagen hat. Da muß es denn überraschen, wenn man hört, daß die Allgemeine Ortskrankenkasse Würzburg-Stadt über Gelder verfügt, die nächstens dazu ausreichen werden, die ganze Stadt Würzburg in das Eigentum dieses Instituts überzuführen. Wie uns glaubhaft versichert wird, soll man sich bei der A.O.K. Würzburg mit dem Gedanken tragen, das aufgespeicherte Vermögen von rund 50 000 Goldmark in Grundstücken anzulegen, damit das sauer erarbeitete Geld der Versicherungspflichtigen nicht verschimmelt. Trotz der entsetzlichen Notlage der an den Versicherungsbeiträgen beteiligten Arbeitgeber und -nehmer betragen die Kassenbeiträge immer noch 6% gegen 4½% vor Ausbruch des Krieges. Der Erfolg ist natürlich der, daß die Mäuse mit verheulten Augen an den Brotschubladen der Beitragspflichtigen Klimmzüge vorführen, während auf der anderen Seite das Institut mit dem einnehmenden Wesen sich den Kopf darüber zerbricht, wie man möglichst schnell die schweißbetropften Gelder in Sachwerte umsetzt. Es dürfte auch bekannt sein, daß das Entgelt für die Kassenärzte in einem schreienden Mißverhältnis zur Wohlhabenheit der Würzburger A.O.K. steht, was ja die Vermögensanhäufung einigermaßen erklärlich erscheinen läßt. Es muß hier mit allem Nachdruck betont werden, daß es nicht die Absicht des Gesetzgebers gewesen ist, die Krankenkassen auf Kosten der wirtschaftlich Schwächsten zu Terraingesellschaften heranzuziehen. Auf diese Weise wird die soziale Fürsorge zur sozialpolitischen Groteske. Herr von Kahr sagte einmal: Staat, Arbeitgeber und Arbeitnehmer bezahlen, der Versicherte verkümmert und die Bediener dieses leerlaufenden Apparates gedeihen.

*

Abb. 22: *Der Südflügel des Juliusspitals in den 30-er Jahren.*

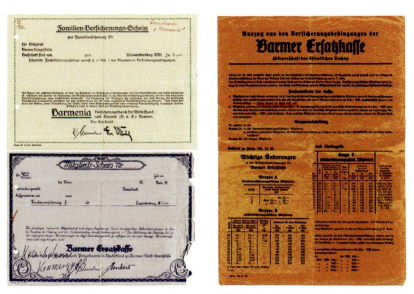

Abb. 23-25: *Zwischen dem Ersten und Zweiten Weltkrieg in Würzburg verwendete Formulare der Barmer Ersatzkasse.*

Abb. 26: Das Verwaltungsgebäude der Landesversicherungsanstalt Unterfranken, aufgenommen im Jahre 1937.

Abb. 27: Bis auf die Grundmauern zerstört wurde das Dienstgebäude der Landwirtschaftlichen Berufsgenossenschaft Unterfranken beim Bombenangriff am 16. März 1945.

Abb. 28: *Dem Erdboden gleich gemacht wurde auch das Hauptverwaltungsgebäude der AOK Würzburg.*

Abb. 29: *Mitarbeiterinnen und Mitarbeiter der AOK Würzburg nach Kriegsende im Reichsbahneigenen Gebäude in der Schweinfurter Straße 2.*

Abb. 30: *Im Reichsbahngebäude am Berliner Platz war ab 1945 neben der AOK Würzburg auch die Vereinigte Innungskrankenkasse Würzburg untergebracht.*

Abb. 31: *Hans Brandmann*   **Abb. 32:** *Hans Berthold*

Abb. 33: Dr. Georg Schmidt   **Abb. 34:** Dr. Richard Pittroff

Abb. 35: Von 1951-1993 war am Röntgenring 2 die Keramik-Berufsgenossenschaft angesiedelt. Heute befindet sich dort die Bezirksverwaltung der Berufsgenossenschaft für Gesundheitsdienst und Wohlfahrtspflege.

Abb. 36: *Dr. Gotthold Wahl (links) war nach Kriegsende nicht nur Geschäftsführer der LVA, sondern stand von 1946-1950 in ehrenamtlicher Funktion auch der LBG vor.*

Abb. 37: *Dr. Friedrich Fleischhauer (links), Geschäftsführer der LBG Unterfranken, bei der Amtsübergabe an seinen Nachfolger Erwin J. Müller zum Jahreswechsel 1957/58.*

Abb. 38: *Das Hauptverwaltungsgebäude der AOK Würzburg am Kardinal-Faulhaber-Platz in der zweiten Hälfte der 50-er Jahre. Die Krankenkasse hatte ihren Dienst dort im November 1954 wieder aufgenommen.*

Abb. 39: *Auf dem Flachrelief am Eingang zur AOK ein Arzt im Kampf mit einer Hydra, einem See-Ungeheuer in der griechischen Mythologie – geschaffen von Fried Heuler.*

Abb. 40: *Fast 20 Jahre war Alois Eglauer (Mitte) Geschäftsführer der hiesigen AOK. Links sein Nachfolger Hubert Bausewein und rechts der Verfasser dieses Buches.*

Abb. 41: *Im AOK-Kindererholungsheim in Waischenfeld (Fränkische Schweiz) verbrachten von 1930-1982 viele Buben und Mädchen erholsame Wochen.*

ALLGEMEINER STUDENTENAUSSCHUSS
DER UNIVERSITÄT WÜRZBURG
STUDENTENHAUS, JAHNSTRASSE 1, TELEFON 72021

Neue Anschrift
Göbelsiehenstraße 1
Neue Rufnummer
71032

An das
Bayerische Staatsministerium   87 WÜRZBURG, DEN 12.7.1966
für Unterricht und Kultus

8 M ü n c h e n
Salvatorplatz 2

über die
Julius-Maximilians-Universität
87 W ü r z b u r g
Sanderring

Betr.: Neuregelung der studentischen Krankenversicherung

Sehr geehrte Herren!

In der letzten Sitzung befaßte sich das Studentenparlament der Universität Würzburg auch mit der Neuregelung der studentischen Krankenversicherung. Nach längerer Beratung und eingehender Diskussion wurde folgender Beschluß gefaßt:
"Der Allgemeine Studentenausschuß der Universität Würzburg wird beauftragt, eine rasche Neuregelung der studentischen Krankenversicherung in die Wege zu leiten. Diese ist in Form eines Vollschutzes mit Befreiungsmöglichkeiten für gesetzlich versicherte Studenten durchzuführen. Der AStA-Vorsitzende wird bevollmächtigt, die Wünsche der Studentenschaft der Julius-Maximilians-Universität Würzburg dem bayerischen Staatsministerium für Unterricht und Kultus vorzutragen."

Von einer Fragebogenaktion sah das Parlament wegen der mit einiger Sicherheit zu erwartenden Unzuverlässigkeit der Ergebnisse vorerst ab. Eine solche Aktion wäre nur dann sinnvoll, wenn sie wirklich konkrete Ergebnisse brächte, was aber bei der schwierigen Materie der Krankenversicherung von den Studierenden nicht erwartet werden kann. Ein Versuch, Studenten einen von der Studentenschaft des Freistaates Bayern vorgelegten Fragebogen ausfüllen zu lassen, führte leider nicht zu dem gewünschten Ergebnis.

Abschließend darf bemerkt werden, daß bei einer derartigen Grundsatzentscheidung, für die die Zuständigkeit der Studentenschaft gegeben ist, die Wünsche der Studierenden angemessen berücksichtigt werden, damit ab Wintersemester 1967/68 ein reibungsloser Übergang der studentischen Krankenversicherung erfolgt.

Mit vorzüglicher Hochachtung

Dieter Leopold
1. Vorsitzender

BANKVERBINDUNG: BAYER. HYPOTHEKEN- UND WECHSELBANK, KTO. NR. 18519

Abb. 42: Zur Neuregelung der studentischen Krankenversicherung.

Abb. 43: *Das Führungsquartett der AOK Würzburg in den 70-er Jahren (von links nach rechts): Eugen Gärtner, Franz Walther, Willy Schleunung, MdS und Heinrich Weise.*

Abb. 44: *Dr. Karl Goldhammer (rechts) bei der Grippeschutzimpfung. Damals kam noch die »Pistole« zum Einsatz.*

Abb. 45: Thomas Roos   **Abb. 46:** Max Haas

Abb. 47: Die Berufsgenossenschaft der keramischen und Glas-Industrie bezog ihr neues Verwaltungsgebäude, Riemenschneiderstraße 2, im September 1993.

Viertes Kapitel

Vom Zusammenbruch bis zur Gegenwart

Nach der bedingungslosen Kapitulation des Deutschen Reiches am 7./8. Mai 1945 übernahmen die Siegermächte die Regierungsgewalt. Jedoch schon bald nahmen auch die Sozialversicherungsträger ihre Arbeit unter größten Schwierigkeiten wieder auf, waren die Menschen damals mehr denn je auf Hilfe und Unterstützung angewiesen. Zu einer schnellen wirtschaftlichen Stabilisierung sollte die Währungsreform am 21. Juni 1948 mit der Einführung der Deutschen Mark (DM) führen. Von da an ging das Leben wieder aufwärts. Erstes wichtiges Datum war die Gründung der Bundesrepublik Deutschland am 23. Mai 1949.

In allen Zweigen der Sozialversicherung gelang es, einen immer größer werdenden Leistungskatalog auf immer mehr Versicherte auszudehnen. Damit einhergehend höhere Beitragssätze ließen sich bei einer noch stärker steigenden wirtschaftlichen Leistungsfähigkeit verkraften. Erst in den 70-er Jahren begann die Diskussion um eine Begrenzung der Sozialausgaben, die mit wachsender Intensität die sozialpolitische Diskussion heute mehr denn je bestimmt. Seit 1975 wird das Sozialrecht in einer Kodifikation, nämlich dem Sozialgesetzbuch, zusammengefasst.

I. Krankenversicherung

War das erste Vierteljahrhundert in der Nachkriegszeit davon geprägt, das Recht der gesetzlichen Krankenversicherung den veränderten politischen, sozialen und wirtschaftlichen Verhältnissen anzugleichen, neue Personenkreise einzubeziehen und auch neue Leistungen einzuführen, so standen in der Folgezeit, bei einem unaufhaltsamen medizinischen Fortschritt, der Erhalt des umfangreichen Leistungskatalogs, aber auch Kostendämpfungsmaßnahmen im Vordergrund. Für die gesetzliche Krankenversicherung und ihre Träger brachte das Sozialgesetzbuch zum

1. Januar 1989 neue Rechtsgrundlagen mit dem V. Buch dieser Kodifikation. Mehr als zwei Millionen Personen sind heute im Gesundheitswesen beschäftigt; Tausende sind es auch in Würzburg.

1. Aus einer Kriegsruine zur viertgrößten AOK in Bayern

Bereits am 4. April 1945 waren in Würzburg die Amerikaner einmarschiert. Ihnen bot sich hier ein unbeschreibliches Trümmerfeld. Rund 5 000 Menschen waren bei dem Luftangriff am 16. März 1945 ums Leben gekommen, 90 Prozent des Würzburger Wohnraums wurden zerstört. 94 000 Personen, ca. 90 Prozent der Bevölkerung, erfuhren das Schicksal der Obdachlosigkeit und mussten ihre angestammte Stadt verlassen. Nirgends in ganz Bayern war das Leben so ausweglos und schwierig wie in der Stadt am Main.

In Würzburg hielten sich am 17. März 1945 nur noch etwa 6 000 Personen auf. Bereits am Nachmittag des 5. April 1945, über einen Monat vor der Kapitulation Deutschlands, wurde eine provisorische Stadtverwaltung eingesetzt. 264 «Wurfzettel« des Oberbürgermeisters bestimmten vom 15. April 1945 bis zum 22. Juni 1946 weitgehend das Presse-Geschehen in der unmittelbaren Nachkriegszeit. Nach dem »Wurfzettel« Nr. 5 von Oberbürgermeister Gustav Pinkenburg vom 24. April 1945 war »der Zuzug nach Würzburg gesperrt«. Nur Berufstätige, die beim Wiederaufbau der Stadt mitwirken konnten, erhielten die begehrte Zuzugsgenehmigung und vor allem auch die so wichtigen Lebensmittelmarken.

Um die Stadt besonders verdient gemacht haben sich in der unmittelbaren Nachkriegszeit die »Trümmerfrauen«, die nach der Zerstörung, für 27 Pfennig pro Stunde, Hand mit anlegten, dass Würzburg wieder aufgebaut werden konnte.

Überaus schwieriger Neubeginn im Frühjahr 1945

Nachdem das Inferno des 16. März 1945 das Hauptverwaltungsgebäude der AOK Würzburg und damit die meisten Akten, Hebelisten,

Karteikarten und Urkunden vernichtet hatte, gestaltete sich der Neubeginn für die Krankenkasse mehr als schwierig. An ein Weiterarbeiten war zunächst nicht zu denken. Die finanzielle Lage in den Frühlingsmonaten des Jahres 1945 muss ziemlich verzweifelt gewesen sein. Die Wirtschaft war weitestgehend zum Erliegen gekommen. In den ersten Wochen und Monaten nach dem Krieg erhielten viele Arbeitnehmer keine Löhne bzw. Gehälter und demzufolge die Krankenkasse keine Beiträge. Ebenso fehlten die Beiträge aus den letzten Kriegswochen bzw. -monaten, die wegen des völligen Zusammenbruchs nicht mehr termingerecht eingezogen werden konnten.

Nach fast zweimonatiger Unterbrechung nahm die AOK Würzburg im Mai 1945 mit zunächst wenigen, überwiegend weiblichen Angestellten die Betreuung ihrer Versicherten und der Arbeitgeber wieder auf. Im »OB-Wurfzettel« Nr. 13 vom 10. Mai 1945 heißt es dazu:

Die Allgemeine Ortskrankenkasse und Vereinigte Innungskrankenkasse Würzburg befindet sich Schweinfurterstraße 2 (Arbeitsamt).
Schalterstunden: Montag bis Samstag 8 - 12 Uhr.

Die bisher in Würzburg tätigen Betriebe und Arbeitgeber haben die Sozialversicherungsbeiträge für Oktober mit Dezember 1944 in Höhe der Septemberrechnung 1944, die mit vorzulegen ist, ab 16. Mai 1945 bei der Kasse einzuzahlen. Firmen, die seither nach wirklichem Arbeitsverdienst abgerechnet haben, entrichten die Beiträge wie bisher. Sämtliche Beschäftigte sind neu anzumelden.

Enge Räumlichkeiten im unzerstört gebliebenen Reichsbahneigenen Anwesen – die AOK war dort in sieben Räumen Untermieterin des Arbeitsamtes – erschwerten von Anfang an die tägliche Arbeit. Leihweise stellte das Arbeitsamt der Krankenkasse, die übergangsweise von Max Pfister geleitet wurde, Büromöbel zur Verfügung.

Schwierig gestaltete sich für die AOK Würzburg vor allem die personelle Situation. Viele der früheren Angestellten befanden sich noch in Kriegsgefangenschaft oder waren verwundet bzw. gefallen. Dazu kamen von Seiten der amerikanischen Militärregierung die Entnazifizierungsmaßnahmen. All das stellte einen schnellen Wiederaufbau der Krankenkasse und die Rückkehr zu einem geordneten Geschäftsbetrieb ernsthaft in Frage.

Nur wenige Vertragspartner im selbstlosen Einsatz

Auch die Versorgungssituation entsprach den damaligen Verhältnissen: Im Mai 1945 praktizierten 29 Ärzte, sechs Zahnärzte und vier Dentisten im zerstörten Würzburg. Tätig war auch eine Hebamme. Für die stationäre Behandlung standen drei Krankenhäuser zur Verfügung. Sie waren zum Großteil mit verwundeten und kranken Soldaten belegt. Auch zwei Apotheken waren geöffnet. Wie die Ortskrankenkasse all ihre finanziellen Verpflichtungen gegenüber Ärzten, Zahnärzten, Krankenhäusern und den anderen Vertragspartnern erfüllte, ist nicht mehr nachvollziehbar. Auch nicht, wie viele Beiträge die Krankenkasse aufgrund der Wurfzettel-Anordnung vom 10. Mai 1945 von den Arbeitgebern erhielt. Höchstwahrscheinlich blieb sie auch mit der Abführung der Renten- und der Arbeitslosenversicherungsbeiträge im Rückstand. Maria Richter, seit März 1943 als Verwaltungsinspektoren-Anwärterin im Dienst der AOK, weiß noch viele Einzelheiten:

Vollständig zerstört war das Hauptverwaltungsgebäude der AOK. Kein Stein war auf dem anderen geblieben. An ein Weiterarbeiten war nicht zu denken. Es galt zunächst den Schutt wegzuräumen. Einige wenige erhalten gebliebene Unterlagen brachten wir in unser neues Domizil in die Schweinfurter Straße. Ich war anfangs in der Leistungsabteilung eingesetzt. Überwiegend waren die Versicherten, die zu uns kamen, Kriegsheimkehrer. Über eidesstattliche Erklärungen und noch vorhandene Personaldokumente bauten wir eine neue Mitgliederkartei auf.

Krankengeld als wichtigste Barleistung

Langsam konnte in der Folgezeit wieder mit der Auszahlung der Barleistungen, vor allem mit dem Krankengeld, begonnen werden. Eine Hiobs-Botschaft enthielt der Wurfzettel Nr. 21 vom 5. Juni 1945:

Die Mitgliedschaft der Kriegsteilnehmer nach § 209 b Reichsversicherungsordnung erlischt mit dem 29. Mai 1945. Damit entfällt für sie der Anspruch auf Familienhilfe. Ehefrauen, deren Männer noch nicht aus der Wehrmacht entlassen sind, können bis 20. Juni 1945 freiwillige Weiterversicherung bei der Allgemeinen Ortskrankenkasse beantragen.

Wegen der widrigen Verhältnisse wurde diese Frist bis zum 31. August 1945 von der Krankenkasse prolongiert. Eine Verfügung des bayerischen Arbeitsministeriums ließ schließlich die Möglichkeit zur freiwilligen Weiterversicherung für Kriegshinterbliebene mit dem 22. Oktober 1945 enden. Eine weitere Einschränkung war im »Wurfzettel« Nr. 29 vom 18. Juni 1945 zu lesen:
Mitglieder der AOK Würzburg sind nur für Ärzte zugelassen, die der Kassenärztlichen Vereinigung Deutschlands angehören und bisher schon Kassenpraxis geübt haben.

Mit Hans Brandmann an der Spitze

Erster Direktor der AOK Würzburg in der Nachkriegszeit, von den Amerikanern eingesetzt, wurde im September 1945 Hans Brandmann. Er wird von einem Kenner der damaligen Zeit, Michael Meisner, als »äußerst versierter und kenntnisreicher Kommunalpolitiker« beschrieben. Am Ende des schicksalsträchtigen Jahres 1945 konnte die AOK Würzburg ihre vielfältigen Funktionen wieder großteils erfüllen. Die Stadt verzeichnete inzwischen 28 Industriebetriebe, deren Beschäftigte weitgehend bei der AOK krankenversichert waren. Von 1946 an ging es langsam aufwärts. Schon am 22. Januar 1946 beschickte die Krankenkasse wieder ihr Kindererholungsheim in Waischenfeld. 28 Mädchen fanden dort für vier Wochen Ausspannung und Erholung – in einer Gegend, die von den Wirren des Krieges weitgehend verschont geblieben war. Zuvor hatte die Vertrauensärztliche Dienststelle die Mädchen untersucht und bei ihnen Erholungsbedürftigkeit festgestellt.
Enge Räumlichkeiten und unzureichende Arbeitsplätze erschwerten allerdings neben anderen Unzulänglichkeiten noch über Jahre hinweg die tägliche Arbeit. Gleichwohl bemühten sich die Angestellten, den Krankenkassen-Mitgliedern und ihren Angehörigen in schwierigster Zeit zu helfen, wo immer es möglich war. Sie stellten der Krankenkasse sogar ihre privaten Schreibmaschinen zur Verfügung. Ein großes Problem bildete damals die Einschleusung der Heimatvertriebenen in den Arbeitsprozess, ließ andererseits aber die Mitgliederzahl der AOK Würzburg ansteigen.

Eine neue Währung für mehr als fünf Jahrzehnte

Am 20. Juni 1948 war die Zeit der »Zigarettenwährung« zu Ende. Mit der Währungsreform einen Tag später wurde die Reichsmark von der Deutschen Mark abgelöst. Jeder Würzburger erhielt zunächst 40 DM, später noch einmal 20 DM. Firmen bekamen für jeden Arbeitnehmer 60 Mark als Kredit für wirtschaftliche Zwecke. Die Geldvermögenswerte wurden im Verhältnis 100 : 6,5 auf die neue DM umgestellt. Auf einen Schlag hatte die AOK Würzburg den größten Teil ihres Altgeld-Guthabens verloren. Erst im Juli 1948 konnte sie mit der Auszahlung von Barleistungen beginnen. Weil das Arbeitsamt Würzburg bei der Währungsumstellung mit einer größeren Zahl von Arbeitslosen rechnete, verlangte es die der AOK nach Kriegsende unentgeltlich überlassenen Büromöbel wieder zurück.

Am 28. Februar 1949 bezog die Krankenkasse neue Diensträume in der Friedenstraße 14 im Hause der LVA Unterfranken. Dank des Entgegenkommens des damaligen LVA-Direktors Dr. Gotthold Wahl fand die AOK in einem von dieser Anstalt errichteten Zweckbau vorübergehend Unterkunft. Allerdings dehnte sich die »vorübergehende« Unterbringung, bedingt durch die Zeitumstände, auf einen Zeitraum von mehr als fünf Jahren aus und sollte dann bis zum 5. November 1954 dauern. Dem Publikum standen bei einer Fläche von 277 Quadratmetern 150 Quadratmeter zur Verfügung, was zu einem mitunter beängstigenden Gedränge führte. Die »Abteilung für Körperbeschädigte« der Krankenkasse, die in einer Baracke in der Eichstraße untergebracht gewesen war, befand sich ab 1. Juli 1949 ebenfalls im Rückgebäude in der Friedenstraße 14. Bei der Versorgung der Kriegsbeschädigten handelte es sich übrigens um eine Fremdaufgabe, welche die Krankenkasse gegen Kostenerstattung im Auftrag des Staates durchführte.

Öffnungszeiten an Stromsperren angepasst

Die zahlreichen Stromsperren wirkten sich auf den Geschäftsablauf besonders negativ aus. Um keinen Ausfall an Arbeitszeit entstehen zu lassen, passte die AOK Würzburg in den Wintermonaten ihre Dienst-

zeiten den jeweiligen Stromsperrzeiten an. Solange die Tageslicht-Verhältnisse den Dienstbeginn um 7.30 Uhr nicht zuließen, begann die Arbeit an Tagen mit Stromsperre um 8 Uhr. Die versäumte Dienstzeit mussten die Angestellten in Zeiten ohne Stromsperre nachholen.
Das Sozialversicherungs-Anpassungsgesetz vom 17. Juni 1949 erhöhte die Versicherungspflichtgrenze in der gesetzlichen Krankenversicherung und damit auch bei der AOK Würzburg ab 1. Juni 1949 auf 4 500 DM jährlich. Wer mehr verdiente, konnte sich freiwillig weiterversichern. Der durchschnittliche Verdienst der AOK-Mitglieder lag im Jahresmittel 1949 bei 1 761 DM. Eine Dienstanweisung vom 15. September 1949 vermittelte den Angestellten folgende »Empfehlungen« am Arbeitsplatz:

Der Verbrauch an elektrischem Strom und Gas belastet die sachlichen Verwaltungskosten. Es muß deshalb das Bestreben eines jeden Angestellten sein, diese Ausgaben so niedrig wie möglich zu halten. Prüfe deshalb jeder Einzelne, ob es z.B. erforderlich ist, daß eine große Deckenbeleuchtung brennt, wenn man den gleichen Zweck mit einer Tischlampe erreichen kann ...

Auch mit dem Verbrauch von Gas wolle sparsam umgegangen werden. Der Hausmeister wird angewiesen, die Putzfrauen entsprechend zu belehren. Bei dem Gasherd im Keller wolle besonders darauf geachtet werden, daß die Gasflamme nie über den Boden des Topfes hinaus brennt.

Von dieser Dienstanweisung hatten die damals 73 Bediensteten der Krankenkasse gegen Unterschrift Kenntnis zu nehmen.

Ärzte und Zahnärzte im Blick der Öffentlichkeit

Doch zunächst ein Blick auf »die andere Seite« des Gesundheitswesens, nämlich die Leistungserbringer der Krankenkassen. Vom 30. September 1949 stammt das »Gesetz über eine kassenärztliche, kassenzahnärztliche und kassendentistische Vereinigung Bayerns«. Wichtigste Vertragspartner dieser Vereinigungen sollten in der Folgezeit nicht die einzelnen Krankenkassen, sondern die Krankenkassen-Verbände auf Landes- und Bundesebene werden. Dies führte dazu, dass die Verbände die Oberhand im Vertragssektor, d.h. beim Abschluss von überregionalen Verträgen, gewannen und die einzelnen Krankenkassen mehr und mehr in den Hintergrund drängten, sie nur noch zu »Zustimmungsorganen« bei Honorarverhandlungen machten. Der Vorstand der AOK Würzburg befand sich dabei oft in einer wenig beneidenswerten Rolle; denn er musste die auf Verbandsebene ausgehandelten Honorarsätze beinahe hilflos entgegennehmen und andererseits mit der finanziellen Leistungsfähigkeit der Krankenkasse in Einklang bringen – ein schwieriges Unterfangen, was insbesondere auf Arbeitgeber-Seite immer wieder »aufstieß«.

Gleichwohl organisierte sich die Kassenärztliche Vereinigung Bayerns dezentral und errichtete dazu in jedem Regierungsbezirk eine Bezirksstelle. Erster Vorsitzender der unterfränkischen Kassenärzte wurde am 26. November 1949 Dr. Ludwig Diem, der schon vor dem Krieg in der ärztlichen Standesvertretung gearbeitet hatte. In der so schwierigen Aufbauphase nach dem Zweiten Weltkrieg bekleidete er dieses Amt bis zum Jahre 1960. Als »Geschäftsführende Ärztin« stand ihm ab 1. Januar 1952 Dr. Marianne Friedrich zur Seite. Am 30. September 1949 waren in der Domstadt 45 Kassenärzte, davon 33 Praktische Ärzte und zwölf Fachärzte, tätig. Auf 1 626 Einwohner – Würzburg zählte bereits wieder über 73 000 Einwohner – kam also ein Arzt.

Andere Strukturen bei den Zahnärzten

Im Gegensatz zu den Ärzten organisierten sich die Zahnärzte nach 1949 nicht regional, sondern zentral in der bayerischen Landeshauptstadt. In Würzburg bestand und besteht lediglich eine Bürostelle der Kassenzahnärztlichen Vereinigung Bayerns. Dagegen ist der Zahnärztliche Bezirksverband Unterfranken, der die berufspolitischen Interessen der Zahnärzte vertritt, eine selbstständige Organisation in Form einer Körperschaft des öffentlichen Rechts.

Die 1925 ins Leben gerufene Ärztliche Verrechnungsstelle Büdingen errichtete im Jahr 1952 in der Domstraße 5 eine Geschäftsstelle, der 40 Mitglieder angeschlossen waren. Später kamen Räumlichkeiten in der Domstraße 27 hinzu. Dann zog die Verrechnungsstelle, die heute mit sieben Mitarbeiterinnen rund 370 Ärzte in der Region Würzburg betreut, ins Ärztehaus am Paradeplatz, ehe 1979 der Umzug in einen Neubau in der Kantstraße erfolgte.

Von der Friedenstraße an den Kardinal-Faulhaber-Platz

Die Raumnot bei der AOK Würzburg ließ sich erst beseitigen, als die Krankenkasse wieder ihr Verwaltungsgebäude am angestammten Platz beziehen konnte. Dem Gebäudekomplex am Kardinal-Faulhaber-Platz wurde in städtebaulicher Hinsicht besondere Aufmerksamkeit zuteil; denn der Blick auf historische Bauten musste unbedingt erhalten bleiben. Mit der schließlich gefundenen Lösung ließ sich eine Überhöhung vermeiden, und die Sicht auf die Türme des Domes und die Festung war uneingeschränkt möglich. Mit dem Neubau verschwand auch der ehemalige Durchgang zum Ingolstadter Hof. Die AOK hatte die Anwesen Ingolstadter Hof 2 und 4 sowie Maxstraße 7 hinzugekauft. Damit blieb die Krankenkasse »im Herzen der Stadt«, bürgernah und bequem zu erreichen.

Architekt der Baumaßnahme war Regierungs-Baumeister Hubert Groß. Als Baureferent der Krankenkasse fungierte der stellvertretende Geschäftsführer Hans Berthold. Schon in den Jahren zuvor hatte sich die AOK in der Öffentlichkeit harsche Kritik gefallen lassen müssen, warum es mit dem Neubau nicht vorangehe. So schrieb die »Main-Post« in ihrer Ausgabe vom 5. Dezember 1950:

... wobei es unverständlich ist, daß die AOK, die aus ihrem jetzigen Bürogebäude wieder heraus muß, mit dem Wiederaufbau ihres Verwaltungsgebäudes, eben an diesem Schrannenplatz (Anmerkung: des heutigen Kardinal-Faulhaber-Platzes) so zögert.

Schuld an dieser Verzögerung war aber, dass die AOK Würzburg damals noch nicht, wie vor dem Krieg, über Selbstverwaltungsorgane verfügte. Sie wurden erst im Mai / Juni 1953 gewählt. Als Interimslösung für die Vorarbeiten bis zum Jahre 1953 fungierte deshalb ein vorläufiger Bauausschuss, besetzt mit Versicherten- und Arbeitgeber-Vertretern, dem es aber an den entsprechenden Befugnissen mangelte. Am 6. November 1954 wurde das neu errichtete Hauptverwaltungsgebäude eingeweiht. Die »Main-Post« berichtet darüber am 8. November 1954:

... In der festlich geschmückten Schalterhalle waren neben Mitgliedern der Verwaltungsorgane der Krankenkasse zahlreiche Ehrengäste erschienen ... Der Vorsitzende des Vorstandes, Kaufmann Fritz Reinhard, verwies darauf,

daß der Bau des neuen Verwaltungsgebäudes – trotz seiner Dringlichkeit – erst 1953 angesetzt wurde, da der AOK zunächst daran lag, eine gesunde Basis für die Versicherten zu schaffen. Wenn heute die Ortskrankenkassen in unfairer und billiger Weise angegriffen, ihnen Luxus und Verschwendung in der Verwaltung vorgeworfen würden, so sei dies bei der Würzburger Kasse bestimmt fehl am Platz. Es wurde mit sparsamsten Mitteln das Bestmögliche geschaffen. Wie der Neubau einfach und schlicht und doch seiner Bedeutung entsprechend ausgeführt wurde, so solle auch im inneren Betrieb alles zweckmäßig und mustergültig sein.

Speisen und Getränke auf eigene Kosten

Das in Aschaffenburg ansässige »Main-Echo« hatte bereits am 29. Oktober 1954 geschrieben:

Eine pergamentene Urkunde, zahllose Fotografien vom Zustand vor und nach der Zerstörung und 5,68 Mark des derzeit gebräuchlichen Hartgeldes, verlötet in eine mächtige Kupferbüchse, wurden am Mittwoch in einem feierlichen Akt im Neubau der Allgemeinen Ortskrankenkasse in Würzburg eingemauert. Zu der Schlußsteinlegung hatten sich die Vorstandschaft und die Direktion vollständig eingefunden. Der Wiederaufbau des Verwaltungsgebäudes der AOK Würzburg ist damit abgeschlossen. Er kostete eine knappe Million Mark. Bauzeit: 15 Monate; Frontlänge: 42 Meter; Höhe 19 Meter mit sechs Stockwerken.

In Sachen »sparsame Verwaltung« berichtet die Zeitung weiter:

Die Sparsamkeit begann sofort: Beim anschließenden Umtrunk mußten die Vorstandsmitglieder ihre Speisen und Getränke selbst bezahlen.

In ihrem Neubau verwirklichte die Krankenkasse eine neuartige Idee, ohne dass der Datenschutz damals schon »in aller Munde« gewesen wäre: Um die Bedienung der Mitglieder und Versicherten in der Schalterhalle persönlich und vertraulich zu gestalten, wurden zwischen den Schalterraum-Stützen Sprechkabinen errichtet. Die Flachreliefs über den beiden Eingängen schuf Fried Heuler. Während das eine Kunstwerk den »Barmherzigen Samariter« zeigt, ist auf dem anderen ein Arzt im Kampf mit einer Hydra, einem See-Ungeheuer in der griechischen Sage, zu sehen.

Konstituierung der beiden Selbstverwaltungsorgane

Inzwischen waren am 16./17. Mai 1953 die ersten Sozialwahlen in der Nachkriegszeit mit der Wahl der Vertreterversammlung, der jeweils 20 Vertreter der Versicherten und der Arbeitgeber angehörten, erfolgt. Die Vertreterversammlung wählte am 3. Juni 1953 den Vorstand, bestehend aus je sechs Arbeitgeber- und Versicherten-Vertretern. Als ordentliche Mitglieder gehörten dem Gremium in der Wahlperiode von 1953 bis 1958 unter anderem Persönlichkeiten wie Oskar Albert, Willi Redelberger (Vorstandsvorsitzender versichertenseits), Robert Bald, Eugen Reinfurt, Fritz Reinhard (Vorstandsvorsitzender arbeitgeberseits) und Dr. Bernhard Walle an.

Viele Tagesordnungspunkte bei Vorstandssitzungen

Die in den Protokollen der AOK Würzburg festgehaltenen Beratungen des Vorstandes, nicht selten 30 bis 35 Tagesordnungspunkte in einer Sitzung, beschäftigten sich in der Anfangszeit vor allem mit der Finanzsituation der Krankenkasse, insbesondere immer neuen Forderungen der Vertragspartner nach höheren Honoraren und Pflegesätzen, aber auch mit der Zulassung neuer Vertragspartner im Heil- und Hilfsmittel-Bereich, mit der Gewährung von satzungsmäßigen Leistungen bzw. der Anpassung an neue Gesetze und mit Personalfragen wie Dienstordnung, Stellenplan, Einstellungen, Beförderungen bzw. Entlassungen von Bediensteten sowie der zweckmäßigen Ausstattung und Einrichtung der insgesamt sieben AOK-Geschäftsstellen in Mainfranken, des Kindererholungsheimes in Waischenfeld und des kasseneigenen Wohngebäudes in der Friedrich-Spee-Straße. Nach den Personalproblemen in der unmittelbaren Nachkriegszeit hatte sich die Verwaltung der Krankenkasse in der 50-er Jahren personell wieder erholt und eine erste Aufbauphase hinter sich. Die Lehrlinge der AOK standen von Anfang an in vollem Einsatz. Und das bedeutete für sie eine 48-Stunden-Arbeitswoche. Die theoretische Ausbildung schloss sich abends und an den Sonntagen an, organisiert im Fernkurs-System vom Landesverband der Ortskrankenkassen in Bayern.

Sparsamkeit als oberstes und wichtigstes Gebot

Für immer neue Aufgabenbereiche entwarf die Krankenkasse besondere, teilweise umfangreiche Dienst- und Geschäftsanweisungen, zunächst, weil es mit der Mangelware Papier sparsam umzugehen galt, mit Schreibmaschine geschrieben und in Umlauf gegeben, später dann vervielfältigt. Dafür genehmigte der Vorstand die Anschaffung eines Printo-Vervielfältigers.

Sparsamkeit war damals bei der AOK Würzburg oberstes Gebot. Mit vielem, was heute einem Abteilungs- oder Referatsleiter übertragen ist, befasste sich höchstpersönlich und manchmal sehr ausführlich der zwölfköpfige Vorstand. Oft kam es zu langen und teilweise kontrovers geführten Diskussionen über die Notwendigkeit einer Maßnahme oder die Anschaffung eines Gegenstandes. Kein Wunder, prallten doch in dem paritätisch besetzten Gremium die Meinungen von Arbeitgebern und Versicherten aufeinander. Und dann gesellte sich dazu noch die Ansicht der Verwaltung in Form des Geschäftsführers. Während in den 50-er Jahren der Gesamtvorstand in den meisten Fällen ohne besondere Vorberatung entschied, bildete er im folgenden Jahrzehnt zahlreiche Ausschüsse wie Vertrags-, Personal-, Kinderheim- oder Bauausschuss. Dabei fanden umfangreiche Beratungen statt und die Ergebnisse wurden dann dem Vorstand zur Entscheidung vorgelegt.

Die Krankenkasse in der Aufbauphase

Nach 1953 begann der Aufbau der gesetzlichen Krankenversicherung und damit eine lange Phase der Anpassung an eine sich ständig wandelnde Gesellschaft, aber auch eine Vereinfachung der Verwaltungsvorgänge dank neuer Technik und immer mehr Gesetze mit nicht immer leicht verständlichen Paragraphen. Damit einher ging, wenn es auch lange dauern sollte, der Wandel der AOK von einer bürokratischen Einrichtung hin zu einem modernen Dienstleistungsunternehmen, das einem immer stärker werdenden Wettbewerb standzuhalten hatte.

Rund 85 Prozent der Betriebe führten ihre Sozialversicherungsbeiträge ordnungsgemäß an den festgesetzten Zahl- bzw. Überweisungstagen ab; der Rest wurde mit einer Mahnung bzw. mit Zwangsvollstreckungsmaßnahmen »beglückt«. Freilich waren die Beiträge damals noch weit vom heutigen Niveau entfernt. So wies die Jahresrechnung für 1953 Reineinnahmen von 13,8 Millionen DM und Reinausgaben von 14,1 Millionen DM auf. Trotz eines Defizits von über 264 000 Mark sah die AOK von einer Erhöhung der Krankenkassen-Beiträge ab. Das Minus wurde vielmehr durch die Rücklage ausgeglichen.

Erholungsmaßnahmen für Erwachsene und Kinder

Erholungsmaßnahmen für erwachsene Versicherte liefen ab 1955 wieder an, und zwar ebenfalls in Waischenfeld. Weibliche Mitglieder kamen in den Gasthof »Zur Post« und männliche Versicherte in den »Gasthof Keller«. Ab 1956 nutzte die Krankenkasse für Kurzwecke ihrer Mitglieder das Erholungsheim »Regina« des Landesverbandes der Ortskrankenkassen in Bayern, im schönen Bad Kissingen gelegen.
Schwester Franziska Mechela löste am 15. September 1955 im Kindererholungsheim Waischenfeld die bisherige Oberin Elisabeth Adamski ab. Ein »Kurator« in der Person von Ludwig Hausmann besuchte im Auftrag des Vorstandes regelmäßig das Kinderheim und berichtete dem Vorstand ausführlich über das Geschehen in Waischenfeld.
Schon Mitte der 50-er Jahre hatte sich die größte Würzburger Krankenkasse mit den ständig steigenden Arzneimittel-Ausgaben auseinanderzusetzen. So bereicherte ein Vortrag zum Thema »Ist eine Senkung der Arzneimittelkosten in der sozialen Versicherung vom Standpunkt des Arztes aus vertretbar und wie kann sie erreicht werden?« eine der alle vier bis sechs Wochen stattfindenden Vorstandssitzungen. Schon damals wurden Pharmawerbung, Verschreibung teurer Arzneimittel durch die Kassenärzte, aber auch die Überprüfung einer wirtschaftlichen Verordnungsweise angesprochen; denn oft fanden sich auf den Rezepten Arzneimittel, die nicht zum Leistungskatalog der Krankenkassen gehörten, insbesondere Kräftigungsmittel, aber auch Hautpflegemittel und andere kosmetische Präparate. Und was die Angelegenheit prekär machte: Die AOK Würzburg stand bei den Arzneimittel-Ausgaben teilweise an der Spitze der 38 Ortskrankenkassen im Freistaat.

Hans Berthold acht Jahre lang Geschäftsführer

Ein erster Wechsel bei der Geschäftsführung der AOK Würzburg erfolgte zum 1. März 1955. Der bisherige Stellvertreter Hans Berthold löste Hans Brandmann ab, nach dem der Stadtrat später einen Weg in Grombühl zum Dank für seine ehrenamtliche Tätigkeit im Stadtparlament benannte. Als stellvertretender Geschäftsführer folgte Karl Ries. Nach nicht einmal einem Jahr war Hans Berthold zu einem für jeden Geschäftsführer nicht erfreulichen Schritt gezwungen. Die AOK Würzburg erhöhte, nach einem entsprechenden Beschluss der Vertreterversammlung, zum 1. Januar 1956 den allgemeinen Beitragssatz von 6,0 auf 6,6 Prozentpunkte. Der Vorstand hatte für lediglich 6,5 Prozentpunkte votiert. Schuld an der Maßnahme waren die stark gestiegenen Leistungsausgaben, insbesondere bei den Arzneimitteln. Die Ursachen dafür sah der Vertrauensapotheker der AOK, Dr. Alexander Kaczmarek in einer Vielzahl moderner, besonders teurer Medikamente, in der Verordnung durch die hiesigen Universitätskliniken, in der Anfälligkeit und damit verbundenen Häufigkeit der Inanspruchnahme ärztlicher Hilfe durch die Bevölkerung auf Grund der besonderen klimatischen Verhältnisse in Unterfranken, in erhöhten Ansprüchen der Versicherten, aber auch im Fehlen einer ärztlichen Beratung zur Unterstützung der Rezeptprüfstelle.

Zwischen 60 000 und 80 000 Rezepte monatlich

Bei der AOK-Rezeptprüfstelle fielen damals rund 80 000 Rezepte je Wintermonat an; in der übrigen Jahreszeit waren es etwa 60 000 monatlich. Davon wurden im Monat ca. 3 000 Verordnungsblätter bearbeitet, und zwar sowohl in pharmazeutischer wie auch in versicherungsrechtlicher Hinsicht. Zum Zahnersatz leistete die AOK Würzburg verhältnismäßig bescheidene Zuschüsse. Die Ausgaben für die »Dritten« bewegten sich bei den Mitgliedern zwischen 275 062 DM (1950) und 247 580 DM (1957). Mit den Zuschüssen für Zahnersatz, eine satzungsmäßige Leistung, stand die AOK Würzburg zeitweise an letzter Stelle in der Rangliste der bayerischen Ortskrankenkassen.

Defizitäre Rentner-Krankenversicherung

Große Sorgen bereitete Mitte der 50-er Jahre die stets defizitäre Krankenversicherung der Rentner. Allein im Mai 1956 erforderten die Ausgaben dafür bei der AOK Würzburg einen Mehraufwand von annähernd 360 000 DM und rissen ein tiefes Loch in die Kasse. Das »Gesetz über die Krankenversicherung der Rentner« vom 12. Juni 1956 schrieb für alle Bezieher einer Rente mit einer bestimmten Vorversicherungszeit die damals noch kostenfreie Mitgliedschaft in einer gesetzlichen Krankenkasse bzw. bei einer Ersatzkasse vor. Die Rentner besaßen Anspruch auf alle gesetzlichen und satzungsmäßigen Leistungen, mit Ausnahme des Krankengeldes. Insgesamt erwartete die AOK Würzburg durch die Neuregelung 22 000 Rentner. Tatsächlich waren es zum 1. Dezember 1956 20 959 pflicht- und 6 469 freiwillig versicherte Rentner. Eine Zusatzversicherung auf Sterbegeld konnten die Rentner aufrecht erhalten, wenn diese bereits am 1. August 1956 bestanden hatte. Gleichwohl kündigten bei der AOK Würzburg über 1 000 Versicherte ihre Zusatzversicherung.
1956 – die Krankenkasse zählte inzwischen 62 049 Mitglieder – übten noch zwei Bader ihre selten gewordene Tätigkeit aus, Otto Hartmann in der Stadt und Wilhelm Frohmüller, Vater des Urologen Prof. Dr. Hubert Frohmüller, in Heidingsfeld. Sie erhielten 1955 für ihre Bemühungen 1 330 DM vergütet. Für die Behandlung stellte die AOK ihren Mitgliedern einen Krankenschein mit dem Aufdruck »Approbierter Bader« zur Verfügung.

Ein neues Ärztehaus am Paradeplatz

Aufsehen erregte 1956 auch in Würzburg der Film des Regisseurs Paul May »Weil Du arm bist, mußt Du früher sterben«. Wenngleich die Leistungsgewährung der Ortskrankenkassen im allgemeinen in dem Streifen scharf angegriffen wurde, sah sich die AOK Würzburg, im Gegensatz zu anderen Ortskrankenkassen, nicht veranlasst, gegen die einseitige Hetze Stellung zu beziehen. Die Zeit für eine Presse- und Öffentlichkeitsarbeit war damals noch nicht reif. Am 14. April 1956 war

auch für die Bezirksstelle Unterfranken der Kassenärztlichen Vereinigung Bayerns die Zeit des Provisoriums vorbei. An diesem Tag weihte der größte Vertragspartner der AOK seinen Neubau am Paradeplatz ein. Am Eingang des Ärztehauses war der Spruch zu lesen:
Der Kampf um das Leben
Heischt Einsatz des Arztes,
Mitfühlend Verstehen
Und mutige Hände.
Als im Jahre 1956 die ersten Gastarbeiter aus Italien – andere Länder wie Spanien, Griechenland, die Türkei, Portugal und Jugoslawien folgten bis 1968 – in der Bundesrepublik eintrafen und ihre Arbeit auch in Würzburg und Umgebung aufnahmen, wurden die ausländischen Arbeitnehmer überwiegend Mitglieder der AOK Würzburg und erfuhren damit eine medizinische Rundum-Versorgung, wie sie es in ihren Heimatländern damals nicht gab. Eingesetzt wurden die »Gastarbeiter« in Wirtschaftszweigen, die besonders vom Arbeitskräftemangel betroffen waren, wie Baubranche, Metallindustrie und Gastronomie.

Krankenhaus-Pflegesätze im Aufschwung

Mitte der 50-er Jahre erfuhren die Krankenhaus-Pflegesätze erste Erhöhungen, die sich verstärkt fortsetzen und die gesetzliche Krankenversicherung insgesamt in eine schwierige finanzielle Situation bringen sollten. So wurden ab 1. April 1956 im Juliusspital und in der Missionsärztlichen Klinik die Pflegesätze für Erwachsene und Jugendliche ab dem 15. Lebensjahr auf 12,25 DM und für Kinder auf 9,20 DM angehoben. Weil die AOK Würzburg der mit Abstand größte Kostenträger dieser Kliniken war, erhielt sie einen Nachlass von sieben Prozent, was allerdings nicht propagiert wurde. Damals wurden Ein- und Austrittstag noch als ein Pflegetag berechnet.
Im Luitpold-Krankenhaus fielen allgemein 12,10 DM an, wobei Frischblutspenden, Blutkonserven und Blutersatzmittel gesondert zu vergüten waren. Mit einzelnen Universitäts-Kliniken bestanden separate Verträge. Auch hier galt der 7%-ige Rabatt ausschließlich für die Versicherten der AOK Würzburg. Niedrigere Pflegesätze fielen in der Privat-Frauen-

klinik Dr. Köster und in der Privat-Frauenklinik Dr. Seisser, jeweils 9,30 DM für Erwachsene und 2,00 DM für Säuglinge mit Mutternahrung, an. Ebenso im Säuglings-Krankenhaus am Mönchberg (6,70 DM). Für einen Krankentransport zahlte die AOK Würzburg ab 1. Juni 1957 im Stadtgebiet von Würzburg einen Pauschalsatz von 7 DM.

Zur Lohnfortzahlung für Arbeiter im Krankheitsfall

Ein neuer Name im AOK-Vorstand taucht im Mai 1957 mit dem Kunstschmiedemeister Philipp Schrepfer auf, nachdem Eugen Reinfurt auf eigenen Wunsch aus dem Gremium ausgeschieden war. Für die Vertreter der Handwerkskammer von Unterfranken war die Repräsentanz in den Selbstverwaltungsorganen von AOK und IKK, die ja damals schon in einem nicht zu übersehenden Wettbewerb standen, wie ein Spagat, den sie aber geschickt lösten: Präsident und Hauptgeschäftsführer waren im AOK-Vorstand präsent und der stellvertretende Kammerpräsident arbeitnehmerseits, Hans Grebner, gehörte dem Vorstand der IKK, über Jahre hinweg als alternierender Vorstandsvorsitzender, an.
Noch etwas beschäftigte die Krankenkasse damals, nämlich das »Gesetz zur Verbesserung der wirtschaftlichen Sicherung der Arbeiter im Krankheitsfall« vom 26. Juni 1957. Es bildete den Anfang zur Lohnfortzahlung für Arbeiter bei Arbeitsunfähigkeit und sollte der AOK Würzburg jährliche Mehraufwendungen von rund zwei Millionen DM bringen. Gleichzeitig verpflichtete das Gesetz den Arbeitgeber zur Zahlung eines Zuschusses zu den Barleistungen der Krankenkasse bei einer Krankheit des Arbeiters. Wenn auch das Gesetz nach seiner Verabschiedung teilweise heftiger Kritik ausgesetzt war, so bedeutete es einen wesentlichen Schritt zur Angleichung der rechtlichen Stellung des Arbeiters an die des Angestellten, die endgültig im Jahre 1970 erfolgte. Für die AOK kamen ab 1957 jedoch Zeiten größter finanzieller Anstrengungen.
Gleich zweimal innerhalb kürzester Zeit sah sich Würzburgs größte Krankenkasse zu Beitragssatzerhöhungen gezwungen, nämlich ab 1. August 1957 von 6,6 auf 7,8 Prozentpunkte und zum 1. Januar 1958 von 7,8 auf 8,5 Prozentpunkte. Die finanzielle Lage ließ bei einem De-

fizit von 673 000 DM im Jahre 1957 eine andere Möglichkeit nicht zu, insbesondere, mit Rücksicht auf die VIKK Würzburg, keinen Abbau von satzungsmäßigen Mehrleistungen. Zur finanziell wenig erfreulichen Situation trug auch eine Grippeepidemie bei. Sie »erwischte« im Oktober 1957 Tausende von AOK-Mitgliedern und verlangte von den Angestellten viele Überstunden außerhalb der üblichen Arbeitszeit.
Apropos Arbeitszeit: Nachdem die Ersatzkassen in Würzburg am 1. Juni 1957 »mit gutem Beispiel« vorangegangen waren, zog die AOK Würzburg am 9. Juli 1957 nach. Samstags fand kein Publikumsverkehr mehr statt. Wenn auch Bedenken geltend gemacht wurden, so ahnte damals wohl niemand, dass Jahrzehnte später Öffnungszeiten am Samstag als Wettbewerbsvorteil galten. Ab 1. Januar 1958 waren übrigens für die Bediensteten der AOK zwei Samstage im Monat dienstfrei, ein Sieg für die Fünf-Tage-Woche, die am 1. März 1959 verwirklicht wurde, bei 45 Stunden Arbeitszeit in der Woche.
Weiterhin große finanzielle Schwierigkeiten kennzeichneten die zweite Amtsperiode (1958 bis 1962) der sozialen Selbstverwaltung. Mit Fritz Reinhard und Willi Redelberger blieb an der Spitze des Vorstandes alles beim Alten, wenngleich die Arbeit im Ehrenamt immer schwieriger und umfangreicher wurde. Der im Grundgesetz propagierte Sozialstaat erfüllte sich zunehmend mit Leben.

Höchstes Gericht für freie Arztwahl

Nicht so sehr eine erneute Grippeepidemie im Jahre 1960 als vielmehr ein Aufsehen erregendes Urteil des höchsten deutschen Gerichts bewegte 1960 die Gemüter im ehren- und hauptamtlichen Bereich der Krankenkassen sowie bei den Ärzten, Zahnärzten und ihren Verbänden. Das Bundesverfassungsgericht erklärte nämlich am 23. März 1960 die Verhältniszahl, die bisher die Anstellung von Ärzten von der Anzahl der zu versorgenden Kassenmitglieder abhängig gemacht hatte, als mit dem Grundrecht auf freie Berufswahl nicht vereinbar und damit für verfassungswidrig. Als Konsequenz dieser Entscheidung, zu welcher der Würzburger Professor Dr. Günther Küchenhoff maßgeblich beigetragen hatte und die endgültig den Sieg der Ärzte im jahrzehntelangen Kampf um die freie Arztwahl brachte, nahmen die Arztniederlassungen in der Bundesrepublik deutlich zu. Nicht so in der Universitätsstadt Würzburg. Während die Kassenärztliche Vereinigung am 23. März 1960 in Würzburg insgesamt 99 Kassenärzte, 55 Praktische Ärzte und 44 Fachärzte, registrierte, waren es zum Jahreswechsel 1960/61 nur vier mehr, nämlich je zwei Allgemein- und Fachärzte. Im Freistaat Bayern war die Zahl der Kassenärzte nach diesem Karlsruher Urteil dagegen von 6540 am 1. Januar 1960 auf 7420 im September 1960 angestiegen. 1960 vollzog sich auch ein Wechsel bei der Bezirksstelle Unterfranken der Kassenärztlichen Vereinigung Bayerns: 14 Jahre lang war nun Dr. Fritz Kraefft Vorsitzender der Kassenärzte.

Keine Reform der gesetzlichen Krankenversicherung

Große Hoffnungen setzten die Verantwortlichen aller Krankenkassen in eine Reform der gesetzlichen Krankenversicherung, wie sie Bundeskanzler Konrad Adenauer in seiner Regierungserklärung am 29. Oktober 1957 angekündigt hatte. Doch sowohl 1961 wie ein Jahr später scheiterten entsprechende Gesetzesvorhaben. Auch in der Folgezeit erfolgte keine Neuregelung. Die gesetzliche Krankenversicherung wurde lediglich in Rand- und Teilbereichen geändert, ergänzt und weiterentwickelt. Darauf im einzelnen einzugehen, würde den vorgegebenen Rahmen sprengen. Wen es gleichwohl interessiert, der sei auf zwei Bücher verwiesen: Dr. Horst Peters und der Verfasser dieses Buches haben die Entwicklung in ihren Büchern »Die Geschichte der sozialen Versicherung« in zwei Teilen bundesweit dargestellt.

Vorerst kein Umbau des Hauptverwaltungsgebäudes

Überspringen wir die Jahre von 1960 bis 1963, in denen Entscheidendes aus den Annalen der AOK Würzburg nicht zu berichten ist – außer dass sich die Selbstverwaltungsorgane der Krankenkasse mit einem Umbau bzw. einer Erweiterung des zu klein gewordenen Hauptverwaltungsgebäudes befassten, ein konkretes Ergebnis in dieser Zeit aber nicht zu vermelden war.

Die »Ära Eglauer« von 1963 bis 1982

Acht Jahre lang hatte Alois Eglauer im Dienste des Landesverbandes der Ortskrankenkassen in Bayern gestanden, wo er Verhandlungen mit den bayerischen Krankenhausträgern über die Festsetzung von Pflegesätzen führte. Oft auch in Würzburg, so dass er bei den Vorstandsmitgliedern der AOK kein Unbekannter mehr war. Nachdem er zum 1. April 1963 Karl Ries wegen dessen angeschlagener Gesundheit als stellvertretender Geschäftsführer der AOK Würzburg abgelöst hatte, wurde der gebürtige Landshuter, nach dem plötzlichen Tod seines Vorgängers Hans Berthold am 1. November 1963, mit Wirkung vom 1. Dezember 1963 einstimmig zum Geschäftsführer der Würzburger AOK berufen. Zum 1. Februar 1964 wählte der Vorstand der AOK Würzburg unter drei Bewerbern den bisherigen Leiter der Hauptabteilung »Allgemeine Verwaltung«, Hubert Bausewein, zum stellvertretenden Geschäftsführer. Aus der »Ära Eglauer«, welche die Jahre von 1963 bis 1982 umfasste, sei hervorgehoben: Im Jahresdurchschnitt 1963 verzeichnete die AOK 103 088 Mitglieder, davon im Stadt- und Landkreis Würzburg 46 641. Als größter Posten im Etat, bei Ausgaben von fast 44 Millionen DM, schlug damals noch das Krankengeld zu Buche, gefolgt von der ärztlichen Behandlung und der Krankenhauspflege auf dem dritten Rang. Der Beitragssatz lag bei 10,0 Prozentpunkten und war fast doppelt so hoch wie Anfang 1949 mit 5,5 Prozentpunkten.

Mit dem Omnibus nach Waischenfeld

319 Kinder wurden 1963 in das Kindererholungsheim in Waischenfeld aufgenommen. An- und Abreise der Kinder erfolgten mit einem Omnibus in zehn Sammeltransporten, wechselweise Buben und Mädchen im Alter von 6 bis 14 Jahren unter folgenden Bedingungen:
Aufgenommen werden nur solche Kinder, deren Eltern oder Erziehungsberechtigte (Großeltern) Mitglied der Krankenkasse sind und vom Vertrauensarzt für erholungsbedürftig erklärt werden. Keine Aufnahme finden kranke Kinder, Bettnässer sowie Kinder, die mit Ungeziefer oder ansteckenden Krankheiten behaftet sind oder in deren näherer Umgebung sechs Wochen

vor Beginn des Erholungsaufenthaltes ansteckende Krankheiten aufgetreten waren. Der Aufenthalt im Heim ist kostenlos. Erholungsbedürftige Erwachsene werden nicht aufgenommen.
Unter der Heimleiterin Schwester Franziska Mechela von den Lorenz-Schwestern in Frankfurt am Main widmeten sich insgesamt sieben Personen dem Wohl der Erholung suchenden Kinder.

Einerseits Baumaßnahmen – andererseits Öffentlichkeitsarbeit

Die überfällige Erweiterung des Hauptverwaltungsgebäudes durch einen Anbau an der Maxstraße und eine Überbauung des Hofraumes konnten im Jahr 1963/64 erfolgen. Mitte Dezember 1965 wurde die vergrößerte Schalterhalle ihrer Bestimmung übergeben. Besonders stolz war die Krankenkasse darauf, dass der Dienstbetrieb während der gesamten Bauzeit nur an einem Tag geruht hatte. Insgesamt beliefen sich die Kosten für den Erweiterungsbau auf fast drei Millionen DM.
Einen großen Schritt in Richtung Öffentlichkeitsarbeit machte die AOK Würzburg mit der Einführung der Versicherten-Zeitschrift »bleib gesund« aus dem Wirtschaftsdienst Verlag in Frankfurt/Main. Zuvor hatte die Krankenkasse die Kontaktzeitschrift »Gesundes Volk« aus dem Kohlhammer-Verlag, Stuttgart, bezogen. Verteilt wurden von jeder Folge zunächst 3 000 Exemplare, um die Auflage 1965 auf 17 000 Exemplare zu erhöhen. Schuld an dieser für damalige Verhältnisse mutigen Entscheidung war: Mehr und mehr machte sich die Konkurrenz-Situation bemerkbar, in der sich die AOK Würzburg durch die Expansion der Ersatzkassen, aber auch der VIKK Würzburg sah. Die Abwanderung »guter Risiken« oder ganzer Handwerkszweige zu anderen Krankenkassen setzte die größte Würzburger Krankenkasse unter Druck, nicht nur ihre Leistungen, sondern auch ihre Öffentlichkeitsarbeit mehr am Niveau der Konkurrenz auszurichten.

Krankenkontrolleure weiterhin im Einsatz

Um den Missbrauch von Leistungen zu unterbinden, beschäftigte die AOK Würzburg immer noch ein Dutzend Krankenbesucher, davon allein vier in Würzburg. Damit wurden arbeitsunfähig gemeldete Kassenmitglieder einer Beaufsichtigung unterworfen. Vor allem in Zeiten finanzieller Engpässe setzte sie die Krankenkasse zusammen mit den Vertrauensärzten als Instrument ein, um die hohen Ausgaben für Krankengeld etwas zu drücken. Die Kontrolleure wurden auch an Samstagen und Sonntagen sowie werktags in den Abendstunden bis 20 Uhr »in Marsch gesetzt«. Regelmäßig wurden sie innerhalb des Kassenbezirks ausgetauscht, um ein zu schnelles Bekanntwerden bei den Versicherten und in der Öffentlichkeit zu vermeiden. Gut tat der Krankenkasse 1964 ein Überschuss von mehr als 8,1 Millionen Mark. Damit ließen sich die Finanzen stabilisieren. Noch weit entfernt von heutigen Dimensionen bewegten sich die Pflegesätze im Luitpold-Krankenhaus zwischen 21 und 25 DM. 1965 erfolgte bei der AOK Würzburg der Startschuss für die Einrichtung einer Datenverarbeitungsanlage (Modell 360/20) der Firma IBM. In einem Vorstands-Protokoll heißt es dazu:

Der Einsatz dieser Anlage hat zum Ziel, einen möglichst großen Teil der bisher manuell zu erledigenden Verwaltungsarbeiten unter Ausschaltung menschlich bedingter Fehlerquellen durch maschinelle Kontakte schneller und besser auszuführen.

Auch ging die Krankenkasse davon aus, Personal einzusparen, wenn die EDV einmal installiert und voll in Betrieb sein würde, was zum 1. Januar 1968 geplant war.

Langer Rechtsstreit mit der Stadt Würzburg

Seit Juli 1965 war die AOK Würzburg mit einem besonderen Verfahren, das die Stadt Würzburg gegen sie angestrengt hatte, konfrontiert. Auf dem kasseneigenen Grundstück in der Sanderau beim AOK-Wohngebäude war die Errichtung einer Volksschule geplant. Dafür beanspruchte die Stadt von der Krankenkasse eine Grundfläche von über 7 600 Quadratmetern. Als diese mit dem Kaufpreis nicht einverstanden war, leitete die Stadt bei der Regierung von Unterfranken ein Enteignungsverfahren ein. Unter dem neuen Oberbürgermeister Dr. Klaus Zeitler kam es im Oktober 1968 zu einer Einigung: Das Grundstück wechselte für einen Kaufpreis von über 550 000 Mark den Eigentümer, und dem

Bau der heutigen Max-Dauthendey-Schule stand nichts mehr im Wege. Als der Vorsitzende der Vertreterversammlung, Würzburgs populärer Bürgermeister Josef Seitz am 30. September 1967 als Geschäftsführer der Fränkischen Gesellschaftsdruckerei in den Ruhestand ging, legte er auch sein Ehrenamt bei der AOK in jüngere Hände. Der Buchdruckereibesitzer und spätere Senator Willy Schleunung wurde sein Nachfolger.

Deutliche Kritik am Bundesgesetzgeber

Trotz der wirtschaftlichen Aufwärtsentwicklung wurden die Sorgen der AOK Würzburg nicht kleiner. In einem Vorstands-Protokoll lesen wir die Aussage des Vorstandsvorsitzenden Willi Redelberger:
Der Bundesgesetzgeber hat die Krankenkasse vor schwierige Entscheidungen gestellt. Die Selbstverwaltungsorgane haben nur die Gesetze durchzuführen und die notwendigen Mittel, notfalls durch Beitragssatzerhöhung, bereit zu stellen. Man hat auf diese Art und Weise Aufgaben von weitreichender sozialpolitischer Bedeutung der Entscheidung der Selbstverwaltungsorgane der Krankenkassen überlassen, ohne auch aufzuzeigen, woher die notwendigen Mittel hierfür genommen werden sollen.
Welche Bedeutung noch 1969 den vertrauensärztlichen Nachuntersuchungen beizumessen war, wird an einer Zahl deutlich: Es wurden 21 091 Versicherte vorgeladen. Dabei trafen die »Vorladungen zum Vertrauensarzt« auf wenig Verständnis bei den betroffenen Versicherten, zumal die Ersatzkassen darauf wegen eines anders gearteten Mitgliederkreises kaum angewiesen waren.

Volle Entgeltfortzahlung im Krankheitsfall für Arbeiter

Das Lohnfortzahlungsgesetz vom 27. Juli 1969 brachte Arbeitern, genau wie zuvor den Angestellten, ab 1. Januar 1970 gegenüber ihrem Arbeitgeber einen Rechtsanspruch auf Lohnfortzahlung im Krankheitsfall bis zur Dauer von sechs Wochen. Im Zuge dieses Gesetzes fielen bei der AOK Würzburg mit dem 1. Januar 1970 auch die Krankenkontrollen weitgehend weg. Die Bedeutung des Krankengeldes ging als wichtigste Lohnersatzleistung zunehmend zurück.

Um das Risiko der Lohnfortzahlung für Arbeitgeber kalkulierbarer zu gestalten, führte die AOK Würzburg für Betriebe mit weniger als 20 Beschäftigten eine Ausgleichskasse ein. Demzufolge hatten diese Betriebe 20 Prozent des an arbeitsunfähig erkrankte Arbeiter gezahlten Bruttolohnes selbst zu tragen, während die sonstigen Aufwendungen aus dem durch die Umlage gespeisten Ausgleichs-Fonds von der Krankenkasse gezahlt wurden.

Durch die Öffnung der gesetzlichen Krankenversicherung für Angestellte mit höherem Einkommen wurde die AOK Würzburg ab 1. Januar 1970 unmittelbar mit dem direkten persönlichen Werben um Mitglieder konfrontiert. Es reichte nicht mehr für eine gesunde Versichertenstruktur, dass der Krankenkasse Mitglieder kraft Gesetzes zugewiesen wurden. In der Folgezeit musste sie zunehmend, wie alle anderen Krankenkassen auch, die »Werbetrommel« rühren. Insoweit veränderten sich die AOK und ihre Stellung in der Öffentlichkeit nachhaltig. Die gesetzliche Krankenversicherung wurde in den 70-er Jahren zusehends zu einem umfassenden System der Gesundheitssicherung ausgebaut, was sie allerdings auch in eine schwierige finanzielle Situation bringen sollte.

Krankenscheinprämie schnell ein »Flop«

Die für alle gesetzlichen Krankenkassen im Jahre 1970 eingeführte »Krankenscheinprämie« sollte dem Versicherten den Wertpapier-Charakter des Krankenscheines erkennbar machen, ohne die Unterlassung einer an sich gebotenen ärztlichen Behandlung zu befürchten. Ein Versicherter erhielt, wenn er keinen Krankenschein gelöst hatte, höchstens 30 Mark für ein Kalenderjahr. Weil diese Maßnahme nicht zu einer Verlangsamung des Anstiegs der Kosten führte und der Verwaltungsaufwand bei der Prüfung des Anspruchs und der Zahlung der Prämie sehr hoch war, mit anderen Worten die Krankenscheinprämie sich nicht bewährte, wurde sie mit Gesetz vom 19. Dezember 1973 wieder abgeschafft. Bei der AOK war man darüber keineswegs traurig.

Nachdem ab 1. Januar 1971 die wöchentliche Arbeitszeit im öffentlichen Dienst auf 42 Stunden verringert worden war, änderte die AOK

Würzburg auch ihre öffentlichen Dienststunden. Am Donnerstag war nun bis 18 Uhr geöffnet; am Freitag war das AOK-Gebäude für Besucher und Kunden »dicht«. Mit einer positiven Außendarstellung hatte diese Maßnahme allerdings wenig zu tun. Daran sollte sich auch nichts ändern, als zum 1. Oktober 1974 die wöchentliche Arbeitszeit auf 40 Stunden abgesenkt wurde. Am Donnerstag war nunmehr bis 17.30 Uhr geöffnet.

Vorsorgeuntersuchungen neu im Leistungskatalog

»Schlag auf Schlag« ging es weiter: Am 1. Juli 1971 führte der Gesetzgeber Früherkennungsuntersuchungen bis zum vollendeten vierten Lebensjahr und Krebsvorsorge-Untersuchungen für Frauen und Männer ein. So sehr diese Leistungen von den Versicherten begrüßt wurden, für die AOK Würzburg waren sie vorerst mit einer zusätzlichen Geldausgabe verbunden. Im Jahre 1972 nahm allerdings nur ein geringer Teil der Mitglieder die Vorsorgeleistungen in Anspruch. Bei zehn Prozent der Untersuchten ging der behandelnde Arzt von einem Krebsverdacht aus. Notwendig hielt die AOK Würzburg deshalb eine verstärkte Aufklärung mit großen Farbplakaten, über deren bildliche Gestaltung ein hartes Ringen im Vorstand der Krankenkasse vorausging.
Mehr finanzielle Mittel musste die Krankenkasse auch im stationären Bereich »locker machen«. Eine moderne technische Ausstattung in den Krankenhäusern, allgemeine Preissteigerungen im medizinisch-technischen Bereich und das Bestreben der Krankenhausträger, über den Pflegesatz die Selbstkosten des Krankenhauses zu finanzieren, trieben die Kosten für die stationäre Behandlung in die Höhe und führten zu teilweise heftigen Auseinandersetzungen zwischen Krankenkasse und Krankenhäusern um einen angemessenen Pflegesatz.

Mitglieder-Verlust durch eine neue Krankenkasse

Einen Aderlass von rund 3 200 Mitgliedern und einen Verlust von sieben Mitarbeitern bedeutete für die AOK Würzburg die Errichtung der Landwirtschaftlichen Krankenkasse Unterfranken zum 1. Oktober 1972. So

ging insbesondere die Zahl der freiwillig versicherten Mitglieder spürbar um fast 2 500 zurück. Dagegen hatte die Krankenkasse durch die Gebietsreform im Jahre 1973 einen Zuwachs von rund 3 900 Mitgliedern, zu Lasten der AOK Mittelfranken, zu verzeichnen.
Eine erstmals durchgeführte Gesundheits-Ausstellung vom 3. bis 11. Juni 1972 in der Schalterhalle des Hauptverwaltungsgebäudes wurde von 10 000 Personen besucht. Die Vorträge der Professoren und Privatdozenten der Universitäts-Kliniken Würzburg fanden regen Zuspruch. Zwölf Filme wurden während der neuntägigen Ausstellung mehrmals vorgeführt. 280 Besuchern des Hörtests wurde dabei empfohlen, sich in ohrenfachärztliche Behandlung zu begeben. Die Veranstaltung, die Kosten von knapp 11 000 Mark erforderte, machte deutlich, dass Informationen, wie sie während der Ausstellung geboten wurden, dazu beitragen, das Gesundheitsbewusstsein des Einzelnen zu heben. Hohen Besuch verzeichnete die Ausstellung am 7. Juni 1972 in der Person von Staatsminister Dr. Fritz Pirkl.
Nach wie vor ein Zusatzgeschäft bildete für die AOK die Krankenversicherung der Rentner. Das Defizit von 8,4 Millionen DM im Jahre 1973 war durch die Allgemeine Krankenversicherung, sprich die pflicht- und freiwillig versicherten Mitglieder, zu tragen. 1973 gingen im Rahmen des Gesamtsozialversicherungsbeitrages über 221 Millionen DM an die Rentenversicherungsträger und das Arbeitsamt, während der Krankenkasse für ihre eigenen Zwecke ein Betrag von 128,3 Millionen DM verblieb.

»Mündiger Bürger« anstelle einer Krankenordnung

Die im Jahr 1973 aktualisierte Krankenordnung der AOK Würzburg verpflichtete arbeitsunfähig erkrankte Mitglieder alles zu unterlassen, was den Krankheitszustand verschlechtert oder die Genesung verzögert, die Anordnungen des behandelnden Arztes, insbesondere solche über Bettruhe und Ausgehzeiten, zu befolgen, die festgesetzten Behandlungstermine einzuhalten und eine Behandlung nicht ohne Grund abzubrechen sowie bei einer Behandlung im Krankenhaus die Krankenhausordnung zu beachten.

Bei Verstößen gegen die Krankenordnung konnte die Krankenkasse Strafen bis zum dreifachen Betrag des täglichen Krankengeldes für jeden Übertretungsfall nach Anhörung des Mitglieds verhängen. Ein Gesetz vom 2. März 1974 verschloss den Krankenkassen diese Möglichkeit. Im Versicherten sah der Gesetzgeber den »mündigen Bürger«, für den es einer Krankenordnung nicht mehr bedurfte. Das Krankenhausfinanzierungsgesetz, das im Jahre 1973 in Kraft getreten war, riss ein immer tieferes Loch in die Kassen der Krankenkasse. Bald sollte ein Drittel all ihrer Ausgaben in den stationären Sektor fließen. In der Missionsärztlichen Klinik galt beispielsweise ab 1. Juli 1975 ein allgemeiner Pflegesatz von 102 DM pro Patient und Tag. Eine »Schallmauer« war damit durchbrochen. Sogar 20 DM mehr waren es am 1. April 1974 in den Universitätskliniken Würzburg – zuzüglich besonders teurer Nebenleistungen. Am 1. Januar 1974 konnte die AOK Würzburg auf ihr 60-jähriges Bestehen und damit auf eine bewegte Zeit zurückblicken. Mit inzwischen 114 285 Mitgliedern stand sie an vierter Stelle in Bayern und an 18. Stelle im gesamten Bundesgebiet. Der allgemeine Beitragssatz betrug ab 1. April 1974 günstige 9,5 Prozentpunkte.

Kontinuität in den Selbstverwaltungsorganen

Die Krankenkasse übernahm erstmals die Kosten einer Herzoperation in den USA für einen damals 2½-jährigen Buben aus Würzburg, aber auch für Nierentransplantationen und Nierendialyse ihrer Mitglieder, führte kostenfreie Grippeschutzimpfungen mit der »Impfpistole« durch, lud Schulklassen zu einem Besuch in ihr Hauptverwaltungsgebäude ein, veranstaltete Filmvorführungen zu gesundheitlich relevanten Themen wie »Kampf dem Krebs«, »Leben mit dem Diabetes« oder »Iß mit Verstand« und ebenso Vorträge namhafter Ärzte der Universitäts-Kliniken und großer Würzburger Krankenhäuser, machte mit der Anschaffung einer modernen Datenverarbeitungsanlage (IBM 370/125) große Fortschritte in der EDV. Die Zentraleinheit wurde allerdings nicht in Würzburg, sondern bei der Verwaltungsstelle in Ochsenfurt installiert. Auch bekam die AOK Würzburg in der Person des Bauunternehmers Eugen Gärtner, der der Selbstverwaltung der Krankenkasse bereits seit ihrer Wiedereinführung im Jahre 1953 angehört hatte, einen neuen Vorstandsvorsitzenden. Sein Pendant auf Versichertenseite war weiterhin der Geschäftsführer der Würzburger IG Metall, Franz Walther. An der Spitze der Vertreterversammlung standen auf Versichertenseite Stadtamtmann Heinrich Weise und arbeitgeberseits Willy Schleunung. Damit war die Kontinuität in der ehrenamtlichen Arbeit der Selbstverwaltung gesichert.

An Mehrleistungen kannte die AOK Würzburg volle Kostenübernahme für größere Heilmittel, Bäder, Massagen und krankengymnastische Behandlungen, Zuschüsse zu Hilfsmitteln und zum Zahnersatz. Auch gewährte sie Heil-(Bade-)Kuren oder Zuschüsse dazu, Erholungsaufenthalte für Kinder in Waischenfeld, Entbindungs-Pauschbeträge bei Mutterschaftshilfe, ein erhöhtes Sterbegeld und erweiterte Familienkrankenpflege. Die Mehrleistungen wurden ab 1. Januar 1975 teilweise ausgedehnt, so bei Zahnersatz mit einem Zuschuss von nunmehr 80 Prozent. Ausgeweitet wurden auch die Vorsorgeuntersuchungen bei Krebs.

Ein eigenes Referat für Presse- und Öffentlichkeitsarbeit

Einen immer breiteren Raum, bedingt durch den zunehmenden Wettbewerb in der gesetzlichen Krankenversicherung, nahm bei der AOK Würzburg die Öffentlichkeitsarbeit ein. Schon am 1. Mai 1974 hatte sie als eine der ersten bayerischen Ortskrankenkassen einen Referenten für Presse- und Öffentlichkeitsarbeit eingestellt. Für alle nicht Eingeweihten: Es war der Verfasser dieses Buches, der bei der AOK Würzburg auch das Amt eines Justitiars bekleidete.

Das Jahr 1974 brachte bei den Krankenkassen weitere Leistungsverbesserungen. So gewährte die AOK Würzburg Krankenhauspflege in voller Höhe und zeitlich unbegrenzt, zahlte Krankengeld bis zur Dauer von 78 Wochen innerhalb eines Drei-Jahres-Zeitraumes. Die unbeliebten »Aussteuerungsfälle« nach einem Leistungsbezug von einem halben Jahr gehörten damit weitgehend der Vergangenheit an. Auch die Kosten für Heil- und Hilfsmittel übernahm die Krankenkasse voll. Der Versicherte hatte lediglich eine Verordnungsblattgebühr zu entrichten.

In Anspruch genommen werden konnte erstmals eine Haushaltshilfe, wenn der Versicherte seinen Haushalt mit Kindern wegen eines Krankenhausaufenthalts nicht weiterführen konnte sowie Krankengeld bei Verdienstausfall wegen der Betreuung eines erkrankten Kindes.

Neben einem Beratungszahnarzt in der Person von Dr. Ernst Möllmann verfügte die AOK Würzburg auch wieder über einen eigenen Beratungsarzt, nämlich Dr. Karl Goldhammer. Damals kamen auf 100 Mitglieder 105 anspruchsberechtigte Familienangehörige – ein auch heute noch unbestreitbarer Vorteil der gesetzlichen Krankenversicherung, dass Familienangehörige, im Gegensatz zur privaten Krankenversicherung, kostenfrei mitversichert sind.

Vertragspartner zahlenmäßig im Aufwind

Aufschlussreich ist auch ein Blick auf die Partner, mit denen die AOK Würzburg 1974 in der Stadt Würzburg sowie in den Landkreisen Würzburg, Kitzingen und Main-Spessart in vertraglichen Beziehungen stand. Im einzelnen waren dies:

355 Ärzte, davon mit 172 fast die Hälfte in Würzburg,
196 Zahnärzte,
  6 Kieferorthopäden,
 11 Polikliniken,
 19 Krankenhäuser mit 5 417 Betten,
 97 Apotheker,
 39 Masseure, Bademeister und Krankengymnasten,
 33 Lieferanten für Sehhilfen,
 21 Orthopädie-Schuhmachermeister,
 15 Bandagisten, Orthopädie- und Chirurgiemechaniker,
 20 Hebammen und
  4 Rettungsdienst-Organisationen.

Eine Rettungsleitstelle wurde in Würzburg 1975 in Betrieb genommen. Sie ist für die Stadt Würzburg und die drei Landkreise Würzburg, Kitzingen und Main-Spessart zuständig und in diesem Gebiet Einsatzzentrale für alle Einsätze des Rettungsdienstes. Dabei lenkt, koordiniert und überwacht sie alle Notfalleinsätze und alle Einsätze des Krankentransports und nimmt nicht nur alle eingehenden Notrufe entgegen, sondern bringt auch die geeigneten Rettungsmittel zum Einsatz. Ferner obliegt ihr die Abklärung der noch freien Bettenkapazitäten in den Kliniken und die Vermittlung des Ärztlichen Bereitschaftsdienstes im Auftrag der Kassenärztlichen Vereinigung Bayerns. Als Träger der Rettungsleitstelle Würzburg zeichnet das Bayerische Rote Kreuz verantwortlich.

Zwei Beitragssatzanhebungen unumgänglich

Zum 1. April 1975 und zum 1. Januar 1976 waren zwei Beitragssatzerhöhungen, die die Selbstverwaltung »schweren Herzens« beschloss, auf 10,5 und 11,0 Prozentpunkte unumgänglich. Kein Wunder: Zwischen 1970 und 1974 hatte sich der Haushalt der AOK Würzburg verdoppelt. An der Spitze lagen inzwischen die Ausgaben für Krankenhauspflege (46,4 Millionen DM), gefolgt von den Aufwendungen für Arzneimittel und den Honoraren für ärztliche Leistungen. Die Schuld an der Kostenentwicklung gaben die Krankenkassen vor allem dem Gesetzgeber, der sie ständig mit neuen, teilweise wesensfremden Aufgaben belastete. Aber auch Krankenkassen und Vertragspartner mischten kräftig mit.
Dazu ein anschauliches Beispiel: Nach einer Vereinbarung zwischen den bayerischen Krankenkassen-Verbänden und den Rettungsdienst-Organisationen auf Landesebene hatte die AOK Würzburg ab 1. April 1976 für einen Krankentransport je beförderte Person 103 DM zu bezahlen. Dieser Betrag fiel auch bei den verhältnismäßig kurzen Stadtfahrten an. Bei Ferntransporten von mehr als 350 Kilometern waren zuzüglich 1,50 DM pro Kilometer zu bezahlen. Musste der Notarztwagen in Anspruch genommen werden, wurden außerdem 220 DM Pauschale sowie das Honorar für den Notarzt fällig.

Unbefristete Krankenschein-Scheckhefte für alle Versicherten

1977 erhielten auch die Mitglieder der AOK Würzburg, dem Trend der Zeit folgend, in einem »Scheckheft« Kranken- und Vorsorge-Berechtigungsscheine, die nicht mehr auf das Kalendervierteljahr befristet waren und gleichzeitig auch für Familienangehörige Verwendung fanden.

Der teilweise befürchtete Missbrauch sollte sich, von Ausnahmen abgesehen, nicht bewahrheiten und hielt sich in Grenzen. Ein kasseneigener Rückholdienst beugte dem teilweise vor.

Mit dem Jahre 1977 begann die Ära der Kostendämpfungs- und Reformgesetze der jeweiligen Bundesregierung, die bis in die jüngste Vergangenheit angehalten hat und uns auch weiterhin bevorsteht. Den Anfang machte das »Krankenversicherungs-Kostendämpfungsgesetz« vom 27. Juni 1977. Damit wollte die damalige Bundesregierung die Kosten im Gesundheitswesen begrenzen, was für kurze Zeit auch gelang. Eine längerfristige Wirkung des Gesetzes scheiterte nicht zuletzt daran, dass es sich überwiegend als Kostendämpfungs- und nicht als Strukturgesetz verstand.

Die Bezirksstelle Unterfranken der Kassenärztlichen Vereinigung Bayerns leitete über einen Zeitraum von mehr als einem Jahrzehnt, von 1977 bis 1988, Dr. Werner Rötter, nachdem zuvor Dr. Franz Fluch zwei Jahre lang an der Spitze der unterfränkischen Kassenärzte gestanden hatte. 1979 löste Franz Binder Dr. Marianne Friedrich als alleiniger Geschäftsführer ab.

Und ein bundesweites Projekt »AOK – Partner der Versicherten und Arbeitgeber« hatte auch auf die AOK Würzburg Auswirkungen. Das von der Agentur Horn & Reinartz konzipierte Vorhaben sollte den Ortskrankenkassen insgesamt mehr kundenorientiertes Denken und Handeln bringen und sie fit für den Wettbewerb machen. Eine der ersten Maßnahmen des Projekts in Würzburg: Ab 30. Juni 1978 war die AOK wieder am Freitag für Kunden offen, und zwar von 7.45 bis 12.15 Uhr. Auch wurde an der Außenfassade am Kardinal-Faulhaber-Platz eine Leuchtschrift – blaue Buchstaben auf weißem Grund – mit dem AOK-Lebensbaum im Buchstaben »O« angebracht. Durch eine Ausweitung des versicherten Personenkreises erhöhte sich der AOK-Mitgliederbestand bis 1978 auf 118 241. In die gesetzliche Krankenversicherung neu einbezogen worden waren insbesondere Studenten, Behinderte, Rehabilitanden und auch Strafgefangene. Die gesetzliche Krankenversicherung entwickelte sich mehr und mehr zu einer »Volksversicherung«, was sich vor allem auf die weitere finanzielle Entwicklung der Krankenkassen auswirkte.

Ein herber Verlust für Würzburg und die AOK

Ein großer Verlust traf die AOK Würzburg am 18. September 1978: Überraschend verstarb der Vorstandsvorsitzende Philipp Schrepfer im Alter von 72 Jahren. Ein Nachruf bezeichnete ihn als eine der markantesten und liebenswürdigsten Persönlichkeiten im Würzburger Stadtgebiet, einen Mann von ungewöhnlicher Originalität und Popularität. Der Verstorbene hatte dem AOK-Vorstand ununterbrochen seit dem Jahre 1957 angehört, davon vom 11. Februar 1965 bis 30. September 1974 im jährlichen Wechsel mit dem Versichertenvertreter als Vorsitzender. Für Philipp Schrepfer rückte der Präsident der Handwerkskammer für Unterfranken, Senator Franz Fuchs, in den Vorstand nach.
Leistungsverbesserungen in einem anderen Bereich: Ab 1. Januar 1979 zahlte die Krankenkasse Zuschüsse zu Kosten für Schutzimpfungen und zwar bei Ein- und Mehrfach-Schutzimpfungen (z.B. gegen Keuchhusten, Diphterie, Scharlach oder Tetanus). Ausgenommen blieben, und dies bis heute, Schutzimpfungen gegen Reisekrankheiten.
Der Zusammenarbeit mit Arbeitgebern und Betrieben widmete die AOK Würzburg immer mehr Aufmerksamkeit. Sie stellte dazu 1979 einen eigenen Kundenberater an. Er sollte Bindeglied zwischen den Betrieben und den Versicherten einerseits sowie der AOK als partnerschaftlich orientiertes Dienstleistungsunternehmen andererseits sein, zumal die Mitarbeiterinnen und Mitarbeiter in den Lohn- und Gehaltsbüros bei der engen Verflechtung von Beschäftigungsverhältnis und Sozialversicherungsrecht eine komplizierte Materie zu bewältigen haben. Damals betreute die AOK Würzburg rund 6500 Arbeitgeber und Betriebe in ihrem Kassenbezirk. Zunehmender Beliebtheit erfreuten sich die Informationsveranstaltungen für Lohn- und Gehaltsbuchhalter zum Jahresende.
Am 31. Dezember 1979 beschäftigte die AOK Würzburg insgesamt 286 Personen. Die Zahl der Ruhegehaltsempfänger belief sich auf 40. Die vielfältigen Aufgaben einer modernen Krankenkasse erforderten eine intensive Aus- und Fortbildung, was in der Zahl von 24 Auszubildenden zum Ausdruck kam. Die Verwaltungskosten insgesamt lagen in diesem Jahr bei über 11 Millionen Mark – ein Umstand, der immer

wieder die Kritik, insbesondere der Vertragspartner, aber auch der Politik, hervorrief. Daran hat sich bis heute wenig geändert.

»Bayern-Vertrag« – eine neue Form der Zusammenarbeit

Im Jahre 1979 wurde die AOK Würzburg mit den gesetzlichen Krankenkassen im Freistaat in den legendären »Bayern-Vertrag« eingebunden. Er kombinierte eine qualitativ hochwertige Versorgung und Kostendämpfung durch kollektive Anreize unter dem Motto »Soviel ambulant wie möglich – soviel stationär wie nötig« und ermöglichte eine neue Form der Zusammenarbeit zwischen Kassenärzten und gesetzlichen Krankenkassen im Freistaat. Der Geschäftsführer des Landesverbandes der Ortskrankenkassen in Bayern, Hans Sitzmann, sagte dazu damals:

Die Selbstverwaltung von Kassenärzten und Krankenkassen ist in der Lage, systemerhaltende Lösungen zu finden, wenn ihr der Gesetzgeber ausreichende Entfaltungsmöglichkeiten beläßt. In der Vereinbarung mit den Kassenärzten verspüren wir einen erfolgversprechenden Ansatzpunkt.

Nach einigen Jahren waren die anfänglichen Erfolge des »Bayern-Vertrages« allerdings wieder verpufft und die Ausgaben der Krankenkassen »kletterten« unaufhaltsam in die Höhe.

Drei unterschiedliche Ereignisse aus dem Jahre 1979 seien nicht verschwiegen: Nachdem das Bundessozialgericht ein richtungsweisendes Urteil zu privaten Reise-Krankenversicherungen bei einem Auslandsaufenthalt gefällt und den gesetzlichen Krankenkassen eine Übernahme von anfallenden Kosten eines Rücktransports untersagt hatte, kam es zu einer ersten Kooperation zwischen der AOK Würzburg und den Unternehmen der privaten Krankenversicherung. Eine im Vereinsregister eingetragene »Gemeinschaft von Versicherten und Rentnern der AOK – Allgemeine Ortskrankenkasse e.V., Sitz Würzburg« beschäftigte vor allem die Selbstverwaltungsorgane der Krankenkasse. Ging es diesem Verein doch darum, sich möglicherweise an den im Jahre 1980 wieder anstehenden Sozialwahlen zu beteiligen. Einen Versuch der AOK, die Löschung der Gemeinschaft im Vereinsregister zu erreichen, lehnte das Registergericht beim Amtsgericht Würzburg ab. Aber die Gemeinschaft kandidierte dann nicht bei den Sozialwahlen. Bestrebungen, ein gemeinsames Rechenzentrum der drei unterfränkischen Ortskrankenkassen in Unterfranken zu realisieren, scheiterten daran, dass jede AOK das Rechenzentrum in ihrem Kassenbezirk beanspruchte.

Neue Sozialberatungs- und Sozialbetreuungsstelle

1980 errichtete die AOK Würzburg in ihren Räumen eine Sozialberatungs- und Sozialbetreuungsstelle, um persönliche und soziale Probleme von Versicherten, die in Zusammenhang mit Krankheit, Unfall oder Behinderung stehen, aufzugreifen und zu einer angemessenen Lösung beizutragen. Zielgruppe: Versicherte und deren Angehörige, die schon lange im Krankenhaus liegen, Personen mit einem chronischen Leiden, Krebspatienten, alte Menschen, Alleinstehende, Kinderreiche, Gastarbeiter-Familien sowie Selbstmord-Gefährdete. Breit gefächert war auch das Gesundheitsprogramm, in dem vielfältige Veranstaltungen und Aktionen aus den Bereichen Ernährung, Bewegung, Gesundheit, Fitness, Sport und Selbsthilfe ihren Platz fanden.
Erstmals im August 1980 erhob sich »Christoph 18«, der Rettungshubschrauber für die Region Würzburg, in die Lüfte. Stationiert war und ist der Helikopter am Kreiskrankenhaus Ochsenfurt. Bis heute hat »Christoph 18« mehr als 10 000 Einsätze geflogen. Notarzt und Rettungsassistenten können mit der modernen Maschine vom Typ Eurocopter (EC 135 P2) Einsatzorte im Umkreis von 60 Kilometern in maximal zwölf Minuten erreichen, und das bei einer Stundengeschwindigkeit von 250 Kilometern. Um auch die Versorgung der Bevölkerung im angrenzenden Main-Tauber-Kreis mit »Christoph 18« zu gewährleisten, bedurfte es eines Staatsvertrages zwischen dem Freistaat Bayern und dem Land Baden-Württemberg. Zur Besatzung von »Christoph 18« gehören übrigens 22 Notärzte, sechs Assistenten und drei Piloten.

Eugen Gärtner nach schwerer Krankheit verstorben

Nur einen Wechsel gab es bei der AOK Würzburg anlässlich der Sozialwahlen 1980 an der Spitze der beiden Selbstverwaltungsorgane. An die Stelle von Franz Walther trat der Konzern-Betriebsratsvorsitzende Walter Schmidt als alternierender Vorstandsvorsitzender auf Versichertenseite. Ansonsten arbeitete die »Führungsriege« – Senator Willy Schleunung, Heinrich Weise und Eugen Gärtner – in gewohnter Kontinuität weiter. Allerdings nurmehr ein knappes Jahr; denn am 1. September 1981 verstarb der Vorstandsvorsitzende Eugen Gärtner nach schwerer Krankheit im Alter von 78 Jahren. Der weit über die Grenzen seiner Wahlheimat hinaus bekannte und beliebte Bauunternehmer – zahlreiche Bauwerke in der Stadt zeugen von seinem Können – war eine herausragende Arbeitgeber-Persönlichkeit. Er hatte nicht nur seit dem Jahre 1953 der Selbstverwaltung der Würzburger AOK angehört. Seit 1974 war er auch Vorstandsmitglied im Landesverband der Ortskrankenkassen in Bayern gewesen. Sein Nachfolger in beiden Ehrenämtern wurde Senator Franz Fuchs.

Offen für die Erwartungen der Kunden

Nachdem sich die räumlichen Verhältnisse als zu klein erwiesen hatten, baute die AOK Würzburg ihr Hauptverwaltungsgebäude, bedingt durch steigende Mitgliederzahlen und neu hinzukommende Aufgaben, in den Jahren 1980/82 vollständig um. Die Schalterhalle wurde um ein Geschoss aufgestockt und so zusätzlich 600 Quadratmeter Raum gewonnen. Das Gebäude zeigte sich nicht nur in einem neuen Ambiente, es war auch funktionell klar gegliedert.
Eine die Vertraulichkeit garantierende Atmosphäre und eine angenehme Farbkombination erwarteten den Kunden bzw. Besucher. »Weg von der trennenden Theke – offen und den Erwartungen der Versicherten und Arbeitgeber entsprechend«. So lautete der Auftrag, den der Architekt, Dipl.-Ing. Sven Lusin, für die Neugestaltung der Geschäftsräume umzusetzen hatte. Nicht immer war diese Baumaßnahme bei den Versicherten- und Arbeitgeber-Vertretern im Vorstand der AOK unumstritten. Wenn es um Anbieter, Preise und Bauausführung ging, prallten die Meinungen teilweise heftig auseinander. Nachzulesen in den Vorstands-Protokollen der Jahre 1981/82.
1982 vertrauten durchschnittlich 122 547 Mitglieder der AOK Würzburg, bei einem Beitragssatz von nach wie vor 11,0 Prozent. Gleichwohl

stiegen die Ausgaben für Krankenhauspflege bedingt durch vermehrte Krankenhauseinweisungen und das reichliche Bettenangebot, insbesondere in Würzburg, überproportional auf 88 Millionen DM an.

Kindererholungsheim Waischenfeld vor dem Aus

Nachdem 1982 noch 230 Buben und Mädchen in Waischenfeld für jeweils vier Wochen zur Erholung aufgenommen worden waren, beschloss der Vorstand, ab 1. Januar 1983 eine Belegung des Kinderheimes nicht mehr vorzunehmen, wenngleich einige Jahre zuvor noch großzügige Renovierungs- und Ausbaumaßnahmen, so auch der Bau eines eigenen Schwimmbades, erfolgt waren. Ausschlaggebend für die Auflassung war insbesondere, dass die AOK Würzburg bei einem täglichen Pflegesatz von 50 DM für fremde Kostenträger keine Kostendeckung mehr erreichte, vielmehr die Fremdbelegung subventionierte. Auch vermochte die AOK nur noch wenige Kinder aus ihrem Versichertenpotenzial unterzubringen, die wirklich erholungsbedürftig waren. Der Fehlbetrag für 1982 lag bei rund 600 000 Mark.

Für die ansehnliche Summe von 1,7 Millionen DM schloss eine Schweizer Firma 1983 mit der AOK Würzburg einen Kaufvertrag, um in Waischenfeld ein geriatrisches Zentrum (Altenheim) mit 30 Betten zu errichten. Doch die AOK hatte damit kein Glück: Der Käufer erwies sich als zahlungsunfähig, so dass Anwesen und Kinderheim für 1,35 Millionen DM im Rahmen eines zweiten Kaufvertrages in das Eigentum des Erzbischöflichen Ordinariats Bamberg übergingen. Die gegen das Schweizer Unternehmen geltend gemachten Schadensersatzansprüche in Höhe von einer halben Million DM, durch ein Urteil des Oberlandesgerichts Nürnberg bestätigt, ließen sich nur zu einem geringen Teil realisieren.

Hubert Bausewein in der Nachfolge von Alois Eglauer

Mit einem wichtigen Element, nämlich dem Datenschutz, beglückte der Gesetzgeber 1982 alle Sozialversicherungsträger und damit auch die Krankenkassen. Waren doch in ihrem Bereich riesige, sensible Da-

tenmengen gespeichert und sie galt es vor unberechtigten Zugriffen zu schützen. Auch wurde bei der Datenverarbeitung der Schutz der Sozialdaten gesetzlich geregelt, nachdem die Datenverarbeitung überall im Bereich der Sozialversicherung Einzug gehalten hatte. Ein Datenschutzbeauftragter, bei der AOK Würzburg Joachim Hadam, wachte jeweils über die Einhaltung der gesetzlichen Bestimmungen.
Krankheitsbedingt trat Alois Eglauer zum 30. November 1982 als dienstältester bayerischer AOK-Geschäftsführer in den Ruhestand. In der Verbandszeitschrift »Die Ortskrankenkasse« lesen wir anlässlich seines 40-jährigen Dienstjubiläums am 1. April 1981:

Sein Wort hat Bedeutung und Gewicht; Spitzenverbände, Aufsichtsbehörden sowie Vertrags- und Sozialpartner wissen seine immer wohl abgewogene und stets abgeklärte Meinung zu schätzen. Viele positive Eigenschaften zeichnen den Arbeitsjubilar aus: edle Gesinnung, soziale Einstellung, menschliche Aufgeschlossenheit, großes Gerechtigkeitsdenken, vollkommene Pflichterfüllung an Bewährtem und Erprobtem, wobei er Neuerungen, wenn sie notwendig und sinnvoll sind, durchaus aufgeschlossen gegenübersteht.

Einnahmen und Ausgaben nicht mehr im Gleichgewicht

Dem scheidenden Geschäftsführer folgte zum 1. Dezember 1982 sein langjähriger Stellvertreter Hubert Bausewein nach. Einstimmig hatte die Vertreterversammlung auf Vorschlag des Vorstandes den gebürtigen Veitshöchheimer gewählt. Die verhältnismäßig kurze »Ära Bausewein« war durch große Hektik im Gesundheitswesen und zunehmende Aktivitäten in der Gesundheits- und Sozialpolitik, aber auch durch höhere Kosten und steigende Beiträge geprägt.
Schon von 1980 bis 1983 hatte die AOK Würzburg ihre Einnahmen und Ausgaben nicht mehr im Gleichgewicht halten können und in dieser Zeit einen Fehlbetrag von rund 31 Millionen DM zu verzeichnen. Die finanziellen Belastungen machten ab 1. Januar 1984 eine Beitragssatz-Anhebung auf 11,9 Prozentpunkte notwendig, nachdem die Krankenkasse 1983 ein Defizit von über 7,8 Millionen DM »eingefahren« hatte. Seit 1. Januar 1976 war der Beitragssatz über acht Jahre mit 11,0 Prozentpunkten unverändert geblieben, weil die Krankenkasse in guten

Jahren Geld ansammelte, das dann »in mageren Jahren« zur Verfügung stand. Ein Zehntel Beitragspunkt brachte damals über zwei Millionen DM Mehreinnahmen in die Kasse. Besonders schwierig gestaltete sich die finanzielle Situation für die AOK Würzburg durch mehrere Komponenten, so eine niedrige Grundlohnsumme der versicherten Mitglieder, einen überdurchschnittlich hohen Anteil an Familienangehörigen und Rentnern sowie zu viele Krankenhausbetten in Würzburg. 1984 musste die Krankenkasse für die Krankenhausbehandlung ihrer Mitglieder erstmals mehr als 100 Millionen DM, nämlich 102 Millionen Mark, ausgeben.

Eine bessere Risikostruktur für die Krankenkasse

In der Folgezeit dienten Aufklärung, Information, Mitgliedergewinnung und Mitgliederbetreuung vor allem dem Ziel, die Risikostruktur der Krankenkasse zu verbessern. Einer der Höhepunkte war 1983 die erneute Teilnahme an der Mainfranken-Messe mit einem neuen Messestand des Landesverbandes der Ortskrankenkassen in Bayern. Modernste elektronische Geräte mit computergesteuerten Bildplattenspielern begeisterten 37 000 Besucher. Wachsender Beliebtheit erfreuten sich die jeweils zum Jahreswechsel stattfindenden Arbeitgeber-Informationsveranstaltungen. 1983 überschritt die Besucherzahl erstmals die »Tausender-Grenze«. Weitere Aktionen und Aktivitäten galten der Aufklärung zur richtigen Zahnpflege in Kindergärten und Schulen, dem »Trimm Trab« mit Lauftreffs an vielen Orten im Kassenbezirk, Kunstausstellungen im Foyer der Hauptverwaltung sowie Gesundheitsforen zu aktuellen Themen aus dem Medizin-Bereich.

Weitere wichtige Aktivitäten des Gesetzgebers

Das am 1. Januar 1983 in Kraft getretene Künstlersozialversicherungsgesetz verbesserte die soziale Sicherung selbstständiger Künstler und Publizisten. In Zusammenarbeit mit dem Berufsverband Bildender Künstler ließ die AOK Würzburg zahlreiche Besucher über ihre neuen Rechte und Pflichten informieren, und zwar »aus erster Hand« durch

den »Vater« des Gesetzes, Ministerialrat Dr. Eberhard Glaß vom Bundesministerium für Arbeit und Sozialordnung.
Das Haushaltsbegleitgesetz vom 22. Dezember 1983 brachte Arbeitgebern und Versicherten ab 1. Januar 1984 die verstärkte Einbeziehung von Sonderzahlungen wie Weihnachts- oder Urlaubsgeld in die Beitragspflicht und machte auch Lohnersatzleistungen wie Kranken-, Verletzten- oder Übergangsgeld beitragspflichtig. Schon zum 1. April 1983 hatte der Gesetzgeber »Bagatell-Arzneimittel« aus dem Leistungskatalog herausgenommen sowie eine Erhöhung der Verordnungsblattgebühr und eine deutliche Anhebung der Selbstbeteiligung bei Kuren und im Krankenhaus eingeführt. Im Jahre 1983 plädierte die AOK Würzburg für die Errichtung eines Herzzentrums an der Julius-Maximilians-Universität. Mit dem Angebot einer Vorfinanzierung trieb die AOK die Angelegenheit entscheidend voran. Doch stellte dann das bayerische Kultusministerium die finanziellen Mittel zur Verfügung. Die Initiative hatte die AOK Würzburg auch bei der Installierung eines Nierensteinzertrümmerers in den hiesigen Universitäts-Kliniken ergriffen. Letztlich waren die Bemühungen des Vorstandsvorsitzenden Franz Fuchs, MdS, von Erfolg gekrönt, nachdem das Verfahren in der bayerischen Landeshauptstadt im Februar 1980 erstmals erfolgreich zur Anwendung gekommen war. Später wurden auch Gallensteine zerkleinert. Was wenig bekannt ist: Die Nieren- und Gallensteinzertrümmerung ist ein »Abfallprodukt« der Weltraumforschung und Flugzeugtechnik.

Weg von der hoheitlichen zur partnerschaftlichen Verwaltung

Mehr und mehr hatte sich inzwischen das Selbstverständnis der AOK Würzburg gewandelt. Nicht mehr eine »hoheitliche und obrigkeitliche Verwaltung« stand im Mittelpunkt, sondern partnerschaftliches, unternehmerisches und dienstleistungsorientiertes Denken und Handeln mit dem Ziel, den Mitgliederbestand auszubauen und zu stärken, insbesondere die Mitgliederstruktur im Wettbewerb mit den anderen gesetzlichen Krankenkassen zu verbessern. Und inzwischen war die Mitgliederzahl auf 122 447 angestiegen. In der Person von Dr. Fritzmartin Kelber stellte die AOK Würzburg am 1. Dezember 1984 hauptamtlich einen Prüf- und Beratungsarzt ein und knüpfte damit an eine alte Tradition an, wonach in früheren Jahren Vertrauensapotheker sowie Prüf- und Beratungsärzte für die AOK tätig gewesen waren. Zu seiner Tätigkeit sagt er rückblickend:

Meine Aufgaben waren sehr vielfältig und orientierten sich an den sich ständig ändernden politischen Vorgaben. Zunächst ging es um Kosteneinsparung bei den ärztlichen Honoraren und nachdem diese pauschaliert waren, um die Reduzierung der Arzneimittelausgaben. Nachdem dieses Arbeitsfeld vom AOK-Landesverband Bayern zentralisiert worden war, kümmerte ich mich um den größten Kostenblock, nämlich die Krankenhäuser. Daneben war es meine Aufgabe, zu den Ärzten in Klinik und Praxis Kontakte aufzubauen und zu pflegen, Vorträge über medizinische Themen zu halten, Öffentlichkeits- und Pressearbeit zu begleiten. Neben Mitarbeitern unserer AOK – Die Gesundheitskasse nutzten auch Versicherte den besonderen Service eines eigenen Beratungsarztes.

Inzwischen war auch die Zahl der Kassenärzte im Bezirk der AOK Würzburg von 330 (1960) auf 465 (1984) angestiegen. Und ab 1. März 1986 gesellte sich zu Dr. Fritzmartin Kelber ein neuer AOK-Beratungszahnarzt, nämlich Dr. Hans Albert. Er löste Dr. Ernst Möllmann ab. Aufgabe des Beratungszahnarztes, der bereits von 1959 bis 1962 in dieser Funktion bei der AOK Würzburg tätig gewesen war, blieb es, Behandlungspläne für Zahnersatz, kieferorthopädische und Parodontose-Behandlungen zu begutachten und damit dazu beizutragen, dass die Grundsätze der Notwendigkeit und Wirtschaftlichkeit der jeweiligen Behandlung beachtet werden. Gleichwohl musste die AOK Würzburg ihren allgemeinen Beitragssatz zum 1. Januar 1985 auf 12,5 Prozentpunkte anheben. Zwei Jahre später war in Anbetracht der Kostenexpansion erneut eine Erhöhung des Beitragssatzes um zwei Beitragszehntel auf 12,7 Prozentpunkte nicht zu vermeiden. Allerdings nicht mehr unter Hubert Bausewein; denn plötzlich und unerwartet verstarb er am 10. Febuar 1986 kurz vor Vollendung seines 60. Lebensjahres und unmittelbar vor einer Vorstandssitzung an seinem Arbeitsplatz. Seit Oktober 1945 hatte er über vier Jahrzehnte im Dienst der AOK Würzburg gestanden. Der Vorstand würdigte ihn am 10. Februar 1986 mit den Worten:

Der Verstorbene hat mit Idealismus und großer Sachkenntnis die AOK Würzburg auf ihrem Weg zum bürgernahen Dienstleistungsunternehmen entscheidend beeinflußt.
Neuer und auch letzter Geschäftsführer der AOK Würzburg wurde zum 1. Juni 1986 Bauseweins Stellvertreter Günther Dauch.

»bleib gesund« für jedes AOK-Mitglied

Ab Mitte 1987 erhielt jedes Mitglied der AOK Würzburg ein Exemplar der Versicherten-Zeitschrift »bleib gesund«, deren mehrseitiger Kassenteil mit Schmuckfarbe unterlegt wurde. Die finanzielle Entwicklung machte erneut eine Erhöhung des Beitragssatzes ab 1. Januar 1988 um 0,5 auf 13,2 Prozentpunkte erforderlich. Auf Ärzteseite stand der AOK Würzburg ab 1988 ein neuer Vorsitzender gegenüber: Dr. Klaus Ottmann leitete bis zum Jahre 2000 die Geschicke der Kassenärztlichen Vereinigung Bayerns, Bezirksstelle Unterfranken.
Das Gesundheits-Reformgesetz vom 20. Dezember 1988 mit dem »Sozialgesetzbuch V – Gesetzliche Krankenversicherung« als wichtigstem Bestandteil enthielt umfangreiche Neuregelungen im Versicherungs-, Leistungs-, Vertrags- und Organisationsrecht sowie zu Transparenz und Datenschutz. Es leitete für die nächsten beiden Jahre, auch bei der AOK Würzburg, eine Konsolidierungsphase ein, wenngleich der Gesetzgeber das zentrale Problem des Überangebots an Leistungskapazitäten nicht ausreichend anging. Fachleute vermissten Anreize für alle Beteiligten, sich wirtschaftlich und auch verantwortungsbewusst zu verhalten.
Zum 1. Januar 1989 schloss sich die AOK Würzburg dem Rechenzentrum der oberfränkischen Ortskrankenkassen in Bayreuth an, nachdem es mit den beiden unterfränkischen Nachbar-AOKn Aschaffenburg und Schweinfurt trotz vieler Gespräche und Sitzungen nicht zu einem Konsens über ein unterfränkisches AOK-Rechenzentrum gekommen war.

Wiederaufbau-Hilfe in den neuen Bundesländern

Die Städtepartnerschaft Würzburgs mit Suhl in Thüringen war Ursache dafür, dass die AOK Würzburg beim Aufbau eines Krankenversicherungsträgers in der thüringischen Stadt »Pionierarbeit« leistete und nicht, wie eigentlich vorgesehen, im Bezirk Chemnitz. Mehrere Mitarbeiter der AOK Würzburg waren ab 1990 ständig in Suhl, um die Zusammenarbeit zu koordinieren und abzustimmen. Veranstaltungen von Kreisverwaltung und AOK Würzburg begünstigten das Vorhaben, und der Vorstand der Würzburger AOK stellte am 28. Mai 1990 fest:

Auf Grund der durch die kommunale Partnerschaft gewachsenen Verbindungen zwischen Würzburg und Suhl ist es unvorstellbar, dass sich die AOK Würzburg aus Suhl zurückzieht.

Während es der AOK Würzburg möglich war, zum 1. Januar 1991 den allgemeinen Beitragssatz auf 12,2 Prozentpunkte zu senken, musste sie ab 1. Juli 1992 wieder eine Anhebung auf 13,9 Prozentpunkte vornehmen. Die 125 894 Mitglieder setzten sich so zusammen:

71 973	Versicherungspflichtige,
5 081	Arbeitslose,
898	Jugendliche und Behinderte,
774	Studenten,
312	Rehabilitanden,
123	selbstständige Künstler und Publizisten,
158	Vorruhestandsgeld-Empfänger,
5 778	freiwillig Versicherte,
599	Mitglieder im Wehrdienst und
40 198	Rentner.

Außerdem betreute die AOK Würzburg rund 55 000 Familienangehörige, die kostenfrei mitversichert waren. Inzwischen war im Luitpold-Krankenhaus die Laparoskopie, im Volksmund besser unter dem Schlagwort »Schlüsselloch-Chirurgie« bekannt, eingeführt worden. Auch erfolgte unter Leitung von Prof. Dr. Arnulf Thiede erstmals die Transplantation einer Leber bzw. Bauchspeicheldrüse.

Gesundheitsreform umkämpft wie nie zuvor

Auslöser des am 1. Januar 1993 in Kraft getretenen Gesundheitsstrukturgesetzes war die dramatische Kostenentwicklung im Bereich der gesetzlichen Krankenversicherung. Bei der AOK Würzburg lag der

Überschuss der Ausgaben über die Einnahmen 1991 bei 23,5 Millionen DM und 1992 sogar bei über 30 Millionen DM. Bundesgesundheitsminister Horst Seehofer machte sich nach seinem Amtsantritt sofort daran, eine Gesundheitsreform bereits zu Jahresbeginn 1993 in Kraft treten zu lassen. Kaum eine der großen sozialpolitischen Reformmaßnahmen in der Nachkriegszeit war auf ihrem parlamentarischen Weg so umkämpft wie das Gesundheitsstrukturgesetz. Auch wurde das gesamte Gesetzgebungsverfahren von einer überaus kritischen Öffentlichkeit begleitet. Erklärtes Ziel des Gesetzgebers war es, die Bezahlbarkeit des deutschen Gesundheitswesens zu sichern. Ein neues Verfahren, das den herkömmlichen Krankenschein ersetzte, führten die gesetzlichen Krankenkassen ab dem Jahre 1994 ein. Der Versicherte hatte nunmehr dem Arzt bzw. Zahnarzt vor Beginn der Behandlung eine »Chipkarte« vorzulegen. Dabei legte der Gesetzgeber besonderen Wert auf Datenschutz, um dem oft gehörten Einwand vom »Gläsernen Patienten« zu begegnen. Mit der neuen Karte konnten der Verwaltungsaufwand in den Praxen spürbar verringert, Übertragungsfehler ausgeschaltet, das Ausstellen von Rezepten und Überweisungen beschleunigt bzw. vereinfacht und so die Wartezeit für den Patienten beträchtlich verkürzt werden. Gleichwohl ließ sich der Missbrauch mit der neuen Chipkarte nicht ausschließen.

Fusion zur Landes-AOK unumgänglich

Als die AOK Würzburg im Januar 1995 eine neue Geschäftsstelle in Heidingsfeld in der Mergentheimer Straße 63 eröffnete, hatte sie in erster Linie ihre Versicherten und Kunden im »Städtle«, auf dem Heuchelhof und in Rottenbauer im Auge, um ihnen eine versichertennahe Betreuung zu garantieren. Daneben wurden auch Teile der Verwaltung in das neue Gebäude ausgelagert. Ausschlaggebend für die AOK-Präsenz in Heidingsfeld war nicht zuletzt, dass bereits mehrere Ersatzkassen mit Geschäftsstellen dort vertreten waren.
Was in den 80-er Jahren niemand für möglich gehalten hätte, geschah 1995: Die über 80 Jahre lang selbstständige AOK Würzburg ging mit über 124 000 Mitgliedern am 1. Juni 1995 in der neu geschaffenen

AOK Bayern auf. In den zunächst siebenköpfigen hauptamtlichen Vorstand der größten Krankenkasse im Freistaat und der größten AOK in Deutschland wählte der Verwaltungsrat der AOK Bayern auf seiner Sitzung am 25. Juli 1995 in Memmingen als stellvertretendes Vorstandsmitglied auch Günther Dauch. Neben zentralen Aufgaben in München war er für regionale Belange in Unterfranken, Oberfranken und der Oberpfalz zuständig.

Zum 31. Dezember 1995 endete die Selbstverwaltung in ihrer klassischen Form. An die Stelle von örtlicher Vertreterversammlung und örtlichem Vorstand trat bei der AOK-Bayern ein paritätisch zusammengesetzter Verwaltungsrat. Für Würzburg konstituierte sich ein örtlicher Beitrat mit Gert Söhnlein und Kurt Versbach als Vorsitzenden. Die neue Landes-AOK unter Herbert Schmaus betreute bei 12 000 Mitarbeitern mit fast fünf Millionen Versicherten rund die Hälfte der bayerischen Bevölkerung. Chef der AOK Bayern, Direktion Würzburg, wurde Horst Wiehle, der die Fusion so sieht:

Die Vereinigung der 39 selbständigen AOKn zur AOK Bayern zum 1. Juni 1995 war Abschluss eines langen, von Emotionen begleiteten Ringens. Sie waren einerseits getragen vom Wegfall der umfassenden Verantwortung und der unmittelbaren Zuständigkeit in der Region, andererseits von der Erwartung steigender Effektivität, Ressourcenbündelung, bayernweiter Markt- und Kostensteuerung und einem einheitlichen bayernweiten Angebot und Auftritt. Bedingt durch die gigantische Aufgabe vergingen Jahre, bis die inneren Strukturen und Abläufe reibungslos und im gleichen Takt funktionierten. Dennoch, die Entscheidung für die AOK Bayern war richtig. Allein die Turbulenzen im Gesundheitswesen in den letzten Jahren hätten viele kleine AOKn in erhebliche Probleme gestürzt und damit die Vereinigungsfrage zwangsweise beantwortet.

Eine Ärztliche Bereitschaftspraxis in den Räumen der Theresienklinik eröffnete die Bezirksstelle Unterfranken der Kassenärztlichen Vereinigung Bayerns am 1. Mai 1998. Finanziert wird sie von den unterfränkischen Vertragsärzten; eine finanzielle Beteiligung der gesetzlichen Krankenkassen an dieser für die Unterfranken-Metropole so wichtigen Einrichtung war bisher nicht zu erreichen. Aufgabe der Bereitschaftspraxis ist die vertragsärztliche Versorgung außerhalb der üblicherweise sprechstundenfreien Zeiten. Durch die Integration von niedergelassenen Haus- und Fachärzten in einer Praxis ließ sich die medizinische Versorgung der Patienten deutlich verbessern. Die Einrichtung genießt hohe Akzeptanz in der Bevölkerung und ist inzwischen zu einer festen Institution der ärztlichen Versorgung geworden.

Ein neues regionales Dienstleistungszentrum

Mit der Würzburger AOK-Direktion unmittelbar nichts zu tun hat das »AOK-Dienstleistungszentrum Krankenhäuser und Ärzte Oberfranken/Unterfranken« in der Schweinfurter Straße 4, errichtet in den Jahren 1996/97. Es untersteht direkt der AOK Bayern und beschäftigt in Würzburg fast 120 Mitarbeiterinnen und Mitarbeiter, davon 100 im Krankenhausbereich, für den Uwe Fella verantwortlich zeichnet und 17 im Ärztebereich unter Leitung von Michael Seubert.
Während der Krankenhaussektor die Regierungsbezirke Unter- und Oberfranken umfasst, beschränkt sich der Ärztebereich auf Unterfranken, entsprechend den Strukturen der Kassenärztlichen Vereinigung Bayerns. Im stationären Bereich wird vom Dienstleistungszentrum alles abgedeckt und bearbeitet, angefangen von der vertraglichen Gestaltung über Preisvereinbarungen bzw. Budgetverhandlungen mit den Kliniken und Krankenhäusern über die Abwicklung der einzelnen Fälle bis hin zur Rechnungsbegleichung und dem »Zuzahlungsgeschäft«. Das finanzielle Volumen lag 2001 bei insgesamt 1,4 Milliarden DM.
Demgegenüber findet im Ärztesektor – wegen der Strukturen der Kassenärztlichen Vereinigung Bayerns – eine Einzelfallführung nicht statt, weil die Abrechnung der Ärzte landesweit über die Kassenärztliche Vereinigung Bayerns in Form einer Gesamtvergütung erfolgt. Bearbeitet werden in Würzburg allerdings Ärzte-Abrechnungen, Sprechstundenbedarf und dergleichen. Um den Sitz der insgesamt 20 Dienstleistungszentren an 15 Standorten im Freistaat hatte 1995 ein »Kampf« der 39 AOK-Direktionen eingesetzt, aus dem Würzburg mit seinem inzwischen fest integrierten Zentrum als einer der Sieger in Unterfranken hervorging. Das nächste »AOK-Dienstleistungszentrum«, und zwar für Zahnärzte, befindet sich in Schweinfurt.

Verbesserter Service für Studenten in der Sanderstraße

Um den Service für die AOK-versicherten Studenten zu verbessern, eröffnete die Krankenkasse am 1. Februar 1999 in der Sanderstraße 1, schräg gegenüber von den ersten Räumlichkeiten im Jahre 1914, einen ASS-Treff (AOK-Studenten-Service). Dieser bietet Studierenden eine Betreuung in zentraler Lage und ermöglicht auch einen Blick ins Internet.
Stichwort Studenten: Der wirtschaftliche Schwerpunkt der Alma Julia ist nach wie vor das Klinikum mit seinen 1612 Planbetten. Jährlich werden über 50 000 Patienten, etwa ein Fünftel aus Würzburg, stationär und etwa 170 000 ambulant behandelt. Das Uni-Klinikum beschäftigt über 4 100 Personen, darunter 90 Professoren der Medizin. Im Herbst 2002 ist die Grundsteinlegung für den zweiten Bauabschnitt eines neuen Medizinisch-Operativen Zentrums erfolgt. Insgesamt sollen dort 301 Betten für Innere Medizin zur Verfügung stehen. Bereits im Bau ist ein Neubau für die Operativen Fächer mit 310 Betten.
Zum 1. Januar 2001 wurde der Servicebereich der AOK-Hauptgeschäftsstelle räumlich umgestaltet. Neu gegliedert wurden dabei die Service-Teams, um so den Kundenservice verbessern zu können. Umgesetzt wurden dabei auch die EU-Richtlinien zur Arbeitsplatzgestaltung.

Ein Arzt auf 340 Einwohner in Würzburg

Die AOK Würzburg hatte inzwischen 121 788 Mitglieder und 49 463 kostenfrei mitversicherte Familienangehörige. Auf Arbeitgeber-Seite wurden rund 15 000 Firmen betreut. Zum 31. Dezember 2001 trat Günther Dauch, der seine Tätigkeit bei der AOK Würzburg 1960 aufgenommen und nach einem sechssemestrigen nebenberuflichen Studium an der Verwaltungs- und Wirtschaftsakademie Würzburg das Verwaltungs-Diplom erworben hatte, als Vorstandsmitglied der AOK Bayern in den Ruhestand. Die eigene Krankenkasse für den Wettbewerb fit zu machen, war über viele Jahre hinweg eines seiner zentralen Anliegen. Gegenüber dem Jahr 1949 hatte sich zum 1. April 2002 die Zahl der in der Universitätsstadt praktizierenden Ärzte mehr als versechsfacht. Von

den insgesamt 370 in Würzburg niedergelassenen Vertragsärzten waren 104 als Allgemeinärzte und 266 in den anderen Fachrichtungen tätig. Damit kam auf 340 Einwohner in Würzburg ein Arzt. Nach einem kurzen Intermezzo als Vorsitzender der unterfränkischen Vertragsärzte im Jahre 2000 hatte Dr. Erich Schubert 2001 die Geschäfte an seinen Nachfolger Dr. Eberhard Laas übergeben. Die Stadt Würzburg wies zum 1. April 2002 auch 132 Zahnärzte und 2604 Krankenhausbetten sowie 49 Apotheken auf.
Seit 1. Januar 2002 rechnet man bei der AOK in Würzburg nur noch in Euro. Auch wenn sich die Zahlen dabei fast halbierten, das Gesundheitswesen sorgt weiterhin für überproportionale Ausgabenzuwächse, mit denen die Beitragseinnahmen nicht mithalten können. Überfällig war die Sanierung des AOK-Hauptverwaltungsgebäudes im Jahre 2002. Dabei wird insbesondere die Technik verbessert, zumal Heizung, Wasserversorgung und Elektro-Installation nicht mehr zeitgemäßen Anforderungen entsprachen. Während der Sanierungsarbeiten wurde der Geschäftsbetrieb in vollem Umfang aufrecht erhalten, ausgenommen die Öffnungszeiten am Samstag.

2. (Vereinigte) Innungskrankenkasse Würzburg

Auch für die VIKK Würzburg gestaltete sich der Neuanfang überaus schwierig. Das abendliche Bombardement der Royal Air Force am 16. März 1945 hatte fast alle Unterlagen vernichtet. Gut drei Jahrzehnte nach der Gründung einzelner IKKn stand die Krankenkasse des Handwerks wieder vor einem vollständigen Neuanfang. Der Startschuss erfolgte, ebenso wie bei der AOK Würzburg, im Mai 1945 in der Schweinfurter Straße 2 als Mieterin des Arbeitsamtes. Eine erste Aufforderung an die Arbeitgeber der Krankenkasse, welche die damalige Situation deutlich macht, enthält der »Wurfzettel« Nr. 29 des Oberbürgermeisters vom 18. Juni 1945:
Die noch rückständigen Pflicht- und freiwilligen Beiträge zur Vereinigten Innungskrankenkasse für Januar mit Juni 1945 müssen bis 1.7.1945 bei der Kasse (Arbeitsamt, 3. Stock, Schweinfurter Straße) einbezahlt werden. Rech-

nungen, Quittungen und sonstige Belege über bereits ausgeführte Zahlungen sind mit vorzulegen ... Alle Arbeitgeber, die versicherungspflichtige Personen beschäftigen, werden außerdem ersucht, ein Verzeichnis darüber der Kasse zu übermitteln.

Dass der Geschäftsbetrieb bei der Krankenkasse unter schwierigsten Bedingungen ziemlich bald funktionierte, macht der »Wurfzettel« Nr. 84 vom 29. August 1945 deutlich:

Wegen Beitragsberechnung und vordringlicher Abrechnungsarbeiten ist die Vereinigte Innungskrankenkasse Würzburg, am 31. August, 1., 7. und 8. September 1945 geschlossen.

In den ersten schwierigen Nachkriegsjahren hatte der Obermeister der Schuhmacher-Innung, Simon Blenk, als Kassenleiter den kommissarischen Vorsitz der VIKK, inzwischen in der Eichstraße untergebracht, inne. Er trug mit der Wiedereinführung der Selbstverwaltung im Jahre 1953 bis zu seinem Tod am 10. November 1977 auch Verantwortung im Vorstand der Krankenkasse. Konrad Vollrath, bereits vor dem Krieg als Geschäftsführer im Dienst der VIKK, übernahm diese Funktion in bewegten und schwierigen Zeiten von Simon Blenk. Dabei ging er mit Tatkraft an den Wiederaufbau der Krankenkasse, wie die »Main-Post« am 30. Dezember 1961 berichtet.

Im Jahresdurchschnitt 1950 über 3 400 Mitglieder

Auch ein weiterer Ortswechsel wurde notwendig: Die VIKK war fortan bei der Handwerkskammer für Unterfranken am Rennweger Ring 3 zu erreichen. Der Mitgliederbestand lag im Jahresdurchschnitt 1950 bei 3 414 und der Beitragssatz bei sechs Prozentpunkten. Der Bezirk der Krankenkasse erstreckte sich 1951 auf die Pflichtinnungen der Bäcker, Metzger, Friseure, Herrenschneider, Damenschneiderinnen, Schuhmacher sowie die ehemalige »Gastwirte-Innung Würzburg«, die später im Mittelpunkt eines Sozialgerichtsverfahrens bis hin zum Bundessozialgericht stehen sollte.

Am 17. November 1952 beschloss der Beirat der VIKK Würzburg, wieder in das neu aufgebaute Gebäude in der Domstraße 72 einzuziehen. Bereits zum Jahreswechsel 1952/53 erfolgte der Umzug neben den noch zerstörten Kiliansdom. 1956 scheiterte die Gründung einer IKK für das Baugewerbe. Die Selbstverwaltung der AOK Würzburg widersetzte sich, wie auch in späteren Jahren, vehement einem solchen Vorhaben. Dagegen schlossen sich die Schreiner-, Elektro- und Schmiedeinnungen am 1. Juni 1958 der VIKK Würzburg an.

Anschluss weiterer Handwerksinnungen

Weitere Innungs-Anschlüsse in den 60-er Jahren festigten das Fundament der Handwerker-Krankenkasse. So stieß 1963/64 die Innung für das Färber- und Chemisch Reiniger-Handwerk zur VIKK. Der 1964 erfolgte Anschluss der Kaminkehrer-Innung Unterfranken brachte der Krankenkasse einen Gewinn von 65 Mitgliedern aus der Region Würzburg. Der heutige Obermeister der Kaminkehrer-Innung Unterfranken, Gerhard Fehlbaum, erinnert sich:
Damals war ich Beisitzer im Gesellenausschuss der Kaminkehrer-Innung Unterfranken. In diesem Gremium und auch in der Gesellenversammlung ging es uns um günstige Krankenkassen-Beiträge. Die Innungskrankenkasse war dabei am günstigsten. Unsere Anregung, mit den Mitgliedern der Innung von der AOK zur IKK zu wechseln, griffen die Innungsversammlung und der damalige Obermeister Sebastian Maier auf. So war es nur eine Frage der Zeit, bis wir nach einigen formellen Beschlüssen in die fast familiäre Krankenkasse des Handwerks eingebunden waren. Über viele Jahre hinweg haben wir uns auch in die beiden Selbstverwaltungsgremien der Krankenkasse eingebracht und mit Andreas Köpf zeitweise sogar den Vorstandsvorsitzenden gestellt.
Im Herbst 1965 trat mit der Wagner- und Karosseriebauer-Innung eine weitere Innung zur VIKK Würzburg über. Die Zahl der Mitglieder steigerte sich von 3722 im Jahre 1953 auf 7870 im Jahre 1967. Die VIKK profitierte damals vor allem von einem geringen Bestand an Rentnern. 1967 waren es beispielsweise nur 655. Der Mitgliederzuwachs beruhte neben dem Anschluss mehrerer Trägerinnungen auf zwei anderen Faktoren: Die Krankenkasse dehnte ihren Kassenbezirk 1957 auch auf den Stadt- und Landkreis Ochsenfurt aus. Ein Jahr später erstreckte die VIKK ihren Kassenbezirk sogar auf ganz Unterfranken.

Thomas Roos an der Spitze der Krankenkasse

Zum 31. Dezember 1961 schied Konrad Vollrath aus dem Dienst der VIKK und trat in den Ruhestand. Zu seinem Nachfolger wählten die Selbstverwaltungsorgane einstimmig Thomas Roos. Er sollte über Jahrzehnte hinweg auf die weitere Entwicklung der Krankenkasse großen Einfluss nehmen. Am 1. Oktober 1968 änderte die VIKK Würzburg ihren traditionellen Namen in »Innungskrankenkasse Würzburg«. In Auswirkung des neu geschaffenen Lohnfortzahlungsgesetzes – auch bei der IKK kam es wie bei der AOK zu einer Lohnausgleichskasse – beschloss die Vertreterversammlung ab 1. Januar 1970 den allgemeinen Beitragssatz von 9,6 auf 7,8 Prozentpunkte zu senken. Die Ausgaben für Krankengeld waren durch die gesetzliche Neuregelung beträchtlich zurückgegangen. Inzwischen erstreckte sich die Krankenkasse auf 13 Trägerinnungen. Auch die Spengler- und Installateur-Innung Würzburg, Ochsenfurt und Karlstadt hatte sich ihr am 1. April 1968 mit 779 versicherungspflichtigen Mitgliedern angeschlossen.

In den 60-er und 70-er Jahren waren vermehrt Rechtsstreitigkeiten zwischen IKK und AOK an der Tagesordnung. Der Grund dafür: Die Krankenkassen-Zuständigkeit von in Handwerksbetrieben beschäftigten Personen und damit verbunden ein Mitgliederverlust für die größte Krankenkasse in Würzburg. Nicht unerheblichen Anteil daran hatte der teilweise günstigere Beitragssatz der IKK gegenüber dem der AOK. Letzterer blieb nur eine vom Gesetz eingeräumte Möglichkeit den Mitgliederschwund zu stoppen, nämlich schlüssig darzulegen, ihr Bestand oder ihre Leistungsfähigkeit seien durch den Mitglieder-Wechsel zur IKK Würzburg gefährdet. Das aber war bei der »Stück-für-Stück-Taktik«, die sich über viele Jahre erstreckte, praktisch nicht nachzuweisen.

Tauziehen um die ehemalige Gastwirte-Innung

Der bedeutsamste Prozess zwischen beiden Krankenkassen drehte sich um die »ehemalige« Gastwirte-Innung Würzburg, eine IKK-Trägerinnung, die 1922 gegründet worden war und ging sogar bis zum Bundessozialgericht. Es verwies den Rechtsstreit allerdings an das Bayerische

Landessozialgericht in München zurück. In dem Verfahren war zu entscheiden, ob die Gastwirte-Innung noch Trägerinnung der IKK war. Davon hing es ab, ob die rund 1500 im Hotel- und Gaststättengewerbe in Würzburg und Umgebung beschäftigten versicherungspflichtigen Mitglieder bei der IKK verblieben oder aber an die AOK Würzburg abzugeben waren. Beide Krankenkassen entschieden sich letztlich dafür, auf Vorschlag ihrer Landesverbände den »Status quo« zu wahren, was einem »friedlichen Kompromiss« gleichkam. Damit behielt die Krankenkasse des Handwerks die Mitglieder der Gastwirte-Innung, womit der Vorstandsvorsitzende der AOK Würzburg, Franz Fuchs, MdS, gut leben konnte. Die IKK verpflichtete sich andererseits, nach außen keine Aktivitäten bei der Gewinnung von Innungen als Trägerinnungen mehr zu entwickeln. Damit war der Wettbewerb zwischen beiden Krankenkassen deutlich entschärft.

Schon Jahre zuvor waren Versuche der Maler- und Verputzer Innung Würzburg Stadt und Land sowie der Innung des Kfz-Handwerks für Unterfranken in Würzburg gescheitert, mit den Beschäftigten in den Innungsbetrieben von der AOK zur IKK zu wechseln. Wegen der damals gesetzlich festgelegten Garantiehaftung der Innungsmitglieder für den unwahrscheinlichen Fall eines »Konkurses« kam der Anschluss letztlich nicht zustande. Durch den Anschluss von zehn Innungen bzw. Innungsteilen in den Jahren von 1958 bis 1975 musste die AOK Würzburg rund 2300 Mitglieder an die (V)IKK Würzburg abgeben. Im gleichen Zeitraum gelang es ihr, über 1000 Mitglieder, die bei der IKK Würzburg »zu Unrecht« versichert waren, weil es an den gesetzlichen Voraussetzungen mangelte, zurückzuführen bzw. zu behalten.

Von der Domstraße an den Berliner Platz

Am 18. März 1976 fasste der Vorstand der Handwerker-Krankenkasse, sie zählte inzwischen bei 18 Mitarbeitern 8660 Mitglieder, den Beschluss neue Büroräume am Berliner Platz 11 anzumieten. Die alten Räumlichkeiten hatten sich, bedingt durch die Aufwärtsentwicklung, als zu klein erwiesen, zumal eine Erweiterung nicht möglich war. Der Umzug konnte bereits am 1. Oktober 1976 erfolgen.

Die Vertreterversammlung der IKK Würzburg stellte am 4. Dezember 1978 den Haushaltsplan für das kommende Jahr auf und senkte dabei, begünstigt durch ein kosten- und gesundheitsbewusstes Verhalten ihrer Mitglieder, den allgemeinen Beitragssatz von 11,8 auf 11,5 Prozentpunkte. Acht Jahre lang sollte der neue Beitragssatz gültig sein, nämlich bis 31. Dezember 1986, lag gleichwohl einige Jahre über dem Beitragssatz der AOK Würzburg von 11,0 Prozent. Ursache dafür war nicht zuletzt, dass das beitragspflichtige Arbeitsentgelt der Versicherten auf einem verhältnismäßig niedrigen Niveau lag, weit unter dem Landes- und Bundesdurchschnitt der IKKn.

Eine »Schallmauer« bei den Mitgliedern durchbrochen

Im Jahre 1979 überschritt die IKK Würzburg im Jahresdurchschnitt erstmals mit 10 049 die »Schallmauer« von 10 000 Mitgliedern und arbeitete mit 1 173 Betrieben zusammen. Die Krankenkasse stieg mit einem Etat von über 18,2 Millionen DM zur viertgrößten IKK in Bayern auf. Neue Mitglieder gewann sie 1984 durch den Anschluss von drei Trägerinnungen, verlor 1988 aber auch Mitglieder, weil die Bekleidungs-Innung Würzburg nach ihrer Auflösung aus dem Kreis der Trägerinnungen ausschied.
Positiv fiel bei der IKK Würzburg damals der nach wie vor geringe Rentneranteil von 17,4 Prozent ins Gewicht, während es beispielsweise bei der AOK Würzburg mehr als doppelt so viele versicherte Rentner waren. Der Mitgliederkreis umfasste zum damaligen Zeitpunkt Handwerksmeister, Gesellen, Angestellte und Auszubildende ebenso wie Behinderte, Rehabilitanden, Rentner und Studenten. Auch die im Handwerk tätigen Techniker, Ingenieure und leitenden Angestellten gehörten teilweise der IKK Würzburg an.
Dabei kennzeichnete ein etwas widersprüchlicher Umstand die rechtliche Situation: Während der Personenkreis der Angestellten, der in den Innungsbetrieben beschäftigt war, ein Wahlrecht zwischen der Mitgliedschaft bei der IKK und einer Ersatzkasse besaß, war Arbeitern diese Möglichkeit damals versagt. Wenn sie in einem Betrieb arbeiteten, der zu einer Trägerinnung der IKK Würzburg gehörte, waren sie

von Gesetzes wegen, im Gegensatz zu den Angestellten, Mitglieder der IKK. 1984 verteilten sich die 10616 Mitglieder der IKK Würzburg auf 7954 Pflichtmitglieder, 866 freiwillig versicherte Mitglieder und 1796 Rentner. Der Personalbestand war inzwischen auf 25 Beschäftigte angestiegen. Zur Ausgleichskasse bei Krankheit kam ab 1986 eine Ausgleichskasse bei Mutterschaft hinzu, die im ersten Jahr ihres Bestehens gleich einen Überschuss erzielte. Dagegen verzeichnete die Ausgleichskasse bei Krankheit in diesem Jahr ein Defizit von 277470 DM.

Elmar Wolf letzter IKK-Geschäftsführer in Würzburg

Nach 27-jähriger Tätigkeit als Geschäftsführer und nach einer Gesamtdienstzeit von fast 49 Jahren bei der IKK Würzburg trat Thomas Roos am 1. Januar 1989 in den verdienten Ruhestand. In der Fachzeitschrift »Die Krankenversicherung« würdigte die IKK-Gemeinschaft die Verdienste des ausgeschiedenen Geschäftsführers:

Unter seiner Führung entwickelte sich die IKK Würzburg mehr und mehr zu einem modernen Dienstleistungsunternehmen. Durch sein ausgeprägtes Verantwortungsbewußtsein und Pflichtgefühl konnte sich Thomas Roos beim Handwerk großes Vertrauen erwerben und so im Zusammenwirken mit der Selbstverwaltung eine beträchtliche Ausweitung des Mitgliederbestandes der Krankenkasse erreichen.

Zu seinem Nachfolger wurde Elmar Wolf gewählt, der seine berufliche Arbeit am 1. September 1959 bei dieser Krankenkasse begonnen hatte und am 1. April 1995 Vorstandsvorsitzender der neu gebildeten IKK Franken in Nürnberg werden sollte. 1988 hatten den Einnahmen in Höhe von 27,7 Millionen DM Ausgaben von 28,4 Millionen DM gegenüber gestanden. Damit hatten sich innerhalb eines Vierteljahrhunderts Einnahmen und Ausgaben um rund das Elffache erhöht. Und zwei Zahlen verdeutlichen diese Entwicklung: Betrug der durchschnittliche Pflegesatz je Tag und Patient in der Universitäts-Klinik Würzburg im Jahre 1964 noch 18,70 DM, so »kletterte« er 1989 auf 342,18 DM.

Zum 75-jährigen Jubiläum im Jahre 1989 konnte die IKK Würzburg nicht nur mit einer Festschrift, sondern auch mit einer stolzen Bilanz aufwarten. Aus 14 Trägerinnungen hatten 1218 Mitgliedsbetriebe 10488

Mitglieder bei der Krankenkasse des Handwerks gemeldet. Zusammen mit den Familienangehörigen betreute die Krankenkasse rund 17 000 Personen. Seit der Gründung von sechs einzelnen Innungskrankenkassen 1914 hatte sich die Mitgliederzahl fast verachtfacht. Der Geschäftsbericht des Jubiläumsjahres geht auch auf das aktuelle Geschehen ein:

Die IKK Würzburg schloß das Geschäftsjahr mit einem Einnahmeüberschuß in Höhe von 3,008 Millionen DM ab. Allerdings muß der Überschuß der Einnahmen differenziert betrachtet werden. Hohen Anteil hatten hierbei die Beitragsmehreinnahmen, die auf die außergewöhnliche Grundlohnsummensteigerung von 5,95 v.H. zurückzuführen sind. Die Kosten dagegen sind insgesamt stabil geblieben, in einzelnen Leistungsbereichen waren sie rückläufig. Nach einem Jahr Gesundheits-Reformgesetz kann die Feststellung getroffen werden, daß erste ausgabenwirksame Effekte und Erfolge von strukturellen Änderungen im Gesundheitswesen sichtbar sind.

IKK auch in den neuen Bundesländern aktiv

Im Rahmen der Wiedervereinigung wirkte die IKK Würzburg auch am Aufbau von IKKn in den neuen Bundesländern mit. So waren Mitarbeiter aus Würzburg 1990/92 in Chemnitz, Leipzig und Plauen im Einsatz. Schon 1991 zog die IKK Würzburg den Schluss, dass das Gesundheits-Reformgesetz die Ausgabensituation der gesetzlichen Krankenversicherung nur für einen kurzen Zeitraum positiv beeinflussen konnte:

Die gehegten Erwartungen hinsichtlich einer längerfristigen Eindämmung der Ausgaben hat das 'Jahrhundertwerk GRG' nicht erfüllt.

Zwangsläufige Folge bei der IKK Würzburg war die Anhebung des allgemeinen Beitragssatzes auf 13,5 Prozent ab 1. März 1992. Trotzdem ergab sich zum Jahresende 1992 noch ein Minus von fast drei Millionen DM – bei einem Etat von 38,6 Millionen DM.

Der Trend zur »Fusionitis« nahm 1995 auch die IKK in Würzburg nicht aus. Am 1. April 1995 kam es zur Gründung der IKK Franken mit Sitz in Nürnberg. Mit einer Hauptgeschäftsstelle verblieb die IKK am Berliner Platz 11 und damit weiter hier. Die ortsnahe Betreuung der Versicherten und Arbeitgeber war so gewährleistet. Das Gesundheitsstrukturgesetz des Jahres 1992 ließ auch die IKK Franken nicht ungeschoren.

Der Gesetzgeber ermöglichte ab 1996 die freie Krankenkassen-Wahl des einzelnen Mitglieds. Allerdings machte die IKK Franken von der Möglichkeit, sich zu »öffnen«, d.h. grundsätzlich allen Mitgliedern der gesetzlichen Krankenversicherung offen zu stehen, keinen Gebrauch. Sie blieb zunächst weiterhin auf den Handwerker-Bereich beschränkt.

Von der IKK Franken zur IKK Bayern

Doch in der Folgezeit sollte es nicht bei der IKK Franken verbleiben. Wie bereits die 39 Ortskrankenkassen im Freistaat am 1. Juni 1995 eine Landes-AOK gegründet hatten, kam es mit zeitlicher Verzögerung am 1. November 1999 zur Bildung der IKK Bayern mit Sitz in München. Sie etablierte sich von Anfang an als »offene«, d.h. allgemein zugängliche Krankenkasse. Die IKK-Pflegekasse siedelte sich in Nürnberg an. Durch den landesweiten Zusammenschluss entstand eine Krankenkasse mit rund 224000 Mitgliedern und 750 Mitarbeitern. Wenn auch durch die beiden Fusionen ein Personalabbau unumgänglich war, so bevorzugte die Krankenkasse einen natürlichen Abbau anstelle von Entlassungen. In Würzburg verblieb eine Geschäftsstelle innerhalb der Regionaldirektion Franken unter Leitung von Benno Heinhold und 20 Mitarbeitern. In der Unterfranken-Metropole wurde der Zentralbereich Rechnungsprüfung für den Bereich der Regionaldirektion Franken installiert. Heute wird der »IKK-Service Point« Würzburg von Nürnberg aus geleitet. Die Würzburger IKK-Geschäftsstelle verzeichnete am 30. September 1999 insgesamt 11406 Mitglieder, die in der neuen Landes-IKK aufgingen. Von ihnen kündigten allerdings, der Fusion wegen, 758 Mitglieder ihre Mitgliedschaft bei der IKK.

3. Geschlossene und offene Betriebskrankenkassen

Die heute zahlen-, nicht mitgliedermäßig größte Krankenkassen-Art in Deutschland bilden nach wie vor die BKKn. Einen besonderen Aufschwung haben sie mit der Einführung des Krankenkassen-Wahlrechts 1996 erfahren. Seitdem wird zwischen »geschlossenen«, d.h. nur für die

jeweiligen Betriebsangehörigen bestimmten und »offenen«, d.h. allgemein für jedermann zugänglichen BKKn unterschieden.
Gleichwohl hält sich die Bedeutung dieser Krankenkassen-Art in Würzburg, im Vergleich zu anderen Städten, in Grenzen. Neben einer selbstständigen »geschlossenen« BKK sind drei auswärtige »offene« BKKn mit Geschäftsstellen hier vertreten. Bei ihnen kann man, streng genommen, eigentlich nicht mehr von betrieblichen Krankenkassen sprechen.

Betriebskrankenkasse Koenig & Bauer

Schon wenige Tage nach der Zerstörung des Hauptwerkes begannen Anfang April 1945 bei der Firma Koenig & Bauer die Aufräumungsarbeiten. Auch die BKK des Unternehmens erwachte schnell wieder zu neuem Leben. Nach Kriegsende hatte sie noch 746 Mitglieder gezählt und betreut. Am 1. Juli 1947 erhob die Krankenkasse einen allgemeinen Beitragssatz von 4,25 Prozentpunkten. Das Vermögen belief sich auf über 62 850 RM.
Der Wiederaufbau der Firma und damit auch der betrieblichen Krankenkasse setzte sich nach der Währungsreform verstärkt fort. Langsam konnte die Zahl der Beschäftigten und damit auch der Krankenkassen-Mitglieder wieder gesteigert werden, so auf 997 im Jahre 1949. Die Selbstverwaltung, die die nationalsozialistischen Machthaber zu Beginn des Dritten Reiches beseitigt hatten, wurde bei der BKK, die den Status einer Körperschaft des öffentlichen Rechts besitzt, 1953 wieder eingeführt. Erste Vorstandsvorsitzende nach dem Krieg wurden Oswald Kunzemann als Versichertenvertreter und Dr. Karl Weitnauer auf Arbeitgeberseite. Geschäftsführer der Krankenkasse wurde Willibald Höfling. 22 Jahre lang war er in diesem Amt hauptberuflich tätig, um dann in den ehrenamtlichen Vorstand der BKK zu wechseln.
Bei der BKK Koenig & Bauer versichert sein konnten alle bei der Firma Beschäftigten und ihre Familienangehörigen, seit 1. August 1956 auch die Rentner des Unternehmens. Eine Ausnahme bildeten die Angestellten der Firma. Sie besaßen auch die Möglichkeit, sich bei einer Ersatzkasse pflicht- oder freiwillig krankenzuversichern. Von den gesamten

Beschäftigten waren am 1. Dezember 1959 rund 93 Prozent bei der BKK versichert, nämlich 1382 Pflichtmitglieder, 96 freiwillig versicherte Mitglieder und 408 Rentner.

Krankengeld an der Spitze der Ausgaben

Der Beitragssatz betrug ab 1. Januar 1958 für Versicherte mit sofortigem Anspruch auf Krankengeld 8,5 Prozentpunkte. Die Einnahmen beliefen sich 1958 auf 717000 DM. An Ausgaben waren 1958 in den wichtigsten Bereichen zu verzeichnen: Arztkosten 129587 DM, Arzneimittelkosten 84393 DM, Krankenhausbehandlung 87877 DM, Kranken- und Hausgeld 217747 DM. Die Beträge machen deutlich: An der Spitze der Leistungsausgaben stand damals das Krankengeld; denn die Lohnfortzahlung für Arbeiter im Krankheitsfall wurde erst gut ein Jahrzehnt später in mehreren Schritten eingeführt. Die Ausgaben für Krankenhausbehandlung hatten noch nicht das heutige finanzielle Ausmaß. Die Verwaltungskosten trug übrigens die Firma selbst. Sie belasteten den Etat der BKK nicht. War die Krankenkasse nicht in der Lage, durch ihr eigenes Beitragsaufkommen die Leistungen zu decken, gewährte das Unternehmen freiwillige Zuwendungen, so 1958 einen Betrag von 9000 DM und ein Jahr später 27000 DM.
Anlässlich des 100-jährigen Bestehens der BKK im Jahre 1955 schenkte das Unternehmen »seiner« Krankenkasse einen Betrag von 20000 DM. 1960 verfügte die BKK über ein stattliches Vermögen von rund 100000 DM und konnte sich finanziell als gesichert betrachten. Im Jubiläumsjahr 1967 – 150 Jahre Koenig & Bauer – verzeichnete das Unternehmen 1960 Beschäftigte; von ihnen war der größte Teil nach wie vor bei der eigenen BKK versichert.
Die Nachfolge als Geschäftsführer der BKK Koenig & Bauer, eine der ältesten noch bestehenden betrieblichen Krankenkassen in Bayern, trat 1975 Hans-Dieter Kutscheidt an. Am 23. Mai 1979 wurde Oswald Kunzemann anlässlich seines 60. Geburtstages und in Würdigung seiner Verdienste als langjähriger Vorstandsvorsitzender der BKK Koenig & Bauer durch den bayerischen Staatsminister für Arbeit und Sozialordnung mit der Staatsmedaille für soziale Verdienste ausgezeichnet. Er

stand viele Jahre als Vorstandsvorsitzender auf Versichertenseite auch an der Spitze der LVA Unterfranken und des Landesverbandes der Betriebskrankenkassen in Bayern.

Festakt zum 125-jährigen Bestehen der betrieblichen Einrichtung

Am 17. Januar 1980 feierte die BKK Koenig & Bauer mit dem bayerischen Arbeitsminister Dr. Fritz Pirkl ihr 125-jähriges Bestehen. Insgesamt vertrauten zu diesem Zeitpunkt 2 591 Mitglieder der Krankenkasse. Der Minister hob hervor, dass der Gedanke der Selbstverwaltung lange, bevor er später konkrete gesetzliche Formen annahm, in dem weitblickenden Unternehmen schon erste Früchte getragen hatte:
Die Betriebskrankenkasse ist undenkbar ohne ein Unternehmen, das getreu dem Vorbild von 1855 seine Betriebskrankenkasse als festen Bestandteil der gesamten betrieblichen Sozialpolitik vorbehaltlos fördert und ohne Versicherte, die sich in ihrem Verhalten mitverantwortlich für ihre Krankenkasse fühlen, wie es einer richtig verstandenen Solidarität entspricht.
Stolz war man bei der BKK in der Nachkriegszeit vor allem auf die Kinderland-Verschickungen ins Allgäu, in das Voralpenland oder in den Bayerischen Wald: Kurz nach Weihnachten fuhren alljährlich 30 Kinder von Betriebsangehörigen vier Wochen lang zur Erholung in herrliche Winterlandschaften. Die Gesamtkosten von jeweils rund 10 000 DM teilten sich BKK und Firma Koenig & Bauer je zur Hälfte.

Wahlfreiheit für Krankenkassen-Mitglieder

Als am 1. Januar 1996 die Wahlfreiheit für die Mitglieder der gesetzlichen Krankenkassen eingeführt wurde und die BKKn die Möglichkeit hatten, sich entweder zu »öffnen« oder aber, wie zuvor, auf die beschäftigten Mitglieder und Rentner der Firma beschränkt zu bleiben, entschied sich die BKK Koenig & Bauer für letzteres. Sie blieb nach dem Willen ihrer Selbstverwaltung eine »geschlossene« BKK und ist nicht allgemein zugänglich, sondern nur für Betriebsangehörige des Unternehmens »offen«. Auch eine Fusion mit anderen externen BKKn kam, wenngleich sie im Gespräch war, nicht zustande.

Spürbarer Zuwachs aus den neuen Bundesländern

Noch eine Änderung vollzog sich am 1. Januar 1996. Die beiden Selbstverwaltungsorgane der BKK – Vertreterversammlung und Vorstand – wurden in einem Verwaltungsrat zusammengefasst und dazu ein hauptamtlicher Vorstand in der Person von Hans-Dieter Kutscheidt bestellt, der mehr als zwei Jahrzehnte als Geschäftsführer der BKK tätig gewesen war. Er starb überraschend im November 1996. Sein Nachfolger wurde zu Beginn des Jahres 1997 Wolfram Donath. Zu diesem Zeitpunkt kam es auch zu einer internen Fusion: Die KBA-Planeta-BKK des Unternehmens in Radebeul/Sachsen vereinigte sich mit der Würzburger BKK Koenig & Bauer. Der Mitglieder-, nicht der Versichertenbestand lag am 31. Dezember 2000 bei 4 100. Die Einnahmen beliefen sich auf 25,8 Millionen DM, denen Ausgaben in Höhe von 24,1 Millionen DM gegenüberstanden. Heute vereinigt die BKK Koenig & Bauer über 12 200 Versicherte. Ein Drittel der Einnahmen zahlt die Krankenkasse in den kassenartenübergreifenden bundesweiten Risikostrukturausgleich.
Was vor einem Jahrzehnt wohl niemand für möglich gehalten hätte, ist inzwischen Realität: Die BKK Koenig & Bauer ist heute die einzige noch selbstständige Krankenkasse mit Sitz in Würzburg. Sie hat so bedeutende Krankenkassen wie AOK oder IKK überlebt.

BKK Publik – Partner der BKK Salzgitter

Bereits am 1. April 1940 hatte die Salzgitter AG für ihre Beschäftigten in der niedersächsischen Industriestadt eine eigene BKK errichtet. Als das Unternehmen am 1. Juli 1970 die Firma Noell in Würzburg übernahm, wurden die bei der AOK Würzburg pflichtversicherten 500 Noell-Mitarbeiter, von den Angestellten abgesehen, die ein Wahlrecht zwischen Ersatzkassen und BKK besaßen, durch den Eigentümerwechsel Mitglieder der BKK Salzgitter AG. Daran änderte sich auch nichts, als die Salzgitter-AG in den 80-er Jahren in der Preussag AG und 1999 in der Babcock Borsig AG aufging.
Verhältnismäßig später, erst am 3. Juli 1995, wurde in Würzburg für die BKK eine eigene Geschäftsstelle errichtet. Sie betreute im Frühjahr

2002 mit drei Mitarbeitern unter dem Namen »Preussag BKK Publik« 3 800 Mitglieder und zuzüglich 2 200 Familienangehörige. Leiterin der Geschäftsstelle ist Irene Schilke. Die Konzern-BKK hat sich 1996 zwar für den Wettbewerb entschieden, ist aber nur in Niedersachsen und Hamburg, nicht hingegen in Bayern, als »offene« BKK zugelassen. Deshalb darf sie in Würzburg keine Werbung um neue Mitglieder betreiben. Ob und welche Auswirkungen die im Juli 2002 von Unternehmen des Babcock-Borsig-Konzerns gestellten Insolvenzanträge auf die firmeneigene BKK haben, ist noch nicht abzusehen.

Siemens-Betriebskrankenkasse

Zwar wurde die Siemens-BKK bereits 1908 gegründet. »Wurzeln« in Würzburg schlug sie mit der Errichtung einer eigenen Verwaltungsstelle aber erst im Januar 1959, nachdem ab 1957 das Siemens-Werk in der Mainfranken-Metropole aufgebaut worden war. Während der beiden ersten Jahre wurden die Würzburger Beschäftigten des Unternehmens, die Mitglieder der BKK waren, von der Verwaltungsstelle in Bad Neustadt/Saale betreut. Erster Geschäftsstellenleiter war von 1959 bis 1979 Otto Gresser, gleichzeitig auch Personalleiter des Würzburger Zweigwerkes. Von Juni 1979 bis März 2001 übernahm Günter Heinz die Leitung der Geschäftsstelle. Seit Februar 2001 bekleidet Jürgen Gieseke diese Funktion. Zur Mitgliederzahl im Jahre 1959 liegen Angaben nicht mehr vor.
1970 verzeichnete die BKK bereits 1 700 Mitglieder in der Unterfranken-Metropole. Ihre Zahl stieg bis 1980, parallel zum Wachstum der Siemens-Niederlassung, auf 1900 und 1990 auf 2 500 Mitglieder. Heute betreut die Krankenkasse in Würzburg rund 4 000 Mitglieder und etwa 2 200 Familienangehörige. Dafür sind neben dem Geschäftsstellenleiter drei Kundenberater und ein Vertriebsmitarbeiter tätig. Immer noch ist die Geschäftsstelle im Siemens-Werk in der Werner-von-Siemens-Straße untergebracht. Dabei ist sie der Region Bayern-Nord in Erlangen bzw. dem Gebiet Neustadt/Coburg zugeordnet. Im Gegensatz zur BKK der Firma Koenig & Bauer handelt es sich bei der Siemens-BKK um eine »offene« BKK, die jedermann zugänglich ist.

Bavaria Betriebskrankenkasse

Zum 1. Januar 1999 bereicherte die Palette der gesetzlichen Krankenkassen in Würzburg ein weiterer Träger, nämlich die Bavaria BKK mit einer Geschäftsstelle in der Haugerpfarrgasse 1. Die bundesweit geöffnete Krankenkasse, hervorgegangen aus sechs traditionellen süddeutschen BKKn, war zum 1. Januar 1996, mit Beginn der allgemeinen Krankenkassen-Wahlfreiheit, in Selb/Oberfranken gegründet worden. Sie entschloss sich zu einer Niederlassung in Würzburg, weil sich ihr im Rahmen des allgemeinen Trends in Mainfranken immer mehr Mitglieder anschlossen.
Drei Mitarbeiter kümmern sich unter Leitung des stellvertretenden Vorstandsmitglieds Heinz Sattler um rund 2800 Mitglieder. Der Geschäftsstelle kommt insofern überregionale Bedeutung zu, weil sie von Würzburg aus den gesamten nordbayerischen Raum betreut und darüber hinaus auch für ganz Deutschland die Krankenversicherung der Rentner mit 12600 Personen durchführt.

4. Sonder-Krankenkasse für die Landwirte

»Geburtshilfe« für eine neue Krankenkasse in Würzburg musste die LBG Unterfranken 1972 leisten. Zum 1. Oktober des Jahres führte der Gesetzgeber eine eigenständige Krankenversicherung für selbstständige Landwirte, mitarbeitende Familienangehörige und Altenteiler ein. Damit war im Bereich der landwirtschaftlichen Sozialversicherung ein umfassender Krankenversicherungsschutz, wie er seit Jahrzehnten für abhängig Beschäftigte insgesamt bestand, erreicht.
Die landwirtschaftliche Krankenversicherung erbringt grundsätzlich die gleichen Leistungen wie die übrigen gesetzlichen Krankenkassen. Was nur wenige wissen: Die Initiative für eine eigene landwirtschaftliche Krankenversicherung ging entscheidend von Würzburg aus. Der damalige Direktor des Bayerischen Bauernverbandes, Willi Erhart, fand für sein Anliegen in Bundeslandwirtschaftsminister Josef Ertl einen Fürsprecher auf höchster Ebene.

Eine Landwirtschaftliche Krankenkasse in Würzburg

Mit dem Gesetz über die Krankenversicherung der Landwirte vom 10. August 1972 waren 19 Landwirtschaftliche Krankenkassen (LKK), nämlich jeweils eine bei jeder LBG gebildet worden. Die kurzfristige Umsetzung des Gesetzes erforderte eine intensive Mitarbeit der Berufsgenossenschaft. Sie stellte dazu Personal, Materialien und Räumlichkeiten in erheblichem Umfang bereit und ermöglichte so der neuen Krankenkasse den Start in eine Zukunft, die von der nicht gerade rosigen Situation in der Landwirtschaft geprägt war. Erster Dezernent der neuen Krankenkasse wurde Johannes Windmeißer. Selbstverwaltung und Geschäftsführung der LKK erfolgten in Personalunion mit der LBG Unterfranken.
Unmittelbar nach Inkrafttreten des neuen Gesetzes setzte bei der Krankenkasse eine überaus starke Inanspruchnahme von Leistungen, insbesondere bei ärztlicher Behandlung, Krankenhausbehandlung sowie bei der Versorgung mit Arznei- und Heilmitteln ein. Nachholbedarf der Versicherten bestand auch bei der zahnärztlichen Behandlung, beim Zahnersatz und bei der Versorgung mit Hilfsmitteln. Durch den Umfang der Inanspruchnahme wurden alle finanziellen Voraussätzungen der Fachleute übertroffen. Und noch etwas: Die Versicherten der LKK Unterfranken nahmen ihre Krankenkasse auch am intensivsten von den fünf bayerischen LKKn in Anspruch. Zunächst startete die LKK mit 19 080 pflicht- und freiwillig versicherten Mitgliedern sowie 13 636 Rentnern (Altenteiler). Die Gesamtausgaben summierten sich im ersten Jahr des Bestehens auf fast 36 Millionen DM. Zum 31. Dezember 1973 waren 52 Beschäftigte ausschließlich für die LKK tätig und darüber hinaus 22 Personen, die als Personal der LBG zu einem Drittel für die Krankenkasse arbeiteten.

Ständiger Rückgang bei den Mitgliedern

Der allgemeine Rückgang in der Landwirtschaft machte sich auch bei den Mitgliederzahlen der Krankenkasse deutlich bemerkbar: Hatte die Gesamtzahl der Mitglieder 1975 noch bei 30 565 gelegen, so waren es

1990 sogar nur noch 21374. Der Personalstand lag am 1. Januar 1981 bei 48 Dienstordnungs- bzw. Tarifangestellten sowie sechs Auszubildenden. Nach sechsjähriger Konstanz musste die LKK ab 1. Januar 1983 ihre Beiträge anheben, nachdem in den beiden Jahren zuvor ein Betrag von 5,5 Millionen DM aus dem Vermögen entnommen worden war. Die Monatsbeiträge beliefen sich nunmehr, je nach Beitragsklasse, auf Beträge zwischen 109 und 327 DM.
Wenn auch in der landwirtschaftlichen Krankenversicherung der Grundsatz gilt, dass die landwirtschaftlichen Unternehmer und ihre hauptberuflich mitarbeitenden Familienangehörigen den Leistungsaufwand für sich und ihre Angehörigen durch Beiträge zu decken haben, so war und ist die LKK auf Bundeszuschüsse für ihre Altenteiler angewiesen. Ohne diese Mittel wäre ein Überleben nicht möglich. 1984 beliefen sich diese Bundeszuschüsse auf über 35 Millionen DM. 1999 waren es mehr als doppelt so viel, nämlich bereits 77 Millionen DM. Problematisch erwies sich von Anfang an, dass es bei den LKKn an einer gesunden Mischung des Mitgliederbestandes mangelt und nur Landwirte und ihre Familienangehörigen bzw. Altenteiler bei der LKK versichert sind. Fast möchte man es als »Ironie des Schicksals« bezeichnen: Die in der Landwirtschaft beschäftigten Arbeitnehmer gehörten weiterhin grds. der AOK ihres Beschäftigungsortes an.

Kostenablehnung bei Schwangerschaftsabbrüchen

Bundesweites Aufsehen erregte die LKK Unterfranken im Jahre 1987: Bei einem Schwangerschaftsabbruch übernahm sie damals bei einer sozialen Indikation keine Kosten für einen Schwangerschaftsabbruch mehr und wurde in ihrer Einstellung, die nur wenige Krankenkassen einnahmen, durch ein Urteil des Bundesverfassungsgerichts vom 28. Mai 1993 bestätigt. Danach durften Abtreibungen bei sozialer Indikation nicht auf Kosten der gesetzlichen Krankenkassen vorgenommen werden. Die rasante Kostenentwicklung im Gesundheitswesen, die auch um die LKK Unterfranken »keinen Bogen machte« und ihr 1992 ein Defizit von fast 4,5 Millionen DM brachte, verdeutlicht ein Beispiel: Ab 1. Juli 1992 galten im Rettungsdienst folgende Sätze: Vergütung für

Notfalleinsatz 580 DM, Vergütung für Notarzteinsatz 100 DM, Grundpauschale 45,30 DM und Vergütung je gefahrenen Kilometer 2,34 DM. Umfangreiche Wirtschaftlichkeitsprüfungen der Krankenkasse führten 1992 zu Ersparnissen von fast zwei Millionen DM, insbesondere bei der Arzt-, Apotheken-, Heilmittel-, Zahnarzt- und allgemeinen Rechnungsprüfung – und dies bei einem finanziellen Gesamtvolumen von über 113 Millionen DM. Das Agrarsozialreformgesetz 1995 schränkte die Voraussetzungen für die Versicherungspflicht ein. Als Landwirt war nur noch versichert, wer seinen beruflichen Schwerpunkt in der Landwirtschaft hat. Ausgeschlossen sind daher Beamte, Selbstständige, die im Hauptberuf nicht Landwirte sind, sowie Arbeitnehmer, deren Einkommen die jeweilige Versicherungspflichtgrenze in der gesetzlichen Krankenversicherung überschreitet.

Die LKK Unterfranken musste zum 1. Januar 2001 mit der Vereinigung der LBG Unterfranken und anderen LBGen ihre Selbstständigkeit aufgeben und ging im Landwirtschaftlichen Sozialversicherungsträger Franken und Oberbayern mit Sitz in Bayreuth auf. Nach wie vor werden die unterfränkischen Versicherten aber von Würzburg aus betreut.

5. Ersatzkassen im Kreis der gesetzlichen Krankenkassen

Einen deutlichen Aufschwung und einen starken Mitgliederzuwachs verzeichneten in der Nachkriegszeit vor allem die Angestellten-Ersatzkassen. In Würzburg machte sich dies in zahlreichen neuen Geschäftsstellen bemerkbar, auch wenn nach wie vor keine Hauptverwaltung einer Ersatzkasse hier angesiedelt war bzw. ist. Anders als in der französischen Besatzungszone waren die Ersatzkassen in der amerikanischen Besatzungszone nach Kriegsende nicht verboten, bestanden »de jure« weiter, wenn auch »de facto« die Kriegs- und Nachkriegsereignisse die Arbeit sehr erschwerten. So war vom bayerischen Arbeitsministerium ein Kommissar für die Ersatzkassen bestellt. Er sollte verhindern, dass die einzelnen Hauptverwaltungen der Ersatzkassen, überwiegend im Norden Deutschlands angesiedelt, Einfluss auf ihre bayerischen Geschäftsstellen, mithin auch in Würzburg, nahmen. Mit der Gründung der Bundesrepublik Deutschland am 23. Mai 1949 ließ sich dieses Ziel nicht mehr aufrecht erhalten. Mit dem Inkrafttreten des Sozialgesetzbuches V – Gesetzliche Krankenversicherung am 1. Januar 1989, spätestens mit den erweiterten Krankenkassen-Wahlrechten, die am 1. Januar 1996 eingeführt wurden, waren die Ersatzkassen gesetzliche Krankenkassen und nicht mehr nur darauf beschränkt, Träger der gesetzlichen Krankenversicherung zu sein.

Barmer Ersatzkasse

Unmittelbar nach Kriegsende ließ sich die Barmer Ersatzkasse (BEK) wieder im völlig zerstörten Würzburg nieder, wenn auch vorerst nur behelfsmäßig. Ein ehemaliger Mitarbeiter stellte in der erhalten gebliebenen Wohnung in der Kaiserstraße sein Wohnzimmer als »Schalterraum« zur Verfügung. Die während des Krieges nach Karlburg ausgelagerte Bezirksverwaltung wurde 1947 nach Würzburg verlegt, zurück an den Dominikanerplatz 4.
Bezirksgeschäftsführer war und blieb Michael Götz. Zur Jahresmitte 1951 konnte die Ersatzkasse im ersten Stock des »Augustinerbaus« ein weiteres Zimmer anmieten. Der wachsende Mitgliederstand zwang die Verantwortlichen allerdings, nach größeren Geschäftsräumen Ausschau zu halten. 1952 wurde die Barmer fündig und schlug ihr neues Domizil fast gegenüber im Haus der Firma Büro-Scholl am Dominikanerplatz 5 auf. Nachdem einige Zeit später auch diese Räumlichkeiten durch die gestiegenen Mitgliederzahlen nicht mehr den Ansprüchen genügten, zog die Ersatzkasse 1959 in die Eichhornstraße um. Inzwischen waren aus der Würzburger Bezirksverwaltung mehrere hauptamtliche Niederlassungen in Unterfranken hervorgegangen, so Bad Kissingen, Kitzingen, Lohr, Ochsenfurt und Marktheidenfeld. Ab 1. Oktober 1967 erhielten die Mitglieder, dem allgemeinen Trend bei den Ersatzkassen folgend, Krankenschein-Scheckhefte für die ärztliche und zahnärztliche Behandlung. Der einzeln ausgegebene Quartals-Krankenschein hatte ausgedient. Ein Wechsel an der Spitze erfolgte zum 1. Oktober 1971: Nach über 33-jähriger Tätigkeit als Bezirksgeschäftsführer ging Michael Götz in Rente. Sein Nachfolger wurde Werner Gündling, der bis zu seinem

Ruhestand am 30. September 1989 die Würzburger Bezirksgeschäftsstelle leitete. Während dieser Zeit zeigte sich bereits der Zug zur Konzentration. Am 1. Juli 1985 war die Bezirksverwaltung Bad Kissingen wieder der Würzburger Bezirksverwaltung zugeschlagen worden. Sechs Monate später nahm die Ersatzkasse auch in Würzburg den Computer-Betrieb auf; die bildschirmunterstützte Sachbearbeitung gehörte bald zum Alltag.

In der Leitung der Würzburger Geschäftsstelle folgte ab 1. Oktober 1989 bis zu seiner Versetzung nach Nürnberg im Juni 1996 Georg Weck. In seiner Amtszeit zog die Barmer in ihre jetzige Bleibe in die Bahnhofstraße 7 um. Neuer Bezirksgeschäftsführer in dem mehrstöckigen Gebäude wurde im Juli 1996 Alois Gensler. Fünf Jahre später wurde die Bezirksgeschäftsstelle Würzburg zur Regionalgeschäftsstelle aufgewertet und ihr Aufgaben und Zuständigkeit für alle Barmer-Geschäftsstellen in Unterfranken mit rund 240 Mitarbeiterinnen und Mitarbeitern zugeordnet. Heute betreut die Barmer im Regierungsbezirk als wichtiges Dienstleistungs-Unternehmen über 90 000 Mitglieder und 30 000 anspruchsberechtigte Familienangehörige. Das Ausgabevolumen liegt bei rund 200 Millionen Euro im Jahr. Bis 2001 bestand auch in der Klingenstraße 14 in Heidingsfeld eine Barmer-Geschäftsstelle, die allerdings der Rationalisierung zum Opfer fiel.

Rascher Wechsel an der Spitze

Nachdem er am 3. März 2002 zum Bürgermeister von Wollbach (Landkreis Rhön-Grabfeld) gewählt worden war, endete für Alois Gensler seine 32-jährige Tätigkeit im Dienst der gesetzlichen Krankenversicherung mit dem 31. Mai 2002. Zu seinem Nachfolger wurde nahtlos von der Hauptverwaltung in Wuppertal Armin-Claus Lutz, ein gebürtiger Münchner, bestimmt. Doch schon im Oktober 2002 gab es bei der BEK in Würzburg erneut einen Führungswechsel: Mit Andreas Weck übernahm ein gebürtiger Würzburger die Leitung der hiesigen Regionalgeschäftsstelle.

Im Frühjahr 2002 wurde der seit vielen Jahren bestehende Ortsausschuss Würzburg der Verbände der Angestellten- und Arbeiterkrankenkassen, der bisher bei der Barmer angesiedelt war und vom jeweiligen Bezirksgeschäftsführer geleitet wurde, aufgelöst und seine Aufgaben, dem Trend der Zeit entsprechend, zur Landesvertretung nach München verlagert. Zum Aufgabengebiet des Ortsausschusses gehörten in der Vergangenheit auch Vertragsverhandlungen mit den Krankenhäusern, die Zulassung von Heil- und Hilfsmittel-Erbringern sowie Fragen des Wettbewerbs unter den gesetzlichen Krankenkassen in Würzburg.

Deutsche Angestellten-Krankenkasse

Am 1. Juni 1946 nahm die Berufskrankenkasse der Kaufmannsgehilfen und weiblichen Angestellten, die sofort nach Kriegsende den Passus »Juden nimmt die Kasse nicht auf« aus ihrer Satzung gestrichen hatte, ihren ursprünglichen Namen wieder an: Deutsche Angestellten-Krankenkasse (DAK). Sie entsprach damit ihrer geschichtlichen Herkunft, dem Charakter und der Mitglieder-Zusammensetzung der Krankenkasse. Bald nach Kriegsende waren einige Angestellte der Krankenkasse in einem Gasthaus in Höchberg zusammengekommen, um ein Zeichen für den Wiederbeginn zu setzen. Drei Angestellte starteten dann unter denkbar schwierigen Bedingungen in der Saarlandstraße 20.

Im Dezember 1945 hatte der Mitgliederstand der Würzburger Bezirksverwaltung bei 1 868 gelegen, um, bedingt durch die zunächst ungünstige wirtschaftliche Entwicklung, nach und nach abzunehmen. Untergebracht war die Krankenkasse im Westen der Stadt, Zur Neuen Welt 17 und später in der Wilhelmstraße 3. Als erster Geschäftsstellenleiter wurde 1949 Georg Brand eingesetzt, der in diesem Amt 20 Jahre verblieb.

Nach der Währungsreform ging es bei der zweitgrößten Angestellten-Ersatzkasse mitgliedermäßig wieder bergauf. Im Dezember 1949 vereinte die DAK bereits wieder 2 211 Mitglieder. Hans-Heinrich Werner, Jahrgang 1912, trat zwei Jahre nach der Währungsreform als stellvertretender Geschäftsstellenleiter in die Dienste der Krankenkasse in Würzburg, nachdem er bereits vor dem Zweiten Weltkrieg in ganz Bayern bei dieser Krankenkasse im Einsatz war. Seine Eindrücke fasst der rüstige Rentner mit den Worten zusammen:

Als ich am 1. Juli 1950 wieder bei der DAK begann, kümmerten sich neben mir zwei Mitarbeiter und ein Lehrling um die Versicherten. Ich wurde 'ins kalte Wasser' geworfen und sofort am Schalter eingesetzt. Etwas, was heute unvorstellbar ist. Auch Werbung um neue Mitglieder und Firmenbetreuung kamen damals nicht zu kurz. Schwierig war die Konkurrenzsituation, weil sich auch die anderen Ersatzkassen ein Stück von dem Kuchen abschneiden wollten. A und O unserer Arbeit war die ständige Erhöhung der Mitgliederzahlen, zumal wir keinen gesetzlich zugewiesenen Mitgliederkreis hatten, vielmehr auf die freie Entscheidung des Einzelnen angewiesen waren.

Fusion mit der Lichterfelder Ersatzkasse

Zum 1. Juli 1951, inzwischen hatte die DAK ein neues Domizil in der Spiegelstraße bezogen, fusionierte die Krankenkasse mit der Lichterfelder Ersatzkasse. Nur wenige Mitglieder waren davon in Würzburg betroffen, wenngleich mit der Vereinigung die Beschränkung des Mitglieder-Potenzials auf männliche Kaufmannsgehilfen und weibliche Angestellte überwunden war. Die DAK konnte nunmehr ihren versicherten Personenkreis erweitern und sowohl männliche wie auch weibliche Angestellte aller Berufszweige aufnehmen.
1954 überschritt die Angestellten-Krankenkasse, inzwischen in der Herzogenstraße 13 ½, wieder den Mitgliederstand der Vorkriegszeit. Bereits zwei Jahre zuvor waren zahlreiche Verwaltungsstellen im heutigen Main-Spessart-Kreis an die Bezirksgeschäftsstelle in Lohr/Main abgetreten worden. 1955 wurde mit 5259 Mitgliedern der Bestand in der Nachkriegszeit mehr als verdoppelt. Ausschlaggebend dafür war eine beispielhafte Lehrlingswerbung. So konnte 1954 die »10 000er-Schallmauer« durchbrochen werden, obwohl inzwischen weitere Mitglieder an die DAK-Geschäftsstelle in Ochsenfurt abgetreten worden waren.
Neben den Leistungen verbesserte die DAK auch ständig ihren Service. So wurden auch bei ihr anstelle der Einzel-Krankenscheine Scheckhefte eingeführt. Um ihre Genesendenfürsorge für Erwachsene zu intensivieren, errichtete die Krankenkasse im benachbarten Bad Mergentheim das Kurheim »Haus Schwaben«. Es nahm ab September

1966 auch zahlreiche Mitglieder aus Würzburg zu einer mehrwöchigen Kur- bzw. Rehabilitationsmaßnahme auf. Im Jahr 1974 trat Willi Grimm an die DAK-Spitze in Würzburg und löste Manfred Stark ab, der nach vier Jahren Tätigkeit in der Domstadt zur Landesgeschäftsstelle nach Nürnberg wechselte. Wiederholt musste die Krankenkasse auf Grund der steigenden Mitgliederzahlen ihre Räumlichkeiten wechseln: Eichhornstraße, Hofstraße und Koellikerstraße. Steil aufwärts entwickelten sich die Mitgliederzahlen, von 18758 im Jahre 1975 auf 24981 im Jahr 1995.

Am 1. Januar 1997 übernahm die DAK die am 1. März 1874 als »Zentraler Kranken- und Unterstützungsverein der Gewerkschaft der Schneider« gegründete »Braunschweiger Kasse – Ersatzkasse für das Bekleidungsgewerbe«, und auch die Mitarbeiter einer historisch anders gearteten Versichertengemeinschaft. Ursächlich dafür war, dass die »Braunschweiger« wegen sinkender Mitgliederzahlen und auf Grund ihres hohen Beitragssatzniveaus nicht mehr konkurrenzfähig war. Seit 1. Juli 1996 leitet Günther Schmitt die Bezirksgeschäftsstelle der Würzburger DAK, die heute am Residenzplatz in der Theaterstraße 25 untergebracht ist.

Techniker-Krankenkasse

Am 27. Oktober 1884 war in Leipzig eine »Eingeschriebene Hilfskasse für Architekten, Ingenieure und Techniker Deutschlands« gegründet worden. Aus ihr ging die Techniker-Krankenkasse (TK) hervor. In Würzburg erschien die Krankenkasse verhältnismäßig spät, nämlich erst am 1. April 1962. Zuvor waren ein Jahrzehnt lang ehrenamtliche »Ortsbetreuungsstellenleiter« tätig.

Die erste Geschäftsstelle in der Kaiserstraße 26, in der unter Kurt Schullehner vier Angestellte arbeiteten und etwa 4500 Versicherte betreuten, firmierte noch unter dem Namen »Berufskrankenkasse der Techniker«. Schon damals bemühte sich die Krankenkasse, den Mitgliedern über das vorgeschriebene Mindestmaß hinaus Hilfe im Krankheitsfall zu gewähren. Erhöhte Zuschüsse zu Zahnkronen und Stiftzähnen und höhere Zuschüsse zu einem Brillengestell gehörten ebenso zum groß-

263

zügigen Angebot wie Verbesserungen bei der Familienhilfe und im Fall einer stationären Behandlung. Zu einer ersten Fusion mit der Werkmeister-Kasse, die in Würzburg nur wenige Mitglieder betreute, kam es 1965. Ein Jahr zuvor hatte sich der Name in«Techniker-Krankenkasse« geändert. Von 1971 bis zum 30. November 1981 war die TK in der Theaterstraße 25 und dann am Hauger Ring 6 untergebracht. Seit 1. April 1991 ist wieder die Kaiserstraße, diesmal Nr. 1 - 3, Domizil.

In der Leitung der Geschäftsstelle wechselten sich nacheinander Rudolf Schick, Alfred Bödelt und Gustelore Becker ab. Seit 1. Juli 1998 steht Erwin Knoll an der Spitze der insgesamt 55 Mitarbeiter. Er erlebte zum 1. Oktober 1998 eine interne Vereinigung, als die Geschäftsstellen Schweinfurt und Würzburg zusammengelegt wurden. Eine weitere Fusion mit der Gärtner-Krankenkasse erfolgte zum Jahresbeginn 2000. Diese Krankenkasse hatte seit 1961 eine Geschäftsstelle in der Kaiserstraße und betreute 3500 Versicherte. Ihre letzte Dienststellenleiterin Marlies Kraus wurde von der TK, die damals von Würzburg aus für rund 60 000 Versicherte zuständig war, übernommen.

Der Abschluss der Neuorganisierung war am 1. Mai 2001 erreicht: Der Würzburger Geschäftsstelle wurde der Bereich Aschaffenburg zugeschlagen. Derzeit betreut die »Techniker« von Würzburg aus rund 94 000 Versicherte. Ein eigenes Kunden-Center befindet sich am Barbarossa-Platz 5 - 7.

Kaufmännische Krankenkasse Halle

Unmittelbar nach Kriegsende wurde die Kaufmännische Krankenkasse Halle (KKH) in den Landkreis Würzburg ausgelagert und begnügte sich in Anbetracht der damaligen Verhältnisse zwei Jahre lang mit einer nebenberuflichen Geschäftsstelle in Höchberg. Ab 1950 ging es unter Leitung des aus der Kriegsgefangenschaft heimgekehrten Joseph Pfeuffer, der auch vor dem Krieg in den Diensten der KKH gestanden hatte, in die Kaiserstraße 8 zurück. Dort waren etwa 2400 Mitglieder erfasst. 1975 übernahm Martin Zirk die Geschäftsstelle Würzburg von seinem Vorgänger Joseph Pfeuffer. Die früher überwiegend kaufmännisch ausgerichtete Krankenkasse, mit der Neuordnung der Krankenkas-

sen-Wahlrechte zum 1. Januar 1996 allgemein zugänglich, betreut, seit Jahrzehnten in der Kaiserstraße 13 angesiedelt, rund 6500 Mitglieder in Würzburg und Umgebung. Im Juni 2002 wurde Michael Naß neuer Geschäftsstellenleiter. 1995 wurde Würzburg Sitz einer Regionalgeschäftsstelle für Unterfranken. Ihr obliegen unter Leitung von Armin Arbinger mit über 50 Mitarbeitern administrative und überörtliche Aufgaben, ebenso Service und Vertrieb sowie Beitragseinzug.
Im Laufe ihrer mehr als hundertjährigen Geschichte fusionierte die »Kaufmännische« nie mit einer anderen Krankenkasse. Wenn auch der Zusatz »Halle« nicht aus der Abkürzung bzw. dem Logo »KKH« gestrichen wurde, so verwendet die Krankenkasse in jüngerer Zeit, wohl aus Zweckmäßigkeitsgesichtspunkten, mehr und mehr die Bezeichnung »Kaufmännische Krankenkasse« bzw. noch kürzer »Die Kaufmännische«.

Hamburg-Münchner Krankenkasse

Nach Kriegsende fasste die am 1. Oktober 1927 in Hamburg gegründete »Berufskrankenkasse des Gesamtverbandes deutscher Angestellten-Gewerkschaften« auch in Würzburg Fuß. Als berufsständische Krankenkasse für Büroangestellte und Beamte konnte sie nur diesen Personenkreis aufnehmen und war lange im Vergleich mit den großen deutschen Ersatzkassen in ihrem Mitgliederwachstum eingeschränkt. Die erste hauptamtliche Geschäftsstelle befand sich in der Wilhelmstraße 3, bevor es 1956 in die Schönbornstraße 1 und dann in die Domstraße 5 ging. Ein weiterer Umzug ist in den Annalen verzeichnet, nämlich 1985 an den Dominikanerplatz 9. Ebenso drei Geschäftsstellenleiter, Heinz Freitag (1950 bis 1971), Herbert Heindl (1972 bis 1995) und Günther Meier (1996 bis 1997).
Zwischen 1970 und 1980 hatte die Hamburg-Münchner Krankenkasse, wie sie nun hieß, teilweise bis zu zehn Mitarbeiter in der Domstadt. Zu dieser Zeit wickelte die Ersatzkasse neben der Leistungssachbearbeitung auch den gesamten Beitragseinzug in Würzburg ab. Auf Grund des technischen Fortschritts und der Einführung der EDV-unterstützten Sachbearbeitung zentralisierte die Krankenkasse den Beitragseinzug für

ganz Bayern in München, so dass in Würzburg von 1980 bis 1997 im Durchschnitt nurmehr fünf bis acht Mitarbeiter beschäftigt waren. Um Verwaltungskosten zu sparen und weil nur noch wenige Versicherte die Würzburger Geschäftsstelle persönlich aufsuchten, wurde zu Beginn des Jahres 1997 nach einer Marktforschungs-Analyse die Sachbearbeitung und Betreuung der Mitglieder nach Nürnberg verlegt und in Würzburg eine nebenamtliche Geschäftsstelle bei der Fahrschule Steinbacher, Semmelstraße 40, eingerichtet. Ein Regionalzentrum mit einem Gesundheits-Informations-Zentrum in Nürnberg ermöglicht den rund 5 000 Versicherten und ihren Arbeitgebern im Würzburger Raum telefonischen Kontakt zu ihrer Krankenkasse.

Hanseatische Krankenkasse

Im Jahre 1940 fusionierte die am 26. März 1826 als »Krankenverein der Commis des Löblichen Krameramts« in Hamburg gegründete Hanseatische Ersatzkasse mit der fünf Jahre vor dem Ersten Weltkrieg errichteten Merkur-Ersatzkasse Nürnberg. Damit konnte sie ihr Einsatzgebiet auf ganz Deutschland ausdehnen und trat ab 1. Juni 1940 auch in Würzburg in Erscheinung. Schon seit 1924 hatte die Merkur-Ersatzkasse Nürnberg hier eine nebenberufliche Zahl- und Betreuungsstelle unterhalten.

Nach dem Zweiten Weltkrieg richtete die Ersatzkasse in der Augustinerstraße 18 für ihre wenigen hundert Mitglieder in Würzburg und Umgebung eine nebenamtliche Betreuungsstelle ein. Als sich in den 50-er Jahren die Mitgliederentwicklung positiv gestaltete, eröffnete sie 1956 unter Leitung von Kurt Flockerzi eine Geschäftsstelle in der Kaiserstraße 24 und führte sie dann in der Domstraße weiter.

Der Mitgliederbestand der Hanseatischen erreichte 1995 mit 1 917 Mitgliedern seinen höchsten Stand. Seit 1979 war Klaus-Dieter Wagner mit der Leitung der Geschäftsstelle, inzwischen in der Theaterstraße 8, betraut. Ab 1995 nannte sich die Ersatzkasse »HEK – Hanseatische Ersatzkasse«, um für die Öffnung der gesetzlichen Krankenversicherung zum 1. Januar 1996 gewappnet zu sein. Eine Neukonzeption des Geschäftsstellennetzes mit dem Ziel, die Verwaltungskosten zu senken, führte dazu, dass die HEK ihre Geschäftsstelle in Würzburg zum 30. April 1999 »dicht machte«. Die Betreuung der Mitglieder in der Domstadt übernahm das Kundenzentrum in Nürnberg.

Krankenkasse für Bau- und Holzberufe

Der Grundstein zur Hamburgischen Zimmererkrankenkasse (HZK) war am 1. Januar 1877 mit der Gründung der »Zentral-Kranken- und Sterbekasse des deutschen Zimmererhandwerks« gelegt worden. In Würzburg war in der Nachkriegszeit zunächst Otto Kullmann als ehrenamtlicher Zahlstellenleiter tätig. In den 50-er Jahren wurden nach einer Umorganisation die hauptamtlichen Geschäftsstellen in der Bundesrepublik auf 18 erhöht. Neu ließ sich die HZK im Mai 1956 in Würzburg, Schustergasse/Schenkhof 3, nieder. Erster hauptamtlicher Geschäftsstellenleiter wurde Ludwig Kober. Die Arbeiter-Ersatzkasse hatte in der Anfangsphase rund 100 Mitglieder in Würzburg. Ein Würzburger, Rudi Schenk, gehörte in den 70-er Jahren als ordentliches Mitglied der Vertreterversammlung der Krankenkasse auf Bundesebene an, die 1978, inzwischen in der Spiegelstraße 23, mit drei Mitarbeitern rund 1600 Mitglieder betreute. Nachdem Ludwig Kober am 31. August 1986 in den Ruhestand getreten war, wurde Karl Erich Schmitt sein Nachfolger. Zuständig war die Geschäftsstelle weiterhin für die drei fränkischen Regierungsbezirke Mittel-, Ober- und Unterfranken.
1995 änderte die Krankenkasse ihren Namen in »HZK – Krankenkasse für Bau- und Holzberufe«, um Ursprung und künftige Ausrichtung deutlich zu machen. Nachdem zum 1. Januar 1996 die Beschränkung des Mitgliederkreises auf Beschäftigte des Bau- und Ausbaugewerbes, in der Holzbe- und -verarbeitung, in der Papier-, Pappe- und Lederverarbeitung weggefallen war, konnte sich die HZK für Beschäftigte aller Berufszweige öffnen. Heute betreut die Geschäftsstelle in der Kaiserstraße 15 rund 2450 Mitglieder. Ansprechpartner ist Karl Erich Schmitt, nachdem die Krankenkasse ab 1. Januar 1999 eine Umstrukturierung vorgenommen hat. Die Bearbeitung von Leistungen wurde nach Passau verlagert. Der Beitragseinzug erfolgt schon seit Jahrzehnten von Hamburg aus.

Gmünder Ersatzkasse

Nachdem sie inzwischen 3200 Versicherte in Würzburg und Umgebung betreute, richtete die Gmünder Ersatzkasse am 1. Juli 1999 in der Ludwigstraße 21 eine Betreuungsstelle ein. Damit schloss die 1878 als Hilfskasse für Gold- und Silberschmiede in Schwäbisch Gmünd gegründete Ersatzkasse eine der letzten Lücken in ihrem bundesweiten Filialnetz. Seit 1. Oktober 1996 hatte eine Anlaufstelle in der Gotengasse 7 bestanden, in der Jürgen Geiger die Versicherten einmal wöchentlich bediente. Seit 1999 ist Detlef Wolf Beratungsstellenleiter für die 2200 Mitglieder und 1400 Familienangehörigen. Ihm assistieren zwei Kundenberater. Im Jahre 2002 finanzierte die »Gmünder« an der hiesigen Julius-Maximilians-Universität eine Professur für Sportwissenschaften, um dadurch neue Erkenntnisse in der Prävention und Gesundheitsförderung durch Bewegung und Sport zu erhalten. Die Partnerschafts-Professur ist auf fünf Jahre befristet.

6. Medizinischer Dienst der Krankenversicherung

Der noch aus der Zeit des »Dritten Reiches« stammende und bei den LVAen angesiedelte Vertrauensärztliche Dienst erschien der Politik, aber auch den Krankenkassen, in den 80-er Jahren des vergangenen Jahrhunderts nicht mehr zeitgemäß und gestaltete sich rechtlich problematisch. Auch ließen die Massenbegutachtungen Zweifel an seiner Qualität aufkommen. So wurde durch das Gesundheits-Reformgesetz ab 1. November 1989 der Medizinische Dienst der Krankenversicherung (MDK) als Nachfolge-Organisation in Form einer Arbeitsgemeinschaft auf Landesebene unter der Trägerschaft und Umlagen-Finanzierung der Krankenkassen-Verbände auf Landesebene errichtet.

Beim Aufbau dieser rechtsfähigen Körperschaft entschied sich Bayern mit der Errichtung des MDK für die föderalistische Variante und schuf, im Gegensatz etwa zu Baden-Württemberg, vier Bereichsverwaltungen, so auch eine für die Regierungsbezirke Ober- und Unterfranken in Würzburg mit insgesamt neun Beratungszentren. Sie sind mit Ärzten verschiedener Fachrichtungen besetzt. Angesiedelt war die Würzburger Dienststelle zunächst in der Friedenstraße 12. Erster Bereichsverwaltungsleiter wurde Egon Schrenk, zuvor bei der »Abteilung Krankenversicherung (K)« der LVA Unterfranken tätig und mit dem Vertrauensärztlichen Dienst und dessen Aufgaben bestens vertraut. Leitender Arzt des MDK für Ober- und Unterfranken wurde, bis heute, Dr. Karl-Friedrich Wenz. 1992 siedelte sich der MDK in der Gabelsbergerstaße 2a im Stadtteil Grombühl an.

Mit der Einführung der sozialen Pflegeversicherung 1995 erhielt der Dienst auch für diesen Bereich die sozialmedizinische Kompetenz. Im September 2001 wurde Egon Schrenk bayernweit Koordinator aller Verwaltungsaufgaben mit Sitz in der Grombühlstraße 20. Sein Nachfolger als Würzburger Bereichsverwaltungsleiter wurde Peter Volk. Die Aufgaben des MDK, der sich als unabhängiges Beratungsunternehmen versteht, sind weiter gespannt als bei der Vorgänger-Institution, sowohl in Anlehnung an das Leistungsrecht der Krankenkassen wie auch in der neuen Funktion zur Bewältigung der planenden, steuernden und qualitätssichernden Maßnahmen im Gesundheitswesen. Vor allem bei der Begutachtung der Arbeitsunfähigkeit verfolgt der MDK das Ziel, die wenig ergiebigen »Vorladungen« früherer Zeit durch ein optimales Zusammenwirken mit dem behandelnden Arzt weitgehend zu erübrigen. Auch Beratungsaufgaben in Grundsatzfragen nehmen zu.

Eine Erweiterung des Aufgabenkataloges

1993 wurde der Aufgabenkatalog des Medizinischen Dienstes erweitert. Heute umfasst er vor allem die gutachtliche Stellungnahme bei einer Arbeitsunfähigkeit zur Sicherung des Behandlungserfolges oder zur Beseitigung von Zweifeln an der Arbeitsunfähigkeit, Einleitung von Maßnahmen zur Rehabilitation im Benehmen mit dem behandelnden Arzt, Begutachtung alternativer Heilmethoden, Gutachter-Tätigkeit bei stationärer Versorgung, Bearbeitung medizinisch-juristischer Fragen (Behandlungsfehler), zahnmedizinische Versorgung und Prüfung, ob die Voraussetzungen von Pflegebedürftigkeit erfüllt sind und welche der drei Pflegestufen (erheblich pflegebedürftig, schwerpflegebedürftig oder schwerstpflegebedürftig) vorliegt. Die Leistungsentscheidung selbst trifft jeweils die im Einzelfall zuständige Kranken- bzw. Pflegekasse. Die Gutachter des MDK sind nicht weisungsgebunden und im Rahmen gesetzlicher Vorgaben lediglich ihrem ärztlichen Gewissen verpflichtet. Sie dürfen nicht in die ärztliche Behandlung eingreifen, können jedoch Behandlungsalternativen aufzeigen. In einer Festschrift zum zehnjährigen Bestehen zieht der MDK in Bayern ein erstes Fazit:

Die aktuellen Entwicklungen lassen erwarten, dass der Medizinische Dienst auch in den nächsten Jahren nicht zur Ruhe kommen wird. Im stärker als jemals zuvor von Kostendruck, Wettbewerb und Veränderung geprägten Gesundheitswesen werden alle Beteiligten mit neuen Anforderungen an Leistungsfähigkeit und Flexibilität konfrontiert, denen sich der MDK in Bayern auch gerne stellen wird.

Vor 20 Jahren, zu Zeiten des Vertrauensärztlichen Dienstes, gab es in Unterfranken sechs Dienst- und neun Nebenstellen mit 18 Vertrauensärzten und 32 Sekretärinnen, Laborhelferinnen und medizinisch-technischen Assistentinnen. Heute sind allein im Beratungszentrum Würzburg 13 Ärzte (darunter ein Zahnarzt), 16 Sekretärinnen und zehn Pflegefachkräfte beschäftigt. Für den Bereich der gesetzlichen Krankenversicherung hält der MDK, im Gegensatz zur Pflegeversicherung, keine Zahlen bereit. Allerdings wurde der Anteil der körperlichen Untersuchungen in den letzten Jahren deutlich reduziert. Darüber hinaus gilt die Arbeit der Gutachter der sozialmedizinischen Fallberatung bei den gesetzlichen Krankenkassen vor Ort, aber auch anderen Aufgabenfeldern wie Arzneimittelversorgung, Begutachtung von Hilfsmitteln, Fallpauschalen und der Verweildauer im Krankenhaus.

II. Unfallversicherung

Vom Ziel, die Leistungen der gesetzlichen Unfallversicherung auf einen Standard zu bringen, der den sich ständig ändernden wirtschaftlichen Verhältnissen angemessen war, wurde die Gesetzgebung in der unmittelbaren Nachkriegszeit bestimmt. Einen ersten Abschluss brachte 1963 das Unfallversicherungs-Neuregelungsgesetz. Inzwischen hatte erstmals eine gewerbliche BG ihre Hauptverwaltung nach Würzburg verlegt. Neben der LBG Unterfranken existierte damit ein zweiter Unfallversicherungsträger in der Domstadt.

Zumindest bei den gewerblichen BGen hatten sich in der Nachkriegszeit keine so großen Finanzierungsprobleme wie bei den übrigen Zweigen der Sozialversicherung gezeigt. Das ist zum einen auf das System der Mittelaufbringung, allein durch die Unternehmer, aber wesentlich auch darauf zurückzuführen, dass die von der Unfallversicherung zu entschädigenden Versicherungsfälle durch vielfältige Arbeitsschutzmaßnahmen und eine gezielte Prävention in den letzten Jahrzehnten merklich zurückgegangen sind und auch in Würzburg einen Tiefststand erreicht haben.

1. Landwirte-Berufsgenossenschaft vor schwierigen Zeiten

Die Wiederaufnahme der Arbeit stellte die LBG Unterfranken nach Kriegsende vor größte Probleme. Es kam vor allem darauf an, die Verwaltung trotz unzureichenden Personals, totaler Ausbombung, Vernichtung der meisten Akten sowie der sonstigen Unterlagen und trotz des Verlustes der Betriebsmittel und des Zusammenbruchs der Währung ohne Schädigung der Unfallverletzten und der Hinterbliebenen in Gang zu halten bzw. wieder aufzubauen. Das Haushaltsvolumen 1945 belief sich dem Geschäftsbericht zufolge in Einnahmen und Ausgaben auf jeweils rund 2,5 Millionen RM.

Zunächst wurden die 6000 bis 7000 laufenden Unfallakten, die 1943/44 in einige Landgemeinden ausgelagert worden waren, rekonstruiert, soweit sie Angaben über Unfalltag, Art und Folgen der Verletzung, Erstbescheid, Jahresarbeitsverdienst, Minderung der Erwerbsfähigkeit und Neufeststellungen der Rente betrafen. Ihre erste notdürftige Bleibe fand die Verwaltung im Haus des damaligen Leiters der Berufsgenossenschaft, Oberregierungsrat Lorenz Zierl. Die ersten Renten in der Nachkriegszeit für Juni 1945 zahlte die LBG am 8. Juni 1945 beim Postamt Würzburg 2 am Bahnhof. Die Rentenempfänger hatten Wechselgeld mitzubringen, weil die Post nicht über genügend Münzgeld verfügte.

Bereits am 8. Oktober 1945 konnte der Unfallversicherungsträger notdürftig hergerichtete Räumlichkeiten im Gebäude des ehemaligen Versorgungsamtes in der Wörthstraße 23 beziehen. Dabei teilten sich LVA, Oberversicherungsamt, Landesarbeitsamt und Gewerbeaufsichtsamt mit der LBG die bescheiden eingerichteten Diensträume. Dienststunden für den Publikumsverkehr waren vormittags von 9 bis 12 Uhr.

Angliederung an das Landesarbeitsamt Würzburg

Die amerikanische Militärregierung ordnete als eine der ersten Maßnahmen im Sozialversicherungsbereich am 18. Juli 1945 an:
Die Landesversicherungsanstalt Mainfranken einschließlich der Landwirtschaftlichen Berufsgenossenschaft Mainfranken wird dem Landesarbeitsamt Würzburg angegliedert und der Leiter der Landesversicherungsanstalt und der Landwirtschaftlichen Berufsgenossenschaft dem Präsidenten des Landesarbeitsamtes unterstellt.
Unterschrieben war die Anordnung von Regierungspräsident Adam Stegerwald. Erstes Opfer der Entnazifizierung sollte der damalige Leiter der Berufsgenossenschaft, Lorenz Zierl, werden. Die Besatzungsmacht enthob ihn seines Postens. Bis zum Jahresende 1945 mussten auch 19 Beamte und Angestellte ihren Dienst beim Unfallversicherungsträger, der rund 166 000 Beitragspflichtige betreute und sich wieder seinen ursprünglichen Namen zulegte, quittieren. Ansonsten waren neue Kräfte, meist Aushilfen, am Werk.
Am 1. Oktober 1945 übernahm Dr. Walter Schüle, beim Landesarbeitsamt Mainfranken beschäftigt, unter Beibehaltung seiner Tätigkeit die vorläufige Leitung der LBG Unterfranken. Ihm folgte am 10. Januar 1946 nebenamtlich Dr. Gotthold Wahl, im Hauptamt Leiter der LVA Unterfranken. Bei Wahls Amtsantritt unterstand die Berufsgenossenschaft der Aufsicht des neu errichteten Arbeitsministeriums in München.

Ein Neuanfang mit der Währungsreform

Die Währungsreform beendete eine Inflation, die durch Rüstungs- und Kriegsfinanzierung, Preis- und Lohnstopp sowie eine totale Devisenbewirtschaftung hervorgerufen worden war. Für die LBG entstand damit eine schwierige Situation: Die Altgeld-Guthaben wurden abgewertet. Damit schmolzen auch die Einnahmen aus der Umlage 1948, mit denen die Ausgaben bis zum Eingang der Umlage 1949 bestritten werden sollten, stark zusammen. Dagegen wurden die Geldleistungen an die Versicherten nicht abgewertet und in voller Höhe in Deutscher Mark erbracht. Bald sollten sich die Diensträume der LBG in der Wörthstraße als zu klein erweisen.

Die LBG begann im August 1948 mit dem Wiederaufbau ihres zerstörten Dienstgebäudes am Glacis. Bereits im September 1949 arbeitete die gesamte Verwaltung wieder im eigenen Verwaltungsgebäude. Damit war einerseits die Frage der Unterbringung gelöst, andererseits wurde der zuvor angefallene hohe Mietzins eingespart. Den Zuständigkeitsbereich der LBG bildete weiterhin der Regierungsbezirk Unterfranken. Die Leitung war auf Dauer bei ständig zunehmenden Verwaltungsaufgaben im Nebenamt nicht mehr vertretbar. Ab 1. April 1950 übernahm Oberregierungsrat Dr. Friedrich Fleischhauer hauptamtlich die Führung der Dienstgeschäfte der Berufsgenossenschaft. Die über einen mehrjährigen Zeitraum hinweg bestehende Personalunion mit der LVA Unterfranken war damit beendet, wenngleich das kollegiale Nebeneinander auch in der Folgezeit bestehen blieb.

Langsam entspannte sich für die aus politischen Gründen vom Dienst suspendierten Beamten die Situation. Sie wurden nach einem Spruchkammer-Verfahren vorläufig wieder im Angestellten-Verhältnis eingestellt. Für die Dienstgeschäfte standen 1950 elf Beamte und 42 Angestellte zur Verfügung. Zeitweise beschäftigte die Berufsgenossenschaft auch einige Aushilfen, um die Ausfertigung der Beitragsbescheide zu beschleunigen und die Beitragskartei neu anzulegen. Nach und nach gelang es, den Ärztlichen Dienst und den Technischen Aufsichtsdienst der LBG wieder funktionsfähig zu machen. Ein Jahr nach der Währungsreform betrug die Zahl der versicherten Personen 240 156. Hatte es 1947 noch 7 738 Rentenempfänger gegeben, waren es 1950 bereits 10 967. Bei einem bis 31. Dezember 1948 jährlichen Mindestbeitrag von 2 DM betrugen die Einnahmen 1948 1,8 Millionen DM. Doch gingen die Beiträge nur langsam, oft erst nach mehrmaliger Mahnung ein.

Wiedereinführung der Selbstverwaltung später als erwartet

Der Reformausschuss der Verbände der gewerblichen und landwirtschaftlichen Berufsgenossenschaften wählte sich am 28. November 1950 Würzburg als Tagungsort für eine Sitzung. Im Mittelpunkt der Beratungen stand eine Neuordnung der gesetzlichen Unfallversicherung, die damals aber noch nicht zustande kam. Getagt wurde übrigens im »Hotel Lämmle«.
Nachdem sich die schon für 1951 erwartete Einführung der sozialen Selbstverwaltung verzögerte, bildete die LBG einen vorläufigen ehrenamtlichen Arbeitsausschuss auf freiwilliger Grundlage. Ihm gehörten je ein Vertreter des Bayerischen Bauernverbandes, des Arbeitgeberverbandes für die Land- und Forstwirtschaft und der zuständigen Gewerkschaft Gartenbau, Land- und Forstwirtschaft an. Bis 1953 unterstützte dieser »Vorläufer« des späteren Vorstandes den noch allein verantwortlichen Leiter der LBG beratend in Fachfragen. Der Verwaltungsbericht 1951 erwähnt:
Es darf festgestellt werden, daß sich die Bildung eines vorläufigen Arbeitsausschusses bei der Landwirtschaftlichen Berufsgenossenschaft Unterfranken bewährt hat. Es hat sich eine vertrauensvolle und erfolgreiche Zusammenarbeit daraus entwickelt.
Am 17. Juni 1953, als es in Ost-Berlin zum Streik der Bauarbeiter kam, fand nach 20-jähriger Unterbrechung die erste Sitzung der neu gewählten Vertreterversammlung statt. Am 3. Juli 1953 konstituierte sich der neue Vorstand. Zum ersten Geschäftsführer wurde der bisherige Leiter, Oberregierungsrat Dr. Friedrich Fleischhauer, gewählt.

Zahlung von Kindergeld als wesensfremde Aufgabe

Mit dem Gesetz über die Gewährung von Kindergeld und die Errichtung der Familienausgleichskassen vom 13. November 1954 erhielt die LBG eine neue für sie wesensfremde Aufgabe übertragen. Dazu musste sie für den bei ihr versicherten Personenkreis eine landwirtschaftliche Familienausgleichskasse errichten. Dabei wurde Kindergeld nur für das dritte und jedes weitere Kind in Höhe von je 40 DM gezahlt.

Bereits im März 1955 konnte der überwiegende Teil der beantragten Kindergelder ausgezahlt werden. Im Juli 1955 war der Aufbau der Familienausgleichskasse abgeschlossen – allerdings nur durch den unermüdlichen Einsatz der damit befassten acht Mitarbeiterinnen und Mitarbeiter, die arbeitstäglich oft bis 21 Uhr arbeiteten. 1955 zahlte die LBG für insgesamt 15720 Kinder über 3,5 Millionen DM Kindergeld. Die anfangs nur für eine Übergangszeit gedachte Regelung blieb bis 30. Juni 1964 in Kraft, als das »Bundeskindergeldgesetz« in Kraft trat und die Familienausgleichskasse der LBG endgültig am 31. Juli 1965 aufgelöst wurde. Die vorhandenen Geldbestände in Höhe von 544333 DM flossen der Berufsgenossenschaft zu.

Erhöhter Raumbedarf infolge neuer Aufgaben

Durch ständige Aufgabenerweiterungen erhöhte sich der Raumbedarf bei der LBG Unterfranken. So verkaufte sie 1956 ihr bisheriges Gebäude an den Bayerischen Bauernverband und erwarb dafür die benachbarten Grundstücke am Friedrich-Ebert-Ring 33/34. In der Folgezeit entstand aus Ruinen ein neues Verwaltungsgebäude, das am 30. Dezember 1957 der Öffentlichkeit übergeben wurde. Die »Main-Post« schreibt dazu am Silvester-Tag 1957:

Im bisherigen Gebäude war durch die Familienausgleichskasse und die Landwirtschaftliche Alterskasse eine erdrückende Raumnot entstanden. Die Selbstverwaltung entschloß sich deshalb zu einem Neubau, dessen Kostenvoranschlag mit 700 000 DM nicht überschritten wurde.

Mit der Fertigstellung des neuen Verwaltungsgebäudes trat Dr. Friedrich Fleischhauer in den Ruhestand. Sein Nachfolger wurde Erwin J. Müller, zuvor Referent beim Versorgungsamt Würzburg und dann Richter am hiesigen Sozialgericht. Mit 37 Jahren war er der zweitjüngste Geschäftsführer einer LBG in der Bundesrepublik. Mit der Übernahme der Geschäftsführung durch Erwin J. Müller lag diese erstmals in den Händen eines von den Selbstverwaltungsorganen frei gewählten Dienstordnungs-Angestellten. Diese Angestellten sind keine Beamten, sondern unterstehen einer Dienstordnung mit vielen Elementen aus dem Beamtenrecht wie Besoldung, Beihilfe oder Urlaub. Dem neuen

Geschäftsführer unterstanden bei seinem Dienstantritt insgesamt 66 Beamte, Dienstordnungs- und Tarif-Angestellte, Arbeiter sowie Beamtenanwärter.

Eine gesetzliche Neuregelung führte 1957 bei der LBG zu einer Anhebung aller Geldleistungen wie Unfallrenten, Kranken-, Tage- und Familiengeld, Witwenbeihilfen, aber auch Abfindungen. Das Gesetz zur vorläufigen Neuregelung von Geldleistungen in der gesetzlichen Unfallversicherung hatte bei der LBG eine Erhöhung der laufenden Rentenlast für 1957 in Höhe von 65 Prozent zur Folge. Auch in den folgenden Jahren war die BG bestrebt, durch Betriebsbesichtigungen und Aufklärungsvorträge Betriebsunternehmer und Versicherte über den notwendigen Versicherungsschutz zu informieren.

In der Stadt Würzburg wurden 1959 acht Unfälle von der LBG erstmals entschädigt. Ein Jahr zuvor waren es sogar 15. Wichtigste Arbeitgeber waren Bürgerspital, Juliusspital und Landesanstalt für Wein-, Obst- und Gartenbau. Ein Blick auf das Jahr 1960 macht deutlich, dass der Wiederaufbau der LBG einen gewissen Abschluss gefunden hatte und die Bevölkerung hoffnungsvoll in eine wirtschaftlich bessere Zukunft blickte: Insgesamt verzeichnete die Berufsgenossenschaft in diesem Jahr 9 699 Arbeitsunfälle, davon 36 mit tödlichem Ausgang. 73 Beschäftigte hatten inzwischen bei der LBG in Würzburg einen sicheren Arbeitsplatz. Selbstverwaltung und Verwaltung warteten seit Jahren auf eine Reform der gesetzlichen Unfallversicherung, doch der Gesetzgeber ließ sich damit Zeit.

Mehraufwand durch Leistungsverbesserungen

Das Unfallversicherungs-Neuregelungsgesetz vom 30. April 1963 verfolgte das Ziel, die gesetzliche Unfallversicherung den wirtschaftlichen Gegebenheiten anzupassen. Es beinhaltete für die Versicherten der LBG zahlreiche Leistungsverbesserungen, die die Berufsgenossenschaft mit Mehraufwendungen von rund einer Million DM jährlich belasteten. Um höhere Beiträge abzuwenden, erhielten die LBGen aus Bundesmitteln jährliche Zuschüsse mit der Auflage, sie zur Senkung bzw. Stabilisierung der Beiträge zu verwenden. 1963 waren dies beispielsweise über 3,6 Millionen DM. Ihr 75-jähriges Bestehen feierte die Berufsgenossenschaft im Jahre 1963. Eine beabsichtigte Jubiläumszuwendung des Arbeitgebers an die Bediensteten hatte die Aufsichtsbehörde in München für unzulässig erklärt, war allerdings bereit, die Kosten einer Bewirtung im Zusammenhang mit einer Feierstunde »nicht zu beanstanden«. So fanden sich am 18. Dezember 1963 im Hotel »Russischer Hof« in der Theaterstraße 128 Organmitglieder und Angestellte zu einer Feierstunde mit Bewirtung ein. Inzwischen hatte der Vorstand mit Wirkung vom 1. Januar 1962 Dr. Friedrich Porsch zum stellvertretenden Geschäftsführer der LBG und der angegliederten Körperschaften gewählt.

Lob aus dem Munde des Ministers

Am 8. Oktober 1965 besuchte der bayerische Staatsminister für Arbeit und soziale Fürsorge, Hans Schütz, die LBG Unterfranken, um sich an Ort und Stelle über die Tätigkeit des Versicherungsträgers zu informieren. Das Ergebnis seiner Visite fasste er in dem Satz zusammen:
Die Landwirtschaftliche Berufsgenossenschaft Unterfranken ist vorbildlich; sie arbeitet schnell und zeitgemäß.
Auch nutzte der Minister die Gelegenheit zu Gesprächen mit Selbstverwaltung und Verwaltung, um sich einen Überblick über die allgemeinen Probleme von LBGen und Landwirtschaftlichen Alterskassen zu verschaffen. Zur Kenntnis nahm er auch, dass die Berufsgenossenschaft zur Verbesserung der sozialen Lage in der Landwirtschaft 1964 Bundeszuschüsse in Höhe von inzwischen über 7,3 Millionen DM erhielt und damit die Umlagebeiträge wesentlich senken konnte. Ab 1. Januar 1966 wurden die Unfallrenten nicht mehr durch die Bundespost ausgezahlt, sondern durch die Berufsgenossenschaft selbst, und zwar auf ein vom Empfangsberechtigten anzugebendes Konto bei einem Geldinstitut seiner Wahl. Durch das neue Verfahren sparte die LBG jährlich etwa 70 000 DM an Überweisungskosten ein. Ein weiterer Anbau zum Dienstgebäude löste im Juni 1966 die inzwischen erneut entstandene Raumnot, insbesondere bei der angegliederten Landwirtschaftlichen Alterskasse: Ein neues Rückgebäude auf dem Nachbargrundstück

Sophienstraße 3½ ging durch einen zweigeschossigen Verbindungsbau in das Hauptgebäude über. Insgesamt entstanden 25 neue Diensträume sowie eine Wohnung im Dachgeschoß. In Würzburg selbst ereignete sich in diesem Jahr kein entschädigungspflichtiger Unfall.

Aufbruch zu modernen Kommunikations-Techniken

1967 setzte bei dem landwirtschaftlichen Unfallversicherungsträger die Epoche moderner Kommunikations-Techniken ein: Zunächst wurde eine elektronische Datenverarbeitungsanlage angemietet und damit die Weichen für erhebliche organisatorische Veränderungen gestellt. Auch die inzwischen in Würzburg angesiedelte Berufsgenossenschaft der keramischen und Glasindustrie beteiligte sich an dem richtungweisenden Projekt und erleichterte der LBG den Entschluss zur Anmietung einer EDV-Anlage. Heute eine nicht mehr wegzudenkende Einrichtung, ohne die ein funktionierendes Arbeiten unvorstellbar wäre.
Schon ein Jahr später verfügte die LBG in vollklimatisierten Räumen des Rückgebäudes über eine neue EDV-Anlage, bestehend aus Zentraleinheit, Mehrfunktionskarteneinheit und Drucker (Modell: IBM 360-20 A 02). Damit konnten die ersten praktischen Arbeitsvorgänge, vor allem im Beitragswesen, vorgenommen werden. In der Folgezeit fielen zahlreiche Arbeitsvorgänge in den Zuständigkeitsbereich der Datenverarbeitung. Verbesserte Maschinen lösten altes Gerät ab. So verfügte ein neu angemietetes IBM-Modell bereits über 12 000 Kernspeicher, hatte eine Lesegeschwindigkeit von 30 000 Karten pro Stunde sowie eine Stanzgeschwindigkeit von 5 500 Karten stündlich. Der Drucker schaffte in 60 Minuten 25 000 Zeilen. Mit dieser modernen technischen Ausrüstung bekamen die 88 Bediensteten der LBG die vielen neu hinzu gekommenen Aufgaben gut in den Griff.

Unfallverhütung mit positiven Auswirkungen

Fortschritte und Veränderungen kennzeichneten auch die Arbeit der Unfallverhütung: So besichtigten und überprüften im Verlauf des Jahres 1970 sechs Betriebsrevisoren über 15 000 landwirtschaftliche Betriebe.

Vielfältig gestaltete sich die Arbeit der drei Technischen Aufsichtsbeamten. Zu ihrer erfolgreichen Tätigkeit gehörten u.a. Betriebsbesichtigungen, Unfalluntersuchungen, örtliche Erhebungen, Aufklärungsvorträge, Verhandlungen mit Behörden und Obmännern des Bayerischen Bauernverbandes sowie Beratungen von Herstellern, Handwerkern und Händlern. Diese Arbeit zeigte positive Wirkung: Die Zahl der 1970 gemeldeten Arbeitsunfälle nahm gegenüber dem Vorjahr um fast 1000 auf 7537 ab. Erfreulicherweise reduzierten sich auch die tödlichen Unfälle auf 33. Sie ereigneten sich fast ausnahmslos bei der Arbeit mit Fahrzeugen und Maschinen, allein fünf durch umstürzende Schlepper und neun durch einen Verkehrsunfall. Dagegen nahmen sich die sieben gemeldeten Berufskrankheiten noch bescheiden aus.

Am 31. Dezember 1970 betreute die LBG 12635 Rentenempfänger. An Aufwendungen für die wichtigsten Aufgabenbereiche schlugen 1970 zu Buche: 2,5 Millionen DM für Heilverfahren und Berufshilfe, über 12,4 Millionen DM für Renten und sonstige Entschädigungsleistungen sowie 476000 DM für Unfallverhütung.

Der Verwaltungsbericht 1970 stellt zum Spannungsfeld von Staatsverwaltung und Selbstverwaltung kritisch fest:

Es stimmt bedenklich, wenn man feststellen muß, daß sich einerseits die Staatsbürokratie in ständig zunehmendem Maße eine vermehrte Mitwirkung bei der Durchführung der Sozialversicherung, und damit auch der Unfallversicherung, im Wege von Verordnungen, Durchführungsvorschriften und Verwaltungsvorschriften sichert und andererseits die Selbstverwaltungskraft der unmittelbar Beteiligten wohl nicht mehr genügend Einfluß auf die Gestaltung des Sozialversicherungsrechts hat, das in seiner Handhabung für den fachmännisch geschulten Laien immer schwieriger wird.

Zusätzliche Arbeit durch einen neuen Sozialversicherungsträger

Für die EDV-Abteilung stand das Jahr 1971 im Zeichen der Umstellung auf eine Datenverarbeitungsanlage mit Magnetbändern und Magnetplatten. Der Entschluss, die Lochkartenmaschine aufzugeben und eine magnetband- und plattenorientierte Maschine zu installieren, war unumgänglich, als bekannt wurde, dass die Bundesregierung eine Pflichtkrankenversicherung der Landwirte bei den LBGen errichten wollte. In die Jahre 1971/72 fiel auch die Errichtung der LBG-Wohngebäude in der Randersackerer Straße 21/21a, die nach einem Beschluss der Selbstverwaltung vor allem für Bedienstete des Unfallversicherungsträgers geschaffen wurden. Das Jahr 1972 brachte neben einer allgemeinen Zunahme der Verwaltungsarbeit und einem weiteren Rückgang der tödlich verlaufenen Arbeitsunfälle auf 29 eine erhebliche Zusatzarbeit. Zum 1. Oktober 1972 verringerte sich nämlich das Personal der LBG durch Übertritte von Beschäftigten zur neu gegründeten Landwirtschaftlichen Krankenkasse, die in Personalunion von der Berufsgenossenschaft geführt wurde, von 92 auf 81 Bedienstete. Zu Beginn der 70-er Jahre intensivierte die LBG auch ihre Aufklärungs- und Öffentlichkeitsarbeit. Ein eigenes Mitteilungsblatt erschien bereits seit November 1969. Bei zahlreichen Versammlungen und Veranstaltungen war ein reges Interesse der bäuerlichen Bevölkerung an agrarsozialen Fragen festzustellen.

Eine Zusatzversorgungskasse für die Arbeitnehmer

1974 nahm die ebenfalls von der LBG betreute Zusatzversorgungskasse ihre Arbeit auf. Rechtsgrundlage dafür war eine Vereinbarung mit der Zusatzversorgungskasse für Arbeitnehmer in der Land- und Forstwirtschaft. Mit dem Einzug der Beiträge zum Zusatzversorgungswerk, die nach einem Tarifvertrag allein von den Arbeitgebern zu tragen waren, begann die Berufsgenossenschaft noch im Jahr 1974. Ziel der neuen Maßnahme war es, bei den ehemaligen Land- und Forstarbeitern, deren Renten in der Regel niedriger als die Renten vergleichbarer Arbeitnehmer in der gewerblichen Wirtschaft sind, eine gewisse Anpassung der Renten zu erreichen. Bis 30. September 1974 gingen 1 650 Anträge auf Gewährung von Ausgleichsleistungen ein.

Am 31. Dezember 1975 waren bei der LBG Unterfranken 100 Bedienstete tätig. Die Höhe der Bundesmittel zur Senkung der Beiträge in der landwirtschaftlichen Unfallversicherung belief sich auf 16,7 Millionen DM, und dies bei einer Rücklage von 3,1 Millionen DM. Gestellt wurden auch 1 100 Rentenanträge. Durch Um- und Erweiterungsbauten des Dienstgebäudes am Friedrich-Ebert-Ring waren die Jahre 1977 und 1978 gekennzeichnet, aber auch durch zahlreiche Gesetze und Verordnungen, die unmittelbar oder mittelbar die landwirtschaftliche Unfallversicherung berührten.

Berufsgenossenschaft vor neuen Herausforderungen

Die 80-er Jahre stellten die Berufsgenossenschaft vor neue Herausforderungen. Der sich schon lange anbahnende Strukturwandel in der Landwirtschaft traf traditionell die kleineren Betriebe. So hatte die LBG in den 60-er und 70-er Jahren einen Flächenverlust von 47354 Hektar landwirtschaftlicher Nutzfläche zu verzeichnen. Dies bedeutete einen jährlichen Beitragsausfall von rund zwei Millionen DM.
Neue Unfallverhütungsvorschriften für ihre über 75000 Betriebe und sonstigen Unternehmen erließ die LBG im Jahre 1980. Vier technische Aufsichtsbeamte und acht Betriebsrevisoren nahmen Betriebsbesichtigungen, die Beratung der Unternehmer sowie Unfalluntersuchungen wahr und veranstalteten Aufklärungsvorträge. Mit 1,1 Millionen DM überschritten die Aufwendungen für Unfallverhütung die Millionengrenze deutlich. An Beiträgen, Gebühren und Bundeszuschüssen nahm die Berufsgenossenschaft im Jahr 1980 insgesamt 36,4 Millionen DM ein.

Ruhestand nach fast 25-jähriger Geschäftsführer-Tätigkeit

Im Zeichen eines Wechsels in der Geschäftsführung stand das Jahr 1982: Zum 30. April des Jahres trat Direktor Erwin J. Müller nach fast 25-jähriger Tätigkeit an der Spitze des Unfallversicherungsträgers in den Ruhestand. Zahlreiche inzwischen umgesetzte agrarsoziale Maßnahmen tragen seine Handschrift. Seine anerkannten Fachkenntnisse und sein großes persönliches Engagement hat er in verschiedenen Ausschüssen bei den Verbänden der landwirtschaftlichen Sozialversicherung sowie bei der Agrarsozialen Gesellschaft und der Deutschen Landwirtschafts-Gesellschaft eingebracht. Nachfolger wurde Assessor und Dipl.-Kfm. Hans Jürgen Rahn, der am 1. Juli 1980 zur Einarbeitung in die Dienste der Berufsgenossenschaft getreten war. Das Jahr 1982 war bei der LBG Unterfranken von einer fast 200%-igen Erhöhung des Nettoflächenbeitrags gekennzeichnet, bedingt durch die Kürzung der Bundesmittel zur Senkung der Beiträge in der landwirtschaftlichen Unfallversicherung. Mit zunehmenden Aufgaben und komplizierteren Gesetzen ging bei der Berufsgenossenschaft auch eine Personalmehrung einher. Bei den drei selbstständigen Trägern der landwirtschaftlichen Sozialversicherung in Unterfranken – Berufsgenossenschaft, Alterskasse und Krankenkasse – waren 1983 insgesamt 246 Personen beschäftigt. Die Verwaltungskosten beliefen sich inzwischen auf fast elf Millionen DM.

Ortsvertrauensleute zur versichertennahen Betreuung

Die Selbstverwaltung beschloss in Verbindung mit dem Bayerischen Bauernverband, zu einer versichertennahen Betreuung der Mitglieder rund 1 000 Ortsvertrauensleute in Unterfranken zu bestellen. Ihr Aufgabenbereich umfasste insbesondere die Mithilfe bei der Betreuung der Mitglieder in allen Fragen der landwirtschaftlichen Sozialversicherung sowie die Unterstützung bei der Erstellung von Meldungen, Änderungen und sonstigem Schriftverkehr, aber auch die Mitarbeit bei der Verhütung von Unfällen und Krankheiten. Über einen langjährigen Zeitraum hinweg betrachtet, konnte die Berufsgenossenschaft mit positiven Zahlen aufwarten: So ging die Zahl der gemeldeten Unfälle von 11 473 im Jahre 1951 auf 5 687 im Jahr 1984 zurück. Die Zahl der tödlichen Arbeitsunfälle nahm im gleichen Zeitraum von 82 auf 19 ab. Zahlreichen Organmitgliedern, die der Selbstverwaltung der Berufsgenossenschaft schon seit vielen Jahren angehörten, wurde 1986 für besondere Verdienste um die soziale Sicherheit in der Landwirtschaft das »Ehrenzeichen der landwirtschaftlichen Sozialversicherung« in Silber bzw. Bronze verliehen, u.a. auch Willi Erhart, dem Direktor des Bayerischen Bauernverbandes in Würzburg. Ihre Aktivitäten im Bereich der Presse- und Öffentlichkeitsarbeit verstärkte die LBG Unterfranken in der Folgezeit, nachdem ein deutlich größeres Aufklärungs- und Informationsbedürfnis der Mitglieder erkennbar geworden war. Zu den

Aktivitäten zählten die Herausgabe der Schriften »Sicherheit für Haus und Hof«, das »LSV-Info« sowie zahlreiche Merkblätter und Druckschriften. Auch beteiligte sich der Unfallversicherungsträger mit einem großen Ausstellungsstand auf der »Mainfranken-Messe«.

Medizinisches Fachwissen zum Wohl der Mitglieder

Mit den beratenden Ärzten Dr. Rudolf Meder und Dr. Ludwig Hübner standen der LBG zwei Mediziner zur Verfügung, die ihr Fachwissen und ihre reichhaltige Erfahrung zum Wohl der Genossenschaftsmitglieder einsetzten. Anhand der von Krankenhäusern bzw. niedergelassenen Ärzten erstellten Unfallmeldungen stellten sie fest, ob nach Art und Schwere der Verletzung ein berufsgenossenschaftliches Heilverfahren erforderlich oder kassenärztliche Behandlung ausreichend war. Auch in Fragen der medizinischen Rehabilitation von Unfallverletzten und im Rentenfeststellungsverfahren waren sie beratend tätig. Nach einer Übersicht der Berufsgenossenschaft waren 1987 Unfallschwerpunkte:

Verkehrswege in	1 823,	
Tierhaltung in	957,	
Waldarbeiten in	564,	
Lagerplätze in	561,	
Feldarbeiten in	554	und
Sonderkulturen in	383	Fällen.

Unfälle und auch Berufskrankheiten zu verhindern, blieb weiterhin die Hauptaufgabe der LBG. Für sie war es Anreiz und Herausforderung gleichermaßen, durch umfassende Unfallverhütung in vielen Fällen die Gesundheit der Mitglieder zu bewahren und Leid von ihnen abzuwenden. Insgesamt 74 325 land- und forstwirtschaftliche Unternehmer und »sonstige Unternehmen« sowie rund 300 Unternehmen der Landschaftspflege betreute die Berufsgenossenschaft 1988. Die Entwicklung in der Landwirtschaft war weiterhin von einem strukturell bedingten starken Rückgang der versicherten Unternehmen gekennzeichnet. Ausdruck dieser Entwicklung war vor allem das auch heute noch andauernde »Höfesterben«. Der Preisverfall für landwirtschaftliche Erzeugnisse brachte immer mehr Unternehmen an den Rand der Verlustzone.

Hundert Jahre im Dienst der Landwirtschaft

1989 feierte die Landwirtschaftliche Berufsgenossenschaft Unterfranken ihr 100-jähriges Bestehen und konnte der unterfränkischen Landwirtschaft ein gut gegliedertes soziales Netz anbieten. Eine Festschrift gibt Zeugnis vom bewegten Auf und Ab des ältesten Unfallversicherungsträgers in der Stadt. Im Vorwort heißt es:
Von Anfang an ging es darum, Arbeitsunfälle mit allen geeigneten Mitteln zu verhindern und Unfallopfer zu entschädigen. Wie positiv sich die Bemühungen zur Verhütung von Unfällen bei der Arbeit ausgewirkt haben, zeigt sich heute an der äußerst geringen Zahl von tödlichen Unfällen. Wenn es im Jahr 1950 noch 105 Unfälle mit Todesfolge waren, so sank 1988 die Zahl der tödlichen Unfälle auf zehn ab.
Am Aufbau der landwirtschaftlichen Unfall- und Krankenversicherung in den neuen Bundesländern beteiligte sich auch die LBG Unterfranken: Bei der Anschubfinanzierung für die landwirtschaftliche Unfallversicherung übernahm sie einen anteiligen Betrag von zunächst 845 600 DM als Darlehen für die neu errichtete LBG in Potsdam/Berlin. Auch stellte sie qualifiziertes Personal für den Aufbau zur Verfügung. 1990 waren im Bereich der LBG 19 Sicherheitsbeauftragte, sechs Sicherheitsmeister und drei fest angestellte Betriebsärzte bestellt.

Neue Räumlichkeiten und mehr Parkplätze

Am 5. April 1994 weilte die bayerische Sozialministerin Barbara Stamm zu einem Informationsbesuch im Hause der Landwirtschaftlichen Sozialversicherungsträger am Friedrich-Ebert-Ring 33. Sie informierte sich eingehend über die Sorgen und Probleme, aber auch die Erfolge der drei Sozialversicherungsträger »unter einem Dach«. Neue Baumaßnahmen bestimmten bei der LBG die Jahre 1995 und 1996: Auf dem vom Bayerischen Bauernverband angekauften Nachbargrundstück Friedrich-Ebert-Ring 32 errichtete der Unfallversicherungsträger einen Anbau an das bisherige Bürogebäude. Ende 1996 konnte die Berufsgenossenschaft mit dem Bezug des behindertengerechten Erweiterungsbaues beginnen. Eine schlichte Einweihungsfeier, mit stilechter fränki-

scher Volks- und Harfenmusik umrahmt, fand am 12. September 1997 statt. Die neuen Räumlichkeiten und auch mehr Parkplätze wirkten sich wohltuend auf das Arbeitsklima aus. In den Jahren von 1935 bis 1945 war das Gebäude (damals Hindenburgstraße 32) schon einmal Domizil der Landwirtschaftlichen Berufsgenossenschaft gewesen.
Einige Ergebnisse und Zahlen des Jahres 2000, des letzten Jahres der Selbstständigkeit der LBG Unterfranken: Die Gesamtzahl der versicherten Unternehmen belief sich auf 90 594. Erstmals unterschritten die Unfallzahlen mit 3 960 die 4 000-er Marke. Leider waren auch sieben tödliche Unfälle zu verzeichnen. Die Ausgaben der Berufsgenossenschaft insgesamt beliefen sich auf 52 Millionen DM. Die LBG verfügte im letzten Jahr ihres Bestehens zusammen mit den ihr angeschlossenen Versicherungsträgern – Alterskasse, Krankenkasse und Pflegekasse – über ein Haushaltsvolumen von insgesamt 467,4 Millionen DM.

Zusammenschluss zu einem größeren Versicherungsträger

Wenn auch die LBG Unterfranken in ihrer mehr als 110-jährigen Selbstständigkeit nicht nur das Ende des Kaiserreichs, beide Weltkriege, die Nazi-Diktatur, Inflation, Währungsreform, Rezessionen und wirtschaftliche Schwierigkeiten überstand, vor der Tendenz zu größeren Sozialversicherungsträgern, sprich Fusionen, musste auch sie kapitulieren: Am 1. Januar 2001 kam es zum Zusammenschluss mit den LBGen Ober-/Mittelfranken und Oberbayern. Die neu geschaffene Körperschaft nennt sich »Land- und forstwirtschaftliche Sozialversicherungsträger Franken und Oberbayern«, hat ihren Sitz in Bayreuth, zwei Verwaltungsstandorte in München und Würzburg und versichert rund 300 000 Unternehmer der Land- und Forstwirtschaft, aber auch des Weinbaus und der Imkerei.
In das dreiköpfige Direktorium des neuen Sozialversicherungsträgers wurde auch der Geschäftsführer der LBG Unterfranken, Hans-Jürgen Rahn, berufen. Leiter des Würzburger Verwaltungsstandorts wurde Rolf Huttner. Für Arbeitgeber und Versicherte brachte die Fusion keine Veränderung in der Zuständigkeit. Auch die acht Verwaltungsstellen der Berufsgenossenschaft in Unterfranken blieben erhalten. Rolf Huttner,

Würzburger Regionaldirektor und seit 1960 im Dienst der LBG Unterfranken, äußert sich zum politischen Aspekt des Sozialversicherungssystems für die Landwirte:

Im Gegensatz zur Sozialversicherung im allgemeinen, die nach Sparten gegliedert ist, hat der Gesetzgeber die landwirtschaftliche Sozialversicherung unter einem Dach zusammengefasst. Ein entscheidender Grund hierfür war die Notwendigkeit, die Sozialversicherung als Mittel zur Abfederung des Strukturwandels zu nutzen. Der Strukturwandel bedingte einen starken Rückgang der Beitragszahler bei gleichzeitigem Anstieg der Leistungsempfänger. Die dadurch entstehenden Probleme in der Finanzierung gleicht der Bund durch Zahlung von Zuschüssen aus, so dass die Beiträge für die Mitglieder noch finanzierbar sind. Der Strukturwandel war letztlich auch der Grund, weshalb der Bund eine Organisationsreform der landwirtschaftlichen Sozialversicherungsträger durch Gesetz auf den Weg gebracht hat mit dem Ergebnis, dass der bis zum Jahr 2000 selbstständige Landwirtschaftliche Sozialversicherungsträger Unterfranken mit den Schwester-Körperschaften in Bayreuth und München zum 1. Januar 2001 fusionierte.

2. Berufsgenossenschaft der keramischen Industrie

Seit September 1951 ist, von vielen Bürgern der Stadt weitgehend unbemerkt geblieben, auch eine bundesweit tätige gewerbliche Berufsgenossenschaft in Würzburg beheimatet, nämlich die BG der keramischen und Glas-Industrie. Ihr Wirken vollzieht sich, anders als bei Krankenkassen, Rentenversicherungsträgern oder Arbeitsamt, mehr auf der Ebene der Betriebe. Die BG ist, vereinfacht ausgedrückt, für die Industriebereiche Ziegel, Kalksandstein, Porzellan, Fliesen, Glas und feuerfeste Materialien der für ganz Deutschland zuständige Unfallversicherungsträger.

Zum 1. Januar 1947 vereinigten sich die Glas-BG und die der keramischen Industrie, nachdem sich beide Unfallversicherungsträger bereits im Sommer 1945, unmittelbar nach Kriegsende in Kulmbach/Oberfranken in der Plassenburg angesiedelt hatten. Da die vorhandenen Räumlichkeiten keine ausreichende Unterbringung ermöglichten, suchten die Verantwortlichen einen für die Bundesrepublik günstig gelegenen Ort. Die Wahl fiel, nachdem sich am »Wunschort« München kein geeignetes Grundstück für ein Verwaltungsgebäude fand und auch die Wohnungsbeschaffung für die Mitarbeiter äußerst schwierig gewesen wäre, auf Würzburg. Die Entscheidung verwunderte etwas, weil das Mitglieder-Potenzial der BG, von Lohr und Wertheim abgesehen, nicht im Großraum Würzburg, sondern mehr in Nord- und Westdeutschland, in Oberfranken und im Bayerischen Wald angesiedelt war und auch heute noch dort beheimatet ist. Früher hatte es gleichwohl rund um Würzburg, von Kitzingen bis Hammelburg, mehrere Ziegeleibetriebe gegeben, von denen aber nur noch einer existiert. Hinzu kam nach der Wiedervereinigung Thüringen mit zahlreichen neuen Mitgliedsfirmen.

Vorrang für Prävention und Arbeitsschutz

Der Sitz der Hauptverwaltung der BG befand sich mit der Verlegung nach Würzburg im Jahr 1951 über vier Jahrzehnte am Röntgenring 2. Geschäftsführer, zunächst noch mit dem Attribut »Leiter« ausgestattet, war damals Dr. Georg Schmidt. Er sollte die Geschicke der BG bis zu seiner Pensionierung am 28. Februar 1965 leiten. Dann wurde er von Dr. Richard Pittroff abgelöst. Der neue Mann an der Spitze verlieh der Prävention und dem Arbeitsschutz, ebenso ab 1975 dem Berufsgenossenschaftlichen Arbeitsmedizinischen Dienst als Geschäftsführer der Leitstelle Bayern, in einer wichtigen Epoche der deutschen Sozialversicherung richtungweisende Ideen und Impulse. Dies auch vor dem Hintergrund, dass sich die Technik vor allem in der Nachkriegszeit stetig gewandelt hat und von einem stürmischen Drang zur Mechanisierung der Arbeitsvorgänge hin zur vollständigen Automatisierung gekennzeichnet ist.
Bereits 1952 hatte die Bundesregierung die entschädigungspflichtigen Berufskrankheiten von 27 auf 40 erweitert, wie überhaupt dieser Bereich bei der Keramik-BG in der Folgezeit ständig an Bedeutung zunehmen sollte – insbesondere, nachdem 1963 die Berufskrankheiten den Arbeitsunfällen gleichgestellt worden waren. Zwei Jahre, nachdem die BG in Würzburg Fuß gefasst hatte, erfolgte die »Wiederbelebung«

der sozialen Selbstverwaltung: Arbeitgeber und Versicherte waren wieder gleichberechtigt und gleichgewichtig in den Selbstverwaltungsorganen Vertreterversammlung und Vorstand vertreten. Namen von Organmitgliedern aus Würzburg sucht man in beiden Gremien allerdings vergeblich, sowohl auf Versicherten- wie auch auf Arbeitgeber-Seite. Doch kamen und kommen die Organmitglieder gern zu Sitzungen in die Stadt am Main, wenn auch nicht allzu viel Zeit für die Sehenswürdigkeiten und Anziehungspunkte der Stadt übrig bleibt, wie die BG in ihrer Jubiläumsschrift zum 100-jährigen Bestehen 1985 festgestellt hat. In der Entwicklung der BG spiegeln sich einerseits die wirtschaftliche Expansion in Deutschland und andererseits das ständig größer werdende Leistungsspektrum der gesetzlichen Unfallversicherung eindrucksvoll wider. So stieg die Zahl der Betriebe von 1953 bis 2000 von 6167 auf 9876; die Zahl der Versicherten sank im gleichen Zeitraum von 302843 auf 214744, während die Entschädigungsleistungen, überwiegend Renten, von 13 auf 174 Millionen DM zunahmen.

Eine neue Klinik für Patienten mit Atemwegserkrankungen

Das Unfallversicherungs-Neuregelungsgesetz vom 30. April 1963 brachte für Berufsgenossenschaften und Betriebe auch erhebliche Neuerungen in den Bereichen Unfallverhütung und Prävention. Dabei war die Unfallverhütung »mit allen geeigneten Mitteln« zu betreiben, wie es im Gesetz heißt. Schon zuvor hatte sich die BG Gedanken über eine eigene Klinik gemacht. In ihr sollten vor allem Patienten mit Atemwegserkrankungen, insbesondere mit durch Silikose bedingten Ausfallerscheinungen, behandelt werden. Die der BG gemeldeten Silikose-Fälle lagen 1963 bei rund 7000, der Rentenbestand bei etwa 5000 Fällen. Nach nur zweijähriger Bauzeit konnte am 7. Juni 1963 die Klinik für Berufskrankheiten in Bad Reichenhall eröffnet werden. Als einzige Spezialklinik für Berufskrankheiten in der Welt hat sie Maßstäbe bei der Behandlung von Atemwegserkrankungen gesetzt. Die Klinik befindet sich in alleiniger Trägerschaft der Keramik-BG.

Und noch über ein Juwel ist zu berichten: Bereits 1975 setzte die BG, um Lärmerkrankungen entsprechend begegnen zu können, ein Audio-

mobil in Dienst. Mit einer Kombination von exakten Messmethoden und einheitlichen ärztlichen Beurteilungskriterien ist es gelungen, die immer größer werdende Flut von angezeigten, häufig einer genauen Überprüfung nicht standhaltenden Lärmfällen zu kanalisieren.
1984 schaffte die Keramik-BG einen neuen Röntgenwagen an, der modernsten technischen und medizinischen Erfordernissen entsprach. Mit ihrem System von Vorsorgeuntersuchungen ersparte die BG der Industrie innerhalb kurzer Zeit Aufwendungen in Millionenhöhe, weil keine spürbaren Arbeitszeit-Verluste der zu Untersuchenden eintraten. Auch erweiterte der Gesundheitsdienst der BG seine anfangs nur auf Staubuntersuchungen konzentrierten Aktivitäten später auf andere betriebliche Gefahrenquellen wie Blei, Fluor, Nickel, Mineralfasern oder Lärm.

Einziehung der Beiträge für das Konkursausfallgeld

Mit einer besonderen Aufgabe, nämlich der Einziehung der Beiträge für das Konkursausfallgeld, wurde die BG im Jahre 1974 »beglückt«. Anfänglich wehrte sie sich zwar gegen diese Fremdaufgabe, hatte damit beim Gesetzgeber allerdings keinen Erfolg. Ihre Befürchtung, dass der auf das Konkursausfallgeld entfallende Beitrag von den Mitgliedsunternehmen allzu leicht mit dem Beitrag zur BG selbst in Verbindung gebracht werden könnte, bestätigte sich einmal mehr. Dabei zogen die Unfallversicherungsträger der gewerblichen Wirtschaft dieses Geld lediglich für das Arbeitsamt ein, das im Falle eines Konkurses entsprechende Leistungen an Arbeitnehmer und Sozialversicherungsträger zu erbringen hatte. Dass es sich dabei nicht um »Peanuts« handelt, machen Zahlen deutlich: Die Beträge stiegen von 1,1 Millionen DM (1974) auf 16,2 Millionen DM im Jahr 2000.
Am 1. August 1984 vollzog sich nach vielen Jahren ein Wechsel an der Spitze der BG. Welf Elster bekleidete nunmehr das Amt eines Hauptgeschäftsführers – eine Bezeichnung, die es in der Sozialversicherung einzig und allein bei den gewerblichen BGen und ihrem Verband in Sankt Augustin gibt. Am 4. Juni 1985 feierte die BG ihr 100 jähriges Jubiläum, wenn man die Rechtsvorgängerinnen in die Rechnung mit einbezieht.

Ein Festakt im Kaisersaal der Residenz bildete den Höhepunkt der Jubiläumsveranstaltungen.

Die Unfallversicherung hatte 1884 das materiell-rechtliche und 1885 das organisatorische Gerüst durch die Bildung der Berufsgenossenschaften erhalten, das bis auf den heutigen Tag ohne gravierende Veränderungen allen technischen, sozialen und gesellschaftlichen Wandlungen standgehalten hat. Diesen Wandlungen wurde durch Neuregelungen des Gesetzgebers, anpassende Interpretationen der Rechtsprechung und Regelungen der Selbstverwaltung immer wieder sachgerecht Rechnung getragen. Auf diese Weise gelang es, die Unfallversicherung zu der Institution werden zu lassen, als die sie sich heute darstellt: Als eine stets mit der Zeit gehende, die Unfallgefahren wirkungsvoll bekämpfende und bei den eingetretenen Unfällen optimal leistende Institution.

Diese Lobeshymne kam von Prof. Dr. Wolfgang Gitter, Bayreuth, und zwar in seinem Festvortrag zum Thema »100 Jahre gesetzliche Unfallversicherung – Entstehung, Entwicklung, Zukunftsperspektiven«. Zum Jubiläum brachte die BG auch eine reich bebilderte Festschrift heraus.

Erweiterte Zuständigkeit nach der Wiedervereinigung

Auch bei der Keramik-BG bildete der 1. Januar 1991 einen markanten Einschnitt, nachdem das Einigungsvertragsgesetz für die Unfallversicherung eine Angleichung des DDR-Rechts an das der Bundesrepublik, allerdings in mehreren Schritten, beinhaltete. Infolge der Branchenbezogenheit kam es zu einer Ausdehnung der Zuständigkeit auf die fünf neuen Bundesländer. Fortan war und ist die Würzburger Keramik-BG zusätzlich für rund 1500 Betriebe mit über 47000 neuen Versicherten in Ostdeutschland der zuständige Unfallversicherungsträger. Mit den noch in der ehemaligen DDR eingetretenen Arbeitsunfällen übernahm die Keramik-BG ca. 3000 »Altfälle«, zu denen im Laufe der Jahre noch mindestens 1500 Arbeitsunfälle und Berufskrankheiten aus DDR-Zeiten kamen. Zum 1. Januar 1992 war das gesamte Recht der gesetzlichen Unfallversicherung auf das Beitrittsgebiet übergeleitet. Nunmehr waren 18 Prozent der Versicherten der Keramik-BG in den neuen Bundesländern beschäftigt.

Einschneidende Maßnahmen in der Verwaltung

Mit dem Einzug in das neue Hauptverwaltungsgebäude in der Riemenschneiderstraße 2 im September 1993, in der »Nachbarschaft« zu LVA und LBG, prägte ein neues Gesicht die Spitze der BG: Hauptgeschäftsführer wurde Dipl.-Ing. Friedrich Wilhelm Löffler. Bevor er als Technischer Aufsichtsbeamter in die Dienste der Berufsgenossenschaft bei der damaligen Bezirksverwaltung in Neuwied trat, hatte er vielfältige Erfahrungen in der Industrie gesammelt. Auch nach seiner Wahl zum Hauptgeschäftsführer behielt er in Personalunion die Leitung des Technischen Aufsichtsdienstes bei. Löfflers »Lebenswerk« sei an dieser Stelle nicht verschwiegen: Nachdem der Gesetzgeber Asbest verboten hatte, konnte der BG-Repräsentant nachweisen, dass Glasfasern und künstliche Mineralfasern nicht, wie vereinzelt behauptet, krebserregend sind. Damit sicherte er diesem Industriezweig nicht nur die Existenz, sondern auch viele Arbeitsplätze in den betroffenen Betrieben. Auf den neuen Mann an der Spitze der Keramik-BG kamen sogleich schwierige Aufgaben und einschneidende Maßnahmen zu, wurden doch auf Beschluss der Selbstverwaltung die fünf bestehenden Bezirksverwaltungen aufgelöst und das Leistungswesen ganz auf Würzburg zentralisiert. Mit der Umstrukturierung, die zum Jahresende 1997 abgeschlossen war, ging ein deutlicher Rückgang der Mitarbeiterzahl, eine »Verschlankung« der Verwaltung, einher. Gerhard Drexel, seit 1. September 1954 im Dienst der Keramik-BG, sieht den damaligen, nicht unumstrittenen Vorstandsbeschluß aus dem Jahre 1992 so:

Natürlich, für die Mitarbeiter in den Bezirksverwaltungen, war die Zentralisierung ein herber Schlag. Deren Unterbringung bei anderen Unfallversicherungsträgern gelang nicht in jedem Einzelfall. Am mutigsten, sich neuen Herausforderungen zu stellen und in die Stadt am Main umzuziehen, waren überraschenderweise Mitarbeiterinnen und Mitarbeiter aus der erst 1991 eingerichteten Bezirksverwaltung in Jena. Vor dem Hintergrund der wirtschaftlichen Entwicklung stellt sich die Zentralisierung, verglichen mit der AOK Würzburg, ebenfalls als organisatorisch und wirtschaftlich sinnvolle Regelung dar. In der Keramik-BG wurde vorweggenommen, was sich mit der Vereinigung der Bau- und Metall-Berufsgenossenschaften abzeichnet.

Wenig Veränderungen durch das Sozialgesetzbuch

Ein wichtiges Gesetz für die gesetzliche Unfallversicherung trat mit dem »Sozialgesetzbuch VII – Gesetzliche Unfallversicherung« am 1. Januar 1997 in Kraft. Im Grundsatz hielt der Gesetzgeber an den bewährten Prinzipien des bisherigen Unfallversicherungsrechts fest. Auch die Organisation veränderte sich kaum. Noch einmal Gerhard Drexel, »Urgestein« im Bereich der Berufsgenossenschaft:
Heute wird in der Literatur mehrfach die Auffassung vertreten, dass mit dem Sozialgesetzbuch VII eine Chance zur Reorganisation der gesetzlichen Unfallversicherung vertan wurde. Dies gilt nicht nur hinsichtlich der Vielfalt der Unfallversicherungsträger, sondern auch bei der Begradigung des Leistungsbereiches. Wenn heute über die Herausnahme des Wegeunfall-Geschehens aus dem Versicherungsbereich diskutiert wird, wird damit ein aus der Sicht des Schutzbedürfnisses der Arbeitnehmer weitaus sensiblerer Bereich angesprochen als es beispielsweise eine sinnvolle Korrektur von Leistungen für Rehabilitanden oder an Hinterbliebene sein würde.
Immer noch ist die Keramik-BG ein selbstständiger Unfallversicherungsträger im System der Sozialversicherung, übrigens der einzige in Würzburg; sie stellt sich als moderner Sozialversicherungsträger dar, dessen Würzburger 221 Mitarbeiterinnen und Mitarbeiter zu Beginn des neuen Jahrtausends 9876 Betriebe, 214744 Versicherte und 7038 Unternehmens-Versicherungen betreuten.
Wurde 1991 mit 33131 anerkannten Arbeits- und 2270 Wegeunfällen der Höchststand nach der Wiedervereinigung erreicht, so erkannte die BG 20712 Arbeits- und 1531 Wegeunfälle im Jahr 2000 an. Ein etwas anderes Bild zeigt sich hingegen bei den Berufskrankheiten: 1991 waren es 891 Fälle und im Jahr 2000 bereits 982 Fälle. Schuld daran sind die unverändert hohe Zahl asbestbedingter Erkrankungen, aber auch die enorm angestiegenen Lärmerkrankungen und die ebenfalls im Zunehmen begriffenen Hauterkrankungen. Der Rentenbestand belief sich zum 31. Dezember 2000 auf 12111. Bei der Keramik-BG gibt es für die Betriebe ein kombiniertes Verfahren aus Beitragszuschlag oder Beitragsnachlass. Für 1993 errechneten sich beispielsweise 575 Fälle mit einem Beitragszuschlag (4,7 Millionen DM) und 3660 Fälle, in denen

ein Beitragsnachlass (6,4 Millionen DM) eingeräumt werden konnte. Bei einem Umlagesoll von fast 200 Millionen DM wurde 2000 die Umlage leicht gesenkt. Entscheidend dazu beigetragen hat die günstige Entwicklung der Arbeitsentgelte in den Unternehmen infolge der wirtschaftlichen Konsolidierung.

3. Berufsgenossenschaft für Gesundheitsdienst und Wohlfahrtspflege

Nachdem die Keramik- und Glas-BG im September 1993 ihr neues Domizil am Glacis bezogen hatte, nutzte die BG für Gesundheitsdienst und Wohlfahrtspflege eine geradezu einmalige Chance: Sie übernahm nach den Umbauarbeiten die günstig gelegenen Räumlichkeiten auf Mietbasis und richtete am Röntgenring 2 eine ihr elf dezentralen Bezirksverwaltungen in Deutschland ein. Mit dem Zuständigkeitsbereich für fast ganz Hessen, für Thüringen sowie Teile Nordbadens und Nordbayerns.
Ein Vorstandsbeschluss der Hamburger Hauptverwaltung sah nach der Wiedervereinigung Deutschlands, aber auch wegen der allgemein ständig steigenden Versicherungsfälle, die Gründung neuer Bezirksverwaltungen vor. Als denkbare Standorte wurden in den Vorüberlegungen neben Würzburg auch Fulda, Göttingen, Kassel, Münster und Nürnberg ins Spiel gebracht. Faktoren wie Verkehrsanbindung, Schulangebote, Freizeitwert, Arbeitsmarktlage sowie Verfügbarkeit von Immobilien, unausgesprochen auch der Frankenwein, gaben letztlich 1990/91 den Ausschlag für die Stadt am Main. Vom 2. Mai 1991 bis zum Umzug an den Röntgenring im März 1996 war die BG in der Franz-Ludwig-Straße 9a angesiedelt. »Geburtshelfer« und Chef von anfangs 42 Mitarbeitern war Werner Plinske. Er stand der hiesigen Bezirksverwaltung bis zum Jahr 2000 vor. Seine Nachfolgerin wurde im September 2000 Claudia Drechsel-Schlund. Die gebürtige Darmstädterin hatte in Würzburg Rechtswissenschaften studiert und auch die beiden Staatsexamina abgelegt. Heute ist sie übrigens die einzige Frau an der Spitze eines Sozialversicherungsträgers in Würzburg.

In der Anfangsphase musste sich die Bezirksverwaltung auch in das Rechtssystem der ehemaligen DDR einarbeiten, gehörte und gehört doch zu ihrem Zuständigkeitsbereich der Freistaat Thüringen; denn die mit der Rechtseinheit auf dem Gebiet der Sozialversicherung betraute Überleitungsanstalt beendete ihre Arbeit früher als erwartet. Eine rasche Entscheidungsfindung gelang im Team, nachdem sich die Angestellten regelrecht durch den »Paragraphendschungel« durchgebissen hatten.

Entscheidung über 25 000 Versicherungsfälle im Jahr

Die Würzburger Bezirksverwaltung entscheidet über Leistungen und Rehabilitationsmaßnahmen. Ihr werden jährlich etwa 25 000 Arbeitsunfälle, Wegeunfälle und Berufskrankheiten angezeigt. Dagegen erfolgt der Einzug der Beiträge der Unternehmen durch die Hauptverwaltung.
Inzwischen ist die Mitarbeiterzahl bis zum Jahreswechsel 2001/02 einschließlich des Technischen Aufsichtsdienstes auf 112 angewachsen. Infolge ihrer zentralen Lage ist die Würzburger Bezirksverwaltung Gastgeberin für zahlreiche Sitzungen und Veranstaltungen der Berufsgenossenschaft selbst, aber auch der regionalen Landesverbände und des Hauptverbandes der gewerblichen Berufsgenossenschaften.
Zuständig ist die BG, zweitgrößter gewerblicher Unfallversicherungsträger in Deutschland, im allgemeinen für nichtstaatliche Unternehmen im Gesundheits- und Veterinärwesen sowie in der freien Wohlfahrtspflege, Laboratorien, aber auch für Unternehmen, die Röntgeneinrichtungen im Gesundheitsdienst verwenden, für Privatkindergärten, Schwimmbäder, Kosmetik- und Friseurbetriebe, für Krankenhäuser, Wohlfahrtseinrichtungen der Kirchen, Masseure, Heilpraktiker und viele andere Bereiche mehr. Der bundesweite Zuständigkeitsbereich umfasst nahezu 460 000 Unternehmen und rund fünf Millionen Versicherte. Davon werden von Würzburg aus etwa zehn Prozent betreut.
In dem Gebäude ist auch die Bezirksstelle Würzburg der Präventionsdienste angesiedelt. Sie wurde ebenfalls 1991, zusammen mit der Bezirksverwaltung aufgebaut, beschäftigt neun Mitarbeiter unter Leitung von Dr. Uwe Kirsch und erstreckt sich auf den Zuständigkeitsbereich

der Bezirksverwaltung. Die Bezirksstelle erfüllt vor allem Aufgaben der Generalprävention, berät und betreut die versicherten Unternehmen und überwacht auch die Vorschriften des Arbeitsschutzrechts. Zwei Kugelakazien schmücken seit Juli 1998 den Vorgarten am Eingang zur Bezirksverwaltung. Damit wurde ein Schlusspunkt unter die Umbaumaßnahmen im Innern des Hauses gesetzt. Bei der Bepflanzung erwies auch der damalige Oberbürgermeister Hans-Jürgen Weber der Bezirksverwaltung seine Referenz.

III. Rentenversicherung

An der Einteilung der gesetzlichen Rentenversicherung in drei große Bereiche, Arbeiter, Angestellte und Bergbau, hat sich seit über einem Jahrhundert bis heute im wesentlichen nichts verändert. Das materielle Recht der gesetzlichen Rentenversicherung erfuhr dagegen in der Nachkriegszeit umso mehr Reformen, beginnend mit den bahnbrechenden Neuregelungsgesetzen des Jahres 1957 bis zur Rentenreform des Jahres 2001. Ein Balanceakt zwischen Rentenanpassungen, Beitragssatzanhebungen bzw. -senkungen, Bevölkerungsentwicklung und Arbeitsmarktlage kennzeichnet die Situation über Jahrzehnte hinweg.
Alle Rentenversicherungsträger hatten zum 1. Januar 1992 das »Sozialgesetzbuch VI – Gesetzliche Rentenversicherung« vom 18. Dezember 1989 in die Praxis umzusetzen. Was der Deutsche Bundestag in seine Arbeit nicht einbeziehen konnte: An dem Tag, an dem er nachmittags in Bonn die »Rentenreform 1992« verabschiedete, am 9. November 1989, fiel abends in Berlin nach 28 Jahren die »Mauer«. Ein Ereignis, das sich nachhaltig auf alle Rentenversicherungsträger auswirken sollte.

1. Landesversicherungsanstalt vor dem Neuanfang

Bei der LVA Unterfranken stand die unmittelbare Nachkriegszeit ganz im Zeichen des Wiederaufbaus: Das Dienstgebäude in der Friedenstraße 14 und das Dienstwohnungsgebäude in der Sieboldstraße 8 waren fast vollständig zerstört. Der Verwaltungsbericht 1946, der erste in der Nachkriegszeit, beschreibt den Neuanfang mit den Worten:

So nahm die Landesversicherungsanstalt Unterfranken bereits schon am 1. Mai 1945 unter schwierigsten Verhältnissen den Dienst in bescheidenem Umfange wieder auf. Als Büroräume wurden die unbeschädigten Luftschutzräume sowie die Garagen und ein Trockenspeicher über den Garagen benutzt. Die Räume waren unzulänglich, kalt und feucht, da sämtliche Fenster zerbrochen und die Zentralheizung infolge Schadens außer Betrieb war.

Auch sämtliche Einrichtungsgegenstände, rund 4000 Rentenakten, 80 Prozent der Quittungskarten, die Rentnerkartei sowie die gesamte Fachliteratur waren verloren gegangen. Gleichwohl verkündet der »Wurfzettel« Nr. 18 des Oberbürgermeisters vom 24. Mai 1945:

Die Geschäftsräume der Landesversicherungsanstalt Mainfranken, Abt. Invaliden- und Krankenversicherung, befinden sich in deren Luftschutzkeller, Friedenstraße 14; Geschäftszeit 8-12, 13-17 Uhr. Alle Empfänger von Invaliden- und Hinterbliebenenrenten werden aufgefordert, sich persönlich dort unter Vorlage des Rentenbescheides zu melden.

Auch in der dunkelsten Stunde deutscher Geschichte hörte die LVA, im Gegensatz zu anderen Körperschaften und Anstalten des öffentlichen Rechts, nicht zu existieren auf und kam ihrer wichtigsten Verpflichtung, der Zahlung von Renten, stets nach. Der »Wurfzettel« Nr. 32 vom 21. Juni 1945 versucht Worte des Trostes zu finden:

Die Sozialrenten werden grundsätzlich aufrecht erhalten; in welcher Höhe, läßt sich noch nicht sagen.

Schon eine Woche später gab es mehr Klarheit: Renten für den Monat Juni 1945 zahlte die LVA Mainfranken am Donnerstag, dem 28. Juni 1945, bei Postamt Würzburg 2, Bahnhof.

Personeller Engpass durch Entnazifizierungsmaßnahmen

Mit dem Zusammenbruch des Deutschen Reiches war das Vermögen der LVA »auf das Schwerste betroffen«. Die Anstalt verlor rund 50 Millionen RM, die sie während des Krieges in Schuldverschreibungen angelegt hatte. Die Zahlung der laufenden Renten in den ersten Nachkriegsjahren war stets gefährdet, weil Pflichtbeiträge nur unregelmäßig

eingingen, freiwillige Rentenbeiträge fast vollständig fehlten und eine Erstattung des Grundbetrages der Rente und der Zuschüsse durch das Deutsche Reich nicht mehr in Frage kam. Groben Schätzungen zufolge beliefen sich die Beitragseinnahmen der LVA 1945 auf unter 10 Millionen RM und die Rentenleistungen lagen bei unter 20 Millionen RM.
Ab 8. Oktober 1945 verlegte die Anstalt ihren Geschäftsbetrieb aus den Ruinen in der Friedenstraße 14 in das Gebäude des aufgelösten Versorgungsamtes Würzburg in der Wörthstraße 23. Von Oktober bis Dezember 1945 entließ die amerikanische Militärregierung im Rahmen der Entnazifizierungsmaßnahmen 42 Beamte und 25 Angestellte der LVA, die Mitglieder der NSDAP oder einer ihrer Gliederungen gewesen waren. Eine Reihe von Mitarbeitern trat wegen Erreichens der Altersgrenze in den Ruhestand. So musste die Anstalt zahlreiche Arbeitskräfte einstellen, denen es allerdings am entsprechenden Fachwissen mangelte. Im Einvernehmen mit dem bayerischen Arbeitsministerium bestellte die LVA, nachdem die soziale Selbstverwaltung nicht mehr bestand, am 29. Dezember 1946 ohne gesetzliche Grundlage aus den Reihen der Sozialpartner neue Vorstandsmitglieder, in deren Händen die Leitung der LVA fortan lag, so je drei Vertreter der Versicherten und der Arbeitgeber und je einen Vertreter der Krankenkassen und der Gewerkschaften. Als Leiter der Anstalt war Dr. Gotthold Wahl bereits im Dezember 1945 in sein Amt berufen worden.

Rentenzahlung auch an Angestellte und Körperbeschädigte

In vielen Sitzungen legte das Gremium den Grundstein für den Wiederaufbau der LVA Unterfranken. Ende Dezember 1946 setzte sich das Personal aus 123 Angestellten, 21 Arbeitern und drei Lehrlingen zusammen. Zu diesem Zeitpunkt zahlte die LVA Unterfranken rund 40 200 Invaliden,- Witwen- und Waisenrenten.
Inzwischen waren die wichtigsten Unterlagen mit Hilfe der Postämter wieder soweit beschafft und so viel Kapital angesammelt, dass die Weiterzahlung der Renten keine Unterbrechung erfuhr. Das Personal sah sich allerdings einer »gewaltigen Steigerung« neuer Rentenanträge gegenüber. Während in Normalzeiten vor Kriegsbeginn der jährliche

Eingang zwischen 2500 und 3000 Neuanträgen geschwankt hatte, waren 1947, mit Rückständen aus den beiden Vorjahren, rund 7000 neue Rentenanträge zu bearbeiten. Als großer Nachteil wirkte sich dabei der Mangel an Heizmaterial in den äußerst kalten Wintermonaten von Januar bis März 1947 aus. Der Dienstbetrieb war stark eingeschränkt. Wegen des immensen Zustroms von Flüchtlingen gründete die LVA Unterfranken eine Abteilung »Fremd- und Flüchtlingsrenten«. Auch nahm sie die Rentenzahlungen an Angestellte vor, nachdem ihr am 27. Juli 1945 vom bayerischen Arbeitsministerium von der aufgelösten Reichsversicherungsanstalt für Angestellte bis zu einer Neuregelung die Aufgaben für diesen Personenkreis übertragen worden waren.
Die Büroämter der Angestelltenversicherung befanden sich ab 1. Oktober 1945 in der Wörthstraße 23. Und bereits ab 24. September 1945 wurden die Angestelltenrenten beim Postamt 2 am Bahnhof ausgezahlt. Zum 31. Dezember 1946 waren es 3669 Ruhegelder und 3282 Hinterbliebenenrenten, die ehemalige Angestellte im Regierungsbezirk Unterfranken von der LVA Unterfranken, die sich bald nach dem Krieg wieder ihren ursprünglichen Namen zugelegt hatte, erhielten.
Nicht genug damit: 1947 kam auf die LVA auch die Abwicklung der Aufgaben des inzwischen aufgelösten Versorgungsamtes Würzburg zu. Die Anstalt errichtete dazu eine eigene »Körperbeschädigten-Abteilung«. In kürzester Zeit gingen 55000 Anträge auf Rente nach dem Körperbeschädigten-Leistungsgesetz vom 9. September 1947 ein. Die Abteilung »Körperbeschädigte« war vorübergehend in einer Holzbaracke im Anwesen Wörthstraße 23 untergebracht, zog dann aber des großen Platzbedarfs wegen in ein Anwesen des früheren Heeresfiskus um, das ursprünglich für Lagerzwecke verwendet worden war. Bis 1950, als wieder selbstständige Versorgungsämter in Bayern errichtet wurden, führte die LVA die Betreuung der Kriegsbeschädigten und Kriegshinterbliebenen durch.

Die ersten Wiederaufbau-Maßnahmen

Im Frühjahr 1947 begann die Anstalt mit dem Wiederaufbau ihres Rückgebäudes Friedenstraße 14. Geplant waren zunächst 35 Büroräume und drei Wohnungen. Doch es sollte anders kommen. Im Einvernehmen mit dem Staatsministerium für Arbeit und soziale Fürsorge in München vermietete die LVA das Gebäude, nachdem es fertiggestellt war, ab 1. März 1949 an die AOK Würzburg.

Das zu etwa drei Viertel zerstörte Hauptgebäude an der Friedenstraße 14 wurde zunächst provisorisch gesichert, damit die Witterungsverhältnisse nicht noch mehr Unheil anrichteten. Ein bezeichnendes Licht auf die damals katastrophale Lage wirft die Tatsache, dass es der Anstalt mangels Bezugsmarken für Möbel nur teilweise gelang, das vollständig vernichtete Inventar zu erneuern. Schwierig gestaltete sich vor allem die Beschaffung von Schreibpapier, Briefumschlägen, Aktendeckeln sowie Karteikarten; denn dieser Geschäftsbedarf ließ sich nur gegen entsprechende Abgabe von kaum vorhandenem Altpapier beziehen. Auch beeinträchtigte der Mangel an Glühbirnen die Arbeitsleistung des Personals vor allem in den Wintermonaten.

Zum Jahresende 1947 waren bei der LVA Unterfranken insgesamt 217 Personen beschäftigt. Die Zahl der Invalidenversicherten lag bei rund 170 000, die der Angestelltenversicherten bei etwa 84 000. Das Reinvermögen der Anstalt belief sich bis Ende 1947 auf über 43,3 Millionen RM. Die finanzielle Situation war allerdings nach wie vor angespannt, zumal die Schuldverpflichtungen gegenüber der Post über 13 Millionen Mark für die Jahre 1945 bis 1947 betrugen. In der Abteilung Invalidenversicherung wurden insgesamt 44 971 Renten laufend gezahlt. Die durchschnittliche monatliche Rentenhöhe lag bei 40,26 RM (Invalidenrenten), 22,98 RM (Witwenrenten) und 14,52 RM (Waisenrenten).

Währungsreform mit der DM im Gefolge

Zwar erleichterte die Währungsreform am 20/21. Juni 1948 mit der Umstellung auf die DM die Beschaffung von Büromaterialien und Einrichtungsgegenständen durch die Aufhebung der Bewirtschaftung. Gleichwohl konnten die Geschäftszimmer der einzelnen Abteilungen noch nicht im erforderlichen Maß möbliert werden, da es an den finanziellen Mitteln fehlte. Als einzige große Neuanschaffung vermeldet die LVA die Erweiterung der Hausfernsprechanlage von 50 auf 90 Nebenstellen einschließlich zehn Hauptanschlüsse. Besonders im Zusammenhang mit der Währungsreform ergab sich eine starke Ausweitung des Publikumsverkehrs. Zur Sicherstellung pünktlicher Rentenzahlungen nahm die Anstalt vom Freistaat Bayern Sozialkredite in Höhe von über 5,5 Millionen DM in Anspruch.

Im neu ausgebauten Westflügel des Gebäudes 9b im Anwesen Wörthstraße 23 bezog die LVA am 1. August 1948 insgesamt 24 Büroräume. Durch Umbaumaßnahmen konnten im Dachgeschoß dieses Gebäudes drei Büroräume und drei Lagerräume neu hinzu gewonnen werden. Am 2. September 1948 feierte die LVA Richtfest des im Frühjahr 1947 begonnenen Dienstrückgebäudes in der Friedenstraße 14. Zum Jahresende 1948 war auch der Innenausbau des Bürohauses (Mittelbau) nahezu abgeschlossen. Ende Februar 1949 konnte der Wiederaufbau des Rückgebäudes in der Friedenstraße 14 fertiggestellt werden. Das Gebäude bestand aus 20 Büroräumen mit einem großen Saal, dem westlichen Anbau als Mietwohnhaus mit drei Zwei-Zimmer-Wohnungen und einer Drei-Zimmer-Wohnung sowie dem östlichen Anbau für die Vertrauensärztliche Dienststelle. Das durch den Zweiten Weltkrieg zu 70 Prozent zerstörte Wohnhaus in der Sieboldstraße 8a lag weiterhin als Ruine danieder. Die noch benutzbaren Räume in den Garagen und in den Kellerräumen vermietete die LVA zu gewerblichen Zwecken.

Von Juli bis September 1948 unterhielt die Anstalt ein eigenes Einzahlungsbüro für freiwillige Beiträge. Erst als die Post ab Oktober 1948 wieder Invalidenversicherungsmarken am Schalter verkaufte, wurde das Büro aufgelöst. Insgesamt erwarben freiwillig Versicherte, überwiegend aus Würzburg, in diesem Zeitraum für fast 2 000 DM Beitragsmarken.

Höhere Beiträge, aber auch höhere Leistungen

Das Sozialversicherungs-Anpassungsgesetz vom 17. Juni 1949 trug den veränderten sozialen und wirtschaftlichen Verhältnissen durch Erhöhung der Leistungen, Versicherungspflichtgrenzen und Beiträge Rechnung. So wurden ab 1. Juni 1949 die Jahresarbeitsverdienstgrenze, bis zu der Versicherungspflicht bestand, auf 9 000 DM angehoben, die Rentenbeiträge von 5,6 auf 10 Prozent des beitragspflichtigen Ent-

gelts erhöht, aber auch neue Beitragsklassen unter Erfassung höherer Arbeitseinkommen gebildet sowie Zuschläge zu den Renten gezahlt. Die Mindest-Invalidenrente lag nun bei 50 DM monatlich. Für Witwen- und Witwerrenten waren es 40 DM Rente; Waisen erhielten mindestens 30 DM im Monat.
Wenn sich eine Witwe nach ihrer Wiederheirat abfinden ließ, erhielt sie das Dreifache der jährlichen Witwenrente ausbezahlt. Kinderzuschüsse und Waisenrenten gab es einheitlich bis zum 18. Lebensjahr. Auch wurde damals die Invaliditätsgrenze von 66 2/3 auf 50 v.H. der Erwerbsfähigkeit herabgesetzt und damit eine Angleichung an die Berufsunfähigkeitsgrenze bei den Angestellten geschaffen. Auf Grund des neuen Gesetzes verzeichnete die LVA Unterfranken im Oktober 1949 fast eine Verfünffachung der Rentenanträge auf 2045 gegenüber Oktober 1948. Von den nach Kriegsende aus politischen Gründen entlassenen Beamten und Angestellten waren zwischenzeitlich 43 in den Ruhestand versetzt und 78 wieder eingestellt worden. Um die zunehmende Verwaltungsarbeit besser bewältigen zu können, beschäftigte die Anstalt 1949 vorübergehend neun Aushilfsangestellte und 17 Werkstudenten. Zum Jahresschluss 1949 verfügte sie, ohne Körperbeschädigten-Abteilung, über 221 Mitarbeiterinnen und Mitarbeiter. Dazu kamen noch 58 Personen in den Kliniken und Heilstätten der LVA.

Wieder Anstieg der Beitragseinnahmen

Als Ausdruck einer besseren allgemeinen Situation vermerkt der LVA-Geschäftsbericht 1950 ein Ansteigen der Beitragseinnahmen in der Invalidenversicherung um rund ein Drittel gegenüber dem Vorjahr auf über 34 Millionen DM und in der Angestelltenversicherung auf 14,1 Millionen DM. Gleichzeitig werden aber auch steigende Ausgaben in der Invaliden- und Angestelltenversicherung registriert. Zunehmend konnten neue Anschaffungen zur Ausgestaltung der Büroräume vorgenommen und der Verlust der Akten durch den Bombenangriff im wesentlichen überwunden werden.
Mit der Zahlung von Blindengeld an Friedensblinde kam eine weitere Fremdaufgabe im Auftrag des Staates auf die LVA Unterfranken zu. Die

Aufwendungen dafür beliefen sich 1950 auf über 474000 DM. Bis zum Jahresende 1950 waren 468 Blindengeld-Anträge genehmigt worden. Zunehmende Bedeutung wandte die Anstalt der »Rentnerkontrolle« zu, um die Bezugsberechtigung von Renten nachzuprüfen. So wurden 1735 Renten im Jahr 1950 überprüft und dabei in 366 Fällen die Rente wieder entzogen. Ab 1. Januar 1951 wies die Anstalt ihre Vertrauensärzte an, die Gutachten bereits nach vier Wochen zu erstellen, weil die Mediziner seit der Aufarbeitung der Rückstände »weniger belastet« seien.

Ein Festtag für die Landesversicherungsanstalt

Zum Festtag für die LVA gestaltete sich der 30. September 1952: An diesem Tag konnte das neue Dienstgebäude eingeweiht werden. Im Geschäftsbericht 1952 heißt es:
Das neue Verwaltungsgebäude ist in seiner Beschaffenheit und Ausstattung betont schlicht gehalten. Es sticht aber doch in seiner strengen Linienführung architektonisch wirkungsvoll unter den öffentlichen Bauten hervor und schließt eine weitere Lücke zwischen den Ruinen der Stadt.
LVA-Direktor Dr. Gotthold Wahl stellte seinen Vortrag, der Zeit vorauseilend, unter das Thema »Planmäßige vorbeugende Gesundheitsfürsorge – ein Gebot der Stunde«. Nach dem vorzeitigen Bezug des wiederaufgebauten Dienstgebäudes am 4. Juni 1952 waren die Rentenabteilung der Angestelltenversicherung und die Beitragsüberwachungsabteilung wegen Raummangels in der Wörthstraße 23 verblieben. Eine Belegung des Rückgebäudes in der Friedenstraße 14 konnte noch nicht erfolgen, weil die AOK Würzburg nach wie vor dort untergebracht war und erst im Herbst 1954 in ihr altes Gebäude am inzwischen so benannten Kardinal-Faulhaber-Platz zurückkehrte.
Von zwei Ereignissen, nämlich der Wiedereinführung der sozialen Selbstverwaltung und der Gründung der Bundesversicherungsanstalt für Angestellte, war das Jahr 1953 geprägt. Zunächst wurde für die Amtsperiode von 1953 bis 1958 die Vertreterversammlung gewählt. Ihr gehörten je 15 Vertreter der Versicherten und der Arbeitgeber an. Die Vertreterversammlung ihrerseits wählte den zwölfköpfigen Vorstand. Vorsitzender der Geschäftsführung wurde Direktor Dr. Gotthold Wahl.

»Geburtstag« für die Bundesversicherungsanstalt für Angestellte war der 7. August 1953. Damit gab die LVA Unterfranken ihre treuhänderischen Dienste, die sie seit Juli 1945 für die Angestellten im Regierungsbezirk wahrgenommen hatte, zum Jahresende auf. 19 Arbeitskräfte wechselten am 23. November 1953 ihren Arbeitsplatz, zogen von Würzburg in die heutige Bundeshauptstadt und traten zum 1. Februar 1954 endgültig in die Dienste der Bundesversicherungsanstalt für Angestellte. Da bei der LVA eine eigene Abteilung Angestelltenversicherung bestanden hatte, ließ sich die Trennung ohne besondere Schwierigkeiten durchführen. Von einem neuen Aufgabengebiet ist im Verwaltungsbericht 1954 die Rede:

Aus der Erkenntnis, daß gesundes Wohnen zur Erhaltung der Gesundheit und Erwerbsfähigkeit dringend erforderlich ist, sieht die Landesversicherungsanstalt Unterfranken eine vordringliche Aufgabe darin, den sozialen Wohnungsbau zu fördern. Dabei leistete die Anstalt mit ihren Geldanlagen – vorwiegend durch Refinanzierung erststelliger Hypotheken über den Erwerb von Pfandbriefen – nach der Währungsreform einen ansehnlichen Beitrag zum Wiederaufbau, der bei dem Umfang der zerstörten Wohnungen und der allein schon hieraus entstandenen furchtbaren Wohnungsnot im Vordergrund des allgemeinen Interesses stand. Diese Art der Vermögensanlage bedeutet zugleich eine produktive Förderung der Wirtschaft und wirkt sich damit auch auf die Beschäftigungs- und Beitragsverhältnisse aus.

Rasche Entscheidung über Rentenanträge

Schon in damaliger Zeit betrachtete es die LVA als besonderes Anliegen, über Rentenanträge in kürzester Frist zu entscheiden, damit die Antragsteller ihre Rente, die für sie in den meisten Fällen die alleinige Existenzgrundlage darstellt, baldmöglichst nach der Antragstellung erhielten. Die durchschnittliche Bearbeitung eines Rentenantrages – 1954 gingen insgesamt 8 373 Rentenanträge ein – betrug nur noch 2½ Monate. Etwa 20 Prozent aller Neuanträge waren Anträge von Vertriebenen. Bei ihnen waren meist eingehende Ermittlungen zur Glaubhaftmachung von Versicherungszeiten in der ursprünglichen Heimat zu treffen. Insgesamt 70 861 Renten zahlte die LVA Unterfranken am 31. Dezember 1954.

Seit August 1955 diente das Rückgebäude, wo von 1949 bis 1954 die AOK Würzburg untergebracht war, wieder der Versicherungsabteilung und der ihr angeschlossenen Quittungskartenverwaltung. Schon drei Monate zuvor hatte die LVA mit dem Wiederaufbau der Ruinengrundstücke in der Sieboldstraße 8 und 10 sowie Friedenstraße 10 und 12 begonnen.

Seinen 65. Geburtstag feierte am 26. Juli 1956 Erster Direktor Dr. Gotthold Wahl. Dazu verlieh ihm die Medizinische Fakultät der Würzburger Universität wegen seines großen Einsatzes für die Ausgestaltung der Rehabilitation in der gesetzlichen Rentenversicherung die Ehrendoktor-Würde. Zu dieser Zeit waren bei der Anstalt rund 185 000 Personen pflicht- und etwa 45 000 Personen freiwillig versichert. Die insgesamt 80 231 Renten erforderten 1956 einen Gesamtaufwand von über 62,6 Millionen DM.

Grundlegende Neuordnung und Umgestaltung des Rentenrechts

Als erstes Kernstück der angestrebten Sozialreform erfolgte eine grundlegende Neuordnung und Umgestaltung der gesetzlichen Rentenversicherung durch das Arbeiterrentenversicherungs-Neuregelungsgesetz vom 23. Februar 1957. Es brachte für Versicherte und Rentner finanzielle Verbesserungen, aber auch eine Erhöhung des Beitragssatzes auf 14 Prozent ab 1. März 1957.

Mit der Adenauer'schen Rentenreform verbunden war ein vollkommen neu gestaltetes System der Rentenberechnung, was der LVA Unterfranken eine riesige Verwaltungsarbeit brachte. Galt es doch, über 80 000 Renten umzustellen bzw. neu zu berechnen. In 92,5 Prozent der Fälle geschah dies durch die Bundespost, in über 11 000 Fällen musste die LVA den Steigerungsbetrag der Bundespost zur Umstellung der Renten mitteilen. Dabei kam eine neue Rentenformel zur Anwendung. Sie stellte eine Beziehung der anrechnungsfähigen Versicherungszeiten zu dem durchschnittlichen Bruttoarbeitsentgelt aller Versicherten her und bewirkte so eine Angleichung an die allgemeine Lebensentwicklung. Der durchschnittliche monatliche Zahlbetrag für die einzelnen Rentenarten erhöhte sich 1957 beträchtlich, so bei den Versichertenrenten um 69 Prozent gegenüber dem Vorjahr auf 145,70 DM und noch etwas höher bei den Witwen- und Waisenrenten. Auch wurde der bisherige Begriff »Invalidenversicherung« durch das Wort »Arbeiterrentenversicherung« ersetzt.

Krankenversicherung der Rentner und Gesundheitssicherung

Durch ein Gesetz vom 12. Juni 1956 wurde die Krankenversicherung der Rentner ab 1. August 1956 neu geregelt. Dabei ergaben sich in der praktischen Durchführung nicht nur für die Krankenkassen, sondern auch für die LVA Unterfranken sowohl in finanzieller als auch in arbeitsmäßiger Hinsicht neue Belastungen. Die Gesamtausgaben des Rentenversicherungsträgers für die Krankenversicherung der Rentner beliefen sich 1957 auf über 8,6 Millionen DM. Im Durchschnitt zahlte die LVA für einen versicherungspflichtigen Rentner einen Monatsbetrag von 11,45 DM und für freiwillig versicherte Rentner 13 DM Beitragszuschuss im Monat.

Auch auf dem Gebiet der Gesundheitssicherung traten ab 1957 grundlegende Änderungen, verbunden mit einem neuen Denken, ein. Ziel war es jetzt, die Erwerbsfähigkeit des einzelnen Versicherten zu erhalten, wesentlich zu bessern oder wiederherzustellen. Den Erwerbsfähigkeits- bzw. Gesundheitsmaßnahmen war eindeutig der Vorrang vor der Rentengewährung eingeräumt. Der Personenkreis, der Heilmaßnahmen in Anspruch nehmen konnte, war jetzt wesentlich weiter gefasst. Der Gesamtaufwand für Heilverfahren erhöhte sich durch die Neuregelung beträchtlich und belief sich 1957 auf rund 7 Millionen DM. Auch in der Folgezeit legte die LVA ihr Augenmerk auf sinnvolle Gesundheitsmaßnahmen zur Erhaltung, Besserung und Wiederherstellung der Erwerbsfähigkeit der Versicherten.

Mit 68 Jahren in den verdienten Ruhestand

Mit dem 31. Juli 1959 trat der Vorsitzende der Geschäftsführung und Erste Direktor, Dr. Dr. h.c. Gotthold Wahl, nachdem er sein 68. Lebensjahr vollendet hatte, in den Ruhestand. Sein weit über Würzburg hin-

ausreichender Einsatz um den Ausbau der Gesundheitsvorsorge war mit Veranlassung dafür, dass der Gesetzgeber bei der Rentenreform 1957 den Grundsatz des Vorrangs von Gesundheitsmaßnahmen vor vorzeitiger Rentengewährung im Gesetz ausdrücklich verankerte. Die Feierstunde zur Verabschiedung fand am 15. September 1959 statt. Die »Main-Post« berichtet darüber am 16. September 1959:
Zurückblickend auf seinen Lebensweg hob Dr. Wahl besonders Goethe als seinen Leitstern hervor. Humanität und Nächstenliebe pries er als die Wurzeln seiner Kraft. Neben dem Glück danke er es vor allem der Unterstützung seiner Mitarbeiter, des Vorstandes, der Vertreterversammlung sowie den Ärzten und Kollegen, dass er Gutes für die schaffenden Menschen vollbringen durfte. Der Dienst am Nächsten macht glücklich und erhält jung.
Zum 1. September 1959 wurde Dr. Martin Kraus Vorsitzender der LVA-Geschäftsführung. Er war ab 1948 beim Oberversicherungsamt Würzburg und ab 1. Januar 1954 in der Sozialgerichtsbarkeit als aufsichtsführender Richter des hiesigen Sozialgerichts tätig. 1932 wurde er bei Prof. Dr. Wilhelm Laforet an der Alma Julia über das Thema »Die freiwillige Versicherung in der Sozialversicherung« promoviert, ein Thema, bei dem sich schon damals die Verbundenheit zu seinem späteren Arbeitsgebiet abzeichnete.

Ein Reinvermögen von fast 140 Millionen DM

Der Rentenbestand der Anstalt lag Ende 1959 bei 82 524. Das Reinvermögen betrug zum Jahresende 1959 fast 140 Millionen DM. 87 hochbetagte Rentner über 90 Jahre erhielten eine Ehrengabe von 100 DM. Ab 1960 wurde die Rentenabteilung neu gegliedert. Dem frei gewordenen Personal oblagen die Rentenumrechnungen nach dem neuen Fremdrentengesetz, das vom Eingliederungsprinzip bestimmt war. Dabei wurden die unter dieses Gesetz fallenden Personen so gestellt, als ob sie ihr gesamtes Versicherungsleben im Bereich der Bundesrepublik zurückgelegt hätten. Für die Ermittlung der persönlichen Rentenbemessungsgrundlage wurde unterstellt, dass der Versicherte ein Entgelt verdiente, das dem Bundesdurchschnitt der Berufsgruppe entsprach, zu der er bei einer Beschäftigung im Bundesgebiet gehört hätte.

Die Aufgaben der Rentenversicherung sind von Jahr zu Jahr größer geworden, so daß wir unseren Personalbestand seit 1952 von 155 auf 240 Beamte, Angestellte und Arbeiter erhöhen mußten. Der daraus resultierende Mangel an Diensträumen macht es erforderlich, auf dem uns zur Verfügung stehenden Gebäude an der Friedenstraße ein zusätzliches Verwaltungsgebäude zu errichten.

Dies erklärte im Jahr 1960 Direktor Dr. Martin Kraus gegenüber der Presse und erläuterte das Vorhaben zum Abriss des nach Kriegsende fertiggestellten Rückgebäudes und zum Aufbau eines sechsgeschossigen »Hochhauses«, nachdem Pläne, vorhandene Gebäude aufzustocken oder anzubauen, aus bautechnischen Gründen verworfen werden mussten. Immer noch besaßen einige Ärzte und Referenten kein eigenes Zimmer. Zahlreiche Bedienstete mussten in Mansardenzimmern arbeiten, die im Sommer zu heiß und im Winter zu kalt waren. Die Anstalt verfügte über keinen eigenen Bibliotheksraum und der Kartensaal, in dem rund zwei Millionen für die spätere Rentenberechnung wichtige Quittungskarten der Versicherten aufbewahrt wurden, hatte die Grenze seines Fassungsvermögens erreicht.

Ein neues Verwaltungsgebäude vor der Fertigstellung

Die Pläne für ein neues Verwaltungsgebäude entwarf Architekt Karl Zippelius: 34,50 Meter Länge, 13 Meter Breite und 22,50 Meter Höhe mit einem Flachdach. Ein ebenfalls mit einem Flachdach versehener Trakt sollte die Verbindung des bisherigen Hauptverwaltungsgebäudes zum Hochhaus herstellen. Auch war ein Nebengebäude geplant, das im Souterrain eine Werkstätte und eine Waschgarage, im Erdgeschoss die Hausmeister-Wohnung und im Obergeschoss vier weitere Dienstzimmer aufnehmen sollte. Die Kosten des Projekts waren mit über einer Million DM veranschlagt. Der Erweiterungsbau wurde am 7. Dezember 1961 seiner Bestimmung übergeben. Oberregierungsdirektor Hans Wohlraab würdigte als Vertreter des bayerischen Arbeitsministeriums die großen Verdienste der LVA für den Regierungsbezirk Unterfranken, Vorstandsvorsitzender Otto Huber erinnerte an das 70-jährige Bestehen der Arbeiterrentenversicherung und Erster Direktor Dr. Martin

Kraus hob hervor, dass mit dem Neubau die große Raumnot der Anstalt beseitigt und die räumlichen Voraussetzungen für einen reibungslosen Ablauf der Verwaltungsarbeit geschaffen werden konnten. Als Besonderheit wurde bei der Einweihungsfeier herausgestellt, dass das Rückgebäude über einen eigenen Aufzug verfügte, an das Fernheizungsnetz angeschlossen war und einen »schwimmenden Estrich« erhalten hatte. Dr. Kraus appellierte, so die »Main-Post« am 8. Dezember 1961, an seine Mitarbeiter:

Da wir nun in schönen modernen Räumen arbeiten können, haben wir die Verpflichtung, unsere ganze Schaffenskraft zur Bewältigung der vielfältigen Aufgaben einzusetzen. Wir wollen dabei stets daran denken, daß die Versicherten nicht für uns, sondern wir für die Versicherten da sind.

Um etwa 100 000 DM war der Architekt, Dipl.-Ing. Herbert Kassan, unter dem Voranschlag geblieben.

Rentenversicherung der Handwerker neu geregelt

Ab 1. Januar 1962 regelte der Gesetzgeber die Rentenversicherung der Handwerker neu. Zuvor waren selbstständige Handwerker in der Angestelltenversicherung pflichtversichert, falls sie nicht durch den Abschluss einer ausreichenden Lebensversicherung Versicherungsfreiheit in der Angestelltenversicherung geltend machen konnten. Nun wurden sie in der Arbeiterrentenversicherung versichert.

Dabei mussten in Unterfranken rund 19 000 in die Handwerksrolle eingetragene Handwerker einzeln überprüft werden, ob für sie Versicherungspflicht in Frage kam oder nicht. Bis 31. Dezember 1963 stellte die LVA bei 4 902 Handwerkern Rentenversicherungspflicht fest, die bei 14 039 Handwerkern nicht gegeben war. Sie waren auch nach neuem Recht rentenversicherungsfrei.

Neuwahlen in der sozialen Selbstverwaltung standen nach 1958 wieder im Jahr 1962 an. Dabei wäre es fast zu einer »Urwahl«, d.h. zu einer echten Wahlhandlung auf Versichertenseite gekommen. Eine zusätzlich eingereichte Vorschlagsliste »Arbeitsgemeinschaft Christlicher Arbeitnehmer-Organisationen – Bezirk Unterfranken (ACA)« war aber mit einem »nicht mehr behebbaren Mangel« behaftet und wurde zurückgezogen. Insoweit galten die auf den übrigen Versicherten-Listen vorgeschlagenen Personen mit dem Wahltermin als gewählt.

Für jeden Arbeitnehmer eine Versicherungsnummer

Mit einer Feierstunde nahm die LVA Unterfranken am 24. September 1963 den Erweiterungsbau ihrer Klinik in Ohlstadt bei Murnau in Betrieb. Zum damaligen Zeitpunkt hatten bereits über 15 000 Versicherte aus Unterfranken in Ohlstadt »Genesung« gefunden. Die »Ohlstadt-Kur« war ein voller Erfolg und die große Zahl von Heilverfahren bei der LVA Unterfranken vornehmlich auf den weiteren Ausbau der Frühheilverfahren im oberbayerischen Voralpenland zurückzuführen. Damit hatte die LVA unter Anleitung von Med.-Direktor Dr. Peter Beckmann, einem Sohn von Max Beckmann, bereits 1954 begonnen. Kein Wunder, dass mehrere Gemälde des berühmten Malers die Räumlichkeiten der Klinik schmückten.
1964 begann auch die LVA Unterfranken damit, für ihre Versicherten eine Versicherungsnummer einzuführen. Sie setzte sich aus drei Ziffern-Kombinationen zusammen: Bereichsnummer des Rentenversicherungsträgers (die Würzburger LVA erhielt die Nummer 20), sechsstelliges Geburtsdatum des Versicherten, Anfangsbuchstabe des Geburtsnamens und Seriennummer mit zwei Stellen zur Unterscheidung der am gleichen Tag geborenen Versicherten und Prüfziffer. Bis 31. Dezember 1967 hatte die LVA insgesamt 9 001 Versicherungsnummern, vorwiegend an jüngere Versicherte, vergeben. Ab 1. Januar 1973 konnte sich jeder Versicherte glücklich schätzen, im Besitz einer derartigen Versicherungsnummer zu sein.
Überraschend verstarb am 24. März 1965 Erster Direktor Dr. Martin Kraus im Alter von 58 Jahren an einer Herzkrankheit. Die »Main-Post« brachte in einem Nachruf zum Ausdruck:
Mit ihm ist eine anerkannte Persönlichkeit im öffentlichen Leben Würzburgs mit vorbildlichen und mit reichen Berufserfahrungen und ein ob seiner hervorragenden menschlichen Qualitäten in weiten Kreisen beliebter Beamter mit verbindlichem Wesen, der für Hilfesuchende immer ein offenes Ohr hatte, von uns gegangen.

Einstimmig wählte die Vertreterversammlung auf Vorschlag des Vorstandes am 11. Mai 1965 den bisherigen Direktor Max Haas, seit 1952 im Dienst der LVA, zum Ersten Direktor und damit zum neuen Vorsitzenden der Geschäftsführung. Der gebürtige Würzburger hatte an der Alma Julia Rechtswissenschaften studiert. Nach dem Zweiten Juristischen Staatsexamen war er zunächst am Landgericht Würzburg tätig und kam am 1. November 1949 zum Oberversicherungsamt Würzburg. Max Haas war nunmehr Chef von 571 Mitarbeitern, davon 315 bei der Hauptverwaltung, 69 in der Abteilung Krankenversicherung und 187 in den Heilstätten und Kurheimen.

Aufbau einer elektronischen Datenverarbeitung

Im Herbst 1967 testete die LVA Unterfranken ihr neues Rechenzentrum mit einer Datenverarbeitungsanlage (Siemens 4004/35) und nahm es offiziell im Herbst 1968 in Betrieb. Nach der seit 1960 verwendeten »Zuse Z 22 R«, einer programmgesteuerten Rechenanlage der ersten elektronischen Generation, benannt nach Konrad Zuse, der im Jahre 1955 das erste elektronische Gerät (Z 22) baute, hatten sich die Selbstverwaltungsorgane bereits 1964 zur Anmietung einer neuen und größeren Datenverarbeitungsanlage der dritten Generation entschlossen. Der Arbeitszyklus betrug 1,44 Mikrosekunden, so dass die interne Rechengeschwindigkeit in den Bereich der Nano-Sekunde gerückt war. Die Anlage besaß eine Speicherkapazität von rund 65 000 Stellen. Angeschlossen waren sechs Magnetbandgeräte, ein Schnelldrucker sowie weitere Ein- und Ausgabegeräte.
Zu diesem Zeitpunkt erstellte die LVA ihre Programme in Zusammenarbeit mit der Firma Siemens noch selbst. In der Übergangsphase wurde parallel noch die Zuse Z 22 R benutzt, um die Programmierung zu überprüfen und fehlerhafte Berechnungen zu vermeiden. Im Herbst 1966 war die Alltagsarbeit der Anstalt wesentlich durch das »Gesetz zur Beseitigung von Härten in den gesetzlichen Rentenversicherungen und zur Änderung sozialrechtlicher Vorschriften« geprägt. Trotz der damit verbundenen Mehrarbeit, insbesondere eine völlige Neuprogrammierung des Rentenberechnungs-Programms, nahm die Zahl der unerle-

digt gebliebenen Rentenanträge gegenüber dem Vorjahr von 2 227 auf 1 157 deutlich ab. 1966 unterhielt die LVA Unterfranken fünf Heilstätten und Kurheime, so das Luitpoldheim, Lohr/Main, das Maria-Theresia-Heim, Lohr/Main, die Kurklinik Franken, Bad Kissingen, das Kurheim Sinntal, Bad Brückenau und die Kuranstalt Ohlstadt. 1969 sollte sich zu diesem Quintett die Rheumaklinik Bad Aibling gesellen. Insgesamt verwaltete die Anstalt bis 31. Dezember 1966 insgesamt 1 969 575 Versicherungskarten. Sie bildeten die Grundlage für eine Rentenberechnung.

Der Aufgabenbereich der drei Geschäftsführer

In Interviews der Serie »Wir sprachen mit«, die das Fränkische Volksblatt am 25., 26. und 27. April 1968 veröffentlichte, nannten die drei LVA-Geschäftsführer ihren Aufgabenbereich.

Max Haas:
Ich habe die Hauptverwaltung mit der Vermögensabteilung und dem Rechnungsprüfungsamt sowie Heilstättenverwaltung und Abteilung Krankenversicherung.

Walter Keller:
Mein Aufgabenbereich erstreckt sich auf die Leitung der Versicherungs- und Beitragsabteilung, der Gesundheitsabteilung, Regreß- und Widerspruchsstelle sowie die Aufgaben, die sich aus der Datenverarbeitung ergeben.

Walter Neumeier:
Mein Aufgabenbereich bei der Durchführung der laufenden Verwaltungsgeschäfte umfaßt die Entscheidungen über Rentenanträge, die Überwachung des Rentenbestandes auf Bezugsberechtigung oder Veränderung, die Bearbeitung von Rechtsmitteln, die gegen Bescheide der Landesversicherungsanstalt Unterfranken vor den Sozialgerichten anhängig sind, die Durchführung des Bayerischen Blindengeldgesetzes als Auftragsangelegenheit des bayerischen Staates sowie die Ausbildung des Beamtennachwuchses und die Fortbildung des Personals.

Am 31. Dezember 1968 betrug der Rentenbestand 108 363. Der finanzielle Aufwand betrug Monat für Monat über 30 Millionen DM. Hinzu kamen monatlich mehr als 3,5 Millionen DM für die Krankenversicherung der Rentner. Die Bearbeitungsdauer eines Rentenantrages vom Eingang bei der LVA bis zur Absendung des Rentenbescheides, und darauf war man besonders stolz, lag im Durchschnitt unter einem Monat. Über 85 Prozent aller Streitfälle gingen zu Gunsten der Anstalt aus. Beleg dafür, dass die LVA bemüht war, jeden Fall im Interesse des Versicherten sowohl medizinisch als auch versicherungsrechtlich genau zu bearbeiten.

Wenig beglückt waren die Rentner vom Finanzänderungsgesetz 1967: Sie wurden nämlich ab 1. Januar 1968 an ihrer Krankenversicherung mit zwei Prozent des Zahlbetrages der Rente beteiligt. Und noch etwas fällt im Verwaltungsbericht 1967 auf: Die LVA Unterfranken musste in diesem Jahr insgesamt 1 141 Tbc-Heilbehandlungen für Erwachsene und Kinder in Sanatorien und Krankenhäusern finanzieren. Der Gesamtaufwand dafür belief sich auf über 6,3 Millionen DM.

Neuordnung der gesetzlichen Rentenversicherung

Vorsorgemaßnahmen widmete die LVA mehr und mehr ihr Augenmerk. So heißt es im Geschäftsbericht 1967:

Bedenkt man, daß vor zehn Jahren die Vorsorgemaßnahmen im ärztlichen Bereich noch keineswegs ihren festen Platz hatten, dann ist es erfreulich festzustellen, daß dies in der Zwischenzeit dank einer weitblickenden Gesetzgebung geschehen ist. An dieser Entwicklung trägt die Landesversicherungsanstalt Unterfranken selbst einen nicht geringen Anteil.

Damals tauchte ein Wort auf, das bis heute für Wirbel um die Ausgestaltung der gesetzlichen Rentenversicherung gesorgt hat, ohne dass sich in der Sache bisher etwas verändert hätte. Dabei wurde eine Organisationsreform dergestalt vorgeschlagen, die Landesversicherungsanstalten zu einer »Bundesanstalt für Arbeiter« zusammenzufassen. Dagegen lief die LVA Unterfranken, Selbstverwaltung und Geschäftsführung gleichermaßen, »Sturm« und forderte von der Politik stattdessen einen Finanzausgleich zwischen der Arbeiter- und der Angestelltenrentenversicherung. Der Hintergrund dieser Forderung: Ständig nahm damals die Zahl der Arbeiter ab, dagegen die der Angestellten zu. Mit dem 30. September 1968 endete die sechsjährige Amtsperiode der Selbstverwaltung, und bei der Wahl der neuen Organmitglieder verlief wieder nicht alles nach Plan, diesmal auf Arbeitgeber-Seite. Es wurden nämlich zwei Listen mit mehr Kandidaten vorgelegt als zu wählen waren. Die Überprüfung durch den Wahlausschuss ergab eine Zurückweisung der Liste des Deutschen Gewerbeverbandes, weil dieser nicht zur Einreichung einer Vorschlagsliste legitimiert war. Damit konnte eine »Urwahl« unterbleiben, die der LVA eine sechsstellige Summe ersparte.

Zusammenarbeit über Grenzen hinweg

Der starke Zustrom ausländischer Arbeitnehmer in die Bundesrepublik in den 60er-Jahren, zunehmende grenzüberschreitende Arbeitsverhältnisse, wechselseitige Beschäftigung im Ausland, zurückgebliebene Familienangehörige im Heimatland, internationaler Tourismus, vor allem aber die wachsenden politischen Beziehungen der Bundesrepublik zu anderen Staaten, die wirtschaftliche Verflechtung über »Schlagbäume« hinweg sowie eine weltweite Globalisierung machten eine verstärkte sozialpolitische Zusammenarbeit, sowohl im europäischen Rahmen wie auch darüber hinaus, und den Ausbau der Beziehungen der Bundesrepublik zu anderen Staaten auf dem Gebiet der sozialen Sicherheit notwendig.

Der veränderten Situation konnte die aus dem 19. Jahrhundert stammende Sozialversicherung nicht mehr gerecht werden. Andererseits durfte soziale Sicherheit nicht an den Grenzen des eigenen Landes aufhören. Die sozialpolitische Zusammenarbeit Deutschlands mit anderen Staaten vollzog sich sowohl im multilateralen Bereich wie auch im bilateralen Rahmen. Im letzteren Fall schloss die Bundesrepublik mit zahlreichen Staaten Sozialversicherungsabkommen. Um die reibungslose Geltendmachung von Versicherungsleistungen und Abrechnungsverfahren, wovon der einzelne Versicherte in aller Regel nichts erfährt, zu vereinfachen, wurden jeweils für die einzelnen von den Abkommen berührten Sozialversicherungszweige Verbindungsstellen in der Bundesrepublik eingerichtet. Sie hatten für eine praxisnahe Umsetzung der Sozialversicherungsabkommen, die ordnungsgemäße Abwicklung im Einzelfall und die Herausgabe von Merkblättern zu sorgen.

Am 6. November 1964 hatte die Bundesrepublik mit Portugal ein solches Abkommen geschlossen, das der Deutsche Bundestag am 29. Mai 1968 ratifizierte. Dabei wurde im Bereich der Rentenversicherung der Arbeiter die LVA Unterfranken deutsche Verbindungsstelle. Das Fränkische Volksblatt berichtet darüber am 22. Oktober 1968:
Gegenwärtig sind in der Bundesrepublik über 19 000 Portugiesen beschäftigt. Insgesamt beläuft sich die Zahl der bisher in Deutschland tätig gewesenen portugiesischen Arbeitnehmer auf rund 40 000, die alle von dem Abkommen erfaßt werden.' Der Vertrag bringt im grundsätzlichen die Gleichstellung der Rechte und Pflichten der portugiesischen Arbeitnehmer in Deutschland und auch umgekehrt', umriß Direktor Walter Neumeier das neue Abkommen. Zusammen mit zwei Mitarbeitern war er bereits im Juni 1968 in Portugal und hatte zahlreiche Formblätter, die zuvor in Deutschland übersetzt worden waren, mit seinen Geschäftspartnern endgültig festgelegt. Besondere Schwierigkeiten ergaben sich insofern, als beide Rechte sehr unterschiedlich sind.
Nach wie vor ist die LVA Unterfranken deutsche Verbindungsstelle für Portugal. Nach mehr als drei Jahrzehnten harmonischer und reibungsloser Zusammenarbeit ist die Arbeit inzwischen zur Routine geworden. Von Würzburg aus werden alle portugiesischen Arbeitnehmer betreut, wenn es um rentenrechtliche Fragen geht.

Mehrarbeit und Verbesserungen durch das Rentenreformgesetz

Ein Sprung in das Jahr 1972, das für die Versicherten der Anstalt durch das Rentenreformgesetz vom 18. Oktober 1972 weitere Verbesserungen, eine Öffnung für neue Personenkreise wie Selbstständige und Hausfrauen, die Nachentrichtung von Rentenversicherungsbeiträgen rückwirkend ab 1. Januar 1956, Berechnung der Renten nach Mindesteinkommen, Gewährung eines flexiblen Altersruhegeldes ab 62 Jahren ohne versicherungsmathematische Abschläge, aber auch Mehrkosten für die Anstalt und Mehrarbeit für viele der nunmehr 799 Mitarbeiterinnen und Mitarbeiter des Rentenversicherungsträgers brachte. Inzwischen hatte die Anstalt zum 1. April 1970 die Heilstätte Luitpoldheim in Lohr/Main verkauft und die Bettenkapazität des Maria-Theresia-Hei-

mes erweitert. Im März 1972 war die Installation einer neuen Datenverarbeitungsanlage (Siemens 4004/135 F) mit einer Kernspeicherkapazität von 128 Kilobyte erfolgt. Maschinell geführt wurden damals bereits 450 964 Karten. 385 199 Versicherungsnummern hatte die Anstalt zwischenzeitlich vergeben. Auch wurden im Rentenwesen die Programme des Verbandes Deutscher Rentenversicherungsträger übernommen.
Mit dem Erlass der Datenerfassungs-Verordnung und der Datenübermittlungs-Verordnung im Herbst 1972 wurden die Rechtsgrundlagen für Datenerfassung, Datenverarbeitung, Datenübermittlung und Datenspeicherung in der Sozialversicherung zeitgemäßen Erfordernissen angepasst. Nur so ließen sich die für die Versicherten eingespeicherten Versicherungskonten auf dem Laufenden halten. 17 größere Firmen im Anstaltsbezirk erklärten sich sofort bereit, am Verfahren zur Direktübermittlung teilzunehmen.
1972 wurden die in den Vorjahren von den Rentnern einbehaltenen Beiträge zu ihrer Krankenversicherung wieder an diese ausgezahlt. Die Anstalt musste dafür rund zwölf Millionen DM aufbringen. In diesem Jahr überschritt die LVA bei den Ausgaben für Rentenleistungen, ebenso wie bei den Beitragseinnahmen, erstmals die 500-Millionen-Grenze. Das Zivilblindengeld als Auftragsleistung des Freistaates Bayern erforderte 1972 Aufwendungen in Höhe von über 4,4 Millionen DM für 1 052 Betroffene. Der Sozialärztliche Dienst der LVA Unterfranken gliederte sich inzwischen in vier Abschnitte, nämlich Sozialärztlicher Gutachterdienst, Sozialärztlicher Prüfdienst, Abrechnungsstelle für Arztgutachten und Abrechnungsstelle für Reisekosten der Versicherten.

Maschinell lesbare Versicherungsnachweise

Nachdem seit Einführung der gesetzlichen Rentenversicherung im Jahre 1891 Versicherungskarten für die Beitragsentrichtung verwendet worden waren, traten an ihre Stelle ab 1. Januar 1973 maschinell lesbare Versicherungsnachweise. Die Erteilung von Rentenauskünften an Versicherte nahm die Anstalt Ende 1973 auf. Ab 1. Januar 1974 waren die Rentenversicherungsträger verpflichtet, den 63 jährigen und älteren Versicherten und ab 1. Mai 1974 auch den 62-Jährigen auf Antrag Auskunft über die bisher erworbenen Rentenanwartschaften zu erteilen. Zum Jahresende 1973 verfügte die LVA über ein beträchtliches Reinvermögen von mehr als 236 Millionen DM. Nach wie vor führte sie in der »Abteilung Krankenversicherung« im Rahmen der Gemeinschaftsaufgaben den Vertrauensärztlichen Dienst, die vorbeugende Gesundheitsfürsorge und die Verwaltung der Gemeinschaftsrücklage der Krankenkassen durch. Zum Jahresende 1973 waren im Vertrauensärztlichen Dienst 16 Mediziner, vier medizinisch-technische Assistentinnen, drei Laborhelferinnen und 21 Schreibkräfte tätig.

Die Zahl der vertrauensärztlichen Begutachtungen lag bei 30 109. Die Rücklage für die Orts-, Betriebs- und Innungskrankenkassen in Unterfranken betrug inzwischen über 33,3 Millionen DM. Dabei wurde den Krankenkassen erstmals ein Mitspracherecht bei der Geldanlage eingeräumt, nachdem sie mit der Anlagepolitik der LVA nicht einverstanden gewesen waren. Von dem am 1. Oktober 1974 in Kraft getretenen Rehabilitations-Angleichungsgesetz waren sämtliche Fachabteilungen der Anstalt gleichermaßen betroffen. Rehabilitationszeiten waren nun nicht mehr Ausfall-, sondern Beitragszeiten. Den neuen Gesetzesbegriff definierte die LVA so:

Unter Rehabilitation werden alle Maßnahmen verstanden, die darauf ausgerichtet sind, körperlich, geistig oder seelisch behinderten Menschen zu helfen, ihre Fähigkeiten und Kräfte zu entfalten und einen angemessenen Platz in der Gemeinschaft zu finden. Dazu gehört vor allem eine dauerhafte Eingliederung in Arbeit und Beruf.

Eine Erweiterung des Dienstgebäudes in der Planung

Immer umfangreichere Arbeiten, insbesondere im Zusammenhang mit der Datenspeicherung und einem Mehrbedarf an Büroräumen, veranlassten die LVA Unterfranken 1975 – in diesem Jahr war mit 912 Beamten, Angestellten und Arbeitern auf Jahre hinaus ein neuer Personal-Höchststand erreicht – zu einer Erweiterung ihres Dienstgebäudes in der Friedenstraße. Es wurde um zwei Vollgeschosse und ein zurückversetztes Dachgeschoss erweitert. In Angriff nahm die LVA auch den Bau einer zweigeschossigen Pkw-Abstellanlage. Nach mehreren Jahren

der räumlichen Trennung waren Mitarbeiterinnen und Mitarbeiter wieder unter einem Dach vereint. Mit der Fertigstellung des Erweiterungsbaus wurden auch die bisher getrennten Abteilungen für Renten- und Versicherungsangelegenheiten zu einer Organisations-Einheit, der Leistungsabteilung, zusammengefasst.
Inzwischen war am 1. Juli 1977 das »Sozialgesetzbuch – Gemeinsame Vorschriften für die Sozialversicherung« in Kraft getreten. Darin wurden neben allgemeinen Grundsätzen und Begriffsbestimmungen, z.B. über die Geringfügigkeit einer Beschäftigung, Leistungen und Beiträge, auch die Verfassung aller Versicherungsträger, die Wahl und das Verfahren der Selbstverwaltungsorgane, das Haushalts- und Rechnungswesen, die Verwaltung der Mittel und die Vermögensanlage neu geregelt.

Mühevolle Wiederherstellung von Versicherungsunterlagen

In einer Außenstelle, welche die Anstalt über Jahre hinweg in der Kaiserstraße mit dem Ziel der Datenspeicherung unterhalten hatte, wurden von mehreren Bediensteten in oft mühevoller Kleinarbeit zahlreiche Versicherungsverläufe wieder hergestellt. Möglich war dies, wenn Versicherte oder Gemeinden bzw. Krankenkassen (diese ab dem Jahre 1942) alte Unterlagen zur Verfügung stellen konnten. Der Vorteil lag auf der Hand: Diese Versicherten durften sich über eine höhere Rente oder wenn mit den aufgefundenen alten Unterlagen die Erfüllung der Wartezeit nachgewiesen werden konnte, überhaupt auf eine Rente freuen. Anders verhielt es sich beim Personenkreis der Heimatvertriebenen, für die in der Bundesrepublik keine Unterlagen vorhanden waren und die aus dem Herkunftsland kaum oder nur sehr schwer zu beschaffen waren. Diese Versicherten konnten allerdings ein Wiederherstellungsverfahren beantragen, und die LVA rekonstruierte durch Einvernahme von Zeugen und durch andere Erhebungen den Versicherungsverlauf. Eine weitere Außenstelle hatte sich auch am Exerzierplatz befunden. Dort war die Rehabilitations-Abteilung der LVA untergebracht.
In ihrer 85-jährigen Geschichte wählte die Vertreterversammlung am 21. Juni 1976 erstmals 36 »Versichertenälteste« für den Bereich des Regierungsbezirks Unterfranken. Die Funktion von Versichertenältes-

ten, in der Angestelltenversicherung schon von Anfang an bekannt, soll ein Bindeglied zwischen der LVA und ihren fast 550000 Versicherten darstellen. Information und Beratung der Versicherten, nicht zuletzt auch Hilfe bei der Rentenantragstellung, sind wichtige Aufgabenfelder der Versichertenältesten, von denen Heinz Schmitt, Franz Schelbert und Alfred Hofmann viele Jahre für die Versicherten in der Stadt Würzburg zuständig und tätig waren. 1976 stellte die LVA ihre Elektronische Datenverarbeitung auf eine neue Anlage (Siemens 7740) mit einer Arbeitsspeicher-Kapazität von 320 Kilobyte unter gleichzeitigem Anschluss von Großplattenspeichern um. Damit war auch eine Umstellung der Versichertenkonten-Bestände von der Magnetband- auf die Magnetplattenspeicherung verbunden.

Verstärkte Öffentlichkeits- und Medienarbeit

Mehr und mehr ergab sich für den Rentenversicherungsträger, nicht zuletzt durch den Allgemeinen Teil des Sozialgesetzbuches, ein neues Aufgabenfeld in Form der Öffentlichkeitsarbeit. Broschüren, Merkblätter und die alle zwei Monate erscheinende Zeitschrift »gesichertes leben« mit einer Auflage von zunächst 24000 Exemplaren dienten der Unterrichtung und Aufklärung der Versicherten. Großen Anklang fand dank ihrer modernen Aufmachung und der verständlichen Ausdrucksweise auch die »Informationsreihe Rentenversicherung« des Wirtschaftsdienst-Verlages. Vortragsreihen über Fragen der gesetzlichen Rentenversicherung, die Beteiligung bei Ausstellungen und Messen rundeten die vielfältigen Aktivitäten, zu denen auch Fernseh- und Rundfunksendungen aus der LVA Unterfranken kamen, ab.
Das Geschäftsjahr 1978 war besonders durch das »Gesetz zur 20. Rentenanpassung und zur Verbesserung der Finanzgrundlagen der gesetzlichen Rentenversicherung« vom 27. Juni 1977 geprägt. Ein Altersruhegeld, das im Jahre 1957, mit Einführung der Rentenreform, in Höhe von 350 DM festgestellt worden war, hatte sich 1978, unter Berücksichtigung der jeweiligen Rentenanpassungen, auf beachtliche 1722,50 DM erhöht. In dieser Zeit war auch der Kinderzuschuss in der gesetzlichen Rentenversicherung von 35,70 auf 152,90 DM gestiegen. Längst rechnete

man in der Friedenstraße mit Millionen- und Milliarden-Beträgen. An Rentenversicherungsbeiträgen verbuchte die LVA 1979 über 924 Millionen DM, an Beiträgen für die Krankenversicherung der Rentner über 132 Millionen DM. Für Renten wurden insgesamt über 1,1 Milliarden DM aufgewendet. Für Gesundheitsmaßnahmen schlugen mehr als 62 Millionen DM zu Buche und die Verwaltungskosten waren inzwischen auf über 20 Millionen DM »geklettert«. Als »Liquiditätshilfe« erhielt die LVA von der Bundesversicherungsanstalt für Angestellte einen Betrag von 123,4 Millionen DM. Die Zahl der neu gestellten Rentenanträge lag bei 14 211, der Rentenbestand bei 147 796.

Ein wohlbestelltes Haus hinterlassen

In einer Feierstunde wurde am 5. Dezember 1980 Erster Direktor Max Haas nach über 28-jähriger Tätigkeit bei der LVA in Würzburg in den Ruhestand verabschiedet und als sein Nachfolger Walter Keller eingeführt. Der bayerische Arbeitsminister Dr. Fritz Pirkl würdigte die Verdienste des damals dienstältesten Geschäftsführers der gesetzlichen Rentenversicherung in der Bundesrepublik:
Sie haben ein wohlbestelltes Haus hinterlassen. Ihr Einsatz hat sich gelohnt und dafür möchte ich Ihnen danken. Es bedeutet hohe Verwaltungskunst, in diesem betreuenden und leistenden Dienst zu stehen, zumal das Versicherten- und Rentnerschicksal von bleibender Dringlichkeit und in beständiger Entwicklung ist.
Schon am 18. November 1980 hatte Oberbürgermeister Dr. Klaus Zeitler Max Haas anlässlich seines 65. Geburtstages in Anerkennung seiner Verdienste um die Stadt Würzburg das »Goldene Stadtsiegel« verliehen. Damit sollten insbesondere Dank und Anerkennung der Stadt hinsichtlich der in den Wiederaufbau Würzburgs nach dem Zweiten Weltkrieg geflossenen finanziellen Mittel der Rentenversicherung ausgedrückt werden.
Der Gesetzgeber übertrug den Krankenkassen ab 1. Januar 1980 wieder die Verwaltung der Rücklage in eigener Zuständigkeit. Das bei der LVA angesammelte Rücklage-Vermögen von 51 Millionen DM wurde den beteiligten Krankenkassen zur Verfügung gestellt. Dem hundertsten

Geburtstag der Sozialversicherung am 17. November 1981 widmete die LVA eine Ausstellung, verbunden mit einem »Tag der offenen Tür«. Gleichzeitig konnte die Anstalt ihr 90-jähriges Bestehen feiern.
Im Rahmen des deutsch-rumänischen Sozialversicherungsabkommens aus dem Jahre 1973 oblagen der LVA Unterfranken als deutsche Verbindungsstelle die Anforderung und Übersendung von Nachweisen über Versicherungs- und Beschäftigungszeiten für Arbeitnehmer sowie für Zeiten militärischer Dienstleistungen im jeweils anderen Vertragsstaat und die Gewährung von unentgeltlicher Amts- und Rechtshilfe. 1981 wurden in 8 255 Fällen Versicherungs- und Militärdienstbescheinigungen bei der rumänischen Verbindungsstelle angefordert. Diese übersandte in 12 541 Fällen entsprechende Bescheinigungen in die Stadt am Main.

Intensive Zusammenarbeit mit Portugal

Auch das deutsch-portugiesische Abkommen ließ die LVA Unterfranken nicht ohne Arbeit bleiben, im Gegenteil: 1981 wurden 3 091 Anträge auf Beitragserstattung gestellt und ein Gesamterstattungsbetrag von über 30 Millionen DM an portugiesische Versicherte auf der iberischen Halbinsel überwiesen. Die Rentenzahlungen in 2 814 Fällen beliefen sich auf 13,2 Millionen DM. Der Gesamterstattungsbetrag an Beiträgen, die an portugiesische Versicherte in ihr Heimatland überwiesen wurden, betrug 1984 rund 32,7 Millionen DM. Pro Versicherten betrug der durchschnittliche Erstattungsbetrag rund 22 650 DM. Dieses Geld war für die Rückkehrer, die viele Jahre in der Bundesrepublik gearbeitet hatten, ein wichtiger Faktor, sich in der Heimat eine wirtschaftliche Existenz aufzubauen.
Mehr und mehr profitierte die gesetzliche Rentenversicherung vom Fortschritt der Technik. So hielt im Herbst 1981 die erste mobile Datenstation bei der LVA Einzug. Sie ermöglichte es den Außendienst-Mitarbeitern, bei Sprechtagen mit der unmittelbaren Verbindung zur zentralen Datenverarbeitungsanlage in Würzburg Auskünfte und Ausdrucke aus dem »Rentenkonto« des einzelnen Versicherten zu erstellen. Auch wurden die an die Rentner und Versicherten gehenden Computer-Aus-

drucke wegen der besseren Lesbarkeit nicht mehr in Großbuchstaben, sondern in der üblichen Schreibweise erstellt. Mit dem 30. September 1982 schied Walter Keller aus dem aktiven Dienst der LVA Unterfranken aus. Sein Nachfolger wurde Direktor Walter Neumeier. Er war auf Grund einer Gesetzesänderung im Sozialgesetzbuch IV nun alleiniger Geschäftsführer und Erster Direktor der LVA. Der Beitragssatz in der gesetzlichen Rentenversicherung lag inzwischen bei 18,5 Prozent, je zur Hälfte vom Versicherten und vom Arbeitgeber aufzubringen.

Kostenbeteiligung der Versicherten bei Heilmaßnahmen

Im Verwaltungsbericht 1983 der Landesvericherungsanstalt Unterfranken heißt es zu einem »delikaten« Thema:
Die zu Beginn des Jahres eingeführte Kostenbeteiligung der Versicherten bei stationärer Heilbehandlung hat zusammen mit früheren Leistungseinschränkungen im Rehabilitationsbereich und der wirtschaftlichen Rezession zu einem weiteren deutlichen Rückgang der Anträge bei Heilbehandlungen wegen allgemeiner Erkrankungen geführt.
Vor diesem Hintergrund hatte die LVA Schwierigkeiten, die Belegung ihrer fünf eigenen Kurkliniken in einem Maße durchzuführen, um die in den Wirtschaftsplänen zu Grunde gelegten Pflegetage zu erreichen. Eine Erfolgsmeldung aus dem EDV-Bereich: Zu Beginn des Jahres 1983 waren alle maßgeblichen Verwaltungs- und Verfahrensabläufe, bei denen eine maschinelle Verarbeitung möglich war und auch wirtschaftlich geboten erschien, in das EDV-Verfahren übernommen. Günstig gestaltete sich dabei für die hiesige LVA die räumliche Nähe zur Datenstelle der deutschen Rentenversicherung auf dem Heuchelhof.
Den ab 1. Januar 1983 geltenden gesetzlichen Vorschriften über den Schutz der Sozialdaten im SGB X kam beim größten Sozialversicherungsträger in Würzburg besondere Bedeutung zu. An 1 612 Zivilblinde zahlte die Anstalt 1983 im Auftrag des Freistaates Bayern insgesamt über 15,1 Millionen DM Zivilblindengeld, monatlich maximal 788 DM im Einzelfall. Mit dem Beitritt Portugals zur Europäischen Gemeinschaft (EG) im Jahre 1985 waren von der LVA Unterfranken als deutsche Verbindungsstelle für Portugal erhebliche Arbeiten zur Bewältigung der

neuen Rechtssituation zu leisten. Insbesondere war ab 1986 nahezu jede Möglichkeit der Beitragserstattung beseitigt. Vor diesem Hintergrund verwundern die Beitragserstattungen in Höhe von 96,6 Millionen DM im Jahre 1985 nicht. Gleichwohl blieb die Würzburger LVA weiterhin deutsche Verbindungsstelle für die Rentenversicherung der Arbeiter »in Sachen Portugal«.

Tbc-Bekämpfung nun im Aufgabenbereich der Krankenkassen

Im Jahr 1985 bestimmten Telefonaktionen zum neuen Kindererziehungszeitenrecht und zum geänderten Hinterbliebenenrecht die Öffentlichkeitsarbeit der LVA Unterfranken:
Mehr als 30 000 Auskünfte in der Auskunfts- und Beratungsstelle im Hause, bei Sprechtagen, Messen sowie durch die Versichertenältesten dokumentieren eindrucksvoll das Interesse der Versicherten.
Die Fragen konzentrierten sich in erster Linie auf die Anerkennung des so genannten Erziehungsjahres. Ohne großen Paukenschlag ging am 31. Dezember 1985 eine Ära in der Gesundheitsvorsorge und -fürsorge der LVA Unterfranken zu Ende, an deren Anfang die Notwendigkeit einer umfassenden und schnellen Bekämpfung der Volkskrankheit Tuberkulose gestanden hatte. Nach neun Jahrzehnten Tbc-Behandlung unter Federführung der gesetzlichen Rentenversicherung ordnete der Gesetzgeber diese Aufgabe ab 1986 den gesetzlichen Krankenkassen zu. Für die LVA Unterfranken bedeutete dies das Ende einer seit 1. August 1911 andauernden Trägerschaft der Tbc-Behandlung, die stationär zuerst im Luitpoldheim in Lohr und später dann auch in der Klinik Maria Theresia in Lohr-Sackenbach durchgeführt wurde. Diese Klinik wurde auf Beschluss des Vorstandes zum Jahresende 1985 aufgelöst. Sie hatte zuletzt über 125 Betten, davon 65 für Tbc, verfügt.

Interna der Landesversicherungsanstalt

Von einem bisher nicht angesprochenen Bereich im täglichen Arbeitsablauf der LVA soll kurz die Rede sein: 1986 hatte der Posteinlauf 410 098 Posteinzelstücke zu bearbeiten und den einzelnen Abteilun-

gen zuzuleiten. Auch mussten 355 040 Postsachen kuvertiert, frankiert und versendet werden. Die Hausdruckerei stellte im Offset-Verfahren 1 157 000 Abzüge bzw. Drucke her. Außerdem wurden 1 961 150 Kopien gefertigt. 1987 konnte die LVA Richtfest am Neubau ihres Verwaltungsgebäudes in der Friedenstraße feiern. Zusätzlich wurde eine Tiefgarage mit drei Geschossen errichtet. Am 13. Mai 1988 nahm die LVA den Erweiterungsbau ihres Verwaltungsgebäudes in Betrieb. Damit wurde die Baulücke in der Sieboldstraße geschlossen, und die Anstalt gewann zusätzliche Räumlichkeiten für Verwaltungseinrichtungen, die Zentrale Ärztliche Gutachterstelle, die Datenverarbeitungsanlage und den Vertrauensärztlichen Dienst, der zuvor bei der AOK am Kardinal-Faulhaber-Platz untergebracht war.
Der Bau wurde von den Architekten Gerhard Grellmann und Florian Leitl geplant und weist mit vier Vollgeschossen sowie einem zurückgesetzten Dachgeschoss eine Gesamtnutzfläche von rund 1 800 Quadratmetern auf. Offiziell übergeben wurde auch die Tiefgarage mit 97 Stellplätzen. Erweiterungsbau und Tiefgarage erforderten einen Aufwand von rund 12 Millionen DM.

Ein Vermögen von über 360 Millionen DM

Einen Tag später, am 14. Mai 1988, lud die LVA die Bevölkerung zu einem »Tag der offenen Tür« ein. Viele Besucher nahmen das Angebot wahr. Sie ließen sich dabei Auskünfte aus ihrem eigenen Versicherungskonto ausdrucken, testeten ihre Leistungsfähigkeit auf der Gesundheitsstraße oder nahmen zur Mittagszeit einen Eintopf im Betriebsrestaurant ein. Das Jahr 1989 brachte der LVA Unterfranken dank eines Wirtschaftswachstums von vier Prozent einen Einnahmeüberschuss von 16,7 Millionen DM, nachdem es ein Jahr zuvor 30,2 Millionen DM gewesen waren. Das Vermögen erhöhte sich damit auf über 360 Millionen DM. Die Gesamteinnahmen lagen mittlerweile bei 1,99 Milliarden DM, die Gesamtausgaben bei 1,98 Milliarden Mark. Der Bestand an Renten belief sich auf 167 811. Bewilligt wurden 12 241 Rehabilitationsmaßnahmen. Bis 31. Dezember 1989 konnten für Mütter der Jahrgänge vor 1971 für rund 44 000 Kinder Kindererziehungsleistungen bewilligt wer-

den, und der Sozialärztliche Gutachterdienst erstellte 2 216 Gutachten.
Zum 1. November 1989 stellte die »Abteilung Krankenversicherung«
ihre Tätigkeit ein, nachdem der Gesetzgeber eine entsprechende Rückverlagerung der Aufgaben an die Krankenkassen bzw. die Errichtung
eines Medizinischen Dienstes der Krankenversicherung beschlossen
hatte. Dieser übernahm auch das Personal mit 77 Personen, darunter
26 Ärzte.Die Änderungen veranlassten die LVA zu einer Neugliederung
ihres Ärztlichen Dienstes in eine zentrale Ärztliche Gutachterstelle und
einen Prüfärztlichen Dienst.

Mithilfe in den neuen Bundesländern

Ganz im Zeichen der deutschen Wiedervereinigung stand für die LVA
Unterfranken das Jahr 1990. Mit der Wirtschafts-, Währungs- und Sozialunion am 1. Juli 1990 war der Weg für ein einheitliches Rentenrecht in
Ost- und Westdeutschland frei. Dazu bedurfte es vielfacher personeller
und finanzieller Hilfe durch die westdeutschen Rentenversicherungsträger. Die LVA Unterfranken eröffnete im Rahmen des Aufbaus der gesetzlichen Rentenversicherung in Thüringen ein Informationsbüro in
Suhl und wirkte bei der Aufnahme und Abwicklung von Anträgen mit.
Amtshilfe leisteten auch die Mitarbeiter des Prüf- und Überwachungsdienstes. Hinzu kam vielfältige Unterstützung bei der Personalplanung,
der Datenverarbeitung und der Schulung für Mitarbeiter der im Aufbau
befindlichen LVA Thüringen.
Die vom Deutschen Bundestag an jenem denkwürdigen 9. November
1989 verabschiedete Rentenreform 1992 brachte eine Nettoanpassung
der Renten, d.h. eine Umstellung von der Brutto- auf die Nettolohn-Formel, eine schrittweise Heraufsetzung der Altersgrenzen, die Einführung einer Altersteilrente, die Neuordnung beitragsloser Zeiten,
den Ausbau familienbezogener Elemente sowie eine Ausweitung der
»Rente nach Mindesteinkommen«.Von einer Fülle vonVeranstaltungen
zum 100-jährigen Bestehen der gesetzlichen Rentenversicherung war
das Jahr 1991 gekennzeichnet. Über 20 000 Besucher unterstrichen das
Interesse an der von Staatssekretär Horst Seehofer vom Bundesarbeitsministerium eröffneten Ausstellung. Im Zusammenhang mit dem

Jubiläum erstellte die Pressestelle eine Chronik der LVA Unterfranken mit 130 Seiten Text und zahlreichen Abbildungen. Zum 1. August 1991 vollzog sich ein Wechsel in der Geschäftsführung: Egbert Kreiß löste Walter Neumeier als Erster Direktor ab.

1991 letztmals Ehrengabe an hochbetagte Rentner

Die LVA Unterfranken durfte letztmals 1991 an hochbetagte Rentner eine Ehrengabe zahlen. Diese betrug bei Vollendung des 90. Lebensjahres 150 und ab dem 100. Geburtstag 300 DM. 698 Rentenempfänger kamen in diesem Jahr in den Genuss der Ehrengabe. Das Rentenreformgesetz 1992 sah für die Zukunft eine derartige Zahlung nicht mehr vor.
Dem wirtschaftlichen Auf nach der Wiedervereinigung folgte ab 1992 eine Rezessionsphase, die das finanzielle Geschehen in den öffentlichen Haushalten genauso prägte wie bei der LVA Unterfranken. Eine steigende Zahl von Arbeitslosen und die vermehrte Einführung von Kurzarbeit waren Ausdruck einer sich verschlechternden Konjunktur, insbesondere mit Auswirkungen auf die Beitragseinnahmen.
Von der im Rentenreformgesetz 1992 vorgesehenen Möglichkeit, ihre Altersrente zunächst als Teilrente in Anspruch zu nehmen, machten zunächst nur wenige Rentner der LVA Gebrauch. Mit der Einführung der Teilrente, möglich ab dem 60. Lebensjahr, wollte der Gesetzgeber älteren Arbeitnehmern einen gleitenden Übergang in den Ruhestand ermöglichen. Bei Inanspruchnahme einer solchen Rente kann der Arbeitnehmer in bestimmtem Umfang weiter arbeiten und hinzuverdienen, ohne dass die Rente deshalb wegfällt. Die Höhe des Hinzuverdienstes richtet sich zum einen nach der in Anspruch genommenen Teilrente und zum anderen nach dem individuellen Arbeitsverdienst im letzten Jahr vor Beginn der Rente.
Das Jahr 1994 war vom plötzlichen Tod des Ersten Direktors Egbert Kreiß am 9. August 1994 überschattet. Nachfolger wurde Manfred Adami, sein Stellvertreter Dr. Helmut Müller. Sozialministerin Barbara Stamm führte die neuen Geschäftsführer am 5. Dezember 1994 in ihr Amt ein.

Eine Chance zur Beitragsnachzahlung

Nur noch bis zum 31. Dezember 1995 ermöglichte der Gesetzgeber Frauen unter erleichterten Bedingungen die Nachzahlung freiwilliger Rentenversicherungsbeiträge für eine anlässlich der Eheschließung bis 1967 vorgenommene Beitragserstattung. Damit erhielt der betroffene Personenkreis die Chance, den Erstattungszeitraum wieder »aufleben« zu lassen, einzig und allein durch die Beitragsnachzahlung. Eine bestehende Rentenanwartschaft ließ sich damit, je nach der Höhe der gezahlten Beiträge, erheblich steigern; denn die nachgezahlten Beiträge wurden so bewertet, als seien sie damals schon entrichtet worden. Im Bereich der LVA Unterfranken machten von dieser Möglichkeit kurz vor »Torschluss« nochmals 7525 Frauen Gebrauch.
Einmal mehr war die LVA 1995 mit einem eigenen Informationsstand auf der Mainfranken-Messe vertreten. Für Gesundheitsmaßnahmen standen ihr in diesem Jahr über 127,9 Millionen DM zur Verfügung. In der Würzburger Auskunfts- und Beratungsstelle erteilten Mitarbeiterinnen und Mitarbeiter der Anstalt 19107 Auskünfte.

Gegen die Zerschlagung föderaler Strukturen

Die beiden Selbstverwaltungsorgane der LVA - im Vorstand auf Arbeitgeber-Seite auch der Bischöfliche Finanzdirektor und Erste Bürgermeister der Stadt, Dr. Adolf Bauer – beschäftigte ab 1996, ausgelöst durch einen Beschluss der Konferenz der Arbeits- und Sozialminister der Bundesländer zur Regionalisierung der Bundesversicherungsanstalt für Angestellte, die künftige Organisationsstruktur der gesetzlichen Rentenversicherung. In einer LVA-Stellungnahme heißt es dazu:
Die Selbstverwaltung wendet sich mit Nachdruck dagegen, daß für eine gemeinsame Rentenversicherung leistungsfähige regionale Träger in einem Flächenstaat wie Bayern zugunsten zentralistischer ‚Riesenverwaltungen' aufgegeben werden sollen. Dies gilt besonders auch für die Landesversicherungsanstalt Unterfranken, die als hocheffizient arbeitender, sparsam wirtschaftender und vor allem bürgernaher Versicherungsträger gegenüber anderen Trägern der Rentenversicherung und im Kostenvergleich mit der

Bundesversicherungsanstalt für Angestellte eine Spitzenstellung in Deutschland einnimmt. Es kann nicht Ziel einer versichertennahen Rentenversicherung sein, im Rahmen einer Regionalisierung zentralistische Zusammenfassungen anzustreben.

Nach wie vor steht in der gesetzlichen Rentenversicherung eine Organisationsreform aus, zum Vorteil für die hiesige LVA, die damit, von vielen längst totgesagt, weiterhin als selbstständiger Träger der Arbeiterrentenversicherung für ganz Unterfranken und damit auch für Würzburg existiert und erfolgreich arbeitet.

Betriebsprüfung bei den Rentenversicherungsträgern

In den Jahren 1996 bis 1998 ging die Beitragsüberwachung der Betriebe (Betriebsprüfung) stufenweise von den gesetzlichen Krankenkassen auf die Rentenversicherungsträger über. Zuständig dafür sind in Würzburg die Prüfdienste der LVA Unterfranken und der Bundesversicherungsanstalt für Angestellte. Die Neuregelung war erforderlich geworden, weil die Krankenkassen durch die Einführung neuer Kassenwahlrechte ab 1. Januar 1996 untereinander stark im Wettbewerb stehen, was bei den Rentenversicherungsträgern nicht der Fall ist. Seit 1999 stimmen sich die Träger der gesetzlichen Rentenversicherung untereinander ab, so dass der Arbeitgeber nur noch von einem Versicherungsträger geprüft wird. Eine Betriebsprüfung findet alle vier Jahre statt, es sei denn, einzelne Arbeitgeber wünschen sie in kürzeren Abständen.

Die Mitarbeiter des Einzugsstellen- und Betriebsprüfungsdienstes der LVA erhoben 1999 in ganz Unterfranken anlässlich von Betriebsprüfungen Nachforderungen von insgesamt 8,5 Millionen DM für Beiträge zur Kranken-, Pflege-, Renten- und Arbeitslosenversicherung. Der Verwaltungsbericht 1999 führt dazu aus:

Die Landesversicherungsanstalt Unterfranken sieht im Rahmen der Aufgabenstellung des Betriebsprüfungsdienstes einen Schwerpunkt ihrer Arbeit in der Aufklärungs- und Beratungstätigkeit, um Beitragsnachforderungen, die auf Unkenntnis der Rechtslage beruhen, in der Zukunft zu vermeiden. Die Folge davon ist, daß bei der überwiegenden Zahl der Arbeitgeber anläßlich einer Betriebsprüfung keine Beanstandungen erfolgten.

Der Beitragssatz war ab 1. Januar 1997 auf 20,3 Prozentpunkte angehoben worden und hatte damit eine Rekordmarke in der über 100-jährigen Geschichte der gesetzlichen Rentenversicherung erreicht. Besonderes Augenmerk richtete die LVA auch auf illegale Beschäftigungsverhältnisse, Scheinselbstständigkeit und betrügerische Beitragshinterziehung, teilweise in Zusammenarbeit mit anderen Behörden.

Mit dem Verband Deutscher Rentenversicherungsträger stiftete die Anstalt der Julius-Maximilians-Universität Würzburg eine Professur auf dem Gebiet der Rehabilitations-Wissenschaft. Rund 80 Prozent der Patienten in niedergelassenen Arztpraxen sind heute chronisch krank. Bei ihrer Versorgung gewinnt die Rehabilitation wachsende inhaltliche und ökonomische Bedeutung. Die Stiftungsprofessur soll dazu beitragen, Themenfelder der medizinischen und beruflichen Rehabilitation dauerhaft in Lehre und Forschung einzubinden.

Während eine Rente bei 40 anrechnungsfähigen Versicherungsjahren und einem Durchschnittsverdienst 1960 in der Bundesrepublik 240,60 DM monatlich betrug, steigerte sie sich im Jahr 2000, durch die alljährlich erfolgten, unterschiedlich hohen Rentenanpassungen, auf 1 943,20 DM im Monat. Und während das durchschnittliche Bruttojahresarbeitsentgelt eines Arbeitnehmers 1060 noch bei 6 101 DM gelegen hatte, stieg es im Jahr 2000 auf 55 124 DM an.

Daten und Zahlen zur Jahrtausendwende

Zum 31. Dezember 2000 wurden 217 264 Renten laufend ausgezahlt. Dabei bildeten die Regel-Altersrenten mit 42 Prozent den größten Anteil. Knapp ein Drittel der Rentenzahlungen erfolgte an Hinterbliebene. Insgesamt gab die LVA im Jahr 2000 für Rentenzahlungen 2,2 Milliarden DM aus. Stolz war man bei der LVA in Würzburg insbesondere auf die Nähe zu den Versicherten, die sich in über 37 000 persönlichen Beratungen äußerte. Insgesamt 2 193 Anträge auf Erteilung einer Rentenauskunft wurden erledigt. Die drei in der Stadt tätigen Versichertenältesten Jürgen Bauer, Robert Kiesel und Kurt Schreck waren Anlaufstelle für die Anliegen zahlreicher Versicherter, wenn es um Auskünfte, Rentenantrag oder Rehabilitation ging.

Die LVA verzeichnete 2000 insgesamt 18 588 Erstanträge auf eine Rente, von denen 18 190 abschließend bearbeitet werden konnten. Die Zahl der Versicherungskonten erreichte über 1,3 Millionen. 1 150 000 Versicherungsnummern waren bereits vergeben. Die Widerspruchsausschüsse erledigten 3 076 Widersprüche von Versicherten und Arbeitgebern.
Im Dienst der LVA bei der Hauptverwaltung in Würzburg standen zur Jahrtausendwende 578 Personen. Alles in allem waren es, einschließlich der vier Rehabilitationskliniken, 983 Personen. Die Verwaltungskosten summierten sich inzwischen auf über 45 Millionen DM. Insgesamt zahlte die LVA im Jahr 2000 als deutsche Verbindungsstelle an in Portugal und in Drittländern wohnende Portugiesen 9 064 Renten im Gesamtbetrag von 81,3 Millionen DM und 4 058 Renten an Portugiesen in Deutschland in Höhe von 50,8 Millionen DM. Beachtlich waren im Jahr 2000 die Gesamteinnahmen und -ausgaben der LVA mit 2,6 Milliarden DM, die die Versicherungsanstalt mit zum finanzkräftigsten Betrieb in Würzburg, bei einem Gesamtvermögen von über 344 Millionen DM, machten.

Markante Einschnitte des Gesetzgebers im Rentenrecht

Auf dem Weg ins neue Jahrtausend setzte der Gesetzgeber mit der Änderung der Renten wegen verminderter Erwerbsfähigkeit ab 1. Januar 2001 einen Einschnitt, nachdem zuvor mit dem Rentenreformgesetz 1999 eine Vielzahl von neuen Regelungen geschaffen worden war. Von ihnen wurden allerdings einige durch die neue Bundesregierung im Herbst 1998 aufgehoben bzw. ausgesetzt, wie der demographische Faktor, die Anhebung der Altersgrenzen für Schwerbehinderte oder die Anrechnung von Urlaubstagen bei Rehabilitations-Maßnahmen.
Wie alle Sozialversicherungsträger war auch die LVA Unterfranken dank moderner Technik auf die Einführung des Euro gut vorbereitet. Dazu gab das Gesetz zur Einführung des Euro im Arbeits- und Sozialrecht die Rahmenbedingungen vor. Bis zum 31. Dezember 2001 wurden die Rentenzahlungen in DM überwiesen. Damit sich die Leistungsbezieher frühzeitig an die neue Währung gewöhnen konnten, gab die Anstalt ab Mitte des Jahres 1999 auf allen Bescheiden die Leistungen sowohl in

DM als auch in Euro an. Ab 1. Januar 2002 zahlte sie die Renten in Euro, was ohne Schwierigkeiten vonstatten ging. Und der Beitragssatz war zwischenzeitlich, bedingt durch mehrere Stufen der neu eingeführten Öko-Steuer, auf 19,1 Prozentpunkte gesenkt werden, wurde aber zum 1. Januar 2003 auf 19,5 Prozentpunkte angehoben.

2. Bundesversicherungsanstalt für Angestellte

Durch ein Gesetz vom 7. August 1953, auf nachhaltige Intervention der Deutschen Angestellten-Gewerkschaft zustande gekommen, wurde die Bundesversicherungsanstalt für Angestellte (BfA) errichtet. Der größte deutsche Rentenversicherungsträger übernahm von den LVAen die Geschäfte der Angestellten-Rentenversicherung, wie sie bis Kriegsende die Reichsversicherungsanstalt für Angestellte ausgeübt hatte.
Weiterhin war die BfA zentralistisch ausgerichtet und in Berlin beheimatet. Doch in der Zentrale erkannten Selbstverwaltung und Präsidium schnell, dass der direkte Kontakt mit den Versicherten und Arbeitgebern, aber auch mit anderen Sozialversicherungsträgern von großem Wert war. So wurden nach der am 12. Februar 1954 von der BfA erlassenen Satzung auf Grund von Vorschlägen der Versicherten und der Arbeitgeber am 2. Juni 1955 je 1 200 Versichertenälteste und Vertrauensmänner in der Bundesrepublik gewählt. Versichertenälteste in Würzburg wurden Hans Bonin und Adam Eisfelder. Als Vertrauensmänner der Arbeitgeber waren Fritz Reinhard und Dr. jur. Wilhelm-Hugo Zapf tätig. Für die unterfränkischen Vertrauensmänner hielt die BfA am 31. Januar 1956 eine Schulungsveranstaltung in den Räumen der AOK Würzburg ab. Die erste Amtsdauer ging bis 30. Juni 1958. Danach unterblieb eine Wahl von Vertrauensmännern, weil die Arbeitgeber bundesweit keine Wahlvorschläge mehr eingereicht hatten. Würzburg war weiterhin Tagungsort für Versichertenälteste und Versicherungsämter, insbesondere 1960 und 1961.
1966 war auch Georg Volkenstein Anlaufstelle für die versicherten Angestellten in Würzburg. Zu den Versichertenältesten gesellte sich 1968 Ernst Datzer. Auch in der Folgezeit kümmerten sich Versicherten-

älteste in Würzburg um die Rentenbelange der Angestellten, so auch Egid Boyer und Willibald Roger. Beginnend im Dezember 1971 wurden BfA-Informationsbusse jährlich eine Woche lang eingesetzt, zunächst auf dem Vorplatz des Hauptbahnhofs, später am Paradeplatz. Im Sozialamt in der Karmelitenstraße 43 und später im »Falkenhaus« hatte die BfA ihren Versicherten zuvor schon Sprechtage durch Überwachungsbeamte angeboten, und zwar zunächst einmal monatlich, später bis 1979 einmal wöchentlich.

Eine eigene Auskunfts- und Beratungsstelle

Am 14. Mai 1979 beschloss die Geschäftsführung der BfA eine Auskunfts- und Beratungsstelle (A-und B-Stelle) in Würzburg einzurichten. Sie war zunächst in der Kaiserstraße 33 untergebracht und im Rahmen von Abordnungen durch wechselnd tätige Mitarbeiter besetzt. Mit von Anfang an dabei war und ist als ihr Leiter Klaus Peter Lipsius. Schon im November 1980 wurde die Stelle mit zwei eigenen Mitarbeitern besetzt.
Ins Viktoria-Haus am Barbarossa-Platz zog die Auskunfts- und Beratungsstelle am 18. Juli 1983 um, was auch eine Erweiterung der Räumlichkeiten mit sich brachte. Von nun an waren fünf Beraterinnen und Berater sowie ein Fachberater für Rehabilitation Ansprechpartner für die Versicherten und Kunden. Auch fanden in der Würzburger Geschäftsstelle regelmäßig Sitzungen der Widerspruchsausschüsse statt.
Nachdem sich die Räumlichkeiten als zu eng erwiesen hatten, erfolgte am 9. April 1990 der Umzug in die Schönbornstraße 4-6, Eingang Herzogenstraße. Nach der unfreiwilligen Aufgabe einer Frauenarzt-Praxis im zweiten Stock dieses Hauses nutzte die BfA im November 1998 die Chance, ihre Räumlichkeiten um das 2. Obergeschoss zu erweitern. Elf Beraterinnen und Berater sowie ein Fachberater für Rehabilitation kümmerten sich um die Kunden. Seit 1. Januar 1998 steht auch ein Info-Zentrum für Vorträge und Seminare zur Verfügung. Doch nicht nur auf die Stadt Würzburg konzentriert sich die Arbeit der A-und B-Stelle: Von hier aus werden regelmäßig auch neun Sprechtags-Orte in Unterfranken und im nördlichen Baden-Württemberg, von Bad Neustadt/Saale

bis Crailsheim, betreut. Seit der Gründung der BfA-Dienststelle in Würzburg wurden, so berichtet die »Main-Post« am 21. Juni 1999 anlässlich des 20-jährigen Bestehens, von den Mitarbeiterinnen und Mitarbeitern bei 260 000 Versicherten in Unterfranken 400 000 Beratungen durchgeführt. Gerade 1999 war die Nachfrage danach größer denn je. Die »Steilvorlage« dazu hatten das am 1. April 1999 in Kraft getretene 630-Mark-Gesetz, aber auch das Gesetz über Scheinselbstständigkeit vom Dezember 1999 geliefert. Mehrere Stufen der Rentenreform sorgten dafür, dass der Besucherstrom bis heute nicht abreißt.

Ehrenamtlich tätige Versichertenberater

Den Kontakt zur Hauptverwaltung in Berlin halten auch ehrenamtlich tätige Versichertenberater (bis Juni 2001 hießen sie Versichertenälteste) aufrecht. Sie wurden von den vorschlagsberechtigten Arbeitnehmer-Organisationen benannt. Zur Zeit sind in dieser Funktion in Würzburg als Berater, Anlauf- und Kontaktstelle in Sachen Angestelltenversicherung Stefan Jossberger, Hans-Peter Martin, Gerhard Rückert und Egon Schrenk tätig. Darüber hinaus vertreten im Landkreis Würzburg sieben Versichertenberater die Belange der Angestellten, wenn es um Rente, Rehabilitation, Auskunft und Beratung geht.
Der bei den Rentenversicherungsträgern eingerichtete Prüfdienst, der ab 1996 die Betriebsprüfungen der gesetzlichen Krankenkassen abgelöst hat, umfasst bei der BfA bundesweit 21 Prüfbezirke. Der Prüfbezirk 18 ist für die Regierungsbezirke Mittel- und Unterfranken zuständig und in Würzburg in der Zeller Straße 3 angesiedelt. Insgesamt kümmern sich 64 Mitarbeiterinnen und Mitarbeiter, davon sechs in Würzburg, neben den obligatorischen Arbeitgeber-Prüfungen um eine ortsnahe Betreuung der Steuerberater, Krankenkassen und die anderen zu prüfenden Institutionen. Auch Fachvorträge aus dem Bereich der Sozial- und Rentenversicherung gehören zu ihrem Repertoire. Leiter des Prüfdienstes 18 ist Reinhold Banner.
Mehr und mehr gehen, auch für Versicherte und Arbeitgeber sichtbar, die LVA Unterfranken und die A-und B-Stelle der BfA in Würzburg aufeinander zu. So führen sie seit einigen Jahren gemeinsame Vortragsver-

anstaltungen zu Themen der gesetzlichen Rentenversicherung durch. Ein Service, der überfällig war und bei der Bevölkerung in Würzburg und Umgebung gut ankommt und das Bemühen zur Weiterentwicklung dokumentiert.

3. Landwirtschaftliche Alterskasse Unterfranken

Für die landwirtschaftliche Sozialversicherung brachte das Jahr 1957 eine Neuerung, die durchaus mit der Einführung der landwirtschaftlichen Unfallversicherung 1889 vergleichbar war: Das am 1. Oktober 1957 in Kraft getretene »Gesetz über eine Altershilfe für Landwirte« unterstellte selbstständige Landwirte der Versicherungspflicht. Als wichtigste Leistung beinhaltete es ein Altersgeld im dritten Lebensabschnitt.
Damit war ein weiterer Schritt zur sozialen Absicherung der landwirtschaftlichen Unternehmer, ihrer Ehegatten und der mitversicherten Familienangehörigen getan. In seiner Art, vor allem wegen der Übernahme »alter Lasten« und der als Voraussetzung für die Gewährung des Altersgeldes erforderlichen Hofübergabe bzw. Hofveräußerung war das neue Gesetz ohne Vorbild in der deutschen Sozialgeschichte.
Als Träger der Altershilfe wurde bei jeder LBG eine Landwirtschaftliche Alterskasse (LAK) errichtet, so auch in Würzburg. Wegen der im Herbst 1957 noch beengten räumlichen Verhältnisse ließ sich die LAK im alten Verwaltungsgebäude der LBG nicht unterbringen. Deshalb verzögerte sich der Aufbau des Versicherungsträgers und konnte erst zum Jahresende 1957 mit dem Bezug des neuen Dienstgebäudes erfolgen. Organe der Selbstverwaltung der Landwirtschaftlichen Alterskasse Unterfranken wurden in Personalunion die Geschäftsführung und die Organe der LBG, allerdings ohne die Vertreter der Arbeitnehmer. Insgesamt arbeiteten am 31. Dezember 1958 bei der LAK 25 Angestellte, darunter elf Aushilfsangestellte.
Zu diesem Zeitpunkt betrug die Zahl der Altersgeldberechtigten 7 641, während 28 336 beitragspflichtige Unternehmer erfasst waren und in der Anfangsphase einen monatlichen Beitrag von 10 DM zahlten, der zum 1. Januar 1971 auf einen Betrag von 24 DM erhöht werden sollte.

Zunächst nur bescheidene Leistungen für Altenteiler

Als Leistung zahlte die LAK über die Raiffeisen-Zentralkasse Würzburg zunächst ein monatliches Altersgeld von 60 DM für ein Ehepaar – später 100 DM – und von 40 DM monatlich für eine Einzelperson, ab 1. April 1963 dann 65 DM. Altersgeld erhielt, wer das 65. Lebensjahr vollendet, das landwirtschaftliche Unternehmen an den Hoferben übergeben und 160 Kalendermonate Beiträge zur Alterssicherung der Landwirte gezahlt hatte. Bei Witwen genügte die Vollendung des 60. Lebensjahres.
Gesetzliche Änderungen und Verbesserungen, die Deckung des von Jahr zu Jahr ansteigenden Fehlbetrages durch Bundeszuschüsse, eine mehrmalige Erhöhung des Altersgeldes und Rehabilitationsleistungen sowie höhere Beiträge ließen die Alltagsarbeit der LAK anwachsen, trugen aber gleichzeitig dazu bei, die finanzielle Situation der Bauern im Alter spürbar zu verbessern. Ab 1976 belief sich der von der LAK zu zahlende Grundbetrag des Altersgeldes auf monatlich 326,90 DM für Verheiratete. Schon am 1. Januar 1975 hatte die Alterskasse auch ein Waisengeld eingeführt. Zur Erledigung der Verwaltungsarbeiten standen inzwischen 47 Angestellte zur Verfügung. Auf monatlich 55 DM waren 1976 die Beiträge zur Alterskasse angestiegen. In diesem Jahr erhielten 20 829 Personen Geldleistungen von 61,6 Millionen DM. Dazu war für die Altenteiler ein Bundeszuschuss von über 51,5 Millionen DM unumgänglich.

Bundesmittel für Altershilfe in Millionenhöhe

1980 wurden auch Fluss- und Seenfischer, Imker und die älteren mitarbeitenden Familienangehörigen ab 50 Jahre in die Altershilfe für Landwirte eingebunden und damit Mitglieder der LAK. Während die Zahl der beitragspflichtigen landwirtschaftlichen Unternehmer bei der Gründung 28 111 betragen hatte, waren es am 31. Dezember 1981 nur noch 20 456. 1958 brachten diese Unternehmer 3,5 Millionen DM an Beiträgen auf. Im Jahre 1981 betrug das Beitragsaufkommen fast das Sechsfache, nämlich 20,2 Millionen DM. Insgesamt 22,2 Prozent machte der Anteil der Eigenfinanzierung durch die Landwirte aus. Die Bundesmittel für die Altershilfe erreichten fast 72 Millionen DM und die Zuschüsse des Bundes für sozialrechtliche Maßnahmen zur Strukturverbesserung 9,5 Millionen DM.

Zur Konsolidierung der öffentlichen Haushalte traten 1982/83 mehrere Gesetze in Kraft, die Veränderungen und Einschnitte für die Versicherten zur Folge hatten. Das erklärte Ziel des Gesetzgebers, Kosten zu sparen, brachte auch Änderungen in der landwirtschaftlichen Altershilfe, die den Dezernenten der LAK, Hans Scheiger und seine 35 Mitarbeiterinnen und Mitarbeiter ständig »in Atem hielten«. Zwischenzeitlich konnte die LAK die Bearbeitungsdauer der Anträge weiter verkürzen. Während diese pro Rentenfall 1983 noch bei durchschnittlich 106 Kalendertagen gelegen hatte, waren es 1985 nur noch 64 Tage. Und dies, obwohl die Summe der Rentenanträge 1985 im Vergleich zu 1984 um 8,5 Prozent zugenommen hatte. Ein weiteres Gesetz vom 28. Dezember 1985 öffnete die Altershilfe für Landwirte auch den übrigen mitarbeitenden Familienangehörigen unter 50 Jahre. Daher sah das Gesetz auch eine verbesserte Hinterbliebenenversorgung sowie den eigenen Auszahlungsanspruch der Landfrauen bei der Leistungsgewährung vor. Durch Einführung eines Beitragszuschusses wurden außerdem einkommensschwache Klein- und Mittelbetriebe entlastet.

Einen wichtigen Schritt zur Verbesserung der Zusammenarbeit von LAK und LKK bildete 1987 ein gemeinsames Mitglieder- und Versicherten-Referat. Damit konnten alle Versicherungsangelegenheiten in einem Arbeitsgang abschließend bearbeitet werden. Auch unterblieben überflüssige Arbeitsvorgänge. Möglich wurde dieser Modernisierungsschritt durch den Aufbau einer gemeinsamen Datenbank, wie er bereits bei der LBG Unterfranken verwirklicht war. Den Ärztlichen Dienst der LAK leitete Dr. Robert Jäckel.

Unterschiede zur gesetzlichen Rentenversicherung

Sowohl bei den Leistungsvoraussetzungen wie auch bei den laufenden Geldleistungen unterscheidet sich die Altershilfe für Landwirte von der Rentenversicherung. Die landwirtschaftliche Altershilfe sieht bewusst von einer Vollversorgung im Alter ab und geht davon aus, dass das Recht auf Wohnung und Verpflegung sowie die »Sorge in gesunden und kranken Tagen« durch Übergabe-Verträge zwischen Hofübernehmern und Hofübergebern gewährleistet bleiben. Das Altersgeld soll den zusätzlichen Bargeldbedarf der Altenteiler decken, daneben aber auch die rechtzeitige Hofübergabe fördern und so zur Modernisierung und Rationalisierung der landwirtschaftlichen Betriebe beitragen. Gleichwohl richtet sich seit Jahren das Ausmaß der Anpassung der Altersgelder nach der Anpassung der Renten in der gesetzlichen Rentenversicherung. Das bewirkt eine ständige Anhebung der Landabgaberenten. 1989 zahlte die LAK Unterfranken insgesamt 21 434 laufende Renten bei Ausgaben von über 132 Millionen DM. Die Bundesmittel durchbrachen mit 100,8 Millionen DM im Jahre 1990 erstmals eine »Schallmauer«. Nach wie vor war die Landwirtschaft nicht in der Lage, unter den schwierigen strukturellen und wirtschaftlichen Verhältnissen die Aufwendungen zur Alterssicherung allein aufzubringen. Die Bundesmittel stiegen 1993 bei der LAK auf die stolze Summe von über 138 Millionen DM an.

»Alterssicherung der Landwirte« als neuer Name

Das Gesetz zur Reform der agrarsozialen Sicherung (Agrarsozialreformgesetz) vom 29. Juli 1994 änderte den Begriff »Altershilfe für Landwirte« in »Alterssicherung der Landwirte« und führte die Versicherungspflicht für Ehegatten von Landwirten ein. Dies bewirkte einen Mitgliederzuwachs und auch eine Zunahme der Beitragszuschuss-Empfänger. Insgesamt betreute die LAK zum Jahresende 1995 in Unterfranken 55 875 Personen und damit 28,81 Prozent mehr als ein Jahr zuvor. Der Monatsbeitrag betrug 1994 für alle Beitragspflichtigen einheitlich 291 DM, für versicherungspflichtige mitarbeitende Familienangehörige genau die Hälfte.
Alle laufenden Geldleistungen orientierten sich am Grundbetrag des für Verheiratete und Unverheiratete nach wie vor unterschiedlich hohen Altersgeldes. So belief sich die monatliche Höhe 1994 beim Altersgeld mit höchster Staffelung beispielsweise auf 1 207,90 DM und beim

Altersgeld ohne Staffelung und Kürzung auf 727,60 DM. Zum 1. Januar 2001 teilte auch die LAK Unterfranken das »Vereinigungsschicksal« der LBG Unterfranken.

4. Datenstelle der Rentenversicherungsträger

Von der Öffentlichkeit weitgehend unbemerkt, spielt sie seit fast drei Jahrzehnten eine überaus wichtige Rolle in der deutschen Sozialversicherung. Ohne sie wären ihre Träger heute nicht in der Lage, den ständig wachsenden Aufgaben pünktlich und umfassend nachzukommen. Ohne Übertreibung kann man sie auch als Dreh- und Angelpunkt unserer Sozialversicherung in Deutschland bezeichnen: Die Datenstelle der Rentenversicherungsträger auf dem Heuchelhof, gegenüber der Mainpresse-Zeitungsverlagsgesellschaft mbH & Co, in der auch die »Main-Post« erscheint.
Die Mitgliederversammlung des Verbandes Deutscher Rentenversicherungsträger (VDR) hatte am 21. März 1974 die Einrichtung einer zentralen Datenstelle beschlossen. Sie sollte das reibungslose Funktionieren des bewährten dezentralen Systems der gesetzlichen Rentenversicherung auch im Zeitalter der Automation sicherstellen, mit allen Mitteln der Technik und Datenverarbeitung verbessern und perfekt gestalten.

Überraschende Entscheidung für Würzburg

Zu Vorüberlegungen über die Ansiedlung der Datenstelle berichtet die Fachzeitschrift »Deutsche Rentenversicherung«:
Gewissenhaft wurde die Wahl des Standortes durchgeführt: Bereits im Herbst 1973 war ein Kostenvergleich der Standorte Frankfurt/Main, Hannover und Würzburg, die für die Errichtung der Datenstelle der Rentenversicherungsträger in Frage kamen, vorgenommen worden. Er stellte die Qualität und die Kosten für ein Baugrundstück, für die Datenübertragung von und zu den Rentenversicherungsträgern, für die Verkehrs- und für die Personalsituation einander gegenüber. Das Ergebnis. An sich sollte Frankfurt als Standort in Betracht kommen. In Würzburg ergaben sich aber so viele

Vorzüge, daß man nicht umhin könnte, Würzburg als Standort der neuen Dienststelle zu wählen. In dieser Beurteilung waren sich die Selbstverwalter aus dem Arbeitgeber- und aus dem Gewerkschaftslager einig.

Dann ging es Schlag auf Schlag: Der Kaufvertrag für das Grundstück in der Berner Straße wurde am 14. April 1974 geschlossen. Richtfest feierte der Verband bereits am 22. Oktober 1974. Nicht zuletzt dank des milden Winterwetters nahm die Datenstelle bereits am 1. Mai 1975 im Erdgeschoss des Gebäudes den Teilbetrieb auf. Da auch die Beschaffung der notwendigen Datenverarbeitungsanlagen und die Erstellung der komplexen Programme planmäßig verliefen, stand der Aufnahme des Gesamtbetriebes am 1. Juli 1975 nichts mehr im Weg.

Der neuen Datenstelle wurden, um den Sozialdatenfluss möglichst einfach, schnell und fehlerfrei zu gestalten, folgende Aufgaben »in die Wiege gelegt«: Doppelvergabe (zwei Versicherte bekommen dieselbe Versicherungsnummer) oder Mehrfachvergabe (ein Versicherter erhält mehrere Versicherungsnummern) aufdecken und verhindern; Daten im System der sozialen Sicherheit und für die Rentenversicherung bedeutsame Daten des Einwohner-Meldewesens entgegennehmen und weiterleiten; Querverbindungen innerhalb der Rentenversicherung herstellen und den internationalen Datenaustausch durchführen.

Beachtliche Erfolge bei der Fehler-Aufklärung

In der Ausgabe vom 17./18. Juni 1977 wirft die »Deutsche Tagespost« einen Blick hinter die Kulissen:

Trotz großer Sorgfalt in den einzelnen Versicherungsanstalten ist die zahlenmäßige Ausbeute der Datenstelle bei der Fehleraufklärung sehr beachtlich. So wurden im März 1977 allein 1 230 Doppelvergaben und 8 031 sichere Mehrfachvergaben von Versicherungsnummern aufgeklärt. Große Schwierigkeiten bereiten vor allem die Gastarbeiter aus der Türkei, weil hier meist nur unvollständige Geburtsdaten vorliegen. Man hat das Problem für diesen Personenkreis gelöst, indem man einen 13. Monat mit dreimal 31 Tagen einführte ...

Am 1. Juni 1977 befanden sich insgesamt 46 053 138 Datensätze auf den Magnetbändern der Dienststelle. Wenn man berücksichtigt, daß jeder Satz aus 100 Zeichen besteht, ergibt sich eine Zahl von annähernd 5 Milliarden gespeicherter Zeichen, die demnächst auf Magnetplatten übertragen werden. Auch für den internationalen Bereich bildet Würzburg eine wichtige Schaltstelle, über die alle Daten laufen. So sind hier 3 890 508 europäische Gastarbeiter ebenso erfaßt wie eine Dreiviertelmillion Wanderarbeiter aus Übersee.

Der Bestand an Stammsätzen entwickelte sich bis 1. Januar 1990 kontinuierlich weiter. Dann gab es zwei Sprünge: Von 1990 bis 1992 wurden Versicherungsnummern auch an geringfügig Beschäftigte vergeben, ebenso für die Versicherten der ehemaligen DDR und die Rentner aus dem Beitrittsgebiet. Die Zahl der Stammsätze betrug am 1. Januar 1990 noch 66,1 Millionen, zum Jahresanfang 1991 bereits 75,5 Millionen und zu Jahresbeginn 1992 sogar 84,9 Millionen.

Seit 1992 erfolgte eine kontinuierliche Entwicklung auf 102 651 762 Stammsätze am 1. Juli 2000. Damit existieren bei der Datenstelle mehr Stammsätze als Deutschland Einwohner hat. Die Begründung dafür ist einfach: Auch ausländische Arbeitnehmer oder Deutsche, die im Ausland leben, erhalten beim Eintritt in das Arbeits- bzw. Berufsleben in Deutschland eine Versicherungsnummer. Mehr als zwei Jahrzehnte später, in der Ausgabe vom 24. März 1998, berichtet die »Deutsche Tagespost« wiederum über die Arbeit der Würzburger Datenstelle der Rentenversicherungsträger:

Trotz großer Sorgfalt in den einzelnen Versicherungsanstalten ist die zahlenmäßige Ausbeute der Datenstelle bei der Fehleraufklärung nach wie vor beachtlich: So wurden allein im Jahre 1996 11 700 Doppelvergaben und 217 000 Mehrfachvergaben von Versicherungsnummern aufgeklärt ...

Auf die etwa 40 Mitarbeiter der Datenstelle sind in den letzten Jahren zahlreiche neue Aufgaben hinzugekommen, so eine zusätzliche Datei für geringfügig Beschäftigte, die zwei oder mehr solcher Beschäftigungsverhältnisse aufdecken hilft oder zentrale Dateien für die Betriebsprüfung bei den Arbeitgebern, die zur Zeit von den Krankenkassen auf die Rentenversicherungsträger verlagert wird und bis zum Jahre 1999 ganz umgestellt sein soll. Neu sind auch der Datenabgleich mit den Meldebehörden über Geburts- und Sterbemitteilungen und das Austauschverfahren für den Beitrag in der Krankenversicherung der Rentner.

Jedes Jahr ein aktuelles Presseseminar

Im Datenaustausch über Standleitungen oder flexible Datenleitungen, die früher üblichen Magnetbänder gehören inzwischen der Vergangenheit an, mit den derzeit 26 Rentenversicherungsträgern, den gesetzlichen Krankenkassen und der Bundesanstalt für Arbeit, aber auch mit dem Postrentendienst, der im Auftrag der Rentenversicherungsträger jährlich über 260 Millionen Rentenzahlungen vornimmt, mit den Rehabilitations-Kliniken, den Meldebehörden, den Sozialhilfeträgern und den zuständigen Stellen in den Mitgliedstaaten der Europäischen Union vollzieht sich zum Großteil die tägliche Arbeit der Datenstelle. Die Vorteile sind beachtlich: Keine Sortier- und Zuordnungsarbeiten bei den Austauschpartnern, geringer Zeitaufwand und allergrößte Sicherheit. Die wohl größte Datenstelle auf deutschem Boden erspart den Sozialversicherungsträgern jährlich viele Millionen Euro an Verwaltungskosten.
Leiter der Datenstelle, der 1987 auch das Referat »Berufliche Bildung« zugeordnet wurde und die dem Datenschutz größtmögliche Bedeutung beimisst, ist seit 1. April 1990 Walter Steeger. Aufgebaut hat die Datenstelle Dipl.-Physiker Karl Eidenmueller. Gegenwärtig sind rund 150 Personen in der VDR-Datenstelle auf dem Heuchelhof beschäftigt.
Seit Jahren vereint die Datenstelle, meist im November, zahlreiche sozialpolitisch tätige Redakteure der deutschen Medien, Fernsehen, Rundfunk, Tages- und Wochenzeitungen sowie Fachzeitschriften, zu einem zweitägigen aktuellen Presseseminar. Dabei lassen sich die Journalisten »aus erster Hand« die aktuelle Situation der gesetzlichen Rentenversicherung, finanzielle Probleme und die weitere absehbare Entwicklung nahe bringen.
Eine ausführliche Berichterstattung über die aktuelle Situation der gesetzlichen Rentenversicherung im bundesdeutschen »Blätterwald« ist stets mit dem Namen Würzburg verbunden, zumal der Verband Deutscher Rentenversicherungsträger seinen Gästen auch die kulturellen Schätze der Stadt im Rahmen einer Abendveranstaltung nahe bringt, im November 2001 beispielsweise die Antiken-Sammlung des Martin-von-Wagner-Museums in der Residenz.

Für Würzburg, Deutschland, Europa, ja die ganze Welt

Derzeit arbeitet die Datenstelle mit Hochdruck daran, im Rahmen eines Rechenzentrums einen gemeinsamen Großrechner für die süd- und südwestdeutschen LVAen (also auch die LVA Unterfranken) und die Bahnversicherungsanstalt auf dem Heuchelhof zu installieren. Knapp sieben Millionen Versicherte werden dann ihre Rentenbescheide ab 2003 aus Würzburg erhalten. Die zehn beteiligten Rentenversicherungsträger rechnen mit wesentlichen finanziellen und verwaltungsmäßigen Einsparungen. Bisher hatte jede LVA ihre eigene Rechenanlage. Schon im November 1975 war im Magazin für Datenverarbeitung der Firma IBM zu lesen:
Und wer nachts auf der Würzburger Autobahn vorbeibraust und diesen Querbalken mit dem stilisierten Dach darüber blau leuchten sieht, kann sicher sein, daß in der neuen Datenstelle Würzburg-Heuchelhof auch für ihn mit modernsten Mitteln dafür gesorgt wird, seine versicherungstechnische Betreuung weiter zu optimieren.
Dieser Satz besitzt auch heute uneingeschränkt Gültigkeit, nicht nur für Würzburgs Bürger, sondern für viele Millionen Menschen in Deutschland, Europa, ja in der ganzen Welt.

IV. Pflegeversicherung

Auch in Würzburg trat die Pflegefall-Problematik nach dem Zweiten Weltkrieg deutlich zutage. Die Notwendigkeit einer sozialen Absicherung dieses Risikos war zwar unter allen Beteiligten unumstritten, nicht aber das Wie. Bereits in seiner Regierungserklärung vom 14. November 1984 hatte der bayerische Ministerpräsident Franz Josef Strauß ausgeführt:
Das Pflegefallrisiko muß abgesichert werden – möglichst rasch, möglichst kostenneutral, im ambulanten und stationären Bereich, aber mit Vorrang für die ambulante Pflege. Was auf privater Basis durch Abschluß einer Versicherung heute schon möglich ist, muß in Schritten morgen für alle möglich werden.

Bis Bundestag und Bundesrat diese Forderung verwirklichten, sollte noch ein Jahrzehnt vergehen. Das »Sozialgesetzbuch XI – Soziale Pflegeversicherung« vom 26. Mai 1994 war die Antwort auf eine der letzten großen gesellschaftlichen Herausforderungen im ausgehenden 20. Jahrhundert. Der Gesetzgeber führte dabei nicht nur die soziale Pflegeversicherung für Mitglieder der gesetzlichen Krankenversicherung, sondern ebenso zwingend auch für Angehörige der privaten Krankenversicherung die private Pflegepflichtversicherung ein. Von der Neuregelung waren die allermeisten Würzburger betroffen.

Die geschichtliche Aufbereitung der Pflegeversicherung bleibt späteren Generationen vorbehalten. Der Vollständigkeit halber aber ein kurzer Überblick über das, was sich in Würzburg ab 1994 auf diesem Sektor getan hat, ohne dass sich örtliche Besonderheiten aufzeigen lassen.

1. Pflegekassen unter dem Dach der Krankenkassen

Der Gesetzgeber verpflichtete 1994 jede gesetzliche Krankenkasse eine finanztechnisch von ihr getrennte Pflegekasse zu errichten. Selbstverwaltung und Geschäftsführung der Krankenkasse wurden in Personalunion auch für die Pflegekasse tätig und stellten ihr die räumliche, sachliche und personelle Infrastruktur zur Verfügung. Überhaupt gilt der Grundsatz: Weitgehend folgt das Recht der sozialen Pflegeversicherung dem der gesetzlichen Krankenversicherung. So gingen alle selbstständigen Krankenkassen in Würzburg daran, eine Pflegekasse als Körperschaft des öffentlichen Rechts aufzubauen. Bei den bundesweit tätigen Ersatzkassen geschah dies durch die jeweilige Hauptverwaltung im Benehmen mit der örtlichen Geschäftsstelle.

Die Selbstverwaltungsorgane erließen zunächst eine Satzung für den neuen Pflegeversicherungsträger. Dies gestaltete sich deshalb nicht allzu schwierig, weil die Spitzenverbände der Krankenkassen entsprechende Satzungsmuster erarbeitet hatten und den Krankenkassen zur Verfügung stellten. Auf der Einnahmeseite gab der Gesetzgeber den Rahmen vor und legte ab 1. Januar 1995 bundeseinheitlich einen Beitragssatz von 1,0 Prozentpunkten fest. Die drei Monate vom 1. Januar bis 31. März 1995 dienten den Pflegekassen zur »Anschubfinanzierung« und zur Bildung einer Kapitalreserve. Beim eigentlichen Start am 1. April 1995 waren so die finanziellen Mittel zur Durchführung der neuen Aufgaben vorhanden. Von dieser beachtlichen Rücklage in Milliardenhöhe zehren die Pflegekassen übrigens heute noch, auch wenn die finanziellen Reserven Jahr für Jahr abnehmen.

2. Zunächst Startschwierigkeiten überwinden

Ziel der Pflegeversicherung war es, dass die Pflegebedürftigen nicht mehr allein auf öffentliche Sozialhilfe angewiesen sind. Insgesamt sparte die Stadt Würzburg durch die Einführung der Pflegeversicherung ab 1. April 1995 beim Pflegegeld durchschnittlich im Jahr 1,1 Millionen DM ein. Dagegen zeigte sich bei den Pflegesachleistungen, dass die soziale Pflegeversicherung ausreichende Leistungen nicht beinhaltet. Die Ausgaben der Stadt an Sozialpflegerische Dienste überschritten bereits 1998 das Ergebnis des Basisjahres 1994 um mehr als 110 000 DM; 2001 waren es sogar fast 840 000 DM.

Leistungen konnten die Pflegebedürftigen bereits im Herbst 1994 beantragen. Dazu richteten die Krankenkassen in Würzburg vielfach einen Telefonservice ein. Auch in den Würzburger Alten- und Pflegeheimen stand die Einführung der Pflegeversicherung im Mittelpunkt vieler Diskussionen und Veranstaltungen. Dort hatte man schnell erkannt, dass sich durch das neue Pflegeversicherungsgesetz die »Landschaft in den Altenheimen« grundlegend verändert. Zudem machte sich bei vielen älteren Menschen Unsicherheit breit. In ihrer Ausgabe vom 26. Oktober 1994 berichtet die »Main-Post« im Würzburger Lokalteil von einem Strukturwandel, zunehmender Pflegebedürftigkeit sowie einem höheren Lebensalter beim Heimeintritt. Zahlen untermauerten dies: Während 1974 die »Heimeinsteiger« durchschnittlich 74 Jahre alt waren, belief sich ihr Lebensalter bei einer Heimaufnahme 1994 auf 85 Jahre. Und während 1974 der Anteil der Pflegebedürftigen in Würzburgs Heimen bei 32 Prozent lag, waren es zwei Jahrzehnte später rund 50 Prozent.

Gegen das Jahresende 1994 zu verstärkten die Krankenkassen ihre Aktivitäten, führten Informationsveranstaltungen, auch zur Pflegeversicherung, durch und forderten die Versicherten auf, bereits Anträge auf Leistungen zu stellen, selbst wenn diese erst ab 1. April 1995 zu gewähren waren. Der VdK-Kreisverband Würzburg hatte zum Jahreswechsel 1994/95 alle Hände voll zu tun, um seine Mitglieder über die Pflegeversicherung aufzuklären, zumal bereits viele VdK-Mitglieder Anträge für die Pflegeversicherung erhalten hatten, damit aber nichts anfangen konnten. Eine »Prozeßlawine« für die Sozialgerichte im Jahr 1995 erwartete der Geschäftsführer des VdK, Hans-Peter Martin. Seinen Angaben zufolge waren auch viele Senioren verwirrt, in welche der drei Pflegestufen (erheblich pflegebedürftig, schwerpflegebedürftig oder schwerstpflegebedürftig) sie eingeordnet werden.

Ein bayerischer Sonderweg mit der Pflegestufe »0«

Auch politische Parteien fühlten sich berufen, Informationsveranstaltungen zum Thema Pflegeversicherung durchzuführen. Ebenso taten dies karitative Organisationen und Sozialverbände. Und etwas Makabres: Die beiden großen Kirchen registrierten zu Beginn des Jahres 1995 mehr Kirchenaustritte. Auch wenn es niemand ausdrücklich bestätigte: Der erneut eingeführte Solidaritätszuschlag und der Start der Pflegeversicherung legten Vermutungen über einen Zusammenhang nahe.
Nach einer Sonderregelung gab es ab 1. April 1995 im Freistaat Bayern für einige Zeit die »Pflegestufe 0«, nämlich von den gesetzlichen Krankenkassen finanzierte Leistungen zur Ergänzung der bundesweit angebotenen Pflegeleistungen. Kranke und chronisch kranke Versicherte, die keinen Anspruch auf Hilfen der neu geschaffenen Pflegeversicherung besaßen, erhielten im Vorfeld der Pflegestufe I weiterhin Sachleistungen im Wert von bis zu 600 Mark im Monat in Form von Grundpflege und hauswirtschaftlicher Versorgung als satzungsmäßige Mehrleistung, wenn sie eine entsprechende ärztliche Bescheinigung vorlegten. Diese Regelung, für die sich Bayerns Sozialministerin Barbara Stamm stark gemacht hatte, betraf auch in Würzburg zahlreiche Versicherte, die unter der Grenze von 90 Minuten täglicher Pflege lagen.

Darüber hinaus zahlte das Sozialamt der Stadt an rund 250 Betroffene, die keinen Anspruch gegenüber ihrer Pflegekasse besaßen, über den 1. April 1995 hinaus Pflegegeld bzw. Pflegebeihilfe, gestaffelt in monatlichen Beträgen bis zu 1031 Mark. Auch Rollstuhlfahrer erhielten, zumindest bis 31. Dezember 1995, aus der Stadtkasse weiter Pflegegeld; denn diesen Personenkreis hatte der Gesetzgeber schlichtweg vergessen, wie es im Fränkischen Volksblatt vom 29. März 1995 heißt.
Ähnlich wie bei der Landwirtschaftlichen Pflegekasse Unterfranken war auch die Situation bei den übrigen Krankenkassen. Im Verwaltungsbericht 1995 ist ausgeführt:

Anträge auf Leistungen der sozialen Pflegeversicherung wurden zum Großteil bereits vor Leistungsbeginn der häuslichen Pflege zum 1. April 1995 gestellt. Die Antragsspitze war zum Jahreswechsel 1994/95 und im ersten Quartal 1995 festzustellen. Bereits Mitte des zweiten Quartals 1995 war ein gleichbleibender Antragseingang zu verzeichnen.

Nachdem die Leistungen im ambulanten Bereich eingeführt waren, folgten zum 1. Juli 1996, unter Erhöhung des Beitragssatzes auf 1,7 Prozent, stationäre Leistungen. Seitdem wird der häuslichen Pflege Vorrang vor der stationären Pflege eingeräumt.

Notwendige Pflegeeinrichtungen noch nicht vorhanden

Die Umsetzung war anfangs insofern schwierig, als es teilweise noch an den entsprechenden Pflegeeinrichtungen in Würzburg oder den vertraglichen Abmachungen fehlte. Heute stehen Pflegebedürftigen in Würzburg 15 ambulante Dienste, drei Kurzzeitpflege-Einrichtungen, 16 Behinderten-Einrichtungen und 26 Senioren-Pflegeheime zur Verfügung. Egon Schrenk, Koordinator des Medizinischen Dienstes der Krankenversicherung in Bayern, beurteilt die Zusammenarbeit zwischen den Pflegekassen und seiner Organisation mit den Worten:

Die Pflegeversicherung ist eine segensreiche Einrichtung, weil besonders in der häuslichen Pflege die Pflegepersonen eine Anerkennung für ihre aufopferungsvolle Tätigkeit erhalten. Dem kann man nur gerecht werden, wenn die Zusammenarbeit mit den Pflegekassen vertrauensvoll erfolgt. Dazu dienten in Würzburg von Anfang an Pflegekonferenzen, wo die Sozialstationen ihre

Probleme vorbringen können und daraus folgend Pflegekassen und Medizinischer Dienst gemeinsam Lösungen im Interesse der zu Pflegenden gesucht und gefunden haben.
Im Bereich der sozialen Pflegeversicherung bearbeitete der Medizinische Dienst der Krankenversicherung im Beratungszentrum Würzburg 2001 insgesamt 8 429 Pflegeanträge, davon 6 532 im ambulanten Bereich. Von den Fusionen bei den Krankenkassen waren naturgemäß auch die Pflegekassen betroffen. Analog schlossen sie sich, wie die Krankenkassen, zu größeren Einheiten zusammen. Neutrale Instanz für die Begutachtung der Pflegebedürftigkeit blieb der Medizinische Dienst der Krankenversicherung.

3. Auch eine private Pflegepflichtversicherung

Die zahlreichen mit Niederlassungen in Würzburg vertretenen Unternehmen der privaten Krankenversicherung hatten 1995 die Pflegepflichtversicherung einzuführen. Wer sich gegen das Risiko von Krankheit bei einem privaten Krankenversicherungsunternehmen mit Anspruch auf allgemeine Leistungen versichert, war und ist grds. verpflichtet, bei diesem Unternehmen zur Absicherung des Risikos der Pflegebedürftigkeit einen privaten Versicherungsvertrag abzuschließen und aufrecht zu erhalten. Für die Feststellung der Pflegebedürftigkeit und die Zuordnung zu einer der drei Pflegestufen sind dieselben Kriterien wie in der sozialen Pflegeversicherung anzulegen.
Mit allen bei Inkrafttreten des Sozialgesetzbuches XI – Pflegeversicherung – am 1. Januar 1995 Vollversicherten schlossen die privaten Krankenversicherungsunternehmen einen Versicherungsvertrag, der dem Versicherungsschutz der sozialen Pflegeversicherung entspricht. Von langjährigen Versicherten mit Anspruch auf Beihilfe im Pflegefall erhebt die private Pflegepflichtversicherung einen Betrag von maximal 40 Prozent des Höchstbeitrages der sozialen Pflegeversicherung. Wer sich allerdings nach dem 1. Januar 1995 bei einem Unternehmen der privaten Krankenversicherung im Rahmen einer Voll- oder Beihilfeversicherung versichert hat bzw. versichert ist, muss Risikozuschläge in

Kauf nehmen, beim Fehlen einer Vorversicherungszeit von mindestens fünf Jahren auch hinnehmen, dass eine Begrenzung auf den Höchstbeitrag der sozialen Pflegeversicherung nicht erfolgt.

Freiwillige Pflegezusatzversicherung

Oft reicht die Pflegepflichtversicherung, seien es die soziale oder die private, nicht aus. Dies gilt für die häusliche Pflege ebenso wie für die stationäre, weil Art und Umfang der Leistungen vom Gesetzgeber genau festgelegt sind und bisher nicht angepasst wurden. Eine freiwillige Pflegezusatzversicherung, die alle Unternehmen der privaten Krankenversicherung gesetzlich wie privat krankenversicherten Personen als Vorsorge für den Pflegefall anbieten, kann zur Sicherung des Lebensstandards beitragen, und zwar als Pflegetagegeldversicherung oder als Pflegekostenversicherung. Damit lässt sich der Grundschutz der Pflegepflichtversicherung oder der sozialen Pflegeversicherung entsprechend aufstocken bzw. verbessern.

V. Soziale Rechtsprechung

Dem viel zitierten sozialen Gedanken fühlt sich die Sozialgerichtsbarkeit in besonderer Weise verpflichtet und lässt einem schutzbedürftigen Personenkreis Hilfe im Rahmen des geltenden Rechts zukommen. Infofern unterscheidet sie sich wesentlich von den anderen Bereichen der Justiz. Charakteristisch ist auch die starke Beteiligung der ehrenamtlichen Richter. Versicherte wissen es zu schätzen, dass das Sozialgerichtsverfahren grundsätzlich kostenfrei ist.
Sozialgerichte, wie wir sie heute kennen, entstanden erst nach dem Zweiten Weltkrieg, als Ausfluss des in der Verfassung verankerten Grundrechts für den Einzelnen, gegen Verwaltungsakte der Sozialversicherungsträger den Rechtsweg beschreiten zu können. Gleichwohl besaßen Versicherte bereits seit der Erstlingsgesetzgebung die Möglichkeit, gegen hoheitliches Handeln eines Versicherungsträgers vorzugehen. Die rechtsprechende Gewalt wurde allerdings noch nicht von

Gerichten, sondern durch Verwaltungsbehörden ausgeübt. Über viele Jahre und Jahrzehnte hinweg, bis zum Jahr 1953, war dies in Würzburg das Oberversicherungsamt. Aber auch das Städtische Versicherungsamt darf nicht unerwähnt bleiben.

1. Versicherungsamt mit veränderter Aufgabenstellung

Bereits mit dem Inkrafttreten der Reichsversicherungsordnung vor dem Ersten Weltkrieg gab es als untere Rechtsinstanz Versicherungsämter. Das Würzburger Adressbuch erwähnt erstmals 1914 ein solches:
Errichtet beim Stadtmagistrat Würzburg am 1. Januar 1913 als eine gemeinsame, örtliche Stelle für die gesamte Arbeiter-Versicherung.
Besonders in Fragen der Krankenversicherung sowie der Versicherungspflicht und -freiheit und auch bei Beitragsstreitigkeiten in erster Instanz war das Versicherungsamt zuständig. Auf Antrag entschied es durch einen Spruchausschuss. Gegen dessen Entscheidung war innerhalb eines Monats Berufung zum Oberversicherungsamt Würzburg zulässig, allerdings nicht in Bagatellfällen, wenn es etwa um die Höhe des Kranken-, Haus- oder Sterbegeldes, um Unterstützungsfälle bei weniger als acht Wochen Arbeitsunfähigkeit, Wochenhilfe, Familienhilfe, Abfindung oder die Kosten des Verfahrens ging. Als Vorsitzender des Versicherungsamtes fungierte der Erste Bürgermeister der Stadt und Hofrat Max Ringelmann.
Bei einem Streit zwischen dem Arbeitgeber und seinen Beschäftigten über die Berechnung von Beitragsanteilen wurde das Versicherungsamt durch einen Beschlussausschuss tätig, ebenso bei einer unterschiedlichen Auffassung über das Versicherungsverhältnis in der gesetzlichen Krankenversicherung, später auch in der Invaliden- und Angestelltenversicherung. Das Städtische Versicherungsamt führte, unabhängig von seiner Recht sprechenden Tätigkeit in erster Instanz, auch die Rechtsaufsicht über die AOK Würzburg-Stadt, die VIKK Würzburg sowie die drei Betriebskrankenkassen und genehmigte jeweils auch deren Krankenordnungen. Die wiederholt vorgenommenen Rechnungsprüfungen gaben nie Anlass zu Beanstandungen. Zum Aufgabenkatalog des Am-

tes gehörten auch die Entgegennahme von Rentenanträgen sowie die Auskunftserteilung in allen Angelegenheiten der Reichsversicherung, wie die Sozialversicherung damals hieß. Insgesamt waren vor Ausbruch des Zweiten Weltkrieges im Versicherungsamt zehn geprüfte Beamte tätig, was seinen damaligen Stellenwert innerhalb der Stadtverwaltung unterstreicht.

Nach 1945 wurde das Städtische Versicherungsamt im Zuge des Aufbaus der Stadtverwaltung wieder ins Leben gerufen. Abgesehen davon, dass die Bescheide des Versicherungsamtes in der Regel gleichzeitig als Verwaltungsakte und erstinstanzliche Urteile galten und damit exekutive und judikative Elemente der Rechtsprechung und Verwaltung verschmolzen, widersprach die Doppelnatur des Versicherungsamtes als Verwaltungsbehörde und Rechtsprechungsorgan dem Gewaltenteilungsprinzip des Grundgesetzes. Einen Schlusspunkt unter diese Entwicklung setzte am 1. Januar 1954 das Sozialgerichtsgesetz. Der Aufgabenkatalog des Städtischen Versicherungsamtes wurde kleiner, ein Zustand, der allerdings nicht auf Dauer anhalten sollte.

Anlaufstelle für Rat suchende Bürger

Mit dem Inkrafttreten der Rentenversicherungs-Neuregelungsgesetze im Jahre 1957 rückte das Versicherungsamt wieder in den Blickpunkt der Öffentlichkeit, und zwar vor allem als Auskunfts- und Beratungsstelle für Angelegenheiten der gesetzlichen Rentenversicherung. Der Jahresrückblick der Stadt Würzburg berichtet 1957 von 1 634 Rentenanträgen, die das Amt bearbeitete und an den jeweiligen Rentenversicherungsträger weiterleitete, von 13 682 Fällen eines Versicherungskarten-Umtausches. Auf rund 30 000 belief sich die Zahl der Auskünfte ein Jahr später. 1960 erteilten neun Beamte und Angestellte täglich im Durchschnitt je zehn Auskünfte aller Art. 1961 bearbeitete das Versicherungsamt neben Rentenanträgen auch solche auf eine Nachversicherung in der Rentenversicherung oder ein Heilverfahren, nahm den üblichen Umtausch von Versicherungskarten vor, war zuständig für Unfalluntersuchungen, Rechtshilfeersuchen und Beitragserstattungen. An diesem Aufgabenkatalog änderte sich in den 60-er Jahren wenig.

Spürbare Entlastung – auf längere Sicht gesehen

Die Einführung von Versicherungsnummern in der gesetzlichen Rentenversicherung zu Beginn der 70-er Jahre bedeutete für das Städtische Versicherungsamt zunächst eine zusätzliche Arbeitsbelastung, auf längere Sicht gesehen aber eine spürbare Entlastung. Durch das gesteigerte Informationsbedürfnis der Bevölkerung gewann die Auskunfts- und Beratungstätigkeit mehr an Bedeutung. Oder anders ausgedrückt: Je komplizierter, umfangreicher und unübersichtlicher die Gesetze, insbesondere im Bereich der Rentenversicherung, wurden, desto mehr suchten Bürger Rat und Hilfe beim Versicherungsamt in der Karmelitenstraße 43.
Vom 1. Januar bis 31. Oktober 1973 bearbeitete das Amt 1865 Rentenanträge und 2003 Amtshilfeersuchen, tauschte 28 861 Versicherungskarten um und war auch mit Unfalluntersuchungen und Betriebserhebungen befasst. Mit der Einführung der Jahres-Entgeltmeldungen entfiel ab 1973 das aufwändige Umtauschverfahren von Versicherungskarten. 1987 stellten 1540 »Trümmerfrauen« Antrag auf Anerkennung von Kindererziehungszeiten in der gesetzlichen Rentenversicherung. Im gleichen Jahr erfuhr das Versicherungsamt die Umbenennung in »Amt für Sozialversicherung und Wohnungswesen«.

Kein Versicherungsamt im klassischen Sinn mehr

Ein neuer Personenkreis, nämlich der der Aussiedler, nahm in den 90-er Jahren die städtische Hilfe in Anspruch und neben der Entgegennahme von 1302 Rentenanträgen bearbeitete das Amt für Sozialversicherung auch hunderte Fälle von Amtshilfe und Kontenklärungen, Anträge nach über- und zwischenstaatlichem Recht sowie Anträge auf Berücksichtigung von Kindererziehungszeiten und Unfalluntersuchungen.
Verw.-Amtmann Ernst Albert, seit den 60-er Jahren im Versicherungsamt der Stadt Würzburg tätig, beschreibt die derzeitige Situation so:
Heute ist der Sozialversicherungsbereich bei der Stadt Würzburg in das Sozialamt eingegliedert. Das Versicherungsamt im klassischen Sinn gibt es bei uns – im Gegensatz zu anderen Städten – seit 1999, als Sozialamt, Woh-

nungsamt und Versicherungsamt zum Fachbereich 'Soziales' zusammengefasst wurden, nicht mehr. Mein Aufgabenbereich umfasst insbesondere die Auskunftserteilung in allen Bereichen der Sozialversicherung, vornehmlich der Rentenversicherung und hier wieder die Beratung von Spätaussiedlern vor allem aus Russland. Sprachliche Schwierigkeiten im Umgang mit den Besuchern gibt es bei unserem Amtsdeutsch oft, aber auch bei der Bearbeitung von Rentenanträgen oder Kontenklärungsverfahren sowie Zeugenerklärungen, wenn die Rat Suchenden Unterlagen nicht vorlegen können. Ich bewundere vor allem die Geduld der Menschen aus Osteuropa, die ohne Murren oft stundenlang vor meinem Zimmer ausharren. Rentenrechtliche Entscheidungen treffe ich nicht. Dies bleibt dem jeweiligen Versicherungsträger vorbehalten. Und: Für Rentenzwecke nehme ich kostenfreie Beglaubigungen vor.

Auch den für das Rentenrecht wichtigen Unterschied zwischen Spätaussiedlern und Kontingentflüchtlingen aus Russland zeigt Ernst Albert auf:

Während die erste Gruppe unter das Fremdrentengesetz fällt und in der Regel Anspruch auf eine Rente nach deutschem Recht besitzt, ist dies bei der zweiten Gruppe nicht der Fall. Kontingentflüchtlinge erhalten allerdings bei Bedürftigkeit Sozialhilfe.

Wie gut es manchmal ist, alle Unterlagen aufzubewahren und nicht dem Reißwolf anzuvertrauen, macht der städtische Sozialversicherungsexperte an einem Beispiel deutlich: Immer wieder erreichen ihn Anfragen, insbesondere von der LVA Hamburg. Dabei geht es um alte Versicherungszeiten vor 1973. »Auslöser« sind nach Übersee ausgewanderte Deutsche, die glauben einen Anspruch auf Rente nach unserem Recht zu besitzen. Auf Grund umfangreicher Listen, welche die vom Kriegsende bis 1972 umgetauschten Versicherungskarten festhalten, ist es Ernst Albert bei seiner Tätigkeit mehr als einmal gelungen, den Betroffenen zu einer Rente zu verhelfen.

Die Verhältnisse beim Landratsamt Würzburg

Etwas anders stellt sich hingegen die Situation beim Landratsamt Würzburg dar. Es unterhält, der gesetzlichen Verpflichtung im Sozialgesetzbuch IV entsprechend, nach wie vor ein Staatliches Versicherungsamt für Fragen der Sozialversicherung, insbesondere der gesetzlichen Rentenversicherung, aber auch der Pflegeversicherung und der Heimaufsicht. Und noch auf eine Besonderheit im Gegensatz zur Stadt Würzburg verweist Robert Roos, der Leiter des Fachbereichs 33 beim Landratsamt Würzburg:

Unser Versicherungsamt ist vielfach außen vor, weil die Gemeinden im Landkreis Rentenanträge aufnehmen und direkt an den zuständigen Rentenversicherungsträger weiterleiten. Bei speziellen Auskünften werden Versicherte an die A- und B-Stelle der BfA oder an die LVA Unterfranken verwiesen und dort auch individuell beraten.

2. Oberversicherungsamt ein »Auslaufmodell«

Auch das Oberversicherungsamt Würzburg traf der 16. März 1945 in seiner ganzen Härte. Die Räumlichkeiten am Südbahnhof in der Friedenstraße 11 lagen, wie so viele Gebäude der Stadt, in Schutt und Asche. Die Bewältigung von Aufgaben nach der Reichsversicherungsordnung hatte neben Versicherungsämtern, dem Landesversicherungsamt in München und dem Reichsversicherungsamt in Berlin ab 1. Januar 1913 auch dem neu errichteten Oberversicherungsamt Würzburg oblegen. Unverändert bestand es während des »Dritten Reiches« fort.
Eine über 300 Seiten starke, liebevoll gestaltete und reich bebilderte Chronik »OVA – SG Würzburg« aus dem Jahre 1954 gibt Einblick in die wechselvolle Geschichte der Sozial-Rechtsprechung in Würzburg im ersten Nachkriegs-Jahrzehnt:

Sie berichtet von Arbeit und schweren Stunden –
auch davon, wie wir in Fröhlichkeit zusammengefunden.
Die Mischung vom Amt, die war schon die beste:
Rastlose Arbeit, doch auch frohe Feste!
Was immer wir getan haben, wir taten es ganz,
ob's bei der Arbeit war, beim Wein und Tanz.

Zusammen mit anderen Behörden war das Oberversicherungsamt Würzburg nach Kriegsende im einem Raum des notdürftig wieder in

Stand gesetzten Kasernengebäudes in der Wörthstraße 23 untergebracht, repräsentiert von einem Oberinspektor, der täglich auf seine Pensionierung wartete und einer Angestellten, die den Posteingang registrierte. Mit Wirkung vom 18. Februar 1946 wurde Regierungsrat Dr. Paul Weiß zum Amtsleiter bestimmt. Er baute das Oberversicherungsamt organisatorisch aus dem Nichts wieder auf, richtete es ein und machte es auch arbeitsfähig. Der gebürtige Lindauer kannte Würzburg bereits aus seiner Studienzeit und der Ablegung der Ersten Juristischen Staatsprüfung sowie der Promotion zum Dr. rer. pol.
Seine erste Amtshandlung war die Besichtigung des Inventars: ein Stuhl, eine Schreibmaschine und eine Unfallakte. Fehlanzeige gab es bei Büchern, Gesetzestexten und Kommentaren. Doch die Aufgaben ließen trotz oder gerade wegen der Wirren in der Nachkriegszeit nicht lange auf sich warten. Als erste größere Aktion ordnete das bayerische Arbeitsministerium die »Zulassung der Kassenärzte« an und betraute mit der Bearbeitung der eingegangenen Fragebögen das Oberversicherungsamt. In der Folgezeit bildeten die Hauptarbeit jedoch die Berufungsverfahren gegen erstinstanzliche Entscheidungen der kommunalen Versicherungsämter in Unterfranken.

»Frostiger« Sitzungsbeginn im November 1946

Seine Sitzungstätigkeit eröffnete das Oberversicherungsamt Würzburg, das zwar eine Verwaltungsbehörde war, gleichzeitig aber auch richterliche, Recht sprechende Aufgaben wahrnahm, am 6. November 1946 mit der Kammer für landwirtschaftliche Unfallversicherung unter dem Vorsitz des inzwischen zum Oberregierungsrat beförderten Amtsleiters. Der »Sitzungssaal« konnte nur bei trockenem Wetter benutzt werden; denn auf den Richtertisch und die Akten tropfte der Regen. Heute nicht mehr vorstellbar klingen Passagen aus der Chronik über die damals Recht sprechende Tätigkeit in der kalten Jahreszeit:
Eingemummt wie die Eskimos verhandelte die Kammer im düsteren Sitzungssaal bei ‚eingefrorener' Heizung. Dem Vorsitzenden klapperten bei der Verlesung des Sachverhalts fast die Zähne, die armen Kläger erfroren bald bei der ärztlichen Untersuchung und die Protokollführerin notierte mit klam-

men Fingern ärztliche Gutachten, Anträge der Parteien, Urteile, Vergleiche und Berufungsrücknahmen. Weiter sank das Thermometer, aber die Heizung blieb eiskalt – es gab keine Kohlen mehr.

Um eine »Notlösung« war der Amtsleiter nicht verlegen. In seiner Wohnung errichtete er die »Ausweichstelle« Spessartstraße 31a. Hier arbeiteten mit ihm abwechselnd Buchhalterin und Sachbearbeiter. Dr. Weiß organisierte und diktierte

und das alles in dem einzigen warmen Raum der Wohnung – in der Küche, wo die Gattin des Direktors Kochkünste vollführte, um mit den wenigen Kalorien hungrige Mägen satt zu bekommen. Wenn der Magen gar zu sehr knurrte, erzählten wir einander vom guten Essen in früheren Zeiten und dann ging's wieder leichter mit Aktenauszügen, Situationsberichten etc.

Das umfassende Wissen von Dr. Weiß auf dem Gebiet der Sozialversicherung veranlasste die Rechts- und Staatswissenschaftliche Fakultät der Julius-Maximilians-Universität, ihm im Sommersemester 1947 erstmals einen Lehrauftrag für Sozialversicherung zu erteilen, den er bis 1954 beibehielt. Auch an der Verwaltungs- und Wirtschafts-Akademie machte er sich durch richtungweisende Vorträge einen Namen.

Am 28. April 1947 fanden beim Würzburger Oberversicherungsamt die erste Sitzung der Kammer für Invalidenversicherung und am 12. Juni 1947 die erste Sitzung der Kammer für allgemeine Unfallversicherung statt. Zwölf Mitarbeiterinnen und Mitarbeiter, darunter drei Juristen, zählte das Amt am 1. Februar 1948. Der erste Betriebsausflug kurz nach der Währungsreform, bei noch knapper Kasse, führte die Belegschaft am 23. Juli 1948 nach Veitshöchheim. Fast gleichzeitig ging eine dreitägige Dienstreise der Kammer für landwirtschaftliche Unfallversicherung in die Rhön. Es war die erste Reise nach der Kriegs- und Notzeit, bei der es etwas Ordentliches zu essen und sogar eine Flasche Wein zu trinken gab.

Versorgung der Kriegsbeschädigten im Vordergrund

Auf einem weiteren durch die Zeitumstände wichtigen Arbeitsgebiet, nämlich der Kriegsbeschädigten-Versorgung, begann das Oberversicherungsamt seine Sitzungstätigkeit am 13. Januar 1949. Groß war die

Zahl derer, die im Zweiten Weltkrieg ihre Gesundheit geopfert hatten, beinahe unübersehbar die Zahl der Witwen und Waisen, der Vermissten und Beschädigten. Ihnen in angemessener Weise zu ihrem Recht zu verhelfen, wurde in den folgenden Jahren eine der Hauptaufgaben des Oberversicherungsamtes. Den Vorsitz dieser Kammer übernahm der Stellvertreter des Amtsleiters, Dr. Martin Kraus. In der Folgezeit erfuhr die Sitzungstätigkeit eine weitere Ausdehnung, insbesondere außerhalb von Würzburg. Oft mussten die Fahrten mit der Bahn zu den Sitzungsorten (Aschaffenburg, Schweinfurt, Bad Kissingen und Bad Neustadt/Saale) schon am Nachmittag zuvor angetreten werden, damit die Protokollführerinnen, die außerdem noch als »Arztschreiberinnen« fungierten, am nächsten Tag um 8 Uhr morgens die Klägerinnen bzw. Kläger in Empfang nehmen und beim Gerichtsarzt die ärztlichen Gutachten aufnehmen konnten.

Neue Vorschriften für alle Zweige der Sozialversicherung brachte 1949 das »Sozialversicherungs-Anpassungsgesetz«. Es trug nicht nur den veränderten wirtschaftlichen und sozialen Verhältnissen Rechnung, sondern brachte dem Amt auch mehr Arbeit und mehr Verfahren, gleichzeitig auch mehr Personal.

Zwei Sitzungsräume für mündliche Verhandlungen

Mit dieser Entwicklung einer ging zwangsläufig eine immer größer werdende Raumnot. Am 1. Oktober 1949 konnte das Oberversicherungsamt neue moderne Räume im 2. Stock der Handwerkskammer für Unterfranken am Rennweger Ring 3 beziehen. Für die mündlichen Verhandlungen standen nun zwei Sitzungsräume zur Verfügung. Die Forderung nach Schreibmaschinen wurde immer lauter; denn teilweise schrieben die Sachbearbeiter noch auf »vorsintflutlichen« Modellen. Zug um Zug ließen sich dem bayerischen Arbeitsministerium neue Maschinen »entlocken«.

Neue Rechtsgrundlagen für Kriegsbeschädigten-Streitsachen brachte rückwirkend zum 1. Oktober 1950 das Bundesversorgungsgesetz. Damit verbunden waren für das Amt in organisatorischer Hinsicht, aber auch im materiellen Recht, zahlreiche neue Aufgaben. Und weil die Räumlichkeiten in der Handwerkskammer auf Grund der vielen Berufungen in der Kriegsopferversorgung bald nicht mehr ausreichten, ging man auf die Suche nach geeigneten Räumlichkeiten. Sie fanden sich ab 2. April 1951 im ehemaligen Wehrmachtskommando in der Wörthstraße 21. Die neu bezogenen Amtsräume machten zwangsläufig eine räumliche Trennung in Hauptamt und Zweigstelle notwendig. Sie sollte nicht nur bis zum Jahre 1953, sondern auch darüber hinaus bestehen bleiben.

Große Schwierigkeiten ergaben sich damals in personeller Hinsicht bei der Auswahl geeigneter, möglichst fachkundiger Arbeitskräfte. Aus einer Vielzahl schriftlicher Bewerbungen und nach persönlichen Vorstellungsgesprächen galt es die richtigen Mitarbeiter auszusuchen. Mussten doch innerhalb kürzester Zeit zehn neue Hilfskammern aufgebaut und eingerichtet werden. Das Oberversicherungsamt praktizierte dabei eine sinnvolle Arbeitsteilung: Die entsprechenden Vorarbeiten (Ermittlungen, Beweiserhebungen usw.) wurden von Beamten des mittleren bzw. gehobenen Verwaltungsdienstes vorgenommen. Über die von ihnen vorgelegten Entscheidungsvorschläge urteilten Beamte des höheren Dienstes, vom Regierungsrat aufwärts, dann endgültig.

Ein Novum bildete in den Jahren 1951 und 1952 die Beschäftigung von zwei »Hilfsrichtern gegen Fallgebühr«, geboren aus dem Zwang der Nachkriegsverhältnisse. Grund dafür war der Umstand, dass die vielen Streitverfahren in angemessener Zeit abgebaut werden mussten. Leider wissen wir nicht, wie sich diese Regelung in der Praxis ausgewirkt hat, welche Seite als »Sieger« und wer als »Verlierer« aus diesem Versuch hervorgegangen ist – die Hilfsrichter, die Kriegsopfer oder der Staat.

Der Übergang in eine neue Epoche

Aus der langsam vertraut gewordenen Epoche rüttelte die Bediensteten des Oberversicherungsamtes Würzburg im Herbst 1953 das neue Sozialgerichtsgesetz auf. Eine gewisse Unruhe machte sich unter den Beamten, Angestellten und Arbeitern breit. Manche Amtsangehörige bangten um ihren Arbeitsplatz, andere hofften auf eine Beförderung oder Höhergruppierung. Auch war davon die Rede, der Chef und sein

Stellvertreter würden bald versetzt. Zum 31. Dezember 1953 endete, nicht ganz ohne Wehmut für die Beschäftigten, die jahrzehntelange Tätigkeit des Oberversicherungsamtes Würzburg. Im letzten Jahr seines Bestehens erledigte es im Durchschnitt monatlich 700 bis 800 Streitigkeiten aus der Kriegsopferversorgung und etwa die Hälfte davon aus der Sozialversicherung. Dazu waren 40 auswärtige Sitzungstage und ebenso viele in Würzburg erforderlich.
Die am 31. Dezember 1953 rechtshängigen Verfahren gingen ab 1. Januar 1954 nahtlos auf das Sozialgericht Würzburg als Rechtsnachfolger über. Als wohlwollender Förderer des Würzburger Oberversicherungsamtes erwies sich immer wieder der langjährige Erste Bürgermeister der Stadt Würzburg, der spätere Staatssekretär im bayerischen Arbeitministerium, Dr. Andreas Grieser. Er brachte den Anliegen des Amtes stets großes Verständnis entgegen und half nach Kräften, wenn es um angemessenes Personal, eine bessere Ausstattung der Diensträume oder eine Erweiterung des Amtes ging.

3. Rechtskontrolle durch das Sozialgericht

Den Startschuss für den Aufbau einer neuen Gerichtsbarkeit in der Bundesrepublik gab das Sozialgerichtsgesetz vom 3. September 1953 mit einem dreistufigen Aufbau, nämlich Sozialgerichten, Landessozialgerichten und dem Bundessozialgericht. Alle diese Gerichte wurden als unabhängige, von den Verwaltungsbehörden getrennte, besondere Verwaltungsgerichte eingerichtet. Damit war erstmals eine klare Trennung von Rechtsprechung und Verwaltung gegeben. Die Sozialgerichtsbarkeit war zur Rechtskontrolle im Bereich der Sozialversicherung und Kriegsopferversorgung sowie einiger anderer Rechtsgebiete berufen. Ausschließlich Richter betraute das Gesetz mit der Sachaufklärung. Die damit verbundenen richterlichen Verfügungen hatte nichtrichterliches Personal (»Urkundsbeamter der Geschäftsstelle«) auszuführen.
Ein Gesetz zur Ausführung des Sozialgerichtsgesetzes in Bayern vom 21. Dezember 1953 regelte die Errichtung von sieben bayerischen Sozialgerichten, unter anderem des Sozialgerichts Würzburg für den Regie-

rungsbezirk Unterfranken. Im Gegensatz zum Oberversicherungsamt war das Sozialgericht erste Instanz. Bei ihm waren keine Berufungen mehr einzulegen, sondern Klagen zu erheben, die sich gegen Verwaltungsakte der Sozialversicherungsträger und der Versorgungsverwaltung richteten.

Erster Direktor des neuen Sozialgerichts wurde Dr. Paul Weiß, der Leiter des aufgelösten Oberversicherungsamtes Würzburg. Bereits am 28. Dezember 1953 hatte das bayerische Staatsministerium für Arbeit und soziale Fürsorge eine Anordnung über die Errichtung und Besetzung einer Geschäftsstelle beim Sozialgericht Würzburg erlassen. Auf das neue Gericht kam sogleich viel Arbeit zu: Änderung des Geschäftsverteilungsplanes, Schulung der Urkundsbeamten und Protokollführerinnen, Vorbereitung der Sitzungstätigkeit nach neuem Verfahrensrecht.

Die Kammern des Sozialgerichts waren und sind in der mündlichen Verhandlung, die einer Urteilsverkündung vorausgeht, mit einem Vorsitzenden (Berufsrichter) und zwei Laien- bzw. ehrenamtlichen Richtern besetzt. Die ehrenamtlichen Richter sollen auf Grund ihrer im Arbeits- und Wirtschaftsleben gewonnenen Kenntnisse und Erfahrungen Beiträge zur Rechtsfindung leisten.

Schwarze Roben im Blickfeld

Für Streitigkeiten aus der Angestelltenversicherung war für Unterfranken anfangs eine Kammer des Sozialgerichts Nürnberg zuständig. Nach wie vor ist in Vertrags(zahn-)arztangelegenheiten je nach Rechtsgegenstand (Zulassung bzw. Honorarstreitigkeit) eine Kammer des Sozialgerichts Nürnberg bzw. die 42. Kammer des Sozialgerichts München zuständig, die wegen der großen Entfernung stets in Würzburg mündlich verhandelt.

Und auch eine nach außen sichtbare optische Neuerung gab es: Die schwarzen Roben für die Kammervorsitzenden und Schriftführerinnen bestimmten fortan das Gerichtsgeschehen. Wenn auch bei den Verhandlungen des Oberversicherungsamtes nie die Würde der Recht sprechenden Personen außen vor geblieben war, so trugen die Roben doch zum Ansehen einer Kammer wesentlich bei. Den Reigen der

Sitzungen in Amtsrobe eröffnete die 1. Kammer für Invalidenversicherung, bei der überwiegend Streitigkeiten gegenüber der LVA Unterfranken zur Verhandlung kamen. Auch wurden mehrere Hilfskammern errichtet. Sie sollten dafür sorgen, die vielen Klagen auf dem Gebiet der Kriegsopferversorgung zu reduzieren und den Klägern in angemessener Zeit zu ihrem Recht zu verhelfen. Am 3. Mai 1954 veröffentliche das Fränkische Volksblatt eine in Würzburg Aufsehen erregende Meldung:

Wie das Bundesarbeitsministerium mitteilt, hat der Wahlausschuß die mehrfach verschobene Wahl der Bundesrichter für das Bundessozialgericht nunmehr vorgenommen. Insgesamt wurden 15 Bundesrichter gewählt, und zwar folgende Persönlichkeiten: ... Direktor des Sozialgerichts Dr. Paul Weiß, Würzburg.

Am 20. Juli 1954, nachmittags um 15.30 Uhr bekam der neue Bundesrichter und Senatspräsident von Bundesarbeitsminister Anton Storch die vom Bundespräsidenten unterzeichnete Ernennungsurkunde ausgehändigt. Er verließ am 20. Juli 1954, nach einer gebührenden Abschiedsfeier, Würzburg, um noch am gleichen Tag seinen Dienst in Kassel anzutreten. Zum damaligen Zeitpunkt zählte das Sozialgericht Würzburg 80 Beamte und Angestellte, darunter 15 richterliche Beamte. Die räumliche Trennung, Rennweger Ring 3 einerseits und Wörthstraße 21 andererseits, übernahm auch das Sozialgericht. Beibehalten wurde ebenso die Aufteilung, dass die sechs Kammern für die Sozialversicherung in der Handwerkskammer und die neun Kammern für die Kriegsopferversorgung in der Zellerau untergebracht waren. Der vorgesehene Wiederaufbau des Gebäudes des früheren Oberversicherungsamtes in der Friedenstraße ließ sich nicht verwirklichen. Das Vorhaben scheiterte letztlich an der Bereitstellung der erforderlichen Mittel durch den Freistaat Bayern. So blieb das Sozialgericht noch auf Jahre hinaus in seinen Räumlichkeiten in der Handwerkskammer.

Beginn mit fast 14 000 Rechtsstreitigkeiten

Am 1. Januar 1954, als das Sozialgericht an die Stelle des Oberversicherungsamtes Würzburg trat, waren 13 698 Rechtsstreitigkeiten anhängig. Ihre Erledigung schien eine fast unlösbare Aufgabe zu sein.

5934 neue Klagen kamen 1954 hinzu. Im gleichen Zeitraum konnten allerdings 9485 Streitsachen erledigt werden. In den folgenden Jahren besserte sich die Lage zunehmend, nicht zuletzt dadurch, weil dem Sozialgerichtsverfahren teilweise ein Vorverfahren bei dem jeweiligen Sozialversicherungsträger vorausging. So waren am 1. Januar 1958 noch knapp 6000 Klagen anhängig. Die »Hochflut« neuer Klagen hatte abgenommen, die Lage sich etwas normalisiert. Nachfolger von Dr. Paul Weiß und neuer Sozialgerichtsdirektor wurde am 1. Januar 1955 Dr. Martin Kraus. Er blieb bis 31. August 1959 an der Spitze des Gerichts, um dann in die Dienste der LVA Unterfranken zu treten. Dritter Sozialgerichtsdirektor wurde am 1. Dezember 1959 Hermann Ulmer. Am 1. Oktober 1964 wurde ihm die Amtsbezeichnung »Präsident des Sozialgerichts« verliehen. In den 70-er Jahren, ab 1. Oktober 1972, wurden die Sozial- und Obersozialgerichtsräte zu Richtern am Sozialgericht, die früheren Sozialrichter zu ehrenamtlichen Richtern in der Sozialgerichtsbarkeit. Den Blick auf die Sozialgerichte hatte am 21. August 1961 ein Artikel im Fränkischen Volksblatt gerichtet:

Noch immer nimmt die Flut der Klagen an den Sozialgerichten nicht ab. Die Rückstände konnten freilich in letzter Zeit etwas aufgearbeitet werden. Obwohl eigentlich nicht von ‚Prozeßhansel' in großem Ausmaß die Rede sein kann und die Personalnot zum großen Teil behoben ist, sind diese Gerichte aber immer noch überlastet ... Auch in Würzburg gibt es verhältnismäßig wenig ‚Prozeßhansel'. Bei der Möglichkeit, daß jeder Versicherungs- oder Versorgungsberechtigte entscheiden kann, ob er gegen den erhaltenen Bescheid Klage erheben will, ist dieses Ergebnis immerhin recht erstaunlich. Sinnlos eingebrachte Klagen machen in ganz Bayern nur etwa zehn bis fünfzehn Prozent aller Fälle aus. Freilich gehen im ganzen Land nur etwa zwanzig Prozent aller eingebrachten Klagen erfolgreich für den Antragsteller aus.

Problemloser Umzug an den Berliner Platz

Nachdem das neue Ämtergebäude bezugsfertig war, zog das Sozialgericht Würzburg am 10. Februar 1964 in die Ludwigstraße 33, direkt am Berliner Platz gelegen, ein. Für die Mitarbeiter bedeutete dies zum Teil keine allzu große räumliche Umorientierung, war doch das neue Domizil nur wenige Meter von der alten Arbeitsstätte entfernt. Bei einem Blick auf die Statistik in den 60-er Jahren fällt auf, dass sich der Zugang der Klagen auf einem nicht mehr so stark schwankenden Niveau bewegte. Nachdem der Abbau der kriegsbedingten Streitsachen im wesentlichen bewältigt war, konnte sich das Sozialgericht mehr als bisher der qualitativen Fundierung seiner Rechtsprechung widmen. Das richterliche Bemühen galt auch einer Verkürzung der Laufzeit der Streitverfahren. Ab 1. Januar 1975 führte der Gesetzgeber umfangreiche Regelungen zur Beschleunigung des Sozialgerichtsverfahrens ein, so eine Ausdehnung des Vorverfahrens (Widerspruchsverfahren). Die Zahl der erhobenen Klagen ging schon ab 1975 merklich auf 2 158 zurück, um dann allerdings 1978, bedingt durch neue Gesetze, wieder anzusteigen.

Unaufhaltsamer technischer Fortschritt

Das Gesetz zur Entlastung der Landgerichte und zur Vereinfachung des gerichtlichen Protokolls vom 20. Dezember 1974 galt vor allem dem technischen Fortschritt: So wurde auch beim Sozialgericht Würzburg die Benutzung von Tonaufnahmegeräten und Kurzschriftmaschinen bei der Protokollierung ermöglicht. Tatsächlich Gebrauch machte man von Tonbändern in Würzburg jedoch nicht. Vielmehr nahmen die Protokollführerinnen die Sitzungsniederschriften weiterhin stenografisch auf, wobei ihnen elektrische Schreibmaschinen mit drei Seiten Abspeicherung zur Verfügung standen. 1985 wurde mit dem »Bitsy« der erste Computer-Vorläufer beim Würzburger Sozialgericht eingeführt. 1990 stand den »Damen des Protokolls« ein modifiziertes Schreibprogramm zur Verfügung. Dem Tribut an die fortschreitende technische Entwicklung zollte das Gericht im Mai 2001 mit der Einführung von Personal-Computern Rechnung.
1974 war nach einer langen Phase der Konstanz ein Wechsel an der Spitze des Sozialgerichts Würzburg zu verzeichnen: Nachfolger des am 31. Mai 1974 in den Ruhestand getretenen Präsidenten Hermann Ulmer wurde zum 14. Oktober 1974 Dr. Helmut Müller. Für die Sozialgerichtsbarkeit und auch für Würzburg stellte es eine Auszeichnung dar, dass er 1978 zum berufsrichterlichen Mitglied beim Bayerischen Verfassungs-

gerichtshof gewählt wurde. Am 1. August 1989 ging Dr. Helmut Müller vom Main an die Isar und wurde Präsident des Bayerischen Landessozialgerichts.

Für die Sozialgerichtsbarkeit brachte die Beschäftigung ausländischer Arbeitnehmer eine arbeitsmäßige Belastung mit sich. Die Erfahrung zeigt, dass ausländische Arbeitnehmer ihre sozialversicherungsrechtlichen Ansprüche häufig erst geltend machen, wenn sie in ihr Heimatland zurückgekehrt sind. Nach einer Regelung im Sozialgerichtsgesetz ist für Klagen von Personen mit ausländischem Wohnsitz das Sozialgericht zuständig, in dessen Bezirk der beklagte Sozialversicherungsträger seinen Sitz hat, für portugiesische Kläger in Angelegenheiten der Arbeiterrentenversicherung also das Sozialgericht Würzburg. Es erledigte 1972 beispielsweise 50 und 1976 dann 87 Klagen portugiesischer Arbeitnehmer.

Fachanwalt für Sozialrecht vor der Einführung

Das 1977 eingeführte neue Ehescheidungsrecht brachte den Versorgungsausgleich unter den Ehegatten. Dadurch wurden in der Folge Rechtsanwälte, deren Interesse zuvor am Sozialrecht, wegen der für sie unzureichenden Gebührenregelung, nur mäßig war, gezwungen, sich auch vermehrt mit sozialversicherungsrechtlichen Fragen zu beschäftigen. Dies führte zu einer Zunahme der anwaltschaftlichen Vertretungen vor dem Sozialgericht, zumal gegen Ende der 70-er Jahre mehr und mehr die Forderung erhoben worden war, ähnlich wie im Arbeits- und Steuerrecht, einen »Fachanwalt für Sozialrecht« einzuführen. Allerdings sollte es noch einige Zeit dauern, bis am 1. August 1991 die Fachanwalts-Bezeichnung für das Sozialrecht kam. Derzeit führen in Würzburg drei Rechtsanwälte diese Bezeichnung. Auch Prozessagenten, Rechtsbeistände und Verbandsvertreter treten vor dem Sozialgericht auf bzw. sehen ihre Aufgabe in der Beratung der Beteiligten oder dem Führen des Schriftwechsels mit dem Gericht. Beim Sozialgericht Würzburg gingen vom 1. Januar 1954 bis 31. Dezember 1978, also innerhalb des ersten Vierteljahrhunderts, insgesamt 106 306 Klagen ein, wobei 104 135 Streitsachen erledigt werden konnten.

1988 beklagte sich das Sozialgericht Würzburg einmal mehr über die seit fast zwei Jahrzehnten vorhandene Raumnot im Ämtergebäude am Berliner Platz. Für 52 Bedienstete, darunter zwölf Richter, welche die zwölf Kammern des Sozialgerichts leiteten und leiten, standen 672 Quadratmeter reine Bürofläche in 49 Räumen zur Verfügung. Darin nicht enthalten waren die sonstigen Dienstzimmer wie Poststelle, Sitzungssäle, Beratungszimmer, ärztliche Untersuchungszimmer.
Der Anmietung geeigneter Objekte trat das Sozialgericht nicht näher, wie auch der Neubau eines Dienstgebäudes auf dem staatseigenen Grundstück des Versorgungsamtes unterblieb, ebenso die Verwirklichung von Überlegungen zur Aufstockung des Gebäudes in der Ludwigstraße. Zur Lösung des Problems kam der Vorschlag, das in zwei räumlich getrennten Dienststellen (Ludwigstraße 33 und Eichhornstraße 5) untergebrachte Gewerbeaufsichtsamt Würzburg auszulagern und an einem geeigneten Ort zusammenzuführen. Damit hätten sich die Raumprobleme des Sozial wie auch des im gleichen Gebäude untergebrachten Arbeitsgerichts lösen lassen. Eine Lösung sollte allerdings erst im neuen Jahrtausend kommen, als das Gewerbeaufsichtsamt in die Zellerau umzog und sich Arbeits- und Sozialgericht nach den erforderlichen Umbaumaßnahmen die frei gewordenen Räume aufteilten.

Auswärtige Gerichtstage in Aschaffenburg und Schweinfurt

Gerichtstage ausserhalb von Würzburg hielt das Sozialgericht übrigens bis 1988 in Schweinfurt, Aschaffenburg, Münnerstadt, Bad Kissingen, Haßfurt, Lohr/Main und Miltenberg ab. Seit 1988 finden auswärtige Gerichtstage nur noch in Aschaffenburg und Schweinfurt statt, und dies im Durchschnitt einmal im Monat.
Nachfolger von Dr. Helmut Müller wurde Hermann Brand. Mit Wirkung vom 1. Juli 1995 wurde dieser an das Bayerische Landessozialgericht versetzt, und zwar als Leiter der Zweigstelle Schweinfurt. Bei der Verlagerung mehrerer Senate des Landessozialgerichts von München nach Schweinfurt im Sommer 1995 gab es auch Überlegungen, in einem Zug das Sozialgericht von der Mainfranken Metropole in die Kugellagerstadt mit zu verlegen. Glücklicherweise kam es, aus Würzburger Sicht,

dazu nicht und das Sozialgericht Würzburg blieb weiterhin hier. Nach der Wiedervereinigung war auch ein Richter des hiesigen Sozialgerichts am Aufbau der Sozialgerichtsbarkeit in den neuen Bundesländern beteiligt. So baute der derzeitige Vizepräsident des Sozialgerichts Würzburg, Karl-Heinz Bodenstedt, ab 1. Oktober 1990, bereits drei Tage vor der Wiedervereinigung beginnend, das neu entstehende Sozialgericht Suhl auf und war 2¼ Jahre in Thüringen tätig. Er musste praktisch »bei Null« beginnen, zumal es vor allem an Personal, Ausstattung und Geld fehlte. Dabei half ihm etwas der Rückgriff auf das Würzburger Sozialgericht. Als Bodenstedt Suhl wieder verließ, waren bereits drei Sozialrichter dort tätig.

Viele neue Klagen und eine lange Verfahrensdauer

Gerhard Mathein stand vom 1. November 1995 bis 30. Juni 2001 dem Sozialgericht Würzburg als Präsident vor. Die letzte »Wachablösung« vollzog sich 2001: Zum neuen Präsidenten wurde mit Wirkung vom 7. November dieses Jahres Friedrich-Karl Vogel ernannt. Er war zuvor Vizepräsident des Sozialgerichts in der bayerischen Landeshauptstadt gewesen und nahm eine besondere Herausforderung am Sozialgericht Würzburg an; denn bei der Verabschiedung des bisherigen Präsidenten und der Amtseinführung des Nachfolgers kamen auch der große Eingang von Klagen und die lange Verfahrensdauer am hiesigen Sozialgericht zur Sprache. Die »Main-Post« schreibt dazu am 25. Januar 2002:

,*Rekordverdächtige Aktenberge' lagern nach Aussagen von Richterrat Burkhard Löffler im Sozialgericht; 8 123 Klagen haben die zwölf Richter derzeit zu bearbeiten. '677 Klagen pro Person, das sind 150 mehr als in München', sagte Löffler bei der Feierstunde in der Würzburger Residenz. Die Verfahrensdauer in Würzburg ist die längste in ganz Bayern. ,Wer heute eine Klage einreicht, bekommt sein Urteil erst 2004'.*

Der Weg nach Kassel und München

Während Klagen und Anträge auf einstweiligen Rechtsschutz zum 31. Dezember 2001 im bayernweiten Durchschnitt in 17,75 Monaten bearbeitet wurden, dauerte dies beim Sozialgericht Würzburg 29,78 Monate. Schuld daran war nicht zuletzt die steigende Zahl von Klagen: von 3 539 im Jahre 1995 auf 4 902 im Jahr 2001. Daran wird auch deutlich: Die Versicherten sind allem Anschein nach mündiger geworden und nehmen Entscheidungen eines Sozialversicherungsträgers vielfach nicht mehr ohne Widerstand hin.

Das Sozialgericht Würzburg umfasst heute zwölf Kammern mit zwölf Berufs- und rund 150 ehrenamtlichen Richtern. Eine zusätzliche hauptamtliche 13. Richterstelle am Sozialgericht Würzburg war für Herbst 2002 fest versprochen. Tätig für das Gericht sind auch über 50 ärztliche Sachverständige, zumal eine große Zahl der beim Sozialgericht anhängigen Verfahren medizinische Fragen betrifft, ob eine volle oder teilweise Erwerbsminderung besteht; ob ein behaupteter Körperschaden Kriegsfolge, Folge eines Arbeitsunfalls oder eines sonstigen gesetzlich geschützten Tatbestandes ist, kann in der Regel ohne ärztliche Mithilfe nicht geklärt werden. Vor allem bei Rechtsstreitigkeiten mit ausländischen Klägern werden Dolmetscher gebraucht, die auch den ausländischen Schriftverkehr übersetzen. Stolz ist man beim Sozialgericht Würzburg darauf, dass bisher zehn Richter den Weg zum Bundessozialgericht in Kassel bzw. zum Bayerischen Landessozialgericht in München bzw. in Schweinfurt gefunden haben. So traten Hans Kieswald, Albrecht Kinkelin, Hans Karl Oestreicher und Dr. Ulrich Steinwedel in die Dienste des obersten Gerichts der Sozialgerichtsbarkeit in Kassel.

Wichtige Befriedungsfunktion des Sozialgerichts

Die gegenwärtige wirtschaftliche Situation lässt erwarten, dass die Arbeit der Sozialgerichtsbarkeit in Zukunft noch schwieriger wird. Die Sozialversicherungsträger sehen sich ernsten und noch ungelösten Finanzierungsproblemen gegenüber. Und die Versicherten werden noch stärker auf Sozialleistungen angewiesen sein und zur Druchsetzung von Ansprüchen häufiger den Rechtsweg bestreiten. Auch dürften die sozialgerichtlichen Auseinandersetzungen mit größerer Hartnäckigkeit geführt werden. Dabei hat sich die Befriedungsfunktion des Sozialgerichts in besonderem Maße zu bewähren, um uns soziale Gerechtigkeit und soziale Sicherheit, zwei heute sehr häufig gebrauchte Begriffe, auch in Zukunft zu erhalten.

Schließen möchte ich mit einem Ausspruch von Francois-Marie Arouet Voltaire (1694 - 1778), der unsere heutige Situation so treffend beschreibt wie vor mehr als 200 Jahren:

In der einen Hälfte unseres Lebens opfern wir die Gesundheit, um Geld zu verdienen; in der anderen opfern wir Geld, um die Gesundheit wieder zu erlangen. Und während dieser Zeit gehen Gesundheit und Leben von dannen.

Anhang

1. Zeittafel

um 687
Frankenapostel Kilian, Kolonat und Totnan in Mainfranken

752
erster Aufenthaltsraum für Kranke und Altersschwache im Salvator-Dom

nach 1000
Kanonikerstift St. Stephan

nach 1089
Herberge für Alte, Arme und Aussätzige bei St. Stephan

um 1125
Gründung des St. Oswald-/ St. Johannes-Hospitals

1128
urkundliche Erwähnung einer Schuhmacher-Innung

um 1140
Stiftung des Spitals St. Dietrich

1252
ältestes Leprosenhaus im Wöllrieder Hof

1254
»Gewürzkramer« als erster Apotheker in Würzburg

23.6.1319
Stiftung des Bürgerspitals zum Heiligen Geist

1396
älteste Leprosenordnung der Stadt

1480
Instruktion über die Stadthebammen

30.3.1494
Stiftung des Spitals zu den Vierzehn Nothelfern

1496
erstmaliges Auftreten von Syphilis in Würzburg

1502
Verordnung zum Medizinalwesen

12.3.1576
Grundsteinlegung für das Juliusspital

1618-1648
30-jähriger Krieg mit verheerenden Auswirkungen

1732
»Krankenkasse« der Schuhmacher-Gesellen

1740
Gesuch der Schreinerzunft um bessere Krankenpflege

30.1.1786
Bürgerliches Krankengesellen-Institut

31.10.1801
Institut für kranke Dienstleute

1811
Frauen-Verein zur Hilfe der Armen der Stadt

23.11.1816
Allgemeine Verordnung, das Armenwesen betreffend

1841
Fabrikkrankenkasse Joseph Schürer

1848
Gründung des Ärztlichen Bezirksvereins

1853
Universitäts-Krankenkasse für Studierende

1. 1. 1855
Fabrikkrankenkasse Koenig & Bauer

29.4.1869
Bayerisches Gesetz über öffentliche Armen- und Krankenpflege

6.9.1873
Invaliden-, Witwen- und Waisenkasse bei Koenig & Bauer

1875
Witwen- und Waisenstiftung Bolongaro-Crevenna

1. 1. 1876
Einführung der Mark anstelle des Guldens

1879
Stadtchirurg im Dienst der beiden Würzburger Institute

17.11.1881
»Kaiserliche Botschaft« Wilhelms I.

15.6.1883
Gesetz betreffend die Krankenversicherung der Arbeiter

6.7.1884
Gesetz betreffend die Unfallversicherung

1.12.1884
Gemeinde-Krankenversicherung Würzburg;
Städtisches Kranken-Institut Würzburg

1884
Betriebskrankenkasse Bohn & Herber

ab 1884
Verwaltungsstellen eingeschriebener Hilfskassen

5.5.1886
Gesetz über die landwirtschaftliche Unfall- und Krankenversicherung

31.10.1888
Schließung der Betriebskrankenkasse der Noell'schen Waggonfabrik

23.11.1888
Errichtung eines Schiedsgerichts in Würzburg

1.1.1889
Land- und forstwirtschaftliche Berufsgenossenschaft für Unterfranken und Aschaffenburg

22.6.1889
Gesetz betreffend die Invaliditäts- und Altersversicherung

1.1.1891
Versicherungsanstalt für Unterfranken und Aschaffenburg

26.6.1894
Verein zur Gründung eines Sanatoriums für unbemittelte Lungenkranke

8.11.1895
Entdeckung der X-Strahlen durch Wilhelm Conrad Röntgen

20.4.1897
Städtisches Arbeitsamt Würzburg

27.6.1901
Eröffnung der Heilstätte »Luitpoldheim« in Lohr

1.8.1901
Betriebskrankenkasse Koenig & Bauer auf städtischer Gemarkung

28.11.1904
freie Arztwahl in Würzburg

25.4.1907
Verwaltungsstelle der Deutschnationalen Kranken- und Begräbniskasse

16.12.1907
Fürsorgestelle für Lungenkranke

19.7.1911
Erlass der Reichsversicherungsordnung

28.12.1911
Versicherungsgesetz für Angestellte

1.1.1912
Hinterbliebenenrenten in der Invalidenversicherung

31.12.1912
Schließung des Schiedsgerichts für Arbeiterversicherung

1.1.1913
Errichtung des Oberversicherungsamtes Würzburg;
Errichtung des Städtischen Versicherungsamtes

31.12.1913
Schließung der Gemeinde-Krankenversicherung Würzburg;
Schließung des Städtischen Kranken-Instituts

1.1.1914
Allgemeine Ortskrankenkasse Würzburg-Stadt;
Allgemeine Ortskrankenkasse Würzburg-Land

1.6.1914
Errichtung von sechs Innungskrankenkassen

11.7.1914
Eröffnung der Heilstätte »Maria Theresia« in Lohr-Sackenbach

28.7.1914
Ausbruch des Ersten Weltkrieges

31.3.1915
Schließung der Betriebskrankenkasse Bohn & Herber

11.11.1918
Ende des Ersten Weltkrieges

1918
Zwei Grippe-Epidemien in Würzburg

1.1.1921
Hauptverwaltungsstelle der Deutschnationalen Krankenkasse

24.2.1922
Innungskrankenkasse für die Gastwirte-Innung

15.11.1923
Ende der Inflation

1926
Nebenamtliche Zahlstelle der Barmer Ersatzkasse

16.7.1927
Gesetz über Arbeitsvermittlung und Arbeitslosenversicherung

1.1.1928
Geschäftsstelle der Kaufmännischen
Krankenkasse Halle

30.9.1928
Schließung des Städtischen
Arbeitsamtes Würzburg

1.10.1928
Errichtung des Arbeitsamtes Würzburg

25.10.1929
Beginn der Weltwirtschaftskrise

ab 26.7.1930
Notverordnungen des Reichspräsidenten

30.1.1933
Beginn der nationalsozialistischen
Gewaltherrschaft

1.1.1934
Zusammenlegung von AOK
Würzburg-Stadt und AOK
Würzburg-Land;
Vereinigte Innungskrankenkasse
Würzburg

5.7.1934
Gesetz zum Aufbau der
Sozialversicherung

1.1.1936
zehn örtliche Geschäftsstellen der
Ersatzkassen

1.9.1939
Beginn des Zweiten Weltkrieges

24.7.1941
Krankenversicherung der Rentner

29.6.1942
Einführung des Gesamtsozialversicherungsbeitrages

1.5.1943
Vereinigung der AOK Würzburg
mit sechs Ortskrankenkassen
in Mainfranken

16.3.1945
fast vollständige Zerstörung der Stadt

17.3.1945
Erste Verordnung zur Vereinfachung des
Leistungs- und Beitragsrechts in der
Sozialversicherung

4.4.1945
Einmarsch der Amerikaner in Würzburg

5.4.1945
Einsetzung einer provisorischen
Stadtverwaltung

7/8. 5.1945
Ende des Zweiten Weltkrieges

Mai 1945
Wiederbeginn der Arbeit bei der
Landesversicherungsanstalt
Unterfranken;
AOK Würzburg und Vereinigte
Innungskrankenkasse Würzburg
wieder arbeitsfähig

28.6.1945
Erste Zahlung von Invalidenrenten

27.7.1945
Angestelltenversicherung bei der
LVA Unterfranken

24.9.1945
Erste Zahlung von Angestelltenrenten

1.6.1946
Arbeitsaufnahme bei der DAK

6.11.1946
Beginn der Sitzungstätigkeit des
Oberversicherungsamtes Würzburg

29.12.1946
Erster Nachkriegs-Vorstand bei der
LVA Unterfranken

1947
Barmer-Bezirksverwaltung wieder in
Würzburg

20/21.6.1948
Währungsreform und Einführung
der DM

28.2.1949
Umzug der AOK Würzburg in die
Friedenstraße

23.5.1949
Grundgesetz für die Bundesrepublik
Deutschland

17.6.1949
Sozialversicherungsanpassungsgesetz

Nov. 1949
Errichtung der Bezirksstelle Unterfranken
der Kassenärztlichen Vereinigung Bayerns

Sept. 1951
Keramik- und Glas-Berufsgenossenschaft
in Würzburg

30.9.1952
Einweihung des Dienstgebäudes der
LVA Unterfranken

31.12.1952
Umzug der Innungskrankenkasse in
die Domstraße

16/17.5.1953
Erste Sozialwahlen in der Nachkriegszeit

7.8.1953
Errichtung der Bundesversicherungsanstalt für Angestellte

31.12.1953
Auflösung des Oberversicherungsamtes Würzburg

1.1.1954
Errichtung des Sozialgerichts Würzburg

12.2.1954
Versichertenälteste bei der Bundesversicherungsanstalt für Angestellte

6.11.1954
Einweihung des Hauptverwaltungsgebäudes der AOK Würzburg

1.1.1955
Familienausgleichskasse bei der Land-
wirtschaftlichen Berufsgenossenschaft
Unterfranken

12.4.1956
Einweihung des Ärztehauses

1.8.1956
Krankenversicherung der Rentner

23.2.1957
Rentenversicherungs-Neuregelungsgesetze

1.7.1957
Verbesserung der wirtschaftlichen
Sicherung der Arbeiter im Krankheitsfall

1.10.1957
Gründung der Landwirtschaftlichen
Alterskasse Unterfranken

30.12.1957
Neues Dienstgebäude der
Landwirtschaftlichen Berufsgenossen-
schaft Unterfranken

1.1.1959
Geschäftsstelle der Siemens-
Betriebskrankenkasse

23.3.1960
»Kassenarzt-Urteil« des Bundesverfassungsgerichts

1.4.1962
Geschäftsstelle der Techniker-
Krankenkasse

10.2.1964
Umzug des Sozialgerichts an den
Berliner Platz

1967
Einführung von Scheckheften bei
den Ersatzkassen

1.1.1970
Lohnfortzahlung für Arbeiter im Krankheitsfall;
Öffnung der Rentenversicherung für gut verdienende Angestellte;
Einführung einer Krankenscheinprämie

1.7.1971
Einführung von Früherkennungs- und Krebsvorsorgeuntersuchungen

Dez. 1971
Info-Busse der BfA im Einsatz

1.10.1972
Errichtung der LKK Unterfranken

18.10.1972
Rentenreformgesetz

1.1.1973
Maschinell lesbare Versicherungsnachweise bei der LVA Unterfranken

31.12.1973
Abschaffung der Krankenscheinprämie

1.1.1974
Zusatzversorgungskasse der LBG Unterfranken

1.1.1974
Einführung des Konkursausfallgeldes

7.8.1974
Rehabilitations-Angleichungsgesetz

24.6.1975
Gesetz über die Krankenversicherung der Studenten

1.7.1975
Datenstelle der gesetzlichen Rentenversicherung

1.1.1976
Sozialgesetzbuch I – Allgemeiner Teil

1.10.1976
Innungskrankenkasse Würzburg am Berliner Platz

1.7.1977
Beginn der Kostendämpfungsmaßnahmen bei den Krankenkassen;
Sozialgesetzbuch IV – Gemeinsame Vorschriften für die Sozialversicherung

14.5.1979
Auskunfts- und Beratungsstelle der BfA

1980
»Bayern-Vertrag« zur Kostenbegrenzung

Juni 1980
Rettungshubschrauber »Christoph 18« im Einsatz

1981
Erste mobile Datenstation bei der
LVA Unterfranken

31.12.1982
Schließung des Kindererholungsheimes
der AOK Würzburg

1.1.1986
Erziehungsurlaub und Erziehungsgeld
für junge Mütter

20.12.1988
Gesundheits-Reformgesetz

1.1.1989
Sozialgesetzbuch V – Gesetzliche
Krankenversicherung

1.11.1989
Gründung des Medizinischen Dienstes
der Krankenversicherung in Bayern

9.11.1989
Fall der Berliner Mauer;
Verabschiedung des
Rentenreformgesetzes 1992

3.10.1990
Vollzug der Einheit Deutschlands

Mai 1991
Bezirksverwaltung der Berufsgenossen-
schaft für Gesundheitsdienst und
Wohlfahrtspflege

1.8.1991
»Fachanwalt für Sozialrecht«

1.1.1992
Sozialgesetzbuch VI – Gesetzliche
Rentenversicherung

21.12.1992
Gesundheitsstrukturgesetz

Sept. 1993
Keramik-Berufsgenossenschaft am Glacis

1.1.1994
Einführung der Krankenversichertenkarte

1.1.1995
Sozialgesetzbuch XI – Soziale Pflege-
versicherung;
Einführung der Pflegeversicherung und
Errichtung von Pflegekassen;

1.4.1995
erstmals Leistungen der
Pflegeversicherung;
Gründung der IKK Franken

1.6.1995
Einbindung der AOK Würzburg in die
AOK Bayern

3.7.1995
Geschäftsstelle der Preussag-Betriebs-
krankenkasse Publik

ab 1996
Betriebsprüfung bei den Rentenversicherungsträgern

März 1996
Berufsgenossenschaft für Gesundheitsdienst und Wohlfahrtspflege am Röntgenring

1.7.1996
zweite Stufe der Pflegeversicherung

1.1.1997
Sozialgesetzbuch VII – Gesetzliche Unfallversicherung

1996/97
AOK-Dienstleistungszentrum »Ärzte/Krankenhäuser«

1.5.1998
Ärztliche Bereitschaftspraxis

1.1.1999
Geschäftsstelle der Betriebskrankenkasse Bavaria

1.2.1999
AOK-Studenten-Treff

1.11.1999
Gründung der Innungskrankenkasse Bayern

8.9.1999
Filiale der Gmünder Ersatzkasse

1.1.2001
Fusion von drei Landwirtschaftlichen Berufsgenossenschaften zum Land- und forstwirtschaftlichen Sozialversicherungsträger Franken/Oberbayern; Einführung von Erwerbsminderungsrenten

1.1.2002
Einführung des Euro

2. Literatur

Allgemeine Ortskrankenkasse Würzburg (-Stadt),
Geschäftsberichte ab 1914-1938 und Vorstandsprotokolle 1953-1995

Bayerisches Landessozialgericht,
25 Jahre Sozialgerichtsbarkeit in Bayern, München 1979

Berufsgenossenschaft der keramischen und Glas-Industrie,
100 Jahre gesetzliche Unfallversicherung, Mitteilungen Nr. 2, Würzburg, Juni 1985

(Königliches) Bezirksamt Würzburg,
Amtsblätter 1913-1933

Blenk, Simon,
825 Jahre Schuhmacher-Innung Würzburg 1128-1953, Würzburg 1953

Böge, Volker/Stein, Hartwig,
225 Jahre DAK – Gesundheit und soziale Verantwortung, Hamburg 1999

Bürgerliches Krankengesellen-Institut,
Beschreibung eines Protokolls 1786-1838, Würzburg

Dettelbacher, Werner,
Bilddokumente aus der Zeit von 1866-1914, 1914-1945 und der Zeit nach 1945, drei Bände, Würzburg 1970, 1971 und 1974

Diem, Ludwig,
Geschichte der Würzburger Ärztehäuser, Würzburg 1965

Eichelsbacher, Franz,
Die Krankenversicherung in Bayern, in: DOK 1928, Sp. 527

Fries, Lorenz,
Würzburger Chronik, Erster Band, Neudruck, Würzburg 1924

Glootz, Tanja Anette,
Geschichte der Angestelltenversicherung des 20. Jahrhunderts, Berlin 1999

Götz, Mario E.,
Die Arbeitsbedingungen der Schnellpressenfabrik Koenig & Bauer unter besonderer Berücksichtigung der sozialen Struktur der Jahre 1825-1900, Würzburg 1983

Hähner-Rombach, Sylvelyn,
Die Betriebskrankenkassen in Baden und Württemberg von der Industrialisierung bis in die Zeit des Nationalsozialismus, Eine Chronik, Stuttgart 2001

Hänle, Siegfried/von Spruner Karl,
Würzburg und seine Umgebungen, Nachdruck der 1. Auflage aus dem Jahre 1844, Würzburg 1980

Halbig, Sebastian,
Die Krankenhilfe für Dienstboten und gewerbliche Arbeiter sowie für Kaufleute und Apothekergehilfen, in: Würzburg, insbesondere seine Einrichtungen für Gesundheitspflege und Unterricht, Festschrift, gewidmet der 18. Versammlung des Deutschen Vereins für öffentliche Gesundheitspflege, S. 351 ff., Würzburg 1892

Hamburgische Zimmererkrankenkasse,
1877-1997, 120 Jahre HZK - ein Rückblick, Hamburg 1997

Hauptverband der gewerblichen Berufsgenossenschaften u.a.,
1885-1985: Hundert Jahre gesetzliche Unfallversicherung, Sankt Augustin 1985

Kasischke, Friedrich,
Fanny Koenig - Hüterin eines Erbes, Würzburg 2002

Kassenärztliche Vereinigung Bayerns,
50 Jahre KVB 1949-1999, München 1999

Künzer, Gerhard,
Die Krankenversicherung Würzburgs, Dissertation, Würzburg 1921

Landesversicherungsanstalt Unterfranken (und Aschaffenburg),
Geschäftsberichte 1891-2000

Landesversicherungsanstalt Unterfranken,
100 Jahre Rentenversicherung, Mitteilungen, »wir« Nr. 16/1990, Würzburg 1990

Landwirtschaftliche Berufsgenossenschaft Unterfranken,
Chronik 100 Jahre Landwirtschaftliche Berufsgenossenschaft Unterfranken, Würzburg 1989

Landwirtschaftliche Berufsgenossenschaft Unterfranken,
Verwaltungsberichte 1945-2000 (ab 1982 auch für LKK und LAK Unterfranken)

Landwirtschaftliche Berufsgenossenschaften in Bayern und Rheinhessen-Pfalz,
100 Jahre landwirtschaftliche Unfallversicherung in Bayern und der Pfalz, 1989

Leopold, Dieter,
Die Selbstverwaltung in der Sozialversicherung, 5. Auflage, Sankt Augustin 1996

Leopold, Dieter,
Die Geschichte der sozialen Versicherung, Sankt Augustin 1999

Medizinischer Dienst der Krankenversicherung in Bayern,
10 Jahre MDK in Bayern, Gestern – Heute – Morgen, München 1999

Meisner, Michael,
Dreißig Jahre danach. Am Beispiel einer Universitätsstadt, Würzburg 1975

Pels-Leusden, Fritz,
Festschrift zum 150-jährigen Jubiläum (1817-1967) der Schnellpressenfabrik Koenig & Bauer AG, Würzburg 1967

Peters, Horst,
Die Geschichte der sozialen Versicherung, 3. Auflage, Sankt Augustin 1978

Rettner, Leo,
Vierhundert Jahre Stiftung Juliusspital Würzburg, Sonderdruck, Würzburg 1976

Reubold, Wilhelm,
Beiträge zur Geschichte der Krankenkassen in Würzburg, in: Archiv des Historischen Vereins von Unterfranken und Aschaffenburg, 46. Band, Würzburg 1904

Ringleb, Günther,
Erfolg einer Idee: 100 Jahre Barmer Ersatzkasse, Düsseldorf 1984

Ruland, Otto,
Die sozialen Einrichtungen der ältesten europäischen Druckmaschinenfabrik, deren Gründung und Entwicklung, Inaugural-Dissertation, Graz 1960

Schäfer, Dieter,
Würzburg – Stadt und Bürger in 175jähriger Geschichte der Städtischen Sparkasse, Würzburg 1998

Schauer, Hartmut,
Wohltätigkeitsstiftungen ergänzen unser soziales Sicherungssystem – 400 Jahre Juliusspital in Franken, in: DOK 1976, S. 527

Schich, Winfried,
Würzburg im Mittelalter – Studien zum Verhältnis von Topographie und Bevölkerungsstruktur, Köln 1977

Schindler, Gottfried,
Die Siechenhauspflege, Würzburg 1970

Schindler, Gottfried,
Die Huebers-Pflege in Würzburg, Würzburg 1973

Schmidt, Klaus,
175 Jahre Koenig & Bauer (1817-1992), Würzburg 1992

Schmitt, Gregor,
Die öffentlichen und privaten Kranken- und Wohlthätigkeits-Anstalten in der Stadt Würzburg, in: Würzburg, insbesondere (wie Halbig ...)

Schürer, Achim,
Die Schürer-Chronik – Erlebte Geschichte, Würzburg 2001

Schunk, Gunther/Nossol, Peter,
Was war los in Würzburg 1950-2000, Würzburg 2001

Sozialgericht Würzburg,
OVA – SG Würzburg von 1945-1954, Chronik Würzburg 1954

Stadt Würzburg,
Bericht über die Verwaltung und den Stand der Gemeinde-Angelegenheiten der Stadt Würzburg, jährlich von 1869-1995 (ab 1952: Jahresrückblick, in unregelmäßiger Folge)

Stadt Würzburg,
Adressbuch für Würzburg 1806-2001

Stadt Würzburg,
Wurfzettel (nummeriert) des Oberbürgermeisters der Stadt Würzburg 1945-1946, Würzburg 1945/46

Steeger, Walter,
25 Jahre Datenstelle der Rentenversicherungsträger (DSRV), in: Deutsche Rentenversicherung 2000, S. 648 ff.

Stürtz AG,
Hundertfünfzig Jahre Universitätsdruckerei H. Stürtz AG in Würzburg 1830-1980, Würzburg 1980

Techniker Krankenkasse,
1884-1984, 100 Jahre Techniker-Krankenkasse, Hamburg 1984

Trenschel, Hans Peter,
Bürgerspital zum Hl. Geist, Würzburg 1994

Verband der Angestellten-Krankenkassen e.V.,
Das Jahrhundert in der Krankenversicherung 1900-1999,
Sonderveröffentlichung, Siegburg 1999

Wagner, Ulrich,
100 Jahre Arbeitsamt Würzburg 1897-1997, Schriften des Stadtarchivs Würzburg – Heft 10, Würzburg 1997

Wagner, Ulrich,
Geschichte der Stadt Würzburg, Band I, Von den Anfängen bis zum Ausbruch des Bauernkrieges, Stuttgart 2001

Westermeir, Toni,
Die Allgemeine Ortskrankenkasse Würzburg-Stadt und die sozialhygienischen Einrichtungen der Stadt Würzburg, in: DOK 1923, Sp. 519

Wurster, Willy,
Von Bismarcks Unterstützungskasse zur modernen Gesundheitsversicherung – 100 Jahre AOK Stuttgart, Stuttgart 1984

3. Sachverzeichnis

Ärzte 13, 27, 58, 60, 62, 63, 64, 116, 117, 119, 120, 124, 128, 129, 133, 136,139, 141, 142, 144, 147, 161, 165, 171, 198, 202, 209, 223, 233, 241, 283
Ärztliche Verrechnungsstelle Büdingen 202
Ärztlicher Bezirksverein 27, 58, 63
Allgemeine Ortskrankenkasse Würzburg 149 ff., 196 ff.
Allgemeine Ortskrankenkasse Würzburg-Land 157 ff.
Allgemeine Ortskrankenkasse Würzburg-Stadt 109 ff.
Almosen-Verordnung 15
Altershilfe für Landwirte 333 ff.
Amt für Sozialversicherung und Wohnungswesen 350
Angestelltenversicherung 86, 102, 191, 302, 330
AOK-Dienstleistungszentrum 239
Apotheken 13, 20, 26, 60, 64, 65, 116, 129,133, 142, 223, 241
Arbeitsamt Würzburg 144
Arbeitsunfälle 79, 177, 181, 276, 279, 283, 285
Armenpflegschaftsrat 54
Armenwesen 10, 54
Arzneimittel 25, 38, 64, 67, 69, 120, 208
Ausländische Arbeitnehmer 210, 313, 320, 321, 329
Aussiedler 350

Bader 13, 26, 65, 209
Bandagisten 62, 116, 133, 142, 223
Barbier 13, 26
Barmer Ersatzkasse 173, 259
Bavaria Betriebskrankenkasse 255
Bayern-Vertrag 227
Beirat 150, 178, 188
Beitragserstattung 90, 95, 320, 322
Beitragskontrollen 98, 102
Beitragsmarken 89
Berufsgenossenschaft der keramischen und Glasindustrie 286 ff.
Berufsgenossenschaften 78 ff., 175 ff., 271 ff.
Berufsgenossenschaft für Gesundheitsdienst und Wohlfahrtspflege 293
Berufskrankheiten 177, 279, 287
Betriebskrankenkassen 55, 56, 68, 163 ff., 249 ff.
Betriebsprüfung 144, 327
Blindengeld 301, 315, 321, 332
Bohn & Herber, Betriebskrankenkasse 70, 165
Bolongaro-Crevenna, Witwen- und Waisenkasse 49
Bürgerliches Krankengesellen-Institut 21 ff., 56
Bürgerspital-Stiftung 17
Bürgerspital zum Heiligen Geist 16 ff.
Bundesversicherungsanstalt für Angestellte 302, 330 ff.
Bundeszuschüsse 276, 280, 334, 336

383

Chipkarte 60, 237

Datenerfassungs-Verordnung 315
Datenschutz 230, 321
Datenstelle der
 Rentenversicherungsträger 337 ff.
Datenübermittlungs-Verordnung 315
Deutsche Angestellten-Krankenkasse
 172, 261 ff.
Deutschnationale Krankenkasse
 76 ff., 170
Dienstleute-Institut 27
Dienstordnungs-Angestellte 275

EDV 216, 221, 235, 278, 310, 315, 318
Entgeltfortzahlung für Arbeiter
 211, 217
Entnazifizierung 197, 271, 273, 297
Ersatzkassen 108, 131, 168 ff., 258 ff.
Erstlingsgesetzgebung 55
Euro 241, 329

Fabrikkrankenkassen 36, 55
Fachanwalt für Sozialrecht 362
Fachhochschule 35
Freie Arztwahl 62, 212
Freiwillige Pflegezusatzversicherung
 347
Fürsorgestelle für Lungenkranke 100
Fusionen 149, 155, 159, 162, 237,
 248, 249, 258, 285, 337

Gastwirte-Innung 163, 244
Gemeinde-Krankenversicherung
 30, 55, 56, 67, 75, 107, 110, 159

Gemeinschaftsaufgaben 188, 316,
 319, 324
Gerichtstage 355, 363
Gesamtsozialversicherungsbeitrag
 155, 190
Geschlechtskrankheiten 12, 13, 32, 62,
 77, 184, 185
Gewerbliche Berufsgenossenschaften
 78, 180, 286 ff.
Gmünder Ersatzkasse 268
Grippeepidemien 122, 144, 151

Hamburg-Münchner Ersatzkasse 265
Handwerker-Selbsthilfe-
 einrichtungen 14
Hanseatische Krankenkasse 266
Hartmannbund 63
Hebammen 14, 142, 153, 223
Heilmittellager 126
Heilstätte Luitpoldheim 100
Heilstätte Maria-Theresia-Heim 102
Heilverfahren 82, 91, 95, 96, 132, 305
Herzzentrum 233
Hilfskassen 55, 73
Hilfsrichter 356
Hinterbliebenenrenten 47, 101, 103,
 184, 186, 301
Hochschule für Musik 35
Hofübergabe 333
Hospizarbeit 20

Industrialisierung 51
Inflation 135, 136
Innungen 14, 108, 111, 160, 162, 242 ff.

Innungskrankenkasse
 Bayern 249
Innungskrankenkasse
 Franken 247, 248
Innungskrankenkasse
 Würzburg 244 ff.
Institut für kranke Dienstleute 27
Invaliden-, Witwen- und Waisenkasse,
 Koenig & Bauer 47, 104
Invalidenversicherung 181
Invaliditätsversicherung 86

Jahresmeldungen 350
Julius-Maximilians-Universität
 25, 31, 33, 35, 268, 328
Juliusspital 18 ff., 22, 23, 24, 28, 30,
 38, 60, 67

Kaiserliche Botschaft 9, 51, 55
Kassenärztliche Vereinigung 136, 138,
 147, 171, 201, 213, 224, 235, 238, 241
Kaufmännische Krankenkasse
 Halle 174, 264
Kindererholung 145, 154, 207, 214, 230
Kindererziehungszeiten 324, 350
Kindergeld 274
Klinik für Berufskrankheiten 288
Koenig & Bauer,
 Arbeitsordnung 37, 69
Koenig & Bauer,
 Betriebskrankenkasse 55, 68, 108, 163
Koenig & Bauer,
 Fabrikkrankenkasse 36
Koenig & Bauer, Invaliden-, Witwen-
 und Waisenkasse 47, 104

Koenig & Bauer,
 »Rothes Strafbuch« 39
Koenig & Bauer,
 Vorschusskasse 37
Kollegium der Gemeinde-
 bevollmächtigten 56, 109
Kontingentflüchtlinge 351
Krankengesellen-Institut 21 ff., 59
Krankenkasse für
 Bau- und Holzberufe 267
Krankenkasse für Kaufleute und
 Privatbeamte 173
Krankenkontrollen 117, 152, 158, 215
Krankenordnung 117, 161, 220, 348
Krankenschein 60, 237
Krankenscheingebühr 147
Krankenscheinprämie 218
Krankenschein-Scheckhefte 224,
 259, 262
Krankenunterstützungsvereine 44, 77
Krankenversichertenkarte 60, 237
Krankenversicherung 55 ff., 107 ff.,
 195 ff.
Krankenversicherung der
 Rentner 154, 209, 305
Krankenversicherung der
 Studenten 31, 240
Krankheitsursachen 93
Kriegsopferversorgung 200, 298,
 354, 355
Künstlersozialversicherung 232

Landesarbeitsamt Würzburg 272
Landesversicherungsanstalt
 Unterfranken 86 ff., 181 ff., 295 ff.

Landwirte 79, 175, 255, 271, 333
Landwirtschaftliche Alterskasse
 Unterfranken 333 ff.
Landwirtschaftliche Berufsgenossen-
 schaft Unterfranken
 79 ff., 175 ff., 271 ff.
Landwirtschaftliche Krankenkasse
 Unterfranken 219, 255, 280
Laparoskopie 236
Leiter 149, 150, 178 ff.
Leprosenhäuser 12
Leprosenordnung 12
Lichterfelder Ersatzkasse 262
Lohnfortzahlung für Arbeiter 211, 217
Luitpold-Krankenhaus 32, 135, 139,
 210, 233, 236, 240

Masseure 116, 142, 223
Medizinischer Dienst der Krankenversicherung 268, 324, 345 ff.

Neue Bundesländer 235, 248, 284,
 290, 324, 364
Nierensteinzertrümmerung 233
Noell´sche Waggonfabrik,Betriebs-
 krankenkasse 72
Notverordnungen 146, 178

Oberversicherungsamt Würzburg
 348, 352 ff.
Öffentliche Armenpflege 54
Öffentlichkeits- und Medienarbeit
 209, 215, 222, 225, 232, 235, 280,
 282, 318
Optiker 62, 116, 133, 223

Palliativ-Medizin 20
Pest 12
Pflegeeinrichtungen 345
Pflegegeld 343
Pflegekassen 342
Pflegepflichtversicherung 342
Pflegestufe »0« 344
Pflegeversicherung 341 ff.
Pfründner 17, 20
Polikliniken 58, 60, 66, 136
Portugal 314, 320, 321, 329
Prävention 287, 294
Preussag BKK Publik 253
Primogenitur 80
Private Pflegepflichtversicherung 346
Privatversicherungsunternehmen
 44, 77

Quittungskarten 89, 102, 186, 190, 192

Rehabilitation 18, 316
Reichskommissar 149
Reichsschatzanweisungen 121, 175, 182
Reichsversicherungsanstalt für
 Angestellte 102, 191
Reichsversicherungsordnung 69, 85,
 101, 107, 108, 110, 181
Rentenreform 304, 314, 324, 329
Rentenversicherung 295 ff.
Rentenversicherung der
 Handwerker 194, 308
Rettungsdienst 223, 224, 257
Rettungshubschrauber 228
Rezeptprüfung 64, 208
Röntgeninstitut 128

Röntgenstrahlen 82
»Rothes Strafbuch« 39
Rumänien 320

Schiedsgericht 83, 88, 92
Schlüsselloch-Chirurgie 236
Schürer, Joseph, Arbeitsordnung 71
Schürer, Joseph,
 Betriebskrankenkasse 70, 108, 166
Schürer, Joseph,
 Fabrikkrankenkasse 40
Schürer, Joseph,
 Leichenkassen-Verein 42
Schürer, Joseph,
 Zusammenschluss der Unterstützungsvereine 43
Schutzimpfungen 226
Schwangerschaftsabbruch 257
Siemens-Betriebskrankenkasse 254
Soziale Rechtsprechung 347
Sozialgericht Würzburg 357 ff.
Sozialgerichtsgesetz 349, 357
Sozialgesetzbuch 195, 230, 235, 292, 295, 317, 321, 342
Sozialversicherungs-Anpassungsgesetz 201, 300, 355
Sozialwahlen 112, 132, 144, 205, 212, 228, 302, 308, 313
Spätaussiedler 351
Spartakus-Aufstand 124
Sprechtage 331
Staatliches Versicherungsamt
 Würzburg 351
Städtisches Arbeitsamt
 Würzburg 144

Städtisches Kranken-Institut 66 ff.
Städtisches Versicherungsamt
 Würzburg 104, 111, 348 ff.
Stadtchirurg 26, 30
Stadtmagistrat 56, 59, 61, 109, 111
Sterbekassenvereine 44
Stiftung Bolongaro-Crevenna 49
Studenten 31 ff., 240
Syphilis 12, 32, 184

Techniker-Krankenkasse 263
Technischer Fortschritt 51, 79, 84
Teilrente 325
Tuberkulose-Arbeitsgemeinschaft 138
Tuberkulose-Behandlung 97, 99, 138, 182, 312, 322

Unfallursachen 81, 283
Unfallverhütung 37, 83, 84, 175, 278, 281, 283, 288
Unfallversicherung 33, 37, 78 ff., 174 ff., 270 ff.
Unterstützungskassen 42
Unterstützungsvereine 45, 46

Verbände 120, 136, 148, 176, 184, 201, 315
Verbindungsstelle für Portugal 314, 320, 321
Verein zur Bekämpfung der
 Tuberkulose 138
Vereinigte Innungskrankenkasse
 Würzburg 161 ff., 241 ff.
Vereinigte Stiftungen für Arme und
 Wohltätigkeit 50
Versichertenälteste 317, 322, 328, 330, 332

387

Versichertenberater 332
Versicherungsanstalt für Unterfranken und Aschaffenburg 86
Versicherungsgesetz für Angestellte 102
Versicherungsnachweise 315
Versicherungsnummer 309, 329, 350
Vertrauensärztlicher Dienst 128, 130, 146, 268, 324
Vertrauensmänner 104, 191, 193
Verwaltungskosten 59, 67, 82, 87, 132, 164, 167, 282, 329
Vorsorgeuntersuchungen 219
Vorverfahren 329, 361

Währungsreform 200, 272, 299
Wettbewerb 131, 206, 211, 215, 218, 222, 233, 244, 245, 327
Wohltätigkeitsvereine 46
Wohnungsbau 140, 142
Wohnungsnot 134, 139
Wurfzettel 196, 197, 241, 242, 296

Zahnärzte 116, 133, 142, 171, 223
Zahnärztlicher Bezirksverband 202
Zahntechniker 116, 142
Zusatzkassen 42
Zusatzversorgungskasse für Arbeitnehmer in der Landwirtschaft 280

4. Personenverzeichnis

Adalbero 10
Adami, Manfred 325
Adenauer, Konrad 213
Adamski, Elisabeth 207
Albert, Dr. Hans 234
Albert, Oskar 205
Andrian-Werburg, Rainer Frhr. von 20
Arbinger, Armin 265

Bald, Robert 205
Banner, Reinhold 332
Bauer, Dr. Adolf 326
Bauer, Andreas 36, 39, 78
Bauer, Jürgen 328
Bausewein, Hubert 214, 231, 234, 235
Beckenkamp, Walther 188
Becker, Gustelore 264
Beckmann, Max 309
Beckmann, Dr. Peter 309
Beckmann, Pia 18
Berthold, Hans 203, 208, 214
Binder, Franz 225
Bismarck, Otto von 52, 53
Blank, Joseph 42
Blenk, Simon 242
Bodenstedt, Karl Heinz 364
Bödelt, Alfred 264
Böshaar, Adam 152
Bolongaro-Crevenna, Jan 50
Bolongaro-Crevenna, Joseph Anton 50
Bonifatius 10
Bonin, Hans 330
Boyer, Egid 331
Brand, Georg 261
Brand, Hermann 363

Brandmann, Hans 199, 208
Braun, Rüdiger 18
Brettreich, Friedrich von 102
Britzelmayr, Ludwig 81
Büschl, Simon 30
Burkard 10

Carl, Leonhard 30

Datzer, Ernst 330
Dauch, Günther 235, 238, 240
Dehm, Andreas 65
Diem, Dr. Ludwig 202
Dietz, Johann Baptist 87
Donath, Wolfram 253
Drechsel-Schlund, Claudia 293
Düll, Johann 41

Ebert, Heinrich 152
Echter, Julius 18, 31
Eginhard Graf von Rotenburg 10
Eglauer, Alois 214, 231
Ehrlich, Rudolf 187, 188
Eichelsbacher, Dr. Franz 113, 121, 125
Eichelsbacher, Dr. Heinz-Martin 125
Eidenmueller, Karl 340
Eisfelder, Adam 330
Eller, Dr. Karl 150, 178
Elster, Welf 289
Endres, Fritz 125
Erhart, Willi 255, 282
Erthal, Franz Ludwig von 22, 27
Ertl, Josef 255
Fechenbach, Georg Karl von 28
Fella, Uwe 239

389

Ferdinand von Toskana 24
Fiedler, Franz 158
Fleischhauer, Dr. Friedrich 273, 274, 275
Flockerzi, Kurt 266
Fluch, Dr. Franz 225
Frantzen, Magdalena 118
Freitag, Heinz 265
Friedrich, Gustav 84, 175, 176
Friedrich, Dr. Marianne 202, 225
Frohmüller, Prof. Dr. Hubert 209
Frohmüller, Wilhelm 209
Fuchs, Franz, MdS 226, 229, 233, 245

Gärtner, Eugen 221, 229
Gay, Prof. Dr. Bernd 20
Geiger, Jürgen 268
Gensler, Alois 260
Gerhard von Schwarzburg 12
Gieseke, Jürgen 254
Giesel, Otto 97, 101, 186
Gitter, Prof. Dr. Wolfgang 290
Glaß, Dr. Eberhard 233
Götz, Michael 173, 259
Goldhammer, Dr. Karl 223
Goldstein, Johann 41
Goller, Friedrich 147
Goller, Hans 76
Gottfried von Hohenlohe 16
Grebner, Hans 211
Grellmann, Gerhard 323
Gresser, Otto 254
Grieser, Dr. Andreas 357
Grimm, Willi 263
Groll, Ludwig 86, 97
Groß, Hubert 203
Grümpel, Adalbert 135
Gündling, Werner 259

Haack, Gustav 85, 176
Haas, Max 310, 311, 319
Hadam, Joachim 231
Halbig, Sebastian 56, 66
Hannawacker, Franz 42
Hartmann, Dr. Hermann 63
Hartmann, Otto 209
Hausmann, Ludwig 207
Heindl, Herbert 265
Heinhold, Benno 249
Heinrich I. 10
Heinz, Günter 254
Hellmuth, Dr. Otto 149
Hemmkeppler, Vinzenz 158
Henner, Philipp 82
Heuler, Fried 204
Heydenreich, Joseph 22
Hitler, Adolf 149, 187
Höfling, Willibald 250
Hoffa, Prof. Dr. Albert 93
Hofmann, Alfred 318
Hofmann, Dr. August 183
Hofmann, Dr. Franz Eduard 184
Hofmann, Dr. Ottmar 99
Holzmann, Margarete 156
Huber, Otto 307
Hübner, Dr. Ludwig 283
Hümmer, Konrad 87
Huttner, Rolf 285

Jäckel, Dr. Robert 335
Johann von Steren 16
Johannes von Allendorf 11
Jossberger, Stefan 332

Kaczmarek, Dr. Alexander 208
Kaeppel, Ernst 170

Kassan, Herbert 308
Kelber, Dr. Fritzmartin 223, 224
Keller, Walter 311, 319, 321
Kestler, Kunigunde 112
Kiesel, Robert 328
Kieswald, Hans 365
Kilian 9
Kinkelin, Albrecht 365
Kirsch, Dr. Uwe 294
Knoll, Erwin 264
Kober, Ludwig 267
Kolonat 9
Koenig, Fanny 36
Koenig, Friedrich 36
Koenig, Friedrich von 36
Köpf, Andreas 243
Konrad von Thüngen 15
Kraefft, Dr. Fritz 213
Kragler, Ludwig 175
Kraus, Marlies 264
Kraus, Dr. Martin 306 ff., 355, 360
Kreiß, Egbert 325
Kukel, Hans 173
Kullmann, Otto 267
Küchenhoff, Prof. Dr. Günther 212
Kunzemann, Oswald 250, 251
Kutscheidt, Hans-Dieter 251, 253

Laas, Dr. Eberhard 241
Laforet, Prof. Dr. Wilhelm 306
Lagemann, Dr. Afred 133
Langguth, Michael 149
Leitl, Florian 323
Lill, Dr. Hans 146
Limb, Johann Baptist 23
Lintner, Eduard 33
Lipsius, Klaus Peter 331

Löffler, Burkhard 364
Löffler, Friedrich Wilhelm 291
Löffler, Dr. h.c. Hans 137
Lorenz, Martin 162
Lorenz von Bibra 13
Luitpold, Prinz von Bayern 86
Lusin, Sven 229
Lutz, Armin-Claus 260

Maier, Sebastian 243
Martin, Hans Peter 332, 344
Mathein, Gerhard 364
Matthes, Dr. Albrecht 125
Mauder, Joseph 143
Max Joseph 24
Maximilian Joseph I. 24
May, Paul 209
Mayer, Christoph 102
Mechela, Franziska 207, 215
Meder, Dr. Rudolf 283
Meier, Günther 265
Memminger, Thomas 112, 132, 145
Messerer, August 61
Meyer, Prof. Dr. Otto 18
Möllmann, Dr. Ernst 223, 234
Müller, Erwin J. 275, 281
Müller, Dr. Helmut (SG) 361, 362, 363
Müller, Dr. Helmut (LVA) 325
Müller Theresa (Schw. Cassiana) 154

Naß, Michael 265
Neumeier, Walter 311, 321, 325

Oegg, Johann Anton 22
Oestreicher, Hans Karl 325
Ottmann, Dr. Klaus 235
Otto, Dompropst 11

391

Parr, Franz 125
Parr, Georg 125, 152
Parr, Max 125
Parr, Paul 125
Petri, Johannes 101, 183
Pfeuffer, Joseph 264
Pfister, Max 197
Pinkenburg, Gustav 196
Pirkl, Dr. Fritz 220, 252, 319
Pittroff, Dr. Richard 287
Plinske, Werner 293
Porsch, Dr. Friedrich 277
Pröse, Paul 173

Quaglea, Ferdinand 83
Quarck, Dr. Albert 189, 190

Rahn, Hans Jürgen 281, 285
Redelberger, Willi 205, 212, 217
Reinecke, Robert 192
Reinfurt, Eugen 205, 211
Reinhard, Fritz 203, 205, 212, 330
Reutter, Kaspar 193
Ries, Karl 208, 214
Ringelmann, Max 111, 348
Röder, Franz 178
Röntgen, Prof. Dr. Wilhelm Conrad 82
Rösgen, Dr. Karl Philipp 131
Rötter, Dr. Werner 225
Roger, Willibald 331
Roos, Thomas 244, 247
Rudolf von Scherenberg 14
Rückert, Gerhard 332

Saalfrank, Fritz 140
Sattler, Heinz 255
Sauerborn, Maximilian 148

Schäfer, Jakob 101
Scheder, Franz 82
Scheiger, Hans 335
Schelbert, Franz 318
Schellenberger, Franz 43
Schenk, Rudi 267
Scherer, Georg 177, 183
Schick, Rudolf 264
Schilke, Irene 254
Schirmer, Karl 193
Schleunung, Willy, MdS 217, 222, 229
Schmaus, Herbert 238
Schmidt, Dr. Georg 287
Schmidt, Walter 228
Schmidt, Dr. Wolfgang 189
Schmitt, Günther 263
Schmitt, Heinz 318
Schmitt, Karl Erich 267
Schönenberger, Philipp 158
Schönrogg, Hermann 148
Schorn, Dr. Georg 20
Schreck, Kurt 328
Schrenk, Egon 269, 332
Schrepfer, Philipp 211, 226
Schubert, Dr. Erich 241
Schüle, Dr. Walter 272
Schürer, Hans 91, 95
Schürer, Joseph jr. 41, 43
Schütz, Hans 277
Schuler, Paul 56
Schullehner, Kurt 263
Schulz, Joseph 143
Seehofer, Horst 237, 324
Seißer, Philipp 95, 101, 187
Seitz, Josef 217
Seubert, Adam 41
Seubert, Michael 239

Seubert, Wilhelm 49
Sinner, Prof. Dr. Johann 31
Sitzmann, Hans 227
Söhnlein, Gerd 238
Stamm, Barbara 284, 325
Stark, Manfred 263
Steeger, Walter 340
Stegerwald, Adam 272
Steinwedel, Dr. Ulrich 365
Stöckhert, Rudolf 147
Storch, Anton 359
Strauß, Franz-Josef 341
Strobel, Dr. Claudia 18
Stühler, Bernhard 20
Stürtz, Heinrich 102

Tanneberger, Lebrecht 158
Tebelmann, Friedrich 41
Thiede, Prof. Dr. Arnulf 236
Thiemicke, Willy 173
Thoma, Heinrich 187
Totnan 9
Treppner, Hermann 83
Trümmer, Karl 94

Ulmer, Hermann 360, 361

Versbach, Kurt 238
Virchow, Prof. Dr. Rudolf 99
Vocke, Ludwig 177
Völk, Heinrich 92
Vogel, Karl Friedrich 364
Volk, Peter 256
Volkenstein, Georg 330
Voll, Georg 76
Vollrath, Konrad 162, 242, 244
Voltaire, Francoise-Marie Arouet 366

Wagner, Georg 155, 156
Wagner, Klaus-Dieter 266
Wagner, Valentin 177
Wahl, Dr. Dr.h.c. Gotthold 200, 272, 297, 302, 304 ff.
Walle, Dr. Bernhard 205
Walle, Gustav 146
Walther, Franz 222, 228
Weber, Hans Jürgen 295
Weck, Andreas 260
Weck, Georg 260
Weise, Heinrich 222, 229
Weiß, Dr. Paul 353, 354, 358 ff.
Weitnauer, Dr. Karl 250
Wenz, Dr. Karl Friedrich 269
Westermeir, Anton 113, 120, 121, 124, 125, 140, 143, 145, 149, 150, 152 ff.
Wiehle, Horst 238
Wilhelm I. 52
Wilucki, Dr. Otto von 130
Windmeißer, Johannes 256
Wirsching, Franz 145
Wohlraab, Hans 307
Wolf, Detlef 268
Wolf, Elmar 247
Wüst, Wilhelm 186, 187

Zapf, Dr. jur. Wilhelm 330
Zeitler, Dr. Klaus 216, 319
Ziegler, Prof. Dr. Karl 184
Zierl, Lorenz 179, 180, 188, 271, 272
Zimmermann, Karl 111
Zippelius, Karl 307
Zirk Martin 264
Zuse, Konrad 310

5. Zeitzeugen

Albert, Ernst 350, 351
Beierstorf, Hermann 140
Deckert, Josef 151, 155
Drexel, Gerhard 291, 292
Fehlbaum, Gerhard 243
Huttner, Rolf 286
Dr. Kelber, Fritzmartin 233, 234
Richter, Maria 198
Roos, Robert 352
Schrenk, Egon 345
Schultheiß, Fred 151, 155
Werner, Hans Heinrich 261, 262
Wiehle, Horst 238

6. Abkürzungen

AOK	Allgemeine Ortskrankenkasse
BAföG	Bundesausbildungsförderungsgesetz
BEK	Barmer Ersatzkasse
BfA	Bundesversicherungsanstalt für Angestellte
BG	Berufsgenossenschaft
BKK	Betriebskrankenkasse
DAK	Deutsche Angestellten-Krankenkasse
DOK	Zeitschrift »Die Ortskrankenkasse«
Dr. rer.pol.	Doktor der Staatswissenschaften
DSRV	Datenstelle der Rentenversicherungsträger
EDV	Elektronische Datenverarbeitung
GEK	Schwäbisch Gmünder Ersatzkasse
HEK	Hanseatische Ersatzkasse
h.c.	honoris causa – ehrenhalber
HZK	Hamburgische Zimmerer-Krankenkasse
IKK	Innungskrankenkasse
KKH	Kaufmännische Krankenkasse Halle
KV	Krankenversicherung
LAK	Landwirtschaftliche Alterskasse
LBG	Landwirtschaftliche Berufsgenossenschaft
LKK	Landwirtschaftliche Krankenkasse
LVA	Landesversicherungsanstalt
MDK	Medizinischer Dienst der Krankenversicherung
MdS	Mitglied des Senats
NS	Nationalsozialismus/nationalsozialistisch
NSDAP	Nationalsozialistische Deutsche Arbeiterpartei
PKV	Private Krankenversicherung
RM	Reichsmark
SG	Sozialgericht
Tbc	Tuberkulose
VdK	Der Sozialverband (früher: Verband der Kriegs- und Wehrdienstopfer, Behinderten und Sozialrentner)
VDR	Verband Deutscher Rentenversicherungsträger
VIKK	Vereinigte Innungskrankenkasse

7. Glossar

Adaptierung	Anpassung, Umgestaltung
Ära	Zeitabschnitt
Alma Julia	Julius-Maximilians-Universität Würzburg
Annalen	Jahrbücher
approbiert	zur Berufsausübung zugelassen
apropos	übrigens, nebenbei
Aszendent	Verwandter in aufsteigender, gerader Linie, Vorfahre
Aversalsumme	Abfindungsbetrag
Bader	ursprünglich Wärter in einem öffentlichen Badehaus oder Besitzer eines solchen, der zugleich Barbier (Bart- und Haarpfleger) war und einfache medizinische Behandlungen vornahm; später Barbier und Heilgehilfe
Beisasse	Bürger ohne Bürgerrecht (im Mittelalter)
bresthaft	gebrechlich, krank, schwächlich
Commis	Handlungsgehilfe, kaufmännischer Angestellter
de facto	tatsächlich, den Tatsachen entsprechend
de jure	von Rechts wegen, auf rechtlicher Grundlage
Distinguierte	vornehme Personen
Dompropst	Leiter der äußeren Angelegenheiten eines Domkapitels
erklecklich	beträchtlich, erheblich
exekutiv	ausführend, vollziehend
Exmatrikulation	Abgang von einer Hochschule
Faible	Vorliebe, Neigung
Gasterei	Schmauserei, Gelage
Glossar	Wörterverzeichnis mit Erklärungen
Grundlohn	auf den Kalendertag entfallender Teil des Arbeitsentgelts
Gulden	Im ausgehenden 18. und 19. Jahrhundert galt in Bayern die Guldenwährung. Das Reichsmünzgesetz vom 9. Juli 1873, in Kraft getreten am 1 Januar 1876, führte an ihrer Stelle die Mark ein.

Der süddeutsche Gulden (fl.) zu 60 Kreuzern (kr.) wurde dabei
1 5/7 (= 1,714 286) Mark gleichgesetzt.
Es entsprachen: 7 fl. = 12 Mark
1 Mark = 35 Kreuzern
Ein kr. war 20 Groschen wert.

Heberegister	Liste für Beitrags- oder Steuererhebungen
hektographieren	vervielfältigen
immatrikulieren	sich an der Universität einschreiben
Inspizient	Mitarbeiter in herausgehobener Stellung
judikativ	rechtsprechend
Justitiar	Rechtsbeistand eines Betriebes oder einer Behörde
Karenzzeit	Wartezeit
Kodifikation	in einem Gesetzbuch zusammengefasstes Recht
konskribiert	eingeschrieben, erfasst
Konstanz	Beständigkeit, Festigkeit, Unveränderlichkeit
Kreuzer	siehe Gulden
Kurator	Vormund, gesetzlicher Vertreter, Verwalter einer Stiftung
Laparaskopie	»Schlüsselloch-Chirurgie«
Logo	Schriftzug eines Marken- bzw. Firmenzeichens
manuell	mit der Hand betrieben, hand-
Mensur	studentischer Zweikampf mit Säbel oder Degen
Mitglieder	Mitglieder der gesetzlichen Kranken- und Pflegeversicherung sind Personen, die ihr aus eigenem Recht angehören, z.B. Versicherungspflichtige, freiwillig Versicherte, Rentner, Arbeitslose, Studenten oder Rehabilitanden. Zu den Versicherten zählen auch aus abgeleitetem Recht mitversicherte Personen wie Familienangehörige. Der Kreis der Versicherten ist demzufolge weiter gefasst und größer als der der Mitglieder. In den anderen Zweigen der Sozialversicherung gibt es diese Unterscheidung nicht. Hier ist überwiegend der Begriff Versicherte gebräuchlich.

Nano-Sekunde	Milliardstel-Sekunde
nolens volens	ob man will oder nicht, wohl oder übel
Novum	Neuheit, Neuerung
Offiziant	Unterbeamter
Offizin	Druckerei, Werkstätte, Arbeitsraum
Ordination	ärztliche Verordnung, ärztliche Sprechstunde
ordinieren	ärztlich verordnen
palliativ	schmerzlindernd
Parzelle	kleinste im Grundbuch eingetragene Einheit vermessenen Landes
Pauperismus	Verarmung, Massenverelendung in der vorindustriellen Gesellschaft
Pendant	Gegenstück, Ergänzung
per anno	pro Jahr
Pfründner	Insasse eines Altersheimes oder Armenhauses
Poliklinik	Krankenhaus (meist ohne Betten) oder Abteilung eines Krankenhauses zur ambulanten Behandlung
postnumerando	nachträglich
Primogenitur	Erbfolge des Erstgeborenen
pro	für
pro die	pro Tag
prolongieren	verlängern
propagieren	weiter ausbreiten, bekannt machen
Rangierung	Einreihung der Quittungskarten der Rentenversicherung in den Versicherungsverlauf
Regulativ	allgemeine Anweisung, regelnde Verfügung
Rehabilitation	Wiedereingliederung in Arbeit, Gesellschaft und Beruf
Rekonvaleszenz	Wiedergenesung
Relikte	Hinterbliebene, Hinterlassenschaft
Reskript	schriftliche Antwort, schriftlicher Bescheid
Schnitter	Landarbeiter zum Schneiden des Grases oder Getreides
Sektor	Abschnitt
Status quo	gegenwärtiger Zustand
Statut	Satzung
Suizid	Selbstmord
Syphilis	Geschlechtskrankheit

Versicherte	siehe Mitglieder	
Währungen	1.1.1876:	Einführung der Mark anstelle des Guldens
	15.11.1923:	Einführung der Rentenmark
		(1 Billion Papiermark = 1 Rentenmark)
	1.9.1924:	Umstellung auf Reichsmark (RM)
	20.6.1948:	Währungsreform mit Einführung der DM
		einen Tag später
	1.1.2002:	Einführung des Euro (1 Euro = 1,95583 DM)
Zahnpulpa	Zahnmark, weiche Gewebemasse in der Zahnhöhle	

8. Bildnachweis

Titelseite:
Bundespresseamt, Berlin (Otto von Bismarck)
Leopold Barbara, Würzburg (Würzburg-Panorama, Bundesgesetzblatt und Wappen)
Universitätsbibliothek Würzburg (Spital beim Kloster St. Stephan)

Bildteil:
(Die Ziffern beziehen sich auf die Abbildungen im Bildteil)

AOK Bayern – Direktion Würzburg   10, 13, 16, 17, 18, 20, 21, 29, 31, 32, 38, 39, 41, 43, 44
Barmer Ersatzkasse – Regionalgeschäftsstelle Würzburg   23, 24, 25
Berufsgenossenschaft der keramischen und Glas-Industrie, Würzburg   33, 34, 47
Berufsgenossenschaft für Gesundheitsdienst und Wohlfahrtspflege,
   Bezirksverwaltung Würzburg   35
Bürgerspital zum Heiligen Geist, Würzburg   8
Haas, Manfred – Schmuck und Münzen, Würzburg   19
Innungskrankenkasse Bayern – Servicepunkt, Würzburg   15, 45
Juliusspital Würzburg   2, 7, 22
Koenig & Bauer AG, Würzburg   5, 6, 11, 14
Landesversicherungsanstalt Unterfranken, Würzburg   26, 36, 46
Land- und forstwirtschaftlicher Sozialversicherungsträger Franken/Oberbayern –
   Verwaltungsstandort Würzburg   27, 37
Leopold Barbara, Würzburg   3
Leopold Dr. Dieter, Würzburg   40, 42
Richter Maria, Reichenberg   28
Stadtarchiv Würzburg   4, 12, 30
Universitätsbibliothek Würzburg   1